MINHA
———
COZINHA
———
EM PARIS

Minha cozinha em Paris

RECEITAS E HISTÓRIAS

David Lebovitz

FOTOS DE ED ANDERSON

Tradução:
Bruno Fiuza

Consultoria:
Flavia G. Pantoja

1ª reimpressão

ZAHAR

Introdução 1

Ingredientes 13

Equipamentos 33

Petiscos 39
MISE-EN-BOUCHE

Entradas 83
ENTRÉES

Pratos principais 125
PLATS

Acompanhamentos 209
ACCOMPAGNEMENTS

Sobremesas 251
LES DESSERTS

Despensa 325
INGRÉDIENTS DE BASE

Agradecimentos 339

Índice remissivo 341

Introdução

O MAIOR DESAFIO QUE ENCAREI QUANDO MONTEI MINHA primeira cozinha para valer em Paris não foi calcular a posição do forno em relação à geladeira, nem escolher o material sofisticado de que seria feita a bancada. Não foi decidir que tipo de piso instalar, nem onde guardar minhas vasilhas e panelas. Menos ainda se o forno deveria ser a gás ou elétrico. O maior desafio foi a pia.

Depois de morar por uma década na França, eu tinha finalmente tomado a decisão de comprar um lugar só para mim. As pessoas sempre presumiam que eu tinha uma enorme cozinha de chef, projetada, quando na realidade eu trabalhava numa bancada do tamanho de um tabuleiro de xadrez. Movendo tigelas, potes e panelas de um lado para outro, o limitado espaço constantemente me impunha um xeque-mate. Às vezes eu esvaziava o conteúdo de uma tigela, e então ficava ali, segurando-a à meia altura, me perguntando onde eu poderia – se é que eu poderia – apoiá-la. (Muitas vezes não tinha escolha senão abrir a janela e colocá-la no peitoril.) A temperatura do desajeitado forno oscilava catastroficamente centenas de graus em todas as direções, o que me obrigava a montar guarda enquanto assava uma leva de cookies, girando milimetricamente os botões, como se fosse um lunático tentando sintonizar uma estação de rádio, para garantir que meus cookies com gotas de chocolate saíssem perfeitos. (Não ajudava também o fato de algumas vezes eu ter de usar uma cadeira para manter a porta do forno fechada.) Mesmo assim, de algum jeito, na forma como as pessoas inevitavelmente se adaptam às circunstâncias, não importa como nem onde, aquilo funcionava para mim. Era difícil reclamar, quando a maioria dos meus amigos em Paris não tinha forno em casa – às vezes nem tinham cozinha. (E alguns também não tinham banheiro, o que os obrigava a usar um toalete compartilhado com os vizinhos de andar. Portanto, acho que tive sorte quando aluguei aquele primeiro apartamento sem nem vê-lo antes.)

Como fui parar nessa cozinha semifuncional? Quando desembarquei aqui pela primeira vez, muitos anos atrás, e saí em busca de um lugar para morar, vi o anúncio de uma *chambre de bonne* (quarto de empregada) que se dizia ser *très charmante*. Fiz o depósito da fiança. Quando cheguei, descobri que, no jargão multicultural do mercado imobiliário, *charmant* queria dizer *charmoso*, mas também aconchegante (ou seja, pequeno). Eu estava encantado com a Torre Eiffel, que se erguia majestosa diante de mim, e adorava que a vista desse diretamente para a histórica Place des Vosges, que ficava no final da rua. Entretanto, o apartamento precisava de mais cuidados do que eu imaginara (ou fora levado a imaginar, pelas fotos publicadas on-line).

Minha primeira tarefa foi retirar as trepadeiras mortas e retorcidas que se arrastavam parede acima e cruzavam o teto de um dos dois cômodos. As plantas se mantinham firmemente presas, apesar de estar bastante claro que elas não iriam a lugar nenhum por conta própria, nunca mais. A geladeira estava repleta de sobras deixadas pelos inquilinos anteriores, que haviam saído alguns meses antes da minha chegada. Contudo, depois de alguns meses de limpeza, eu tinha uma cozinha minúscula, mas operante, onde podia cozinhar e assar, para a alegria do meu coração.

Pouco tempo após minha chegada, descobri que um número razoável de parisienses pressupunha que eu não entendia nada de comida pelo fato de ser americano. Muitos acreditavam que era dever deles me colocar nos eixos, como no dia em que fui a um almoço de imprensa e uma jornalista decidiu ensinar *l'américain* sobre as diferentes folhas nas saladas. Ela pinçava uma variedade de cada vez, segurava-a sobre o prato e a identificava para mim. Foi só depois que ela errou a terceira em seguida que me dei ao trabalho de corrigi-la.

Tendo saído de São Francisco, onde havia cozinhado profissionalmente por várias décadas, participando do renascimento do modelo "do campo à mesa", não só eu estava familiarizado com as diversas variedades de alface, como podia também identificar imediatamente diferentes tipos de pêssego, morango, ameixa, figo e damasco que apareciam nas feiras locais a cada estação. Eu tinha trabalhado por treze anos no Chez Panisse, onde os produtores criavam animais especialmente para nós e os agricultores apareciam à porta dos fundos com sacolas de papel transbordando de limões meyer amarelos como o sol, ou figos maduros colhidos do pé na mesma manhã, com seu suco adocicado escorrendo pelas fissuras. Horticultores exclusivos iam ao restaurante pouco antes do serviço de jantar trazendo molhos das mais delicadas folhas de salada que se pode imaginar, salpicadas de flores comestíveis que cresciam junto aos pés de alface. Eu tinha amigos na Bay Area que torravam e moíam os grãos de cacau que eles compravam direto do produtor, transformando o chocolate líquido despejado das máquinas em tabletes reluzentes de chocolate *bean-to-bar* (ou "do grão à barra", ou seja, do mesmo produtor, do cacau até as barras). E os *pains au levain* que saíam dos fornos da Acme Bakery, em Berkeley, e da Tartine, em São Francisco, eram tão bons quanto qualquer um encontrado em Paris. Então, o que eu estava fazendo na França?

Essa era uma pergunta que eu ouvia regularmente. E nunca tenho uma resposta exata. Sempre gostei de visitar Paris e tinha passado as férias aqui algumas vezes, e também fizera cursos de pâtisserie na École Lenôtre. Mas eu não era o tipo de pessoa que entupia a casa de antiguidades francesas e objetos rústicos provençais, sonhando com o dia em que me mudasse para a França. Minha experiência com os parisienses, como acontece com a maior parte dos turistas, se restringia basicamente a recepcionistas de hotéis, garçons e lojistas. E apesar de esses contatos terem sido prazerosos, eu nunca interagira com um parisiense em questões típicas do dia a dia. Também não falava uma palavra de francês e tinha apenas dois amigos que moravam aqui (que em determinado momento se mudaram, algo com que aprendi a me acostumar, na condição de *émigré*). A verdade é que eu simplesmente me mandei de São Francisco sem nenhum plano. Essa é a minha história.

Graças, em parte, à internet, eu pude cruzar o Atlântico e me mudar para Paris com relativa facilidade. Entretanto, assim que cheguei, as coisas não foram tão simples como imaginei. Aprendi que os bancos não estavam à disposição para me entregar meu dinheiro quando eu pedia, e que os serviços de atendimento ao consumidor raramente tinham qualquer coisa a ver com "consumidor" ou "serviço". Para legalizar um negócio, a lista de documentos exigidos é apenas uma vaga ideia das coisas que os funcionários podem solicitar, com alguns papéis invariavelmente omitidos, demandando diversas visitas (e diversas resmas de papel com as fotocópias requisitadas). Aprendi que ser um *râleur* (queixoso) na França não é visto como defeito, mas uma necessidade. Na verdade, se não houvesse reclamações, os próprios franceses admitem que não sobraria muito assunto. E, graças aos hematomas nas minhas costelas, agora estou ciente de que aquelas frágeis vovozinhas se esforçando para passar a sua frente na fila do mercado são muito mais fortes do que parecem.

Hoje, depois de mais de uma década morando em Paris, apesar de não ser francês já aprendi que, se eu não der um empurrãozinho nas pessoas quando estou na fila, talvez jamais seja atendido. Para me adequar, também preciso ser um pouco ranzinza de vez em quando. E, em nome da praticidade, me asseguro de ter muitos cartuchos de tinta para a impressora e mantenho uma reserva de dinheiro sempre à mão, apenas para o caso de o meu banco dizer que está sem dinheiro.

Também aprendi que Paris é uma cidade diversificada e, assim como o resto da França, está lutando para se apegar ao que quer que a faça decididamente "francesa" em meio à globalização. Quando me sentei para escrever este livro sobre cozinhar em Paris, admito que não fazia ideia do que significava "comida parisiense". E fiquei pensando se a culinária francesa ainda era relevante. Nos últimos anos, ela sofreu algumas derrotas bem documentadas. O consumo de fast-food ultrapassou a cozinha tradicional do país, a rede de comida congelada Picard é incrivelmente popular (fazendo com que as pessoas chamem os cafés que vendem refeições prontas de "la cuisine Picard") e a *déception* se espalhou de tal forma que uma equipe de televisão disfarçada vasculhou as latas de lixo nos fundos de alguns dos mais renomados restaurantes de Paris e deu de cara com embalagens vazias de comida e – pimba! – doces franceses pré-prontos. (Para mim, não haveria melhor razão do que essa para retomar o uso da guilhotina.)

Nascido na Carolina do Norte, onde ninguém sonha em comprar qualquer coisa se não for extremamente íntimo do fazendeiro que plantou ou da galinha que botou, eu era ridicularizado pelas pessoas quando usava termos como "orgânico" ou "local". "Tudo é local na França!", diziam, mesmo depois que eu mostrava os aspargos e o alho que vinham da Argentina, os morangos e tomates que aportavam em Paris via Marrocos, em pleno janeiro. (As placas nos

INTRODUÇÃO

mercados indicando a procedência dos alimentos é uma exigência da União Europeia.)

Dentre as cerca de cem feiras livres de Paris, apenas duas são compostas quase exclusivamente pelos próprios produtores, vendendo os alimentos que eles mesmos cultivaram. Os outros são *négociants*, vendedores abastecidos pelo Rungis, o maior mercado do mundo, tão extenso que se tornou uma cidade. Nas enormes e modernas estruturas do Rungis, que substituiu Les Halles – o pavilhão de ferro e vidro situado no meio de Paris que foi a central de abastecimento até a década de 1970 –, os negociantes compram caixotes de frutas, legumes, carnes, aves e peixes para serem revendidos em Paris. No entanto, depois de uma visita que teve início às duas da madrugada, no trajeto de volta, enquanto o sol começava a despontar por entre as brumas da cidade ainda sonolenta, fiquei pensando sobre como esse venerado mercado modernizou a forma como a comida é plantada, transportada e distribuída por Paris. E sobre como essas mudanças podem ter provocado efeitos indesejados na já desgastada imagem da culinária francesa, fundamentada na busca dos melhores ingredientes e na elaboração de coisas espetaculares a partir deles, independentemente de quão humilde seja a matéria-prima ou a receita.

Nos Estados Unidos, fomos obrigados a encarar nossas questões relacionadas à comida pelos recalls e problemas com a manipulação incorreta de alimentos. E embora muitos de nós tenhamos sido tachados de "excêntricos" por desejar melhorias na oferta de produtos, estive em supermercados no bom e velho estado do Texas com gôndolas espetaculares de tangerinas, limões e laranjas de todas as cores e matizes, cultivados na própria região, desde variedades conhecidas até as mais exóticas. Em Ohio, me lembro de ser surpreendido da melhor maneira possível ao encontrar rodas de queijo de cabra na loja de uma rede de mercearias. E em Manhattan, sem dúvida uma das cidades mais urbanas do mundo, há uma feira de produtores na qual todos os itens vêm de um raio de no máximo 140 quilômetros. (A feira alcançou a marca de quase sessenta barracas e unidades nos cinco *boroughs* da cidade de Nova York, todos vendendo apenas produtos cultivados localmente, incluindo 170 variedades de tomate e 350 de pimentão. Não há nenhum alho vindo da China nem morangos do Marrocos.)

Foram precisos alguns anos – e alguns sustos – para que os Estados Unidos chegassem ao ponto onde estão, mas demos passos bastante significativos. Hoje é possível comprar barras de chocolate artesanal em farmácias ou participar de uma degustação de vinhos locais no aeroporto; leite da fazenda é vendido em garrafas de vidro no supermercado; barracas de taco passaram a ser regionais e orgânicas; e ressurgiram as feiras de produtores, que prosperam ao longo de todo o país.

Quando cheguei a Paris, as pessoas ficavam chocadas por eu não fazer a maior parte das minhas refeições no McDonald's (só fui lá uma

LES PETITES BÊTES

Para aqueles leitores que gostam de vasculhar livros de receita à procura de inconsistências, vou ser bem sincero quanto a algumas poucas *petites bêtes* (imperfeições) que você pode encontrar aqui. Não gosto de ver a cozinha como atividade em que um único modelo serve para qualquer pessoa, e com frequência ajusto técnicas e métodos dependendo do que estou preparando e do sabor ou visual que pretendo obter no prato. Mais importante de tudo, quero que você alcance os mesmos resultados que eu na minha cozinha em Paris.

Portanto, algumas vezes você vai reparar que a receita pede uma quantidade bem específica (por exemplo, 1 colher de chá) de alho picado, em vez de 1 dente de alho; outra hora eu indico a quantidade de tomilho em galhos, em vez de picar e medir em colheres. Ingredientes frescos não são padronizados, e os itens variam de acordo com o lugar; há ocasiões em que você vai ter de usar o bom senso para decidir se a sopa precisa de um pouco mais de líquido, ou se falta uma pitada de sal para que a salada verde fique exatamente a seu gosto.

vez na França, e, como sempre, estava lotado – mas não de americanos...). Acredito que as recentes mudanças, como importar alimentos do mundo todo e se acostumar à comida congelada, pegaram os franceses de surpresa. Eles não perceberam o que se arriscam a perder, ou não deram importância ao que estava desaparecendo. Os franceses foram hipnotizados pela modernidade, que envolvia uma dependência cada vez maior de refrigeração, produtos importados baratos, pessoas com menos tempo para cozinhar, fácil acesso a comida pré-pronta, proliferação do *chez McDo* e uma pitada do orgulho gaulês, e tudo isso embaçou a visão deles para o que ameaçava sua culinária.

Em anos mais recentes, muitas trapalhadas começaram a acontecer, à medida que a nova leva de chefs parisienses procurou encontrar seu espaço, embalada pela popularidade de programas de competição culinária na televisão, com jovens chefs tentando "fritar" uns aos outros. Suspirei aliviado quando descobri que, num festival ao qual não consegui comparecer, o prato principal havia sido ensopado de coelho com Fraises Tagada, um doce rosa-choque artificialmente perfumado com sabor de marshmallow de morango. Mas não tive a mesma sorte em outro evento, planejado para revelar a próxima geração de chefs, quando me serviram uma laranja inteira, com casca, enfiada num palito de churrasco (até hoje não sei o que esperavam que eu fizesse com aquilo), bem como beterrabas cobertas com calda de chocolate (com essas eu sabia o que fazer, cortesia à lata de lixo mais próxima). Nunca experimentei os cogumelos servidos com calda de chocolate de um restaurante renomado, e não importa quanto a imprensa tenha elogiado, não fui capaz de beber chocolate quente com ostras frescas boiando dentro da xícara, tampouco fiquei tentado pelos éclairs de atum (eram doces). Para mim, talento não tem a ver com gracinhas nem truques culinários usados só para chamar a atenção. Não tem a ver com gotinhas de molho cuidadosamente distribuídas nem pinceladas de espuma servidas numa placa de ardósia; tem a ver simplesmente com saber quão bom será o sabor de alguma coisa quando você despacha o prato finalizado.

Por sorte, ao longo dos últimos anos as coisas começaram a mudar, e atualmente há uma brigada de jovens chefs em Paris revitalizando a culinária francesa sem alarde, e que paradoxalmente conseguem renová-la justamente por levá-la de volta às suas raízes mais humildes – *la cuisine du marché* (a cozinha do mercado). Você não vai encontrar molhos espessos, cheios de creme, nem cogumelos finamente entalhados (com ou sem chocolate) como acompanhamento dos pratos. As carnes não são cobertas de uma camada gelatinosa de aspic, mas assadas com o osso e servidas com *légumes oubliés* (legumes esquecidos), como alcachofra da China, uma pequena raiz em formato de rolha, e *potimarron*, uma graciosa abóbora com o sabor e a riqueza amendoada da castanha portuguesa.

Depois do exame de consciência feito pelos americanos, os parisienses começaram a prestar mais atenção aos alimentos orgânicos, a

INTRODUÇÃO

comprar em lojas de produtos naturais, onde os vegetais não vinham de milhares de quilômetros de distância, mas são expostos em caixotes de madeira estampados na lateral com o nome do produtor local (sim, às vezes com o primeiro nome!); onde é possível encontrar tomates *à l'ancienne* no verão – quando eles não deveriam estar disponíveis –, cabeças de alho firmes e de sabor delicado, com casca cor de violeta, e robustos maços de verduras nos meses de inverno. La Ruche qui dit Oui! é uma rede espalhada por todo o país, concebida para fazer a ligação entre produtores e consumidores franceses, permitindo aos parisienses comprar frutas, legumes, queijos e carnes diretamente dos produtores locais em quiosques (*les ruches*) públicos instalados em cada bairro. E mesmo as pessoas menos abastadas dos arredores de Paris, que tradicionalmente não têm escolha a não ser comprar em grandes hipermercados ou em lojas de conveniência inflacionadas, podem adquirir uma sacola barata de produtos locais a caminho de casa, na saída das estações de trem RER.

Outra mudança que afetou os hábitos alimentares parisienses é que cozinheiros e comensais viajaram para fora da França e viram como o resto do mundo come. Se, por um lado, a culinária francesa pode ser extraordinária, esses viajantes aprenderam os méritos de outras cozinhas e começaram a levá-las a sério, em vez de tentar "afrancesá-las", o que ocorre normalmente. *La cuisine mexicaine* não é uma pizza coberta com fatias de papaia fresca e milho em conserva. O cheeseburger não precisa ser um disco ressecado de carne moída com uma fatia alaranjada de queijo por cima, tudo socado num pão esponjoso, comprado no supermercado, mas pode (e deve) ser um pedaço imponente e suculento de carne da raça Aubrac, num pão de hambúrguer tostado da padaria local e a fatia de um verdadeiro *fromage* derretido por cima. E tapas são pequenas porções de um saboroso presunto, embutido ou fruto do mar da região, consumidas nos bares da Espanha; não quer dizer que qualquer coisa jogada num pratinho pequeno serve.

Apesar de não haver um termo em francês equivalente a *foodie* (um rótulo que provavelmente está pronto para ser aposentado no mundo todo), a geração mais nova, que rechaçou os velhos bistrôs e *brasseries* (muitos dos quais sucumbiram à lógica empresarial), começou a procurar uma comida melhor e a frequentar bares de vinho, onde tanto a comida quanto a forma de comer estão mais alinhadas ao gosto e ao estilo de vida modernos: tábuas de queijos e embutidos franceses como opção para petiscar, e talvez algumas saladas, com uma vasta seleção de vinhos franceses, em grande parte *les vins naturels* (ao mesmo tempo orgânicos e sem conservantes na garrafa). Invariavelmente, a equipe é jovem, enérgica e simpática, o que faz dos bares de vinho lugares perfeitos para um jantar informal. De modo que muitos novos chefs que possuem restaurantes populares abriram também um *bar à vin* ao lado, servindo ótima comida num ambiente mais descontraído.

E – *mon Dieu!* – um grande número de chefs franceses passou por treinamento fora do país. Eles voltaram à terra natal e começam a buscar ingredientes locais; procuram usar peixes sustentáveis, como sardinhas e cavalas; lançam mão de técnicas como produção de conservas, ou resgatam o cozimento *sous-vide* para realçar sabores e experimentar diferentes texturas. Esses cozinheiros aprenderam fora da França que, em lugares como os Estados Unidos, a Inglaterra e a Austrália, não precisamos estar conectados a nenhuma tradição em particular para cozinhar ou comer de determinada forma, e normalmente aproveitamos dicas de outros países e culturas. O movimento americano do "Faça você mesmo" provocou o ressurgimento de ideias do passado, transformando-as na culinária do presente. Muitos estão fazendo o mesmo em Paris, usando as consagradas técnicas da culinária francesa e dando destaque a ingredientes de qualidade excepcional, abraçando o passado ao mesmo tempo que fazem avançar a cozinha francesa.

Quando me mudei para Paris, se alguém tivesse me dito que um dia haveria *taquerias* e hamburguerias de alto padrão aqui, eu teria dito que essa pessoa era *folle* (louca). E muitos americanos não conseguem compreender por que alguém ia querer um taco ou um típico *bibimbap* coreano em Paris, apesar de não acharem estranho comê-los em Nova York ou Seattle. Mas gostos e tradições mudam.

Paris está se transformando em meio à globalização. Ninguém espera – nem deveria esperar – que os franceses se mantenham firmemente apegados ao seu passado culinário. Se é verdade que "mudança" é um conceito que os franceses não adotam com facilidade (e, com o passado glorioso que eles têm, fica difícil culpá-los), fico animado ao ver que novos chefs e comensais estão elevando a culinária francesa a um novo patamar.

. . .

Minha forma de cozinhar foi influenciada pelos lugares em que vivi e em que vivo agora. Sou fortemente influenciado pelas minhas raízes no norte da Califórnia, cujos clima e solo remetem aos da França. Minha cozinha é repleta de sabores aromáticos, que dependem de alho, ervas frescas, frutas de caroço suculentas, vegetais de raízes e muito azeite de oliva. E como São Francisco tem uma rica tradição na produção de chocolates – desde Étienne Guittard, imigrante francês que fundou sua fábrica no centro da cidade durante a Corrida do Ouro, em 1868, até a onda de adeptos do método "do grão à barra" que praticam o ofício hoje –, costumo passar um pouco dos limites quando se trata de chocolate, o que você vai reparar em muitas das minhas sobremesas. (Sem desculpas!)

Minha atividade na cozinha começa pelas compras, normalmente na feira local, com uma rápida passada por todas as barracas para

INTRODUÇÃO

ver quem tem a melhor cesta de morangos frescos. Dou uma espichada para ver se os gêmeos idosos que cultivam seus próprios vegetais pouco além de Paris, um dos quais compartilha o mesmo amor que eu por verduras amargas, trouxeram pés de alface frisée robustos e compactos. Ou então investigo se alguém tem bacalhau salgado de produção sustentável. Depois de olhar tudo, começo de fato as compras, pegando saquinhos de azeitonas enrugadas e oleosas e parando na *fromagerie* para levar um pedaço de qualquer sugestão do dia (eles jamais me passaram a perna, e por isso tenho eterna confiança neles). É impossível não bater um papo com o rapaz moreno cujo sorriso atrai qualquer mulher – e alguns homens – até sua barraca, na qual ele oferece uma variedade de carnes curadas e defumadas da região de Auvergne. Ele sabiamente lhe estende uma prova, ciente de que ninguém é capaz de resistir ao que quer que ofereça. (O que é bacana da parte dele, porque, honestamente, ele poderia pular a parte das provas e ficar apenas parado lá e sorrir para mim.) Os árabes têm sempre produtos que não consigo encontrar em nenhum outro lugar, como raiz de cerefólio e pimentas enrugadas que eles me dizem ser "*très pimentées!*" – o que dá vontade de levar todo o estoque. E antes de tomar o caminho de casa, faço uma última parada nos joviais gêmeos para um maço de rabanetes de ponta branquinha e pés da multicolorida alface *rougette*. Não preciso dizer que sempre volto para casa depois da feira carregado com muito, muito mais coisas do que tinha planejado comprar.

Na França, temos sorte pelo fato de que a maior parte das coisas que fazem este país maravilhoso ainda é celebrada e está amplamente disponível, desde belos queijos de leite cru e ovos caipiras frescos, com gemas brilhantes, cor de laranja, cardápios que oferecem carne de caça durante o inverno, até os frágeis e incrivelmente perfumados morangos Gariguette, cujo aroma me arrebata quando aparecem no início de cada verão.

Nos últimos anos, a forte influência de outras culturas também se espalhou por Paris, e fazer compras em vizinhanças e *épiceries* multiculturais orientou minha forma de cozinhar por caminhos diversos e surpreendentes, os quais eu jamais teria seguido se estivesse morando em qualquer outro lugar. Minha vida hoje está em Paris, onde me pego cozinhando com *les richesses* da França, cuja variedade de ofertas culturais e culinárias guia minha forma de cozinhar, em todos os sentidos.

. . .

Sendo ex-cozinheiro profissional, sei que a pessoa mais importante da cozinha é o lavador de pratos, e a pia é o epicentro de toda e qualquer atividade. Quando me sentei para planejar minha cozinha em Paris, a única coisa de que eu tinha certeza absoluta era de que

INTRODUÇÃO

queria uma pia larga e espaçosa o suficiente para lavar verduras, panelas e frigideiras grandes. Imaginei-me diante de uma daquelas pias francesas das casas de fazenda, aquelas belezas de porcelana reluzente que você enche de água para suportar os vestígios de uma boa refeição ou de uma tarde inteira de preparos.

Mas não foi fácil achar uma pia grande e larga. Descobri que os dias das pias de casa de fazenda na França haviam passado, e, se você quiser uma, precisa comprar a fazenda inteira onde ela está instalada e tirá-la dali pessoalmente. Minhas buscas na internet me direcionavam sempre para os Estados Unidos ou a Inglaterra, e vasculhar lojas de equipamentos hidráulicos em Paris resultava apenas em olhares vazios por parte dos vendedores, que ficavam perplexos ao saber que alguém queria ter um trambolho daquele tamanho na própria cozinha. Apesar de tudo, perseverei.

Não demorou muito para que, já tarde da noite, enquanto eu empreendia outra intricada busca pela internet, uma combinação de palavras que experimentei por acaso me levasse a um site no qual alguém vendia uma pia exatamente como a que eu procurava, ligeiramente usada, mas em perfeito estado. Tinha duas cubas e era funda o suficiente para lavar assadeiras, panelas de ferro fundido esmaltadas e caixotes inteiros de frutas para fazer geleias e gelatinas. Assim, dirigi até Lille, no Norte da França, num domingo congelante de janeiro, não sem antes me revigorar com as especialidades locais – *moules frites* e Merveilleux (p.281) – antes de arrastar aquela pia descomunal de volta a Paris em minha caminhonete Citroën.

Apesar de usar bastante o forno (ainda mais agora, que eu posso até fechar a porta), bem como a geladeira, a batedeira, o processador, as espátulas, batedores, pão-duro, rolo de massa e pilão, foi essa pia, que levei semanas e mais semanas para encontrar, que testemunhou início, meio e fim de muitas refeições maravilhosas em Paris. Ela é o primeiro lugar aonde vou quando acordo, para pegar água e fazer meu *café au lait*. No meio da manhã, encho uma das cubas para lavar os maços de acelga e os rabanetes que trouxe da feira. Durante o resto do dia, vou e volto da pia enchendo panelas e medidores, limpando tábuas de corte, lavando facas e vasilhas... e às vezes me debruçando sobre ela, para lavar o pegajoso suco de um pêssego da Provence ou de uma pera francesa madura, que escorre pelo meu braço. Por fim, já noite alta, enquanto estou diante da pia olhando as luzes das janelas dos meus vizinhos de *quartier* se apagarem, termino de lavar o último dos pratos, depois que todos os meus convidados foram embora. Antes de ir para a cama, dou uma rápida esfregada na pia a fim de deixá-la pronta para o dia seguinte, quando começo tudo outra vez.

AU PIF

Quando comecei a cozinhar em Paris, fiquei surpreso ao reparar como as receitas francesas eram escritas de modo diferente das americanas. Uma rápida olhada e é possível perceber como elas costumam ter a metade do tamanho, com o número de passos reduzidos a três ou quatro frases curtas, até para os doces mais complexos. Tamanhos de panelas nunca são mencionados e não há introdução, talvez apenas algumas *astuces* (dicas) listadas na lateral. Detalhes das técnicas não são esclarecidos, assim como não há orientações de como servir nem sugestões de armazenamento. (Acho que porque tudo é consumido de imediato.) Uma receita americana de caramelo costuma ser: "Despeje 1 xícara de açúcar de cana granulado numa frigideira grande e funda. Em fogo médio, deixe derreter o açúcar. Assim que começar a se liquefazer, talvez ele escureça nas bordas. Se isso acontecer, use um utensílio à prova de calor para mover delicadamente o açúcar das bordas até o centro da panela, mexendo levemente, apenas o necessário para garantir que ele cozinhe de maneira uniforme. À medida que o açúcar continua a cozinhar, mexa a panela, evitando que ele forme grumos, que podem superaquecer e queimar. Assim que o açúcar estiver fumegando e começar a borbulhar, o caramelo está pronto. Retire a panela do fogo e reserve."

Na França, a mesma receita seria: "*Caraméliser une tasse de sucre*." (A palavra *tasse* [xícara] refere-se a uma xícara de café cheia, medida um tanto imprecisa e que levaria muitos confeiteiros à loucura.)

Quando cozinhei com amigos franceses, incluindo aqueles que me visitaram para mostrar algumas receitas deste livro, eles me repreenderam por ficar tomando notas enquanto cozinhavam, em vez de prestar atenção ao que faziam. Eles me disseram que eu tinha de cozinhar *au pif*, ou "pelo olfato", expressão francesa que significa cozinhar por instinto, o que eles falam – para garantir que eu entenda – dando um tapinha na narina com um dedo. (E então eu me asseguro de que eles tenham lavado as mãos depois de fazer o gesto e antes de continuarmos a cozinhar.)

A questão é que nos tornamos cada vez mais dependentes das receitas para nos dar qualquer detalhe, de modo que não tenhamos de pensar por conta própria. Ou então, por algum motivo, passamos a ter medo de confiar nos nossos instintos. Como tenho um site de receitas, devo lidar constantemente com perguntas de pessoas que querem saber quanto pesa "1 banana média" (com e sem a casca), como suprimir o açúcar das receitas doces, ou que ajustes específicos são necessários quando se utilizam ingredientes premium ou europeus, como manteiga com alto teor de gordura, farinhas com alto teor de proteína e chocolate com alto teor de cacau.

Não há respostas certas nem erradas, mas isso demonstra como cozinhar se tornou complicado para algumas pessoas, o tanto que se problematiza o processo prazeroso de assar um bolo de chocolate ou de preparar uma salada. Acredito que isso pode ser atribuído, em parte, aos livros e revistas de culinária analíticos, que dissecam receitas e técnicas, os quais, confesso com uma pontada de culpa, eu gosto de ler, apesar de tudo. (No entanto, não os tomo como algo sagrado, visto que não sei se quero que a comida seja reduzida a uma fórmula padronizada.) E então existem também as fotos perfeitas de cookies, molhos e/ou carnes assadas, estilizados a tal ponto que servem apenas para ser admirados de longe, e não algo que você realmente fica com vontade de fazer e comer em casa.

Quando estou na cozinha, sei que preciso pensar um pouco por mim mesmo e confiar nos meus sentidos, não importa quão fiel sou à receita. Nenhuma é capaz de dizer com precisão por quanto tempo se deve fritar um bife para ficar a nosso gosto, ou quando acrescentar uma gota a mais de vinagre para otimizar um vinagrete. É simplesmente impossível escrever uma receita que diga exatamente a espessura de um corte de carne ou que leve em consideração cada tipo de azeite de oliva e a acidez de cada vinagre à nossa disposição. Fornos variam (até os profissionais), e tempos de cocção podem ser maiores ou menores que o indicado, a depender do material de que é feita a panela ou assadeira usada, e ingredientes mudam conforme a estação, o ponto de maturação e a geografia.

Cozinhar *au pif* significa conferir o que está no forno antes do tempo indicado. Se você acha que um molho de salada precisa de mais alho, acrescente. Ponha sal de acordo com o seu gosto. Receitas são orientações, pontos a partir dos quais os cozinheiros tomarão diferentes rumos. Siga-as de acordo com seus princípios. Por mais que deseje estar na sua cozinha, seja em Paris ou em outro lugar, eu não posso. Portanto, sugiro que você adote a atitude francesa de cozinhar "pelo olfato". Certifique-se apenas de lavar as mãos.

Ingredientes

Sair à cata de ingredientes não é apenas a primeira parte de cozinhar, é também a mais importante (e a mais divertida). Costumo gastar quase o mesmo tempo procurando os ingredientes e preparando-os. É difícil fazer boa comida com ingredientes ruins, mas com bons ingredientes fica fácil, porque boa parte do trabalho já foi feita.

Nunca fui muito fã da frase "A gente come com os olhos". Não sei quanto a você, mas eu? Eu como com a boca, não estou tão preocupado com a aparência das coisas quanto com o gosto que elas têm. Qual o valor de algo que possui uma aparência refinada, mas não é tão saboroso? Um frango caipira não tem a robustez exorbitante de uma ave industrializada, mas para mim é muito mais atraente. Uma maçã autóctone machucada, que não foi cultivada para viajar ao redor do mundo, é a que eu escolho, em vez da maçã perfeitamente simétrica. Tenho profunda desconfiança dos tomates muito redondos e muito macios, especialmente das variedades cultivadas em estufa, vendidas ainda com os ramos; eles possuem o aspecto de tomate de verdade, mas seu miolo sem gosto é um lembrete de que é melhor esperar até o verão.

Também não me importo de lavar um pouco de sujeira dos meus vegetais antes de prepará-los. E, assim como os franceses, prefiro comprar aves e peixes com a cabeça, porque posso avaliar o frescor. Gosto de ver o açougueiro usar uma faca afiadíssima para cortar alguns bifes na hora para mim. E é impossível passar em frente à churrasqueira giratória do *volailler* e não levar um *poulet fermier* assado no espeto, que eu devoro assim que chego em casa.

Algumas pessoas dizem que não se deve sair às compras com uma receita em mente, mas deixar que o mercado determine o menu. Nunca achei isso uma boa ideia até me mudar para a França e perceber que minhas opções eram um tanto mais restritas do que eu estava acostumado na Califórnia. Em Paris, mesmo quando está na época de algum item, a feira pode transbordar de figos durante semanas, e então, curiosamente, eles desaparecem justo no dia em que você os procura, para ressurgir só na semana seguinte. Nos dias de feira, aprendi a ir com calma e sair de casa apenas com uma vaga ideia do que quero fazer, tentando ser mais flexível e menos determinado.

Apesar de a globalização ter se alastrado pela França – e por todo o mundo –, não importa onde você faça suas compras, quase tudo está disponível sempre que você quiser. Não quero cerejas no inverno nem aspargos no outono. Quero tangerinas no inverno, aspargos na primavera, pêssegos no verão e peras e maçãs no outono. Até coisas que não enxergamos normalmente como ingredientes "sazonais", como alho, alho-poró e batatas, também têm suas estações, e é bom fazer o melhor possível para respeitá-las.

Não me preocupo tanto com o selo de "orgânico" quanto em comprar de produtores locais na feira mais próxima e no meu bairro. Na feira, procuro as barracas onde as pessoas vendem produtos que elas próprias plantaram e colheram. Posso ser ingênuo, mas me recuso a acreditar que as pessoas que lidam com engradados de frutas e vegetais cultivados por elas mesmas estejam encharcando tudo de pesticida. Eu me sinto bem comprando de gente que está diretamente envolvida com aquilo que cultiva e vende, e fico contente e recompensado por apoiar indivíduos que são parte da mesma comunidade que eu. Insisto, sim, em cítricos orgânicos ou não pulverizados quando uso a casca numa receita, e sugiro que você faça o mesmo.

Apesar disso, acho esquisito fazer muita propaganda de determinado ingrediente, porque cada pessoa tem um orçamento diferente, e a disponibilidade de ingredientes varia de acordo com o lugar. Chocolate artesanal *bean-to-bar* é ótimo para beliscar, mas não fica brilhando quando derretido e misturado com manteiga, ovos e farinha, para um bolo. Não acho que uma garrafa de vinho de US$39 deva ser reduzida para o molho de um *Coq au vin* (p.177). Alguns anos atrás, fiz um teste cego com um time dos melhores padeiros de São Francisco, e a manteiga que ficou em segundo lugar era a da marca do supermercado. (O primeiro ficou com uma marca importada da França.) Portanto, mesmo que não esteja cozinhando em Paris com manteiga francesa, você pode se sair muito bem utilizando a que existe à disposição, perto de você.

Aqui estão alguns dos ingredientes que eu uso para cozinhar. Apesar de serem receitas e pratos que preparo e sirvo em Paris, não há nada que não se possa encontrar num supermercado regular com um bom estoque – a maioria oferece mostarda Dijon, chalotas e bacon em peça. Se você empacar tentando achar coisas como flor de sal ou uma especiaria exótica, existe a internet, onde tudo está a apenas alguns cliques de distância.

Anchovas

Muita gente é apresentada às anchovas quando elas aparecem como convidados indesejados numa pizza. Essas anchovas costumam ser da pior qualidade, empapadas e de sabor muito forte. Elas não têm nada a ver com anchovas de boa qualidade, que podem ser encontradas em lojas especializadas em produtos franceses, italianos ou espanhóis. É complicado recomendar uma marca específica, portanto, peça orientação na hora. O preço pode ser um indicativo da qualidade. Alguns dizem que anchovas salgadas são melhores que as conservadas em óleo, mas existem marcas boas e não tão boas em ambas as categorias. A escolha acaba sendo feita de acordo com o que está à venda e com o seu orçamento.

Anchovas em óleo de boa qualidade estão amplamente disponíveis na França, portanto são essas que costumo comprar. Podem ser usadas direto do pote. Anchovas salgadas são vendidas inteiras, e é preciso lavá-las e tirar a espinha antes de usar. Coloque-as de molho em água fria por cerca de 10 minutos. (Se estiverem com muito sal, você pode deixá-las de molho em leite, dentro da geladeira, pelo dobro do tempo.) Quando estiverem macias, enfie o polegar no meio da anchova e deslize pelo comprimento, para abri-la, descolando assim a espinha central da carne. Desse modo, você consegue tirar a espinha inteira. Remova qualquer barbatana e enxague com água fria.

Bacon

Na França, é possível encontrar bacon tanto **defumado** (*fumé*) quanto **não defumado**. Você vai reparar que eu o utilizo em inúmeras receitas porque gosto dele tanto quanto os franceses (e americanos). No entanto, o bacon é empregado na cozinha francesa mais como condimento do que frito e servido à parte. Gosto de utilizá-lo para dar sabor a um ensopado, como na Polenta com trigo-sarraceno, vegetais refogados, linguiça e ovos poché (p.158) e no Frango com mostarda (p.169).

Na culinária francesa, o bacon é quase sempre cortado em *lardons* – bastões retangulares que se obtêm cortando uma fatia grossa de bacon em tiras de cerca de 1,5cm de comprimento, ou em cubos.

Procuro evitar o bacon industrializado, ao qual se acrescenta muita água, e compro-o de um açougueiro ou na feira. Por sorte, também é possível encontrar bacon de boa qualidade em muitos supermercados. As receitas deste livro indicam se deve ser usado bacon defumado ou não defumado. Nas que pedem bacon não defumado, você pode substituir por pancetta, encontrada em muitos açougues e supermercados com boa variedade.

Manteiga

Existem dois tipos de manteiga na França: a de boa qualidade e a de ótima qualidade. Mas, deixando a brincadeira de lado, os franceses usam tanto manteiga **com sal** (*demi-sel*) quanto **sem sal** (*doux*). Ao longo dos últimos anos, a manteiga com sal se tornou predominante graças à popularidade da Calda de caramelo de manteiga salgada (p.334), originária da Bretanha. Essa região da França tem uma devoção quase sobrenatural à manteiga (razão pela qual eu adoro viajar para lá), e a manteiga é salgada para preservar o frescor. Eu me apeguei a ela da mesma forma que a maior parte das pessoas.

Muitas marcas comerciais de manteiga vendidas na França oferecem manteiga *aux gros cristaux de sel*, com grandes cristais de sal entremeados – o suficiente para que sejam assimilados, mas não tanto

INGREDIENTES

que derretam durante a conservação. É minha manteiga preferida para a torrada matinal, com uma pincelada grosseira de mel de flor de trigo-sarraceno por cima. Você pode fazer sua própria manteiga misturando ¼ a ½ colher (chá) de sal marinho em flocos grandes com 1 barra (115g) de manteiga sem sal amolecida, e então resfriá-la.

Em confeitaria, porém, costumo usar manteiga sem sal, em grande parte porque é o que as pessoas esperam encontrar numa receita de bolo ou de cookie. A sabedoria antiga dizia que a manteiga sem sal era mais fresca. Hoje, entretanto, essa já não é uma questão, e geralmente uso manteiga com sal – até em receitas – e apenas reduzo ou tiro o sal da receita. (Para aqueles que quiserem fazer as contas, há aproximadamente ¼ de colher (chá) a cada 115g de manteiga.*) Se a receita pede apenas uma pequena quantidade de manteiga, como 2 a 3 colheres (sopa), pode-se usar manteiga com ou sem sal, exceto quando explicitado.

Queijo

Queijo não é um luxo; ele é considerado parte essencial da vida francesa. Assim como o vinho, o queijo é a expressão mais direta do *terroir*, o conceito de que um produto carrega determinados atributos de clima, solo e terreno onde é produzido. Esses aspectos fazem com que alguns queijos, ou outros produtos, se distingam. Eu estava fazendo uma degustação de vinhos com um amigo sommelier, e quando lhe perguntaram se o *terroir* era uma grande bobagem, ele reagiu como se sua alma tivesse sido arrancada e esmagada. Nos Estados Unidos também existe o conceito de *terroir*, mas ele não é identificado da mesma forma que na França. Se você não acredita em mim, experimente um Chardonnay da Califórnia e um produzido na França, e sinta a diferença. Quando se trata de queijos franceses, até onde sei, eles jamais foram – e jamais serão – reproduzidos com sucesso em qualquer outro lugar, apesar de haver grande número de ótimos queijos fabricados ao redor do mundo. Esteja ciente de que queijos populares, como o brie e o camembert, vendidos por toda parte, nem sempre são legítimos. Esses nomes nunca foram registrados, portanto, a menos que esteja identificado como brie de Meaux ou camembert de Normandie, não são iguais aos queijos autênticos, com a designação geográfica acompanhando o nome.

Há centenas de queijos franceses, e a maioria deles deve ser consumida ao natural (*ver* A hora do queijo, p.247). Alguns, entretanto, são em geral usados na cozinha. O queijo **Comté** é um dos mais populares na França, e eu o emprego regularmente em receitas. É um queijo de leite cru montanhês, de sabor amendoado, da região do Jura; **emmenthal**, **gruyère** e **Jarlsberg** são muito parecidos, e

---

* No Brasil, as barras de manteiga salgada pesam 200g e em geral contêm 2% de sal. (N.T.)

um pode substituir o outro. Nos Estados Unidos, queijos semelhantes são chamados genericamente de "queijo suíço" e podem ser usados em receitas que pedem Comté; procure comprar os de melhor qualidade possível.

Queijos azuis são produzidos introduzindo esporos e mofo no queijo, e deixando-o maturar, criando as veias onduladas de cor azul ou azul-esverdeada que os permeiam. Muitos possuem sabor adocicado, como o da gordura de manteiga, com um ligeiro azedo ao final. O **roquefort** é um tipo específico de queijo azul feito de leite de ovelha e inoculado com esporos e mofo de pão de centeio. Existem apenas sete produtores de roquefort, e seu sabor é diferente de todos os demais queijos azuis. Eu o utilizo na Salada de inverno (p.98), porque seu sabor particular faz toda a diferença, mas ele pode substituir qualquer queijo azul em outras receitas. Há queijos azuis muito bons fabricados em outros lugares, como Estados Unidos, Dinamarca e Reino Unido.

Queijos de cabra são extremamente populares na França. Queijos de cabra frescos e macios possuem textura similar ao cream cheese e são ideais para usar como pasta. Os que a França exporta são normalmente chamados queijos Montrachet, e há muitos queijos de cabra de qualidade produzidos em outros países. Os envelhecidos possuem sabor mais marcante e pungente, e desenvolvem uma casca mole. Apesar de deliciosos, seu sabor é muito forte para ele ser usado no lugar do queijo fresco, principalmente em sobremesas como o Cheesecake francês (p.302).

Muitas cidades têm butiques de queijo que são ótimos lugares para experimentar, aprender e comprar queijos. Feiras de produtores também são excelentes lugares para explorar e aprender.

Chocolate e cacau em pó

Com frequência me perguntam "Que país faz o melhor chocolate?", o que é uma pergunta inusitada, porque os grãos de cacau são colhidos em diversos locais ao redor do mundo, depois enviados para um lugar bem distante de onde crescem e se transformam em chocolate. Portanto, me parece esquisito acreditar que um país em particular possui um especial *je ne sais quoi* para transformar grãos de cacau em chocolate. Embora seja verdade que Suíça, Bélgica e França possuem uma história longa no fabrico da coisa, os Estados Unidos correram atrás do tempo perdido com uma "revolução" americana na produção de chocolate que expandiu a forma como muitos de nós enxergamos o produto. Hoje é possível encontrar fabricantes de chocolate de alta qualidade em diversos países ao redor do mundo, além dos já bem conhecidos. Assim, há muito existe um apreço pelos (e um mercado para) chocolates finos na França, portanto, muitos bons chocolates vêm sendo produzidos no país. Na Europa, eu uso chocolate europeu, apesar de haver muitas marcas maravilhosas vindas de outros continentes.

Para confeitaria, recomendo dar preferência aos **chocolates amargos** ou **meio amargos**, que possuem de 55 a 70% de cacau. Chocolates de mais alto teor, com mais de 70% de cacau, são muito ácidos e podem reagir de maneira imprevisível numa receita. Nos Estados Unidos, os termos *bittersweet* e *semisweet* referem-se ao mesmo tipo de produto, portanto um não é necessariamente mais amargo ou mais doce que o outro.

O chocolate sem açúcar normalmente é chamado de chocolate amargo; como não há adição de açúcar nem de manteiga de cacau, ele não deve ser usado em receitas que peçam chocolate meio amargo. Se você tem preferência por um chocolate e o usa com frequência para cozinhar, procure comprá-lo em grande quantidade, para ter sempre à mão. Não só é mais conveniente, como também mais econômico. Chocolate escuro dura muitos anos (se você conseguir manter as mãos longe dele) guardado em local fresco e sem luz – mas não na geladeira, onde a umidade pode estragá-lo.

Cacau em pó é produzido pressionando pasta de chocolate puro sem açúcar (chamado licor de chocolate) para remover a gordura. O cacau processado pelo método holandês teve os ácidos neutralizados e costuma ser mais escuro que o cacau em pó comum. Nunca vi cacau em pó comum na Europa, mas a maioria das opções vendidas nos supermercados nos Estados Unidos é cacau em pó comum, exceto quando especificado. Se tiver dúvida, confira a lista de ingredientes e veja se contém algum agente alcalinizante.

Cacau em pó natural, processado pelo método holandês ou comum, nunca tem açúcar. (Algumas pessoas ficam confusas quando veem "mistura para chocolate quente" com adição de leite e açúcar, ou "chocolate em pó", que é chocolate moído e contém açúcar.) Nas receitas deste livro, você pode usar o cacau sem açúcar comum e o processado pelo método holandês.

Apesar de eu não recomendar nenhuma marca de chocolate em particular, sou fã do cacau em pó Valrhona (método holandês), pelo sabor e a cor mais intensos que de outras marcas. É mais caro, porém acho que dá aos meus doces uma incrível injeção de cor e um sabor profundo de chocolate.

Creme de leite, leite, crème fraîche e iogurte

Uma das vantagens de se viver num país cujas conquistas agrícolas são celebradas (como o anual Salon de L'Agriculture em Paris, com quase 750 mil visitantes, numa cidade com uma população de pouco mais de 2 milhões) é a seleção de laticínios de alta qualidade. E muitos dos clássicos da culinária francesa fazem bom uso dessa dádiva, desde gratinados ricos em creme de leite até as ganaches utilizadas no recheio de chocolates.

Para cozinha e confeitaria, quase sempre uso **leite integral** e **creme de leite fresco**, e algumas vezes **half-and-half**. (Para os que não são dos Estados Unidos, *half-and-half* é uma mistura cuja proporção é aproximadamente metade leite integral, metade creme de leite.) Na lista de ingredientes de cada receita, eu indico quando se pode lançar mão do leite em lugar do creme de leite, ou se há outras opções. Mas se um deles está listado especificamente, não recomendo fazer substituições, porque você não vai ficar satisfeito com o resultado.

Crème fraîche é uma das glórias da França e pode ser encontrada em todo supermercado. Se você estiver na França, eu recomendo expressamente que vá a uma boa *fromagerie* e experimente a crème fraîche. Saboreá-la é uma experiência de vida. A crème fraîche francesa deixa um gosto limpo e untuoso, como de gordura de manteiga fresca, quando você dá uma colherada, e é tão incrivelmente rica que você pode pensar em requisitar a cidadania francesa. (Bem, pelo menos até ver a papelada.) Nos Estados Unidos e em outros lugares, os produtores de queijo estão fazendo sua própria crème fraîche, e você pode encontrá-la em bons supermercados, lojas de produtos naturais ou até na internet. Se não encontrar, pode fazer uma versão caseira (p.327).

Para todas as receitas que pedem iogurte, use os naturais e integrais, ou iogurte grego natural, quando indicado.

Ovos

Eu costumo brincar que sou um dos maiores consumidores de ovos de Paris, porque posso utilizar dúzias e dúzias (e dúzias) por semana. Vendedores e caixas de mercado sempre ficam impressionados quando eu chego para pagar carregando tantas embalagens de ovos. Além de me preocupar com a imagem que os vendedores franceses fazem de mim, também me tornei mais sensível à forma como as galinhas são criadas e como são produzidos os ovos. Na França, todos os ovos são marcados com um número: 0 ou 1 significam que são ovos caipiras; 2 significa que os ovos são de galinhas com uma área específica à disposição para circular; e 3 são ovos de galinhas criadas em cativeiro. Alguns supermercados começaram a banir ovos de galinhas criadas em cativeiro, e tenho feito esforço para comprar apenas ovos caipiras.

Sempre que pessoas de fora veem um ovo francês, com sua brilhante gema amarela como um sol, elas exclamam: "Por que não existem ovos assim onde eu moro?" Por sorte, está cada vez mais fácil encontrar ovos caipiras frescos. Se você quer ovos de qualidade, vá a uma feira de produtores ou a uma loja de produtos naturais, sobretudo se estiver preparando Shakshuka (p.154), Ovos assados com couve e salmão defumado (p.151) ou *Oeufs mayo* (p.103), receitas em que o ovo figura como ingrediente de destaque. Se for usar ovos crus, para *Le grand aïoli* (p.145) ou para uma Terrine de chocolate (p.287), compre-os num fornecedor de confiança. (Grávidas e pessoas com o sistema imunológico comprometido devem evitar o consumo de ovos crus.)

Peixe

Ao longo das últimas décadas, passei a ficar atento ao impacto que a pesca excessiva provoca nas reservas de determinados peixes. Embora ver um peixe repousando sobre reluzentes cristais de gelo nas feiras livres de Paris continue a ser tentador para mim, não consigo ignorar o sentimento de culpa que tenho diante de um prato de atum vermelho, não importa quanto eu o deseje. Portanto, procuro variedades sustentáveis de peixe, como atum do País Basco, bem como sardinhas e cavalas, que são também mais saborosas, saudáveis e baratas.

Nas receitas que levam peixe, como os Ovos assados com couve e salmão defumado (p.151) e a Brandade de bacalhau (p.144), recomendo procurar opções selvagens ou sustentáveis. Vale lembrar que muitos tipos de bacalhau salgado são feitos com espécies mais sustentáveis que o bacalhau do Atlântico, como o hadoque, o escamudo e o bacalhau polar.

Farinha

Todas as receitas deste livro que pedem farinha usam **farinha de trigo comum**, exceto quando especificado, e foram testadas tanto com farinhas de origem francesa (tipo 65) quanto americana. A **farinha para bolo** possui uma moagem mais fina, um sabor ligeiramente mais ácido e proporciona texturas mais delicadas. Pode ser encontrada na maioria dos supermercados. Você pode preparar algo bastante razoável usando um copo (140g) de farinha de trigo comum e substituindo 2 colheres (sopa) da farinha por 2 colheres (sopa) de amido de milho, e peneirá-los juntos três vezes.

A **farinha para pão** é mais forte, com alto teor de proteína, indicada para a panificação, e eu a utilizo no Pão multigrãos (p.241). Se você não tem acesso a farinha para pão, mas planeja assá-los com frequência, pode acrescentar 1 colher (chá) de glúten de trigo vital (disponível em lojas de produtos naturais e na internet) a 1 xícara (140g) de farinha de trigo comum.

A **farinha de grão-de-bico** (também conhecida como gravanço, nome de um grão-de-bico grande) é feita de grão-de-bico moído e usada na receita de Suflês de panisse (p.245). Ela não contém glúten e pode ser encontrada em lojas de produtos naturais ou na internet, bem como em casas especializadas em produtos indianos ou do Oriente Médio.

Alho

Corre uma noção equivocada de que todos os franceses amam alho. No Sul, é verdade, o alho é usado livremente. Mas os parisienses costumam torcer o nariz para o cheiro de alho na panela, e também não são lá muito fãs de ficar com bafo de alho depois de comer. Nas poucas vezes em que sirvo qualquer coisa com alho cru, as pessoas em geral olham com desconfiança. Mas, no fim das contas, todo mundo parece não encontrar problema para raspar o prato. Assim como *les provençaux*, os americanos gostam muito de alho; usamos quantidades absurdas para cozinhar e também o apreciamos cru.

O alho tem época, é bom na primavera. É quando está mais doce e saboroso. As primeiras cabeças desse alho mais suave que aparecem no mercado possuem casca úmida e branca, e não ressecada, parecendo papel, porém delicada e difícil de descascar (vale a pena o esforço). Pouco depois surge o alho aromático, de casca violeta, e é nesse momento que mais uso alho na cozinha – quando ele está em sua melhor forma.

Quando for comprar alho, veja se os dentes estão bem duros, o que indica frescor. Se posso, dou uma boa apertada na cabeça antes de comprar, para me certificar de que estou levando o alho mais fresco. Evito alho transportado de longas distâncias por diversas razões, mas principalmente porque ele não costuma ter muita personalidade. (Em geral, é possível avaliar conferindo a base; se estiver excessivamente limpa, sem nenhum traço da raiz ou de terra, provavelmente o alho veio de algum lugar bem distante.) Assim como com qualquer outro produto fresco, insisto em que você preste atenção às estações; e, apesar de o alho estar à disposição o ano inteiro, ele é melhor na primavera, mantendo o pico de qualidade até o início do outono.

Eu uso alho de duas formas: em fatias finas ou picado. Alho fatiado não queima com facilidade, ao passo que alho picado cozinha muito rápido e explode em sabor (e tende a escurecer) quase imediatamente. Para usar alho fresco, separe os dentes um a um, e apare a base dura. Apoie a lateral de uma faca de chef ou de um cutelo sobre o dente, de forma que a lâmina fique paralela à tábua (com o fio virado para o lado oposto a você) e dê uma batida na lateral da lâmina até que o dente de alho quebre um pouco, deixando a casca mais solta.

Retire a casca e corte o dente ao meio no sentido do comprimento; se houver um germe verde, remova-o e fatie finamente ou pique o alho com uma faca de chef. (Algumas pessoas gostam de esmagar o dente de alho com a lateral de um cutelo até que ele esteja "picado", mas esse método pode liberar alguns compostos amargos, portanto, prefiro picá-lo com a faca mesmo.) Para fazer molhos como o vinagrete de alho (*ver* Variação na p.96), que leva alho cru, caso você tenha um ralador comprido e fino pode ralar o alho, o que resulta em pedaços bem pequenos, além de a tábua não ficar com cheiro.

INGREDIENTES

Ervas

Os franceses recorrem muito às ervas. As mais comuns são **tomilho**, **louro**, **salsinha**, **coentro**, **cerefólio**, **hortelã** e **cebolinha**, que estão sempre disponíveis em feiras e mercearias. **Alecrim**, **estragão**, **endro**, **sálvia** e **segurelha** são menos usados por cozinheiros parisienses, mas todos têm seu lugar. (Por algum motivo, orégano e manjerona continuam difíceis de encontrar.) No verão, o **manjericão** aparece em molhos pequenos e folhosos, e, sempre que os encontro em oferta, em grande quantidade, compro o máximo que consigo e me refestelo de pesto e *Soupe au pistou* (p.92).

Ervas frescas devem ser lavadas para retirar toda a sujeira, mas evito lavar tomilho, sálvia e alecrim, visto que alguns óleos (ou seja, sabor) podem ser eliminados. Uma passada de dedos pelas folhas pode lhe dar a indicação de que precisam mesmo ser lavadas ou não. As folhas do manjericão devem ser separadas dos caules, lavadas numa tigela de água gelada e depois secadas com cuidado. Eu uso uma centrífuga de salada. Não posso dizer que alguma vez vi um cozinheiro francês medir as ervas, mas, na maior parte das vezes, informo as quantidades precisas. Sinta-se à vontade para utilizar mais ou menos, *au pif* (ver p.11).

Como a culinária francesa é mais dependente dos sabores das ervas que outras cozinhas, eu quase sempre uso ervas frescas. Se você quiser substituí-las por ervas desidratadas, utilize metade da quantidade indicada. Ervas desidratadas variam em qualidade e potência, portanto, se for empregá-las, procure comprar as de boa qualidade. Uma vez participei de uma degustação de ervas desidratadas de uma empresa de temperos e fiquei chocado com as diferenças entre as marcas. Use as ervas desidratadas no máximo até um ano depois de aberta a embalagem e guarde-as no armário, protegidas da luz.

Carne

Se você morar na França, inevitavelmente vai se apaixonar por um açougueiro. Sim, mesmo que você seja vegetariano. Há algo de implacavelmente sexy neles. Será o avental de algodão típico, mal ajustado num dos ombros? O jeito insolente com que seguram um pernil de cordeiro para você avaliar? Ou a forma com que manejam aquelas facas superafiadas com precisão milimétrica, enquanto extraem graciosamente *un petit filet* de uma peça macia e suculenta de filé-mignon especialmente para você? Eu não como muita carne, mas mesmo assim invento motivos para ir ao açougue com mais frequência do que deveria. As mulheres francesas parecem ter uma conexão especial com os açougueiros; acho que são os únicos homens com os quais elas se sentem à vontade para flertar abertamente. E, para falar a verdade, também não tenho nenhum problema quanto a esse aspecto.

Os franceses consomem muita carne bovina, pois acreditam que essa carne vermelha rica em ferro é imperativa para a boa saúde. (Carne de cavalo também é muito popular, entretanto ainda não fui capaz de transpor essa barreira.) Na França, "carne" (*viande*) significa carne de boi, e meus amigos vegetarianos em visita são regularmente surpreendidos quando pedem um prato sem carne e recebem alguma coisa contendo cordeiro ou bacon. Por muitos anos, a ideia de não comer carne foi algo impensável para os franceses, mas o conceito começou a cair no senso comum – no entanto, os franceses não são tão criativos na culinária vegetariana quanto outras culturas, porque eles não a enxergam como uma esfera de ação criativa.

Fui vegetariano por muitos anos; hoje, entretanto, me pego chafurdando num prato de *Steak frites* (p.206) em casa de vez em quando, ou vou a um bistrô que eu sei que o prepara corretamente. Quando acompanho amigos não franceses a um bistrô, é uma luta explicar as equivalências dos cortes de carne americanos. Por fim, percebi que isso não era possível, porque a carne é de fato cortada de outra forma. Então, comecei a carregar fotos de uma vaca, com linhas pontilhadas indicando onde e como ela é cortada, e deixo meus amigos se virarem sozinhos.

Apesar de os bifes serem populares, os franceses ficam felizes em usar cortes de carne mais baratos, que são mais saborosos que filé-mignon e outros cortes de primeira. O mesmo vale para cordeiro e porco, dos quais a paleta, a canela e as costelas são tão populares – se não mais até – quanto os demais cortes.

Não sou especialista em carnes, portanto, assim como os franceses, confio na competência do meu açougueiro local. Um bom açougueiro irá cortar a carne sob demanda; e pedindo com um pouco de antecedência, você consegue o que quiser. Para cortes menos glamorosos, mercearias asiáticas e mexicanas oferecem carnes boas para preparar assados e ensopados.

Mostarda

Mostarda Dijon, preparada a partir de uma seleção de especiarias moídas e vinagre, é o tempero indispensável encontrado em toda cozinha francesa e em toda mesa de bistrô. Uma colherada é imprescindível no Vinagrete (p.335), e é o tempero de pratos como Frango com mostarda (p.169) e *Carbonade flamande* (p.198). Embora pareça durar muito tempo, a mostarda Dijon logo perde a pungência depois que o pote é aberto. Mostardas devem ser guardadas na geladeira, e para obter o melhor sabor certifique-se de que ela está fresca. Note que algumas marcas de mostarda Dijon não são realmente produzidas em Dijon; o nome refere-se a um estilo de mostarda altamente condimentada e que costuma levar vinho branco.

Óleo e azeite

De tempos em tempos, surge um estudo desautorizando o que um estudo anterior havia provado conclusivamente há alguns anos, demonizando um óleo e ungindo outro como algo carregado de benefícios para a saúde. Então, mais alguns anos depois, um novo estudo aparece para provar o exato oposto. Não sei você, mas eu não consigo acompanhar!

Por muitos anos usei apenas azeite de oliva, até trabalhar para um *restaurateur* que insistiu em que eu reproduzisse o sabor de um molho de salada pelo qual seu restaurante anterior se tornara famoso. Foram necessárias algumas semanas de experimentos (sim, isso mesmo, para um molho de salada aparentemente simples) até eu me dar conta de que o azeite de oliva se sobrepunha ao sabor dos outros ingredientes. Quando preparei uma leva do molho com um óleo vegetal neutro, o rosto do homem imediatamente brilhou, e eu ouvi as palavras mágicas: "Você conseguiu."

Em Paris, experimentei muitos molhos excelentes que usavam óleos de paladar neutro. Eu me inspirei neles e de vez em quando preparo meu Vinagrete (p.335) com óleo de girassol, de **cártamo** ou de **colza** (canola), extraídos de plantas similares à mostarda que crescem nos arredores de Paris. Eu compro de produtores locais, que os extraem a frio.

Tenho sempre, no mínimo, dois **azeites de oliva** extravirgens à mão: um para cozinhar – relativamente barato – e outro para temperar e acrescentar a molhos e pastas. A melhor forma de avaliar um azeite? Prove-o. Esqueça o país de origem, a garrafa sofisticada ou o adesivo que diz que ele ganhou "medalha de ouro" em algum lugar. (Algumas dessas competições têm mais a ver com marketing do que distinguir o melhor produto.) Para além de todo oba-oba, o melhor azeite é aquele do qual *você* gosta. E a melhor forma de se certificar de que está adquirindo um azeite de boa qualidade, não adulterado, é comprá-lo direto do produtor ou de uma fonte confiável. Eu sempre uso azeite extravirgem.

O azeite de oliva, bem como os óleos de girassol, de cártamo ou de canola, devem ser guardados em local escuro e arejado. Evite deixá-los perto do forno ou do fogão, porque o calor faz com que se deteriorem mais depressa.

Eventualmente, eu uso óleos de oleaginosas como nozes ou avelãs. Um simples fio de qualquer um deles sobre umas folhas de espinafre com uma pitada de sal marinho em flocos rende uma salada rápida e perfeita. Compre óleos de oleaginosas em garrafas pequenas, de um fornecedor que renove o estoque com frequência, porque eles logo deterioram. Uma marca muito boa é a J. Leblanc, produzida na Borgonha e prensada em pequenos lotes. Guarde esses óleos na geladeira e procure usá-los no máximo até seis meses depois de abertos.

INGREDIENTES

Pimenta

Pimenta-do-reino preta deve ser sempre comprada em grãos e moída somente na hora de usar. Se vou cozinhar muitas coisas, trituro um pequeno punhado no pilão e vou pegando conforme o necessário. Existe uma miríade de pimentas-do-reino pretas à disposição, e sugiro que você faça como eu e vá até uma loja de temperos para cheirá-las.

Confesso que uso muito mais **pimentas vermelhas em pó** que a maioria dos cozinheiros franceses, porque gosto do leve toque picante que acrescentam à comida. Essa foi uma coisa que aprendi com uma cozinheira italiana, que as utiliza no lugar da pimenta-do-reino preta. (Ela me disse que é um hábito que vem desde os tempos em que as especiarias importadas, como a pimenta-do-reino, eram altamente taxadas, ao passo que as pimentas vermelhas eram cultivadas e desidratadas localmente.) Se utilizada em quantidades discretas, elas acrescentam um calor sutil, e o contraste faz os outros sabores se destacarem muito bem.

A nomenclatura pode ser um pouco confusa. Pimenta chilli em pó é feita de pimentas desidratadas moídas, e às vezes contém outras especiarias. **Pimenta chilli vermelha em pó** é feita apenas de pimentas moídas e pode variar em graus de ardência e defumação, dependendo da variedade utilizada. **Pimenta-caiena** em pó é a mais conhecida, feita somente com a variedade que lhe dá nome – e muito picante. Apesar de não serem nada francesas, às vezes uso pimentas ancho ou chipotle em pó no lugar da pimenta-caiena, quando quero um sabor mais defumado, como no Porco defumado ao estilo barbecue (p.190).

Mais perto de casa, gosto de usar a **piment d'Espelette**, uma pimenta seca em pó do País Basco. É excelente, mas cara – até na França. Utilizada na culinária basca, não é exageradamente picante, mas muito saborosa. A cor e o sabor tendem a desaparecer poucos meses depois de aberto o pote, portanto ela deve ser consumida logo.

Pimentas em pó variam de acordo com a marca e a variedade da pimenta. Uso muitas variedades distintas; algumas eu compro em lojas de especiarias na França, outras trago de viagens a lugares como Espanha, México e Califórnia. Algumas têm sabor defumado-adocicado, outras são *très piquantes*. Utilizo pimenta-caiena na maior parte das receitas porque é a mais fácil de encontrar, mas sinta-se à vontade para usar a quantidade e o tipo que agradem ao seu paladar.

Pimenta-do-reino branca é o tipo de condimento que as pessoas não costumam ter em seus armários. Passei a gostar dela porque tem um paladar mais marcante que a preta e funciona melhor em pratos menos coloridos, como o Purê de batatas (p.216) e a Sopa de aipo-rábano (p.106). Eu compro grãos de pimenta-do-reino branca em pequena quantidade e moo conforme a necessidade, porque não a emprego com muita frequência. Vale a pena procurar grãos de pimenta de Penja, em Camarões.

CUISINE SURGELÉE

A pergunta que talvez eu escute com maior frequência sobre receitas é: "Isso pode ser congelado?" Apesar de haver lugares que vendem comida congelada (*cuisine surgelée*) em Paris, praticamente não se ouve falar de pessoas que congelam comida em casa. (A mãe de um amigo me olhou incrédula quando eu lhe disse que se pode congelar pão.) Com algumas exceções, se você vai dar um jantar, tudo será feito no mesmo dia. Não conheço ninguém que faria qualquer coisa com mais de um dia – no máximo – de antecedência para servir a si mesmo ou aos convidados.

Há muito poucas coisas que ficam melhores depois de passar algum tempo congeladas, portanto tendo a fazer como os franceses e contar menos com meu freezer e mais com servir comida a mais fresca possível. Entretanto, é comum corrermos contra o tempo, e nem todo mundo pode se dar ao luxo de gastar o tempo necessário ao preparo de uma refeição. Dessa forma, indico quando alguma receita pode ser preparada com antecedência e, em alguns casos, se pode ser congelada.

Xarope de romã

O xarope de romã é obtido pela redução do suco ácido da romã até se obter um xarope espesso e azedo. Eu uso um toque no Homus de beterraba (p.58) e na Salada de trigo em grão com radicchio, raízes e romã (p.240), para acrescentar uma nota adocicada sutil, mas presente. Às vezes é chamado simplesmente de molho de romã e pode ser encontrado em lojas especializadas em produtos do Oriente Médio. Também fica incrível colocar um fio sobre o *Moutabal* (p.64), o Homus (p.60) e – talvez o mais inusitado – sobre o Sorvete de amêndoas de damasco (p.312).

Sal

Quando comecei a cozinhar, se alguém me dissesse que um dia eu iria pagar mais de US$0,39 por um pacote de sal, teria dito que essa pessoa era louca. Hoje, você encontra pelo menos seis tipos de sal na bancada onde eu cozinho, e pelo menos mais uma dúzia no armário, reunida em minhas viagens.

A primeira vez que entendi o que torna um sal melhor que outro foi quando estava na cozinha de minha amiga Susan Loomis, que mora na Normandia e dá aulas de culinária. Ela nos ofereceu para experimentar alguns flocos de flor de sal de Guérande, depois alguns cristais de um sal de mesa comum, do tipo que fica nos saleiros dos restaurantes. Minha boca foi tomada de tal forma pelo gosto amargo e de produtos químicos do sal de mesa que ele é um dos poucos ingredientes que eu não consigo mais comer nem usar.

Apesar de eu ser sobrecarregado de sal, as pessoas normais na verdade precisam de apenas dois tipos: um para cozinhar e outro para temperar. Eu uso **sal marinho** para cozinhar. Na França, temos o sal cinza, rico em minerais e que vem em cristais grossos ou finos. Apesar de não ser exatamente a mesma coisa, o **sal kosher** também é bom para cozinhar.

Eu polvilho sal de finalização sobre saladas, legumes e até chocolate (como aperitivo, com um pouco de azeite de oliva). **Sal marinho em flocos**, como o Maldon da Inglaterra, é muito popular na França; é vendido em caixas e tem cristais achatados e irregulares. Eu o utilizo, mas não com a mesma frequência que a **flor de sal**. Este sal altamente valorizado é colhido à mão, cuidadosamente escumado da superfície de salinas durante a maré baixa. O melhor é a *fleur de sel de Guérande*, colhida na costa do Atlântico quando as condições climáticas são ideais. Outros países adotaram a denominação *fleur de sel*, portanto, é possível encontrar sais similares de Portugal, da Espanha e de outros lugares.

É duro convencer as pessoas a gastar mais em sal do que estão acostumadas. Mas eu cozinho bastante, e mesmo assim meu orçamento de um ano para o sal é menor que o preço de alguns *cafés crèmes*.

Sugiro que você se familiarize com os tipos de sal que tiver à mão, prove a comida e tempere com sal a gosto. Se ficar em dúvida, coloque menos sal do que o recomendado na receita, e sempre pode adicionar mais depois. Contudo, é complicado catar todos aqueles cristaizinhos quando eles já estão misturados.

Chalotas e alho-poró

Os franceses usam chalotas com frequência, e toda cozinha possui um pequeno *filet* (um saco de rede) de chalotas pendurado em algum canto. A maior parte das chalotas francesas é bem pequena; normalmente, menores que uma ameixa. Chalotas possuem uma doçura suculenta e oferecem um sutil sabor de cebola aos pratos, mas sem a intensidade da cebola, portanto podem ser usadas cruas. Uma chalota típica pesa cerca de 20g — assim, se você só conseguir encontrar chalotas maiores, use isso como orientação para as receitas deste livro. Chalotas devem ser sempre descascadas, fatiadas e finamente picadas, a menos que indicado de outra forma.

O alho-poró é o alicerce de muitas sopas e ensopados franceses clássicos. Ele costuma ser refogado em manteiga e proporciona um sabor mais robusto e mais equilibrado que o da cebola. O mais famoso prato francês com alho-poró é o *Poireaux vinaigrette* (p.88), que consiste numa travessa de alhos-porós cozidos no vapor (ou escalfados) e encharcados de molho à base de mostarda. Essa é uma das receitas mais emblemáticas da culinária francesa.

Para lavar e preparar o alho-poró, apare as raízes bem no ponto onde se encontram com a base, deixando o caule intacto. Corte as folhas verde-escuras e quaisquer folhas verde-claras mais duras. Para limpá-lo, faça quatro cortes nas laterais, no sentido do comprimento, chegando até quase o centro, mas deixando o alho-poró inteiro e a raiz intacta. Coloque o alho-poró de molho em água gelada por cerca de 15 minutos, virando-o de vez em quando para retirar qualquer sujeira ou terra. Enxágue em água corrente e seque com um pano.

Caldo

Os recém-chegados a Paris inevitavelmente perguntam: "Onde posso encontrar caldo enlatado?" Ao que eu respondo: "Em lugar nenhum!" Os franceses preparam o próprio caldo ou recorrem a caldo em cubinhos.

Nunca consegui fazer a transição para *le cube*, que faz tudo ficar com o gosto daquela mistura pronta para ramen, o macarrão chinês, portanto passei a preparar meu próprio Caldo de frango (p.326), que é muito fácil de fazer e pode ser congelado para uso futuro. Se você não tiver um bom caldo, água é uma alternativa melhor que a maioria das marcas enlatadas. Apesar de nunca ter usado, algumas pessoas apreciam as marcas que vêm em caixas (em embalagens esterilizadas),

e descobri que Better than Bouillon, um *fond blanc* (caldo reduzido) vendido em supermercados americanos, é *pas mal*.

Açúcar

Nas receitas que pedem açúcar, isso significa **açúcar refinado**. O **açúcar de confeiteiro** é moído numa textura mais fina e contém uma pequena quantidade de amido de milho para evitar a formação de grumos. O açúcar mascavo pode ser encontrado nas variedades clara ou escura e deve ser usado exatamente segundo o especificado. Deve-se prensar muito bem o açúcar mascavo no copo medidor para se obter a medida correta, ou então pesá-lo.

Vinagre

O vinagre é tão importante para um bom Vinagrete (p.335) quanto o azeite. A qualidade do azeite de oliva costuma receber a maior parte da atenção, enquanto a do vinagre é subestimada. Por sorte, ao contrário do azeite, mesmo vinagres muito bons não são caros, e usar vinagre de boa qualidade irá melhorar radicalmente a qualidade da sua cozinha.

O vinagre que eu mais uso em molhos de salada é o **vinagre de xerez**. Produzido pelos espanhóis e envelhecido em barris de carvalho no mínimo por seis meses, é sabidamente o vinagre mais popular na França. É um pouco mais suave que o vinagre de vinho tinto, com um toque delicado e agradável de madeira. Para o dia a dia, não é preciso usar um vinagre envelhecido por muito tempo.

A outra garrafa que eu uso bastante é do **vinagre de vinho tinto**. Ela possui uma acidez mais tangível que a do vinagre de xerez, e seu sabor estimulante proporciona um molho mais saboroso. Uma colherada também pode dar vida a um ensopado, como o *Coq au vin* (p.177), agindo como contraponto num molho mais encorpado. Quando procuro um sabor mais frutado, uso **vinagre de maçã**. Existe um bom número de plantações de maçã nos arredores de Paris, e sempre compro meu vinagre na barraca de maçãs na feira.

Passei a depreciar o sabor doce e viscoso do vinagre "balsâmico", que se tornou a base recorrente em muitas saladas, mesmo na França. A maioria das marcas baratas é colorida e flavorizada artificialmente. O verdadeiro **vinagre balsâmico** deve ser envelhecido pelo menos por doze anos, e o preço vai fazer você segurar com cuidado extra a garrafinha minúscula. Eu costumo ficar longe dos vendidos no supermercado, mas de vez em quando o acrescento a molhos em que quero um pouco mais de corpo e um toque azedo, como na Polenta com trigo-sarraceno, vegetais refogados, linguiça e ovos poché (p.158).

INGREDIENTES

Equipamentos

VOCÊ NÃO PRECISA DE UMA BATELADA DE UTENSÍLIOS PARA PRE-parar comida francesa, e não é complicado reunir uma *batterie* funcional de equipamentos. Por sorte, a maioria dos itens de que você necessita provavelmente já está na sua casa. Aqui vão alguns que mantenho na minha cozinha em Paris – as panelas, as frigideiras e o equipamento que utilizei nas receitas deste livro.

Refratários

Refratários são rasos e largos, com bordas de pelo menos 5cm de altura. Muitos dos vendidos ao redor do mundo são de marcas francesas, como Le Creuset, Emile Henry e Staub. Pyrex e CorningWare são empresas americanas que fabricam refratários acessíveis, e há outras. Eles podem ser feitos de diferentes materiais: cerâmica, barro, ferro fundido esmaltado (*fonte*), porcelana e vidro. É sempre preferível usar refratários com bordas altas, e os mais largos garantem que você consiga superfícies mais perfeitamente douradas. Colocar o refratário sobre uma travessa forrada com papel-alumínio na hora de levar ao forno é uma boa ideia para evitar possíveis respingos.

Alguns materiais esquentam mais rápido que outros, portanto, tenha em mente que o tempo de forno pode variar de acordo com isso. Use o tamanho exato indicado na receita e confira as recomendações do fabricante sobre a temperatura máxima de cozimento.

Assadeiras

Minhas assadeiras são de 33×45cm, formato conhecido como *half-sheet* entre padeiros e confeiteiros americanos. Eu trouxe as minhas para a França, e gosto tanto delas que tive de comprar um forno maior que o padrão europeu! Para a maior parte dos usos em confeitaria, como cookies e biscoitos, você pode utilizar as assadeiras que tiver. Uma exceção é o *Bûche de Noël* (p.319), cujas camadas de massa exigem um tamanho específico. Para evitar que cookies e outras preparações grudem, forre as assadeiras com papel-manteiga ou tapete de silicone próprio para confeitaria, conforme indicado na receita.

Fôrmas de bolo

Para receitas de bolo, indico fôrmas com fundo removível, que são boas para desenformar bolos delicados, como o Cheesecake francês (p.302). O diâmetro padrão das fôrmas de fundo removível varia de 22cm a 25cm. Minhas preferidas possuem fundo de vidro, o que facilita na hora de servir, já que você não precisa descolar o bolo do fundo. Ignore as instruções que vêm junto com fôrmas "à prova de vazamento"; a maioria tende a vazar, não importa quanto acreditemos no contrário.

Recomendo forrar o fundo e as laterais da fôrma com uma ou duas folhas grandes de papel-alumínio sempre que for usá-la.

Caçarolas

Toda cozinha na França tem uma *cocotte* grande, ou uma caçarola de ferro fundido. (Em inglês usam-se também os termos *Dutch-oven* ou *French-oven*.) Recomendo usar uma grande, de pelo menos 6 litros. As melhores são feitas de aço inoxidável, de alta durabilidade, ou de ferro fundido esmaltado. Cobre também funciona bem, mas é um investimento maior e requer certa manutenção, em especial quando o revestimento começa a se desgastar.

Certifique-se de que as panelas e frigideiras sejam feitas de material não reativo; evito panelas de alumínio, exceto se for anodizado (com a parte interna escura e exterior polido), porque o alumínio não anodizado reage de forma indesejada com determinados alimentos, principalmente cítricos, tomate, vinagre, vinho e outros ingredientes ácidos.

Mixer e liquidificador

Eu costumo usar um mixer de mão para bater sopas. Há anos eles são populares na Europa, um pouco menos nos Estados Unidos. Também tenho um liquidificador, que faz um trabalho muito bom quando quero obter uma textura incrivelmente delicada. O mixer de mão é mais prático de usar, e você pode bater a sopa direto na panela, portanto há menos coisa para lavar. No entanto, acho difícil alcançar a mesma delicadeza que se obtém com o liquidificador. Jamais encha o copo do liquidificador além da metade quando for bater ingredientes quentes, como sopa; o vapor pode fazer a tampa saltar e provocar acidentes (e uma sujeira).

Processador de alimentos

Eu uso meu processador regularmente para fazer pastas, como o Homus (p.60) e o Caviar de berinjela (p.66). É importante manter as lâminas afiadas; substituí-las quando ficam cegas é uma forma econômica de fingir que você ganhou um processador novo em folha!

Facas

Existem três tipos essenciais de faca que você precisa ter em sua cozinha: uma faca comprida de chef, uma faca pequena de legumes e uma faca serrilhada de pão. Se você não tiver uma boa faca de pão, será expulso da França a pontapés. Facas de boa qualidade tornam

bem mais prazeroso o ato de cozinhar, e também mais seguro, visto que a lâmina afiada escorrega menos no alimento a ser picado ou fatiado. Você pode levar suas facas a um amolador profissional quando elas ficarem cegas, ou mantê-las com corte usando uma chaira ou algum outro afiador doméstico.

Escolha facas que tenham cabos confortáveis de segurar e nunca, jamais, ponha as facas no lava-louça. Quem fizer isso na minha cozinha é banido dela para sempre.

Pilão

O pilão é uma ferramenta essencial para fazer um bom *pistou* (p.92), e é o utensílio clássico para o preparo do aïoli (p.145) e da tapenade (p.57). Ele também é excelente para triturar especiarias. Os melhores pilões são feitos de pedras grossas e pesadas, como mármore ou granito, que os mantêm estáveis enquanto você esmaga alguma coisa neles com selvageria. É possível encontrar pilões tailandeses baratos em lojas de produtos orientais.

Misturador de massa

O misturador de massa é um pequeno utensílio com lâminas que rapidamente corta a manteiga e mistura-a à farinha para preparar massas de confeitaria. Eles não são muito utilizados na França, mas recorro a um quando quero preparar minhas próprias massas.

Ramekins

Eles são usados para assar os Bolos individuais de chocolate com doce de leite e flor de sal (p.261), bem como o Suflê de queijo, bacon e rúcula (p.139). Eu utilizo os ramekins clássicos de porcelana branca, com 125ml de capacidade, mas serve qualquer pote refratário de tamanho aproximado. Num aperto, já usei xícaras de café grossas, refratárias, para assar pudins e bolos individuais.

Recorre-se tradicionalmente aos ramekins no preparo de crème brûlée, porém me rendi à versão francesa, servida num refratário individual (redondo ou oval), cuja superfície mais ampla torna maior a proporção de caramelo crocante em relação ao creme, o que me agrada.

Panelas e frigideiras

Já usei um bocado de utensílios de cozinha ao longo da vida. Morando em Paris, durante a transição das cozinhas profissionais para uma pequena cozinha doméstica, aprendi a manter em casa apenas aquilo de que eu preciso de verdade. (Se mudar algumas vezes, especialmente de um país para outro, sempre faz você repensar suas necessidades.) Não importa como você decida equipar sua cozinha, compre sempre utensílios da melhor qualidade que puder pagar. Suas panelas e frigideiras terão melhor desempenho, irão durar mais, serão mais fáceis de limpar e, a longo prazo, vão lhe poupar dinheiro. Também farão com que cozinhar e assar seja muito mais agradável.

Tradicionalmente, os bons cozinheiros franceses usam panelas de cobre ou de ferro fundido esmaltado. Porém, embora os dois materiais funcionem bem, e eu mesmo tenha muitos exemplares na minha cozinha, eles exigem certa manutenção. Panelas de fundo triplo, como as da All-Clad, têm boa performance, e as alças se mantêm frias no fogão. Nas receitas deste livro, a panela pequena tem capacidade de 1 a 2 litros, a média, de 2 a 4 litros, e a grande, mais de 4 litros.

Eu uso frigideiras para preparar salteados no fogão. A frigideira média tem entre 25cm e 30cm de diâmetro, e a grande é de qualquer tamanho acima deste. Você pode usar tanto as tradicionais quanto as antiaderentes, exceto quando especificado. Se decidir comprar uma frigideira "verde" ou "sustentável", procure as feitas de material pesado; as de metal fino entortam, o que logo danifica o acabamento.

Batedeira

Em meu primeiro apartamento em Paris, com uma cozinha minúscula, tentei viver sem batedeira. Depois de um ano, percebi que, não importa quão precioso seja o espaço, eu tenho de arrumar um canto para a batedeira.

Os três acessórios que vêm com a maioria das batedeiras são o batedor pá (para misturas e cremes), o gancho (para massa de pão) e o balão (para ovos). Quando uma receita pode ser batida à mão, indicarei isso especificamente.

Petiscos

MISE-EN-BOUCHE

Meu momento preferido do dia é quando começa *l'heure de l'apéro*. Não existe uma *heure* (hora) predeterminada, mas ela indica que o dia está terminando e você já está pronto para relaxar bebendo alguma coisa, talvez com alguns petiscos, antes de se sentar para jantar.

O anfitrião do primeiro jantar ao qual fui convidado em Paris me disse que o evento começaria às oito horas da noite. No entanto, ele completou com: "Sabe, em Paris não se deve jamais chegar na hora. Isso é *très impoli*. Você deve sempre chegar vinte minutos depois." Para alguém que passou a vida inteira como confeiteiro profissional, sempre se atendo ao timer, foi difícil me acostumar a *não* chegar exatamente na hora marcada. Até hoje fico horas dando voltas nos quarteirões de Paris à espera de que se passem os "vinte minutos no mínimo" para eu finalmente tocar a campainha.

Já há uma década em Paris, fiz muitos amigos parisienses e os recebi em casa frequentemente. Em termos de atraso, aprendi que na verdade os vinte minutos são condiderados o mínimo absoluto. Tenho amigos tão habituados a se retardar ao extremo que agora aviso "Vamos nos sentar para comer às nove" porque eu ficava desolado em assistir à comida estática no forno, esperando pelos convidados atrasados. Em alguns casos, *l'heure* se transformou em *les heures*, durante as quais foram consumidas algumas taças a mais *des apéritifs*. No momento em que finalmente todos chegavam, eu já não estava mais em condições de servir nada a ninguém.

A seleção de bebidas servidas durante *l'heure de l'apéro* pode incluir vinhos, cervejas ou aperitivos. Os parisienses às vezes tomam vinho do Porto branco como drinque pré-jantar, e *le whisky* se tornou bastante popular, com o Cinzano e o Martini & Rossi, ou apenas "martíni", que surpreende os estrangeiros quando eles recebem um copo baixo e largo com vermute tinto, em vez de um coquetel puro, embora gelado. A cerveja fez notáveis incursões na cultura dos cafés, e é muito mais comum ver copos coroados de espuma nas mesas durante as primeiras horas da noite do que taças de vinho, principalmente entre os mais jovens. Minha escolha continua a ser o vinho, normalmente uma taça gelada de rosé no verão e um branco do Loire ou um tinto não muito complexo no resto do ano. Champanhe, claro, cai bem em qualquer época, bem como o Crémant d'Alsace, um espumante francês tão acessível que pode transformar o mais informal dos encontros em uma ocasião festiva.

Como um barman uma vez me disse, me empurrando uma tigela com pretzels meio comidos no balcão: "*Voilà*... é bom ter alguma coisa para beliscar com a bebida." Admirei o gesto, mas prefiro servir algo mais requintado aos meus convidados. Claro, se estiver atarefado, pode ser uma tigela de pretzels (de uma embalagem aberta na hora) ou algumas nozes e castanhas salgadas. Em outras ocasiões podem ser fatias de linguiça curada com azeitonas Lucques. Ou monto uma travessa com rabanetes, flor de sal e um presunto cru em fatias finas. Como os franceses não possuem propriamente a cultura do "lanchinho" (lembro do pai de um amigo francês ficar chocado quando me flagrou comendo entre as refeições!), muitas das pastas mostradas neste capítulo são adaptadas de outras culturas que se estabeleceram na França e têm o hábito de beliscar tanto quanto eu.

Quando estou me sentindo um pouco exótico, bato no processador um pouco de *Dukkah* (p.81), que sempre tenho à mão, com azeite de oliva para fazer uma pasta instantânea, servida com fatias de baguete, palitinhos de cenoura ou tiras de pepino. Se me planejei com antecedência (ou guardei um pouco no congelador), posso ter algumas rodadas de um amanteigado Sablés de Comté e presunto (p.45), ou Torradinhas salgadas de azeitona (p.42).

Quando os amigos estão reunidos ao balcão da minha cozinha, lanço mão do Pão indiano com queijo (p.50), que fica melhor quando servido quente, saído direto da chapa; ou a *Pissaladière* (p.69), uma pizza de cebola, azeitona e anchovas que pode ser servida quente ou à temperatura ambiente. O bocadinho de sal das anchovas – e o vinho necessário para matar a sede que ele provoca – ajuda a conversa a fluir e pode incentivar os retardatários a chegar na hora da próxima vez, para ver o que estão perdendo.

Torradinhas salgadas de azeitona 42
CROQUETS SALÉS AUX OLIVES

Sablés de Comté e presunto 45
SABLÉS AU COMTÉ ET AU JAMBON

Galettes de trigo-sarraceno com manteiga de algas 47
GALETTES DE SARRASIN AU BEURRE AUX ALGUES

Pão indiano com queijo 50
NAAN AU FROMAGE

Tapenade de alcachofras com azeite de alecrim 53
TAPENADE D'ARTICHAUT, HUILE D'OLIVE AROMATISÉE AU ROMARIN

Tapenade de azeitonas verdes, manjericão e amêndoas 53
TAPENADE D'OLIVES VERTES AU BASILIC ET AUX AMANDES

Tapenade de azeitonas pretas 57
TAPENADE NOIRE

Homus de beterraba 58
HOUMOUS DE BETTERAVES

Homus 60
HOUMOUS

Babaganouche 64
MOUTABAL

Caviar de berinjela 66
CAVIAR D'AUBERGINES

Torta de cebola 69
PISSALADIÈRE

Bolinhos de bacalhau com molho tártaro 73
ACCRAS DE MORUE À LA SAUCE TARTARE

Almôndegas picantes com molho Sriracha 74
BOULETTES DE MERGUEZ À LA SAUCE SRIRACHA

Rillettes de sardinha 78
RILLETTES DE SARDINES

Mix egípcio de oleaginosas e especiarias 81
DUKKAH

Torradinhas salgadas de azeitona
CROQUETS SALÉS AUX OLIVES

Rende 40 torradinhas

Eu trouxe minha faca de pão comigo quando me mudei para Paris porque sabia que estaria perdido sem ela. Uma boa faca de pão é um artigo que todo mundo deveria ter, especialmente se você mora num país onde o pão é sagrado Mas tome cuidado com a forma como você obtém a faca; na França, considera-se que dá má sorte presentear alguém com uma. A sabedoria popular diz que a faca corta a amizade, e a única forma de evitar que isso aconteça é o presenteado dar uma pequena quantia em dinheiro a quem lhe deu a faca, normalmente uma ou duas moedas. Apesar de esse hábito não ter feito chover dinheiro para mim, presenteio muita gente com faca de pão porque me deixa louco ver as pessoas destroçarem o pão com facas cegas.

No Sul da França, uma taça de vinho em geral é acompanhada de alguma coisa como essas torradas de azeitona cujo leve toque salgado estimula a se tomar mais uma taça (e mais uma). Para criar *croquets* de boa aparência, use uma faca de pão para fatiar as amêndoas e as azeitonas de forma precisa. Se você as serrilhar furiosamente em curtos movimentos para a frente e para trás, as bordas vão se despedaçar. Não é *la fin du monde*, mas, ainda assim, não é um bom uso para sua incrível faca de pão.

Além de uma boa faca de pão, também vale a pena investir em boas azeitonas para essa receita. Eu uso azeitonas de Nyons, enrugadas graças à cura a seco, que transporta de forma mágica o aroma da Provence para os *croquets*. Se suas azeitonas são em conserva ou têm alguma umidade externa, seque-as com papel-toalha.

1. Preaqueça o forno a 180°C. Unte ligeiramente com óleo uma fôrma de bolo inglês de 23cm. Forre o fundo com um pedaço de papel-manteiga.

2. Numa tigela, misture as farinhas de trigo comum e integral, o açúcar, as ervas secas, o sal, o fermento químico e a pimenta-do-reino. Acrescente o leitelho (ou o iogurte) e misture com uma espátula; incorpore as amêndoas e as azeitonas. Despeje a massa na fôrma preparada e asse por 30 minutos, ou até que esteja firme no centro.

3. Retire do forno e deixe esfriar por 5 minutos. Passe uma faca pelas bordas do pão para soltá-lo, retire-o da fôrma e coloque sobre uma grade de metal para esfriar.

½ xícara (70g) de farinha de trigo comum

½ xícara (70g) de farinha de trigo integral

1 colher (sopa) de açúcar refinado

1 colher (chá) de ervas de Provence, ou ½ colher (chá) de tomilho seco

½ colher (chá) de sal marinho ou sal kosher

½ colher (chá) de fermento em pó

½ colher (chá) de pimenta-do-reino preta moída na hora

1 xícara (250ml) de leitelho*

⅓ de xícara (45g) de amêndoas (cruas) picadas grosseiramente

⅓ de xícara (60g) bem apertada de azeitonas sem caroço, grosseiramente picadas (cerca de 20 azeitonas)

---

* Nos Estados Unidos ou na França, o leitelho (*buttermilk*) é facilmente encontrado nos mercados na versão industrializada. Mas no Brasil esse ingrediente não está disponível. Nas receitas, no entanto, ele pode ser substituído por iogurte natural, sem sabor.

4   Reduza a temperatura do forno para 160°C. Forre duas assadeiras com papel-manteiga ou tapetes de silicone de cozinha.

5   Segurando as bordas do pão com firmeza para evitar que elas se despedacem, corte fatias finas no sentido da largura, com não mais que 7,5mm de espessura. Espalhe as fatias sobre as assadeiras com o lado do corte para baixo e asse por 30 a 35 minutos, virando-as e girando as assadeiras sobre a grade do forno na metade desse tempo, para que elas fiquem douradas por igual. Controle-as com atenção durante os últimos 10 minutos de forno; você quer que elas adquiram um tom dourado profundo, para que fiquem bem crocantes depois de esfriar. Se alguns *croquets* dourarem mais rápido que os outros, transfira-os para uma grade de metal, para esfriar, enquanto os demais terminam de tostar.

6   Retire do forno e espere esfriar completamente antes de servir. As torradas podem ser guardadas por até 1 semana num recipiente hermético, em temperatura ambiente.

PETISCOS

Queijo até (quase) morrer

Uma das melhores coisas de morar na França é a oportunidade de conhecer os locais onde os alimentos são produzidos, e eu nunca dispenso uma chance. Meu amigo Jean-Louis, que trabalha com produtores de Comté, me convidou para fazer uma visita ao Jura na metade do inverno, a fim de assistir a todas as etapas da produção desse famoso queijo.

Nevava e estava extremamente frio quando chegamos, o que deu justificativas de sobra para nos esbaldarmos com os queijos da região. Entre eles estava o Mont D'Or, o santo graal dos queijos de leite cru, tão cremoso que é servido com uma colher, tirado diretamente da cestinha de abeto onde é maturado. Alguém uma vez me pediu que descrevesse seu cheiro, e quando eu disse que era "uma mistura de curral com roupa íntima velha", por alguma razão acho que ninguém ficou muito interessado em experimentar. Mas aconselho a prová-lo quando vier à França, visto que minhas descrições nem sempre são tão atraentes quanto eu gostaria.

Cercadas por toneladas de queijos, as pessoas do Jura os consomem bastante, e no último dia da visita eu estava tão entupido que, na hora do almoço, num café local, pedi peixe. Uma das mulheres que nos acompanhavam, e que trabalha para a cooperativa de produtores de queijo, pediu *tartine au fromage*, um sanduíche aberto de queijo que chegou à mesa com a altura de um hambúrguer triplo: duas camadas grossas e agradáveis de pão rústico tostado com um montinho de queijo derretido por cima, no meio e escorrendo pelos lados. Como a cintura da mulher tinha uma circunferência que me parecia possível de enlaçar com minhas duas mãos, eu estava certo de que ela daria algumas mordidas só, mas de alguma forma ela conseguiu comer aquela coisa toda – e ainda pediu sobremesa!

Eu estava morrendo de vontade de ver como aqueles queijos eram produzidos, e meu sonho quase se tornou realidade quando, na última noite, voltando para casa depois de visitar uma adega de maturação no topo da montanha, nosso carro derrapou na pista congelada e caiu num pequeno penhasco coberto de neve.

Por sorte, todos sobrevivemos, e algumas pessoas da região (que mais tarde nos contaram que era *normal* resgatar gente cujo carro derrapava na encosta da montanha) nos convidaram para ir à casa delas jantar um composto de – o que mais poderia ser? – grandes pedaços de Comté, um suculento Mont D'Or e algumas merecidas taças de *vin du Jura*. Os vinhos do Jura não são facilmente encontrados no restante do país, mas harmonizam de forma exata com os queijos da região.

Agora, sempre que corto uma fatia de queijo Comté, relembro aquela noite na montanha nevada: fui retirado do carro, conduzido e reconfortado com queijo e vinho da região, sentado diante de uma lareira crepitante quase tão calorosa quanto a hospitalidade (e a habilidade de resgate) das pessoas dali.

Sablés de Comté e presunto

SABLÉS AU COMTÉ ET AU JAMBON

Rende 55 sablés

Eu me lembro de quando contei a alguns amigos parisienses que nos Estados Unidos cortamos os queijos em cubinhos e os servimos antes do jantar (mas não falei nada sobre os enfeites coloridos nos palitinhos), e eles simplesmente não acreditaram. No entanto, os próprios parisienses às vezes servem uma coisa que eu acho ainda mais indigno: biscoitinhos industrializados recheados de queijo, vendidos na seção *apéro* do supermercado, ao lado de alguns outros petiscos questionáveis. Nunca consegui entender direito por que eles são tão populares, mas na minha cozinha eu faço meus próprios sablés de queijo, wafers amanteigados cujo nome remete à sua textura arenosa (*sablée*).

Esses sablés são saborosos e um pouquinho salgados, o que os torna ideais para serem servidos com drinques, antes do jantar. Um padeiro uma vez me confessou que os donos de restaurante lhe pediram que aumentasse a quantidade de sal no pão porque isso estimulava os clientes a beber. Não sou eu que estou dizendo, mas, por causa do presunto e do queijo, talvez seja uma boa ideia ter bastante bebida para acompanhá-los.

- 8 colheres (sopa, 115g) de manteiga sem sal em temperatura ambiente
- 1 colher (chá) de pimenta-do-reino preta moída na hora
- ½ colher (chá) de sal marinho ou sal kosher
- 2 colheres (sopa) de ciboulette fresca picada ou 2 colheres (chá) de tomilho fresco picado
- 2½ xícaras (210g) de queijo Comté ralado grosso, ou outro queijo firme e pungente, como gouda ou cheddar maturados
- 1 xícara (140g) de farinha de trigo
- ¼ de xícara (45g) de farinha de milho
- ½ xícara (50g) de Chips de presunto (p.106) quebrados ou finamente picados (cerca de 2 fatias)

1. Na tigela da batedeira, com o batedor pá afixado (ou numa tigela grande, à mão), misture a manteiga, a pimenta, o sal e as ervas em velocidade média, até tudo ficar homogêneo.

2. Com uma faca de chef, pique o queijo ralado em pedaços menores; acrescente-os à mistura. Incorpore a farinha de trigo e a farinha de milho. Acrescente o presunto e bata até a massa soltar das laterais. (Para uma versão vegetariana, não use o presunto.)

3. Divida a massa em duas, abra cada parte sobre uma superfície levemente enfarinhada e enrole para formar um cilindro de cerca de 18cm. Embrulhe em filme plástico e leve à geladeira por 1 hora. Dessa maneira, a massa pode ser guardada na geladeira por até 1 semana, ou congelada por até 2 meses.

4. Para assar os sablés, preaqueça o forno a 180°C. Forre duas assadeiras baixas com papel-manteiga ou tapetes de silicone.

5. Com uma faca de chef bem afiada, corte os cilindros em fatias de 7,5mm de espessura para fazer os sablés e disponha-os na assadeira, com o lado do corte virado para baixo, a intervalos uniformes. Asse por 12 minutos, girando as assadeiras sobre a grade do forno na metade desse tempo, até que os sablés estejam bem dourados. Deixe esfriar e sirva. Os sablés podem ser guardados num recipiente hermético, em temperatura ambiente, por até 3 dias.

Crepes franceses à moda da Califórnia

Ter uma gama de leitores diversificada e vibrante me ensinou a ser cuidadoso com aquilo que escrevo. Depois de ter descoberto a *crêperie* dos meus sonhos em Paris, o Breizh Café, imediatamente queria compartilhar minha empolgação sobre o que eu presumia ser apenas mais uma *crêperie* de esquina numa cidade repleta de *crêperies* de esquina, que servia crepes de trigo-sarraceno (conhecidos como galettes) executados à perfeição. A matriz do café surgiu no Japão, o que fica evidente quando você nota a atraente simplicidade da comida e a preocupação em utilizar os melhores ingredientes. Portanto, quando você come o pedaço de uma *galette complète* recém-saída da chapa e regada em manteiga Bordier (produzida na Bretanha e que se tornou objeto de adoração na França e ao redor do mundo), recheada com tiras de presunto Savoy e um ovo caipira com gema mole – uma semiesfera cor de laranja tão perfeita que você hesita em furá-la com o garfo –, é fácil entender por que as mesas desse café se tornaram incrivelmente disputadas. Assim que a notícia se espalhou, o pequeno lugar ficou tão cheio que eu não conseguia mais lugar para mim.

Assim, decidi que tinha de aprender a fazer minha própria galette. Como Jean-Luc Corbel (que comanda o Breizh Café) me explicou, o segredo para obter uma legítima galette de trigo-sarraceno, cuja massa leva apenas dois ingredientes – farinha de trigo-sarraceno e água – é "atacar" a galette durante o preparo. Minha primeira lição foi ficar diante das *billigs* (chapas) com Jean-Luc, que me convidou a conhecer a cozinha depois da agitação da hora do almoço, para me dar uma aula. Por sorte, não havia nenhum cliente esperando pela refeição, porque indiscutivelmente aquilo não era tão fácil quanto davam a entender os experientes *billig-boys*. Assim que minha massa tocou a chapa, ela se transformou numa sopa fumegante, enquanto eu fazia o máximo de esforço para espalhá-la de maneira uniforme pela superfície, formando um círculo perfeito, como fazem os "crepeiros" profissionais. Contudo, à medida que a massa se espalhava depressa em todas as direções, eu entrei em pânico, tentando conter o fluxo com a espátula de madeira. Infelizmente, tudo que consegui foi conter a massa que começava a transbordar de uma das chapas em direção a outra. Quando consegui manter a galette parcialmente sob controle, aquilo me deixou com enorme saudade de casa, na Califórnia. Não que eu estivesse frustrado e quisesse voltar para os Estados Unidos, mas porque minha galette era comprida, do formato do estado onde eu havia morado antes... e com uma rachadura enorme e assustadora no meio. Jean-Luc me garantiu que era preciso pelo menos uma semana de prática diária para começar a pegar o jeito, mas nunca fui capaz de dominar a arte da galette de puro trigo-sarraceno. Portanto, hoje acrescento ovos, o que mantém minhas galettes e meus nervos – e qualquer outra *hommage* comestível a meu estado natal que possa atravessar meu caminho – no lugar.

Galettes de trigo-sarraceno com manteiga de algas

GALETTES DE SARRASIN AU BEURRE AUX ALGUES

Rende 12 galettes

As raízes japonesas do Breizh Café ficam claras logo nas entradas: as *galettes façon sushi* – galettes de trigo-sarraceno enroladas e fritas em manteiga da Bretanha, com diferentes recheios e cortadas em rodelas, como você veria num restaurante japonês.

Um bom crepe, ou galette, deve ser fino e rendado. A massa fica melhor se preparada com algumas horas de antecedência, e deve ter a mesma textura de creme de leite fresco. Assim que toca a chapa, ela deve ter espessura suficiente para cobrir toda a superfície, mas não pode ser muito grossa, ou a galette ficará borrachuda. A chapa deve estar bem quente, para que quase imediatamente se formem dezenas de buraquinhos na superfície da galette. Esse é aquele momento de euforia, quando você percebe que fez a coisa da maneira certa, e é um prazer continuar. A primeira (ou, no meu caso, as duas primeiras) normalmente fica ruim, portanto não se preocupe. Essa receita rende 2 galettes extras, que estou computando como as 2 do seu teste.

GALETTES DE TRIGO-SARRACENO

1½ xícara (210g) de farinha de trigo-sarraceno

½ colher (chá) de sal marinho ou sal kosher

2¼ de xícaras (530ml) de água (mais, se necessário)

2 ovos grandes

MANTEIGA DE ALGAS

1½ folha (6g) de nori (alga japonesa)

8 colheres (sopa, 115g) de manteiga sem sal em temperatura ambiente

½ colher (chá) de sal marinho ou sal kosher

manteiga, de preferência clarificada (p.327), para fritar

sal marinho em flocos, como flor de sal, para servir

1 Para preparar as galettes, despeje a farinha de trigo-sarraceno numa tigela e acrescente o sal, a água e os ovos. Misture bem, cubra e leve à geladeira pelo menos por 1 hora. (A massa pode ser mantida assim de um dia para outro.) Retire a massa da geladeira e mexa levemente. Ela deve ter a consistência de creme de leite fresco. Se estiver muito grossa, misture 1 ou 2 colheres (sopa) de água, até obter a consistência correta.

2 Pincele uma frigideira antiaderente de 25cm ou uma frigideira de crepe com um pouco de manteiga derretida ou óleo (deixo um pouco mais num pires próximo ao forno, junto com um pedaço de papel-toalha dobrado, para espalhar) e aqueça em fogo médio ou alto.

3 Despeje ¼ de xícara (60ml) da massa na frigideira quente, levantando e virando a frigideira (bem inclinada, se necessário) para distribuir a massa numa camada uniforme. Quando a parte de baixo estiver num tom dourado-escuro, depois de cerca de 1 minuto, vire a galette e cozinhe por mais 30 segundos, e então deslize-a para o prato. Faça as outras galettes da mesma forma e vá empilhando. Se elas começarem a grudar na frigideira, espa-

lhe um pouco mais de manteiga ou óleo antes de fritar a próxima. Se você não planeja usar as galettes imediatamente, elas podem ser cobertas com filme plástico e guardadas na geladeira por até 2 dias.

4 Para fazer a manteiga de algas, agite cada folha de nori sobre a chama baixa do fogo, segurando-as com um pegador, por cerca de 15 minutos, no máximo, até que escureçam e se retraiam um pouco. Deixe esfriar. (Se você não tiver um fogão a gás, pode colocá-las diretamente na grade do forno e tostá-las sobre a trempe de gratinar pelo mesmo tempo, vigiando-as atentamente.)

5 Com as mãos, despedace a nori numa tigela. Acrescente a manteiga e o sal e misture tudo com um garfo até que esteja bem distribuído.

6 Espalhe uma camada fina da manteiga de nori no lado de baixo (o menos bem-acabado) da galette usando cerca de 2 colheres (chá) em cada uma. Enrole a galette apertando para que ela fique achatada, e não cilíndrica.

7 Coloque um pouco de manteiga numa frigideira quente e aqueça quantas galettes dobradas couberem, mas sem empilhá-las. Deixe-as ali até que fiquem crocantes, então vire-as e faça o mesmo do outro lado. São alguns minutos para cada lado – e vale a pena ter paciência para obter o resultado certo. Deslize as galettes fritas para uma tábua, salpique com um pouco mais de sal em flocos e corte-as no sentido do comprimento, em quatro pedaços cada. Sirva na própria tábua.

VARIAÇÃO: Se você estiver usando uma frigideira de 30cm, considere uma quantidade mais generosa de massa para cada galette, ⅓ de xícara (80ml), o que renderá de 6 a 8 galettes grandes.

CONFUSÃO DE CREPES

Quando estou fazendo compras nas feiras livres em Paris, invariavelmente há alguém provocando os consumidores com o cheiro de crepes quentinhos e amanteigados, assados na hora numa chapa fumegante. Eu prefiro os feitos com trigo-sarraceno, chamados *galettes de sarrasin* em francês, e outro dia pedi um. A moça que estava diante da chapa me olhou um pouco assustada. Quando perguntei por quê, ela respondeu: "Porque os americanos nunca pedem os de trigo-sarraceno."

Para que você esteja ciente, o crepe quase sempre é feito de farinha de trigo (*farine de blé*) e se chama *crêpe de froment*. Se você quiser o de trigo-sarraceno, peça uma *galette de sarrasin*, ou apenas galette. Mas caso você ainda não esteja suficientemente confuso, um *crêpe de blé noir* é também um crepe de trigo-sarraceno – exatamente como a galette, mas com um nome completamente diferente. Entendeu?

Apesar de ser possível pedir uma *galette de sarrasin* (ou um *crêpe de blé noir*) como prato principal em qualquer *crêperie* na França, praticamente não há quem peça um crepe de trigo-sarraceno na sobremesa, o que eu costumo fazer, apesar dos olhares engraçados que recebo. Mas agora, que já dominei o jargão, recebo cada vez menos esses olhares. E espero que você também (ou será que não?).

Uma passagem para a Índia – via Paris

Isso pode soar improvável, mas minha apresentação à culinária indiana se deu em Paris. Existe um *quartier* indiano de proporções respeitáveis atrás da Gare du Nord, por onde a maior parte dos visitantes não se aventura. Além de ser o quarteirão dos Hell's Angels em Paris – o que pode significar que a área é segura, ou não –, há ruas com sequências de lojas e restaurantes oferecendo todo tipo de comida indiana, muitos deles dispondo de itens que eu não saberia identificar mesmo que fosse uma questão de vida ou morte. (Será, então, que os Hell's Angels estão lá para proteger os não iniciados?) Foi aqui que descobri a *dosa*, panqueca grande como um bastão de críquete, recheada com batatas e especiarias e servida com uma extravagante variedade de molhos; e, talvez não surpreenda tanto, é onde consigo encontrar produtos britânicos como bicarbonato de sódio, *golden syrup* e flocos de aveia. E foi aí também onde comi naan pela primeira vez.

O naan tradicional é um pão achatado, com algumas bolhas, cuja massa é aberta rapidamente e assada nas paredes de um forno muito quente, onde ele infla, para depois desinchar quente e macio. É pincelado com manteiga antes de ser rasgado e devorado coletivamente. Eu sempre peço *naan au fromage*, porque adoro o queijo quente escondido no meio. E sempre peço um só para mim, porque não gosto de dividir.

O *naan au fromage* não existe na culinária indiana. Pelo menos não de acordo com Beena Paradin, a quem escrevi uma súplica apaixonada depois de tentar recriar o naan em casa, com diferentes graus de êxito. Beena estudou em Paris, dá aulas de culinária, escreve livros e teve até uma série na TV francesa sobre comida indiana. Portanto, se existe alguém que sabe como preparar comida indiana nesta cidade é Beena.

Eu estava um pouco constrangido por levar queijo La Vache qui Rit (A Vaca que Ri) para a cozinha dela, mas, depois de bisbilhotar um pouco, descobri o tipo de queijo que os restaurantes indianos usam para derreter de maneira rápida e uniforme por dentro das dobras do naan. Na terra do queijo, pode parecer um sacrilégio usar uma variedade processada (apesar de ninguém discordar que La Vache qui Rit é qualquer coisa, menos francês), contudo, com as generosas porções de manteiga acrescentadas no final, não resta muita dúvida quanto ao motivo de esse queijo ser tão popular em Paris.

Depois de alguns malogros em minha própria cozinha, me senti humilhado ao ver Beena trabalhar a massa com seus lindos dedos, batendo papo ao mesmo tempo que, sem fazer qualquer esforço, assava alguns naans numa wok de ferro fundido, cujo formato ela disse simular o do tradicional forno *tandoori*. Mas felizmente também funcionou na frigideira de ferro fundido que arrastei comigo por Paris. (E, antes disso, pelo oceano Atlântico.) Percebi que boa parte da culinária indiana, que normalmente rende resultados impressionantes – como pães assados em frigideira –, consiste em relaxar e aproveitar as etapas do preparo tanto quanto o resultado.

Uma coisa que Beena me explicou é que a Índia é um país formado por centenas de culturas distintas vivendo próximas umas das outras. Portanto, as pessoas são benevolentes no que diz respeito a variações e adaptações. Enquanto os franceses em geral se sentem culpados por afrancesar (nem sempre com sucesso) outras cozinhas, esta aqui é uma forma deliciosa de os indianos adaptarem com êxito a própria culinária ao paladar francês, e ao meu também.

Pão indiano com queijo
NAAN AU FROMAGE

Rende 6 pães

O naan, assim como os cozinheiros indianos, é bastante benevolente, portanto, até padeiros iniciantes ficarão empolgados ao descobrir como é fácil obter discos irregulares e inflados de pão com nada além de uma simples wok ou uma frigideira de ferro fundido.

Se você não tiver batedeira, a massa, que adaptei da receita de Beena, é muito fácil de ser feita à mão, porque não requer uma sova vigorosa nem extensa. Eu normalmente abro um naan enquanto o outro está assando, mas essa técnica exige um pouco de versatilidade. Você também pode abrir todos de uma vez só, colocá-los em tabuleiros forrados com papel-manteiga e assá-los um depois do outro. O naan deve ser servido quente, saído da chapa. Sem o queijo, ele pode ser servido acompanhado de pastas, como o Caviar de berinjela (p.66) ou o Homus de beterraba (p.58). Apesar do A Vaca que Ri ser usado amplamente em Paris, você pode usar outro queijo fundido.

Um último conselho: se você tiver um exaustor de cozinha, ligue-o, ou deixe as janelas abertas. Assar os pães pode fazer alguma fumaça.

⅔ de xícara (160ml) de água morna

1 pitada de açúcar refinado

1 sachê (7g) de fermento biológico instantâneo

1¾ de xícara (250g) de farinha de trigo (mais, se necessário)

¾ de colher (chá) de fermento em pó

2 colheres (sopa) de iogurte natural (integral ou desnatado)

5 colheres (sopa, 75ml) de Manteiga clarificada (p.327) derretida (mais para assar e servir)

¾ de colher (chá) de sal marinho ou sal kosher

12 unidades (21g cada) de queijo fundido

1. Na tigela da batedeira com o gancho de massa afixado, despeje a água, o açúcar, o fermento biológico e ¾ (110g) da farinha. Deixe descansar por 30 minutos; a mistura vai começar a borbulhar.

2. Acrescente a xícara (140g) de farinha restante, junto com o fermento em pó, o iogurte, 3 colheres (sopa) da manteiga clarificada e o sal; bata em velocidade média por 5 minutos. A massa ficará macia, mas, se grudar nos dedos quando você tocar, acrescente mais 1 ou 2 colheres (sopa) de farinha. (Você também pode fazer a massa à mão, sovando-a numa superfície levemente enfarinhada por 5 minutos.) Cubra a tigela com pano de prato e deixe a massa descansar por 30 minutos.

3. Aqueça a wok ou frigideira de ferro fundido em fogo alto e tampe, de preferência com tampa côncava.

4. Divida a massa em 6 pedaços. Polvilhe a bancada com uma camada fina de farinha e sove cada pedaço com um pouco de farinha, até que não esteja mais grudando nas mãos. Trabalhe um pão de cada vez, abra todos os pedaços de massa em discos (10cm de diâmetro). Começando com um disco de cada vez, coloque dois pedaços de queijo (42g) no meio. Dobre as quatro

pontas do pão sobre o centro, apertando-as para encerrar completamente o queijo e obter um naan quadrado.

5 Vire o naan com o lado da dobra para baixo e abra-o com um rolo de massa sobre uma superfície enfarinhada, até obter um quadrado de cerca de 15cm.

6 Pincele a frigideira com uma fina camada de manteiga clarificada. Coloque um naan sobre a superfície quente, tampe e asse por cerca de 1 minuto, até que infle de maneira irregular e a parte de baixo esteja dourada. Use uma espátula para virar o naan e reponha a tampa, assando-o por mais 1 minuto, até que o outro lado esteja dourado. Algumas bolhas e pontos pretos são normais e até desejados.

7 Deslize o naan recheado de queijo para um prato e pincele-o com um pouco de manteiga clarificada. Repita o processo com os outros quadrados de massa e sirva.

VARIAÇÃO: Misture alho picado na hora com um pouco de manteiga clarificada morna e use para pincelar o naan depois de assado.

O râleur das azeitonas

As pessoas pensam, equivocadamente, que tapenade é qualquer tipo de pasta de azeitonas, mas o nome vem de *tapeno*, "alcaparra" no idioma provençal. Apesar de o termo ser às vezes usado para descrever qualquer coisa feita com purê de azeitonas, é preciso que haja alcaparras para que seja uma autêntica tapenade. Não gosto de ser reclamão quanto a isso, mas equivale a dizer que um hambúrguer de carne precisa ser feito de carne e que uma salada de frutas precisa conter frutas. Se não tem alcaparras, não é tapenade.

Por muitos anos, o vendedor de azeitonas da minha feira era um cara que se chamava Jacques, um camarada ainda mais reclamão que eu, originário da Provence. Não apenas me tornei o melhor cliente dele, como, antes que eu pudesse perceber, éramos praticamente os melhores amigos. Sempre que eu parava em sua barraca para comprar azeitonas ele me alugava para reclamar de tudo o que o incomodava. E raramente tinha a ver com azeitonas.

Ele reclamava tanto que eu o apelidei de *râleur*, porque ele resmungava demais. (Reclamar não é malvisto na França, é considerado uma reação normal da vida, quando todas as probabilidades parecem estar contra você.) No entanto, no que concerne às azeitonas, não havia nenhuma reclamação a fazer sobre a barraca dele. Cada azeitona que ele pescava de seus potes cheios de salmoura era o exemplar mais carnudo e suculento que se poderia imaginar. Eu nunca tinha imaginado que as azeitonas podiam ser tão boas.

Assim que estou de volta à minha cozinha, tiro os caroços das azeitonas apertando uma a uma com o polegar, produzindo um jato de suco (aprendi a usar um *tablier*, ou avental), e então as soco no meu pilão até obter uma pasta oleosa. Essa era uma tarefa bastante exigente, e depois de algum tempo – e de muito pilão – descobri que as tapenades que Jacques também vendia eram praticamente tão boas quanto as que eu fazia em casa, sem todo aquele processo de tirar o caroço e pilar (nem camisetas manchadas de azeitona). Quando ele finalmente se aposentou, fiquei surpreso de como senti sua falta – e de suas reclamações. E, claro, das azeitonas.

Apesar de sentir falta de minhas duas visitas semanais a Jacques, não sinto saudade alguma de tirar o caroço de todas aquelas azeitonas. Contudo, talvez porque os velhos hábitos demorem a desaparecer, de vez em quando boto meu pilão e almofariz para funcionar, compro um pacote pequeno de azeitonas e me pego a descaroçá-las. E me certifico de reclamar bem baixinho de cada uma delas, conforme avanço, em honra a Jacques.

Tapenade de alcachofras com azeite de alecrim

TAPENADE D'ARTICHAUT, HUILE D'OLIVE AROMATISÉE AU ROMARIN

Serve 6-8 pessoas

Para aqueles que reclamam de tirar os caroços das azeitonas, é mais fácil preparar a tapenade de alcachofras, outra das pastas que Jacques oferecia em seus potes. Ela pode ser preparada rapidamente com alcachofras e alcaparras em conserva, tudo batido depressa no processador, sem descaroçar nada. Quem vai *râler* disso?

1. No processador, bata as alcachofras, as azeitonas, o azeite, as alcaparras, o suco de limão, o alho e a pimenta-caiena até obter uma pasta homogênea. Prove e tempere com um pouco de sal, se for preciso.

2. Sirva regado com azeite de alecrim à vontade, junto com torradas de baguete ou cream crackers. A tapenade dura até 4 dias na geladeira.

---

1 lata de 400g de corações de alcachofra (2 xícaras) escorridos e cortados em quatro

½ xícara (60g) de azeitonas verdes sem caroço

⅓ de xícara (80ml) de azeite de oliva

1 colher (sopa, 10g) de alcaparras lavadas, espremidas até secar e picadas

1 colher (sopa) de suco de limão espremido na hora

2 dentes de alho descascados e picados

⅛ de colher (chá) de pimenta-caiena

sal marinho ou sal kosher

azeite de alecrim (*ver* p.332)

torradas de baguete ou cream crackers, para servir

Tapenade de azeitonas verdes, manjericão e amêndoas

TAPENADE D'OLIVES VERTES AU BASILIC ET AUX AMANDES

Serve 6-8 pessoas

Quando inaugurei meu site, nos idos de 1999, eu não tinha a intenção de me dedicar a receitas. Ele era pensado para complementar meus livros de cozinha fornecendo informações adicionais e histórias, e era uma forma de manter contato com os leitores. Mas aí me mudei para Paris. E, conforme fazia compras e desbravava as feiras, fiquei tão empolgado por compartilhar as coisas incríveis que estava experimentando e aprendendo que não consegui resistir a publicar aquelas receitas imediatamente depois de executá-las. Entretanto, logo descobri que teria de responder a uma enxurrada de pedidos de receitas se eu publicasse a foto de uma cesta de croissants ou um reluzente *gâteau Saint-Honoré* que tivesse me chamado a atenção numa confeitaria. (Infelizmente, receitas de sobremesas parisienses requintadas não podem ser condensadas em 140 caracteres, nem sou muito bom em digitar instruções de preparo de massa folhada naquelas teclinhas do smartphone enquanto estou no metrô voltando para casa.)

Também descobri que, não importa o que eu escreva no meu blog, os ingredientes disponíveis em Birmingham não são obrigatoriamente os mesmos que em Brisbane ou em Bangcoc, e cada receita publicada seria seguida por inúmeros pedidos de alternativas. Tive de aprender a abranger todo o público imaginável ao escrever receitas para uma audiência global, porque algo comum na França ou nos Estados Unidos, como azeitonas ou alcachofras em conserva, pode não estar disponível em Fiji ou na Argentina. Sem contar que as pessoas possuem diferentes predileções, alergias, paixões e restrições alimentares, como meu medo de lulas, que me provocam pesadelos (portanto, eu as compreendo 100%).

Contudo, tenho bastante certeza de que qualquer um, em qualquer lugar, pode preparar essa receita, e sem dúvida não há nada de assustador nela. Azeitonas são resistentes e podem ser encontradas em vidros ou latas. Acredito que nunca estive num país onde não se pudessem comprar amêndoas. (Mas se você não as encontrar, pistache é uma ótima alternativa.) E manjericão é cultivado em estufas nas regiões em que o clima não permite o plantio ao ar livre. Portanto, acredito que pensei em tudo, e não há desculpa para não preparar esta receita – a não ser, claro, que você não goste de azeitonas, seja alérgico a amêndoas ou tenha aversão a alho. Aí eu não tenho como ajudar.

2 xícaras (260g) de azeitonas verdes sem caroço

⅓ de xícara (35g) de amêndoas inteiras cruas

1 dente de alho pequeno descascado e picado

1½ colher (sopa) de suco de limão espremido na hora

1 colher (sopa) de alcaparras lavadas e espremidas até secar

½ xícara (15g) não apertada de folhas de manjericão fresco

½ xícara (125ml) de azeite de oliva

sal marinho ou sal kosher

1 Coloque as azeitonas, as amêndoas, o alho, o suco de limão e as alcaparras no recipiente do processador. (Eu não uso o pilão para este preparo porque gosto que haja alguns pedaços maiores de amêndoas na tapenade finalizada.)

2 Pique as folhas de manjericão grosseiramente, coloque-as no processador e aperte a função "pulsar" algumas vezes, para começar a triturar os ingredientes.

3 Acrescente o azeite e uma pitada de sal. Vá usando a função "pulsar" até obter uma pasta grossa que ainda guarde a textura proveniente das amêndoas que não foram inteiramente processadas. A tapenade pode ser mantida por até 1 semana na geladeira.

Homem versus máquina

Mais que qualquer outro utensílio de cozinha em nosso tempo, o processador de alimentos revolucionou a culinária francesa. Julia Child aderiu a ele desde os primórdios e descobriu que essa máquina podia substituir algumas das mais árduas tarefas da cozinha, das quais dependiam muitas receitas clássicas francesas, como transformar alimentos em purês e bater um molho aveludado em questão de segundos. O primeiro processador de alimentos francês chamava-se Robot Coupe, ou "máquina cortadora", e seu conceito chegou aos Estados Unidos com o nome de Cuisinart, levado por um homem que ficou tão impressionado com o que vira na França que decidiu apostar e desenvolver seu próprio modelo para o mercado americano. O Cuisinart levou um tempo para pegar – até que estrelas do naipe de Julia Child o elogiaram e o influente Craig Claiborne, do *New York Times*, o chamou de "a melhor invenção culinária desde o palito de dentes". Logo a seguir as vendas decolaram, e hoje há inúmeros fabricantes e modelos de processadores disponíveis ao redor do mundo.

Eu tenho um também. Mas admito que por muitos anos ele ficou esquecido no fundo do armário da cozinha, com o desajeitado fio espichado ali atrás. Passei a deixá-lo na bancada, e percebi que comecei a usá-lo com mais frequência.

Claro, é difícil ceder um precioso espaço na cozinha para um utensílio a que você não costuma recorrer diariamente, mas percebi como era prático tê-lo à mão para usar sem perder tempo. E agora utilizo meu processador mais que nunca; embora eu não tenha desistido do pilão, que produz resultados diferentes.

Bater o *pistou* (p.92) à mão rende uma pasta que não tem muito a ver com os punhados de manjericão picado boiando em azeite. Eu quero ver pedaços de abacate no meu guacamole, e não me servir de uma pasta verde indistinta. E adoro o cheiro que sobe do almofariz quando amasso alho com sal, primeiro passo para preparar aïoli (p.145). O esmagamento faz desprender todo o aroma e sabor do alho que permearão uma leva inteira de maionese cremosa, emulsionada depois de ser muito socada e socada (e socada).

Tapenade de azeitonas pretas
TAPENADE NOIRE

Serve 6-8 pessoas

1½ xícara (210g) de azeitonas pretas sem caroço

2 dentes de alho descascados e picados

1 colher (sopa) de alcaparras lavadas e espremidas até secar

1 colher (chá) de tomilho fresco picado, ou ½ colher (chá) de tomilho desidratado

2 filés de anchova

1 colher (sopa) de suco de limão espremido na hora

1 colher (chá) de mostarda Dijon

⅓ de xícara (80ml) de azeite de oliva

sal marinho ou sal kosher (opcional)

Essa foi a primeira receita de tapenade que preparei na vida, e até hoje é um dos meus destaques. As azeitonas mais recomendadas são as pretas ligeiramente enrugadas da região de Nyons; ou, se você tiver paciência para descaroçar as pequeninas azeitonas niçoise, elas são incrivelmente oleosas e servem de base para uma tapenade maravilhosa. Outras azeitonas funcionam bem, mas, se estiverem muito salgadas, lave-as em água fria e seque bem antes de usar.

Uma forma de descaroçar azeitonas é esprêmê-las com o polegar ou com a lateral de uma faca grande, mantendo a lâmina paralela à mesa e dando uma batidinha rápida para separar o caroço da polpa. Lembre-se de vestir uma camiseta preta ou um avental, porque os caroços gostam de comemorar sua *liberté* de forma muito "marcante".

A tapenade pode ser espalhada em Torradas de queijo de cabra com ervas (p.121). O pastis é seu acompanhamento clássico, apesar de eu nunca ter desenvolvido o paladar para esse elixir perfumado de anis que misteriosamente fica turvo quando se acrescenta água para diluir seu forte sabor e teor alcoólico. Prefiro um rosé gelado.

1 No recipiente do processador de alimentos, bata as azeitonas, o alho, as alcaparras, o tomilho, as anchovas, o suco de limão e a mostarda algumas vezes na função "pulsar", para começar a triturá-los.

2 Acrescente o azeite e bata até obter uma mistura ligeiramente granulada. A tapenade não deve precisar de nenhum sal, mas prove e acrescente uma pitada, se necessário. Ela dura até 1 semana na geladeira.

Une bonne adresse

A PRIMEIRA VEZ EM QUE OUVI FALAR DE HOMUS, eu trabalhava num restaurante vegetariano no norte do estado de Nova York. Como a pasta era muito popular, fazíamos uma grande quantidade todos os dias, triturando o grão-de-bico num velho moedor de carne – algo meio inconveniente – fixado na bancada da cozinha. O produto vendia muito, apesar de a equipe da cozinha ficar sempre desapontada quando o garçom contava que um cliente tinha errado a pronúncia e pedido húmus (ou seja, matéria em decomposição usada para melhorar a estrutura do solo) no sanduíche.

Mas, preciso confessar, também tive minha cota de gafes linguísticas, inclusive confundir a Virgem Maria com um órgão sexual (*vierge* versus *verge* – vou deixar você mesmo procurar o significado). E por anos tive problemas para pronunciar o nome de minha própria rua: incontáveis taxistas ficavam surpresos ao ouvir que eu morava no Bon Marché (pronuncia-se *bon marchê*), uma loja de departamentos chique e fabulosa na Rive Gauche, considerado *bonne adresse* em Paris, em vez do meu pequeno quarto no boulevard Beaumarchais (cuja pronúncia é *bômarchê*). Quem me dera!

Não é muito fácil achar húmus em Paris, mas homus pode ser encontrado em diversas *épiceries* árabes e até no supermercado, vendido em pequenos potes de plástico. Mas sempre faço o meu (p.60). E, tão surpreendente quanto ser levado para "casa" no Bon Marché, acrescentar beterrabas ao homus produz uma pasta vermelha viva, bem-vinda principalmente na metade do inverno parisiense, quando as beterrabas são o que há de mais colorido na feira. O homus fica especialmente bom com torradas, acompanhadas por uma taça de Lillet, vinho para aperitivo à base de laranja que nunca falha em me animar, não importa de que lado da cidade eu more.

Homus de beterraba
HOUMOUS DE BETTERAVES

Serve 6-8 pessoas

O ingrediente secreto deste homus é o xarope de romã, um líquido agridoce feito de suco de romã reduzido que hoje é item indispensável no meu armário de temperos internacionais – ao lado do molho barbecue americano, da pasta de gergelim libanesa (tahine), do vinagre espanhol e do azeite de oliva francês. Sua acidez frutada complementa as tenras beterrabas, fornecendo um pouco de contraste à riqueza de seu sabor. Se você não tiver esse xarope, experimente usar um toque de vinagre balsâmico. Um pequeno filete sobre o homus combina bem com um pouco de zaatar, condimento à base de tomilho encontrado em mercearias árabes. Esta é uma boa pasta para acompanhar uma tábua de vegetais crus, como cenouras, couve-rábano, tomates-cereja ou os de sua preferência.

1 Coloque todos os ingredientes no recipiente do processador de alimentos e bata até que o homus esteja praticamente homogêneo. Prove e acrescente mais sal ou suco de limão, se desejar. O homus de beterraba pode ser mantido na geladeira por até 4 dias; ele fica melhor no dia seguinte ao do preparo.

340g de beterrabas cozidas descascadas e cortadas em cubos

2/3 de xícara (115g) de grão-de-bico cozido ou em conserva, escorrido

2 dentes de alho grandes descascados e picados

6 colheres (sopa, 90g) de tahine

2 colheres (chá) de sal marinho ou sal kosher (mais, se necessário)

1/4 de xícara (60ml) de suco de limão espremido na hora (mais, se necessário)

1 pitada generosa de pimenta-caiena ou pimenta chilli defumada em pó

1½ colher (sopa) de xarope de romã

Pimentas e grão-de-bico

As pessoas nem sempre pensam em Paris como um caldeirão multicultural de cozinhas. Eu tenho duas explicações para isso: primeiro, a França não tem tradição de estimular um *melting pot* cultural, e a expectativa é de que os imigrantes se adaptem às tradições locais. Segundo, o paladar francês privilegia equilíbrio e moderação de sabores, o que costuma deixar de lado comidas apimentadas ou altamente condimentadas, como as das cozinhas tailandesa, coreana, mexicana e de Sichuan (na China). Os franceses não têm fama de aventureiros quando se trata de comida e dispensam qualquer coisa minimamente apimentada. Ou, para aqueles espíritos corajosos que se arriscam a experimentar, uma pequena garfada pode render uma série de gestos dramáticos, incluindo abanar freneticamente a boca aberta ou secar urgentemente uma ou duas gotas de suor jamais vistas antes em suas testas.

Embora comidas não francesas façam suas incursões e até sejam às vezes suavizadas para atender ao gosto local, os parisienses estão começando a apreciar tacos de carne assada, curries indianos e mesmo kimchi. E bato palmas para aqueles que têm frequentado o restaurante de Sichuan que abriu perto da minha casa, onde a comida é tão apimentada que eu mesmo mal consigo dar algumas garfadas sem que meus olhos se encham d'água e minha garganta comece a arder em protesto. Mas lá estão eles, seus *visages* ficando vermelho vivo, bebendo cerveja para abrandar a pimenta com o que há de melhor.

Culinárias que possuem uma relação recente com a França dos dias atuais são as do Norte da África e do Oriente Médio. Tive minha cota de ótimas comidas do Oriente Médio aqui em Paris, mas somente depois de ir a Jerusalém, onde comer homus é como uma segunda religião (ou terceira, ou quarta, ou...), e experimentar o homus mais fascinante de todos. Num país atormentado por conflitos, não surpreende que eleger quem faz o melhor homus tenha se tornado mais um ponto de disputa, como praticamente qualquer coisa ali.

Em Israel, visitei uma fábrica de homus onde toneladas e mais toneladas de grão-de-bico são processadas diariamente para suprir a insaciável demanda dos israelenses. Enquanto espiava de perto, os operários pegaram um punhado de delicados grãos de um recipiente de triagem, desprovidos de qualquer casca, e me contaram que aquela era uma variedade vinda da Bulgária. E fiquei tentado a encher os bolsos do máximo possível daquelas belezas sem casca, porque, se desejasse experimentar novamente um homus fascinante, eu teria de replicar o processo em casa. E isso exige... retirar as cascas. Eu sei, eu sei. Parece uma tarefa maçante, mas, para uma receita normal de homus, não deve levar mais que 10 minutos de concentração. (Não me espanta que, diante do volume de grão-de-bico cozido na fábrica, eles tenham corrido atrás de uma variedade sem casca.) Durante alguns experimentos em casa, descobri que, se você escorrer os grãos-de-bico ainda mornos e depois passá-los em água fria numa peneira, revolvendo-os com as mãos, a maioria das cascas solta imediatamente. Outra técnica consiste em deixá-los de molho numa tigela de água fria; boa parte das cascas vai boiar até a superfície e pode ser retirada. Não é obrigatório tirar a casca, contudo, quanto mais você o fizer, mais cremoso será o homus. E assim que você provar dos frutos – ou dos grãos – do seu trabalho, notará a diferença. E o apetite por homus faz a tarefa andar ainda mais depressa.

Homus

HOUMOUS

Serve 6-8 pessoas

Em Jerusalém, não vi sequer uma tigela de homus que não estivesse regada com uma quantidade absurda de azeite de oliva, e às vezes uma porção extra de grãos-de-bico inteiros, xarope de romã, especiarias polvilhadas, amêndoas picadas ou (meu preferido) uma colherada de pinoli reluzindo numa poça de óleo no meu homus, esperando para ser escavada.

Assim como muitas coisas em Israel, a conservação do homus também se torna uma grande fonte de discórdia. Alguns dizem que jamais deve ser colocado na geladeira, pois é a forma mais garantida de estragá-lo. Outros falam para manter na geladeira, mas deixar em temperatura ambiente por pelo menos uma hora antes de servir. Já testei as duas, e ambas funcionam. Mas, se você decidir refrigerar, retire-o com antecedência para servi-lo em temperatura ambiente.

1. Lave o grão-de-bico e cate para retirar os estragados. Coloque-o numa panela grande, acrescente água fria até cobrir e deixe-o de molho por uma noite. (Deixar o grão-de-bico de molho de um dia para outro faz com que ele cozinhe mais rápido.) No dia seguinte, escorra o grão-de-bico e coloque-o de volta na panela, com três vezes o volume de água. Acrescente o bicarbonato de sódio e leve ao fogo médio-baixo.

2. Cozinhe em fervura baixa por 1 a 2 horas, parcialmente tampado, até que o grão-de-bico esteja bem macio. Retire do fogo e despeje num escorredor posto sobre uma tigela, para guardar o líquido da cocção. Passe o grão-de-bico em água corrente fria, revolvendo-o com as mãos para afrouxar e soltar as cascas. Cate as cascas soltas e jogue fora.

3. Num processador de alimentos, bata o tahine, o suco de limão, o alho e o sal, até tudo ficar homogêneo. (Você também pode usar o liquidificador, acrescentando ⅓ de xícara [80ml] da água do cozimento do grão-de-bico para diluir o tahine.) Separe alguns grãos-de-bico para decoração, acrescente o restante ao processador e bata até obter uma pasta o mais homogênea possível. Prove e acrescente mais suco de limão ou sal, se desejar. Se estiver muito grosso, acrescente um pouco da água do cozimento até atingir a consistência ideal.

4. Transfira o homus para uma tigela e alise a superfície. Para servir, use as costas de uma colher para fazer algumas depressões na superfície. Espalhe os grãos-de-bico separados sobre o homus, com um punhado generoso de dukkah ou de oleaginosas tostadas. Polvilhe com o sumagre e regue com azeite por toda a superfície.

---

1 xícara (150g) de grão-de-bico seco, ou 2 xícaras (350g) de grão-de-bico em conserva (escorrido, reservando-se o líquido)

½ colher (chá) de bicarbonato de sódio

9 colheres (sopa, 120g) de tahine

4 colheres (chá) de suco de limão espremido na hora (mais, se necessário)

2 dentes de alho descascados e picados

1½ colher (chá) de sal marinho ou sal kosher (mais, se necessário)

Dukkah (p.81), ou oleaginosas tostadas, ou sementes tostadas, para decorar

sumagre ou páprica em pó, para decorar

azeite de oliva, para decorar

Berinjela égalité

Ter um blog é como ter centenas, às vezes milhares, de revisores escrutinando suas palavras, procurando erros e inconsistências. Alguns gostam de ir longe, bem longe, no meu passado, esquecendo que as pessoas, seus gostos (e padarias preferidas) mudam ao longo do tempo. Já soube de pessoas que montavam planilhas para documentar que padarias em Paris faziam meus croissants, baguetes ou *tarte au chocolat* preferidos, ou que manteiga eu uso para passar no pão do café da manhã. Se por um lado fico lisonjeado de as pessoas acharem que meu paladar é um termômetro confiável do que há de bom em Paris, sou apenas um ser humano, tenho meus defeitos e cometo pequenas traições (culinárias) de vez em quando.

Além de escrever sobre Paris e compartilhar receitas francesas, ocasionalmente passeio por outras culinárias, porque, sendo americano, venho de um país multicultural, e preciso de uma tigela de *bibimbap* coreano vez por outra, ou de uma panela de *carnitas* de porco para tacos sobre as quais talvez escreva algum dia. Fazendo papel de redator, editor, preparador de texto, revisor, tradutor, apurador, diretor de arte, fotógrafo, cenógrafo, contrarregra, diretor de fotografia, gênio da computação, editor de conteúdo, adido cultural e, às vezes, jurado, não sei dizer quanto meus dedos hesitam antes de apertar o botão "Publicar". No entanto, apesar de todos os meus esforços, não importa quanto eu tenha pesquisado sobre que raça de porco específica é usada para se preparar *carnitas* na região do México onde elas surgiram, tenho certeza de que alguém vai chamar minha atenção dizendo que usei o porco errado, e como eu ouso chamar aquilo de *carnitas*, se não é feito com *puerco* de sei lá onde, ou que o sal deve ser colhido por virgens certificadas em algum charco supervisionado e abençoado pelos deuses ancestrais de Michoacán se eu quiser chamá-las de *carnitas*.

O lado bom de ser vigiado tão de perto em escala internacional são as pessoas que ficam felizes por você estar curtindo a culinária delas, e que são gentis o bastante para lhe avisar (de forma educada) que, bem, você errou o nome de tal coisa.

Veja babaganouche, por exemplo, que nos Estados Unidos é usado para descrever um purê de berinjelas misturado com tahine (pasta de gergelim). É algo familiar a todos que eram vegetarianos nas décadas de 1970 ou 1980, como eu. Mas, apesar de hoje ser um onívoro convicto, gosto de assar algumas berinjelas da feira local queimando-as diretamente na chama do fogão e finalizando-as no forno antes de batê-las com o tahine para formar uma pasta delicada — mistura que, para minha ignorância, na verdade se chama *moutabal*. Entretanto, como muitas outras coisas no Oriente Médio, e na internet, existe um pouco de *inégalité* quanto ao que torna um *moutabal* diferente de um babaganouche. Eu? Eu prefiro comer em vez de discutir.

Babaganouche
MOUTABAL

Serve 6-8 pessoas

E agora que eu sei que essa pasta na verdade se chama *moutabal* (graças ao leitor que me avisou – educadamente), não recebo mais nenhum olhar estranho quando ofereço aos meus convidados uma tigela de algo que às vezes ainda chamo de babaganouche.

Você sem dúvida pode personalizar essa receita com um pouco de especiarias de sua preferência. O blogueiro turco Cenk Sonmezsoy (cafefernando.com) me deu uma sacola de gostosuras quando veio a Paris; ela incluía *isot*, pimenta escura em flocos também chamada pimenta Aleppo, com um intrigante paladar doce e defumado no final, que eu adoro pôr nessa receita. Páprica defumada, a piment d'Espelette basca ou até sal defumado em vez do sal comum podem reorientar o sabor em sentidos diferentes.

Embora seja tentador utilizar as alongadas berinjelas japonesas, as maiores, mais arredondadas, funcionam melhor, pelo teor de umidade.

1. Preaqueça o forno a 190°C. Forre uma assadeira baixa com papel-manteiga, pincele-o com azeite e polvilhe com sal.

2. Usando uma faca, faça alguns furos nas berinjelas. Coloque cada berinjela diretamente sobre a chama do fogão, virando-as conforme necessário, para queimar o exterior de maneira uniforme. Dependendo de quão defumadas você quiser que elas fiquem, asse-as, girando-as regularmente por 5 a 10 minutos.

3. Quando esfriarem o suficiente para serem manuseadas, corte as pontas e abra as berinjelas no sentido do comprimento. Coloque-as sobre a assadeira, com o lado da polpa para baixo, e asse-as até que estejam completamente macias, por 30 a 40 minutos. Retire do forno e deixe esfriar.

4. Raspe a polpa das berinjelas e coloque no processador de alimentos. Acrescente tahine, sal, suco de limão, alho, pimenta, cominho, azeite e salsinha, e bata tudo até ficar homogêneo. (Você também pode amassar as berinjelas à mão numa tigela, com os outros ingredientes, usando um garfo.) Sirva a mistura numa tigela rasa, regada com azeite e as ervas ou sementes por cima. O *moutabal* pode ser guardado por até 4 dias na geladeira.

---

2 berinjelas (1,25kg)

½ xícara (130g) de tahine (pasta de gergelim)

1¼ de colher (chá) de sal marinho ou sal kosher

3 colheres (sopa) de suco de limão espremido na hora

3 dentes de alho descascados e picados

⅛ de colher (chá) de pimenta-caiena ou outra pimenta chilli defumada em pó ou desidratada

⅛ de colher (chá) de cominho em pó

1 colher (sopa) de azeite de oliva, e mais para regar

2 colheres (sopa) de salsinha fresca picada

ervas frescas picadas grosseiramente ou sementes, para decorar

Le stress du supermarché

Sempre que vou ao supermercado em Paris eu me preparo psicologicamente antes, porque sei que alguma coisa vai dar errado. Os supermercados na França parecem fazer o possível para criar o máximo de dificuldade para o consumidor. Em parte isso acontece, acredito, porque os franceses tradicionalmente fazem suas compras de comida em feiras ou *vergers*, as quitandas, e a natureza impessoal dos supermercados induz um comportamento agressivo entre os clientes (que não querem estar ali) e os funcionários (que não querem estar ali também). Portanto, não é raro encontrar corredores pelos quais você não consegue passar, prateleiras carentes de produtos corriqueiros, como açúcar, farinha ou suco de laranja. E que os céus o ajudem se você não tiver dinheiro trocado, porque mesmo que o caixa tenha uma gaveta repleta de moedas, é um esforço hercúleo fazer o funcionário pegar qualquer uma delas para lhe dar.

Meu primeiro grande quiproquó num supermercado aconteceu quando não apareceu o preço com desconto do suco de laranja, e o caixa se recusou a acreditar que o produto estava *en promotion*. Assim, depois de alguma altercação, fui até a bancada dos sucos, arranquei o cartaz da parede e o coloquei diante dela. Consegui o desconto, mas também uma reprimenda severa tanto dela quanto do gerente, por duvidar da palavra deles (o que me parece um tanto esquisito, porque, por algum motivo, achei que eles estivessem do lado errado). No mesmo supermercado, alguns meses depois, pedi cinco moedas de €1 em vez da nota de €5 que me haviam dado, para eu usar a cabine fotográfica e tirar algumas fotos de que precisava para um documento do governo. O caixa disse que não tinha nenhum trocado e bateu a gaveta (cheia de moedas). Até o rapaz parisiense que estava atrás de mim revirou os olhos. Às vezes é preciso rir diante dessas situações ridículas. Desde então, aprendi a guardar todo e qualquer dinheiro trocado, porque nunca sei quando vou precisar comprar alguma coisa, e detesto incomodar a pessoa no caixa.

Uma mudança digna de nota, que tornou a experiência no supermercado mais agradável, foi o caixa automático, o que significa que você não tem de lidar com a cólera dos operadores. Ele também é o lugar ideal para trocar aquelas malditas notas de €50 que os bancos colocam nos caixas eletrônicos e que os operadores de caixa gostam de ver tanto quanto gostam de admitir que estavam errados. Tenho a impressão de que os cobradores adoram receber dinheiro, mas detestam dar algum de volta.

Embora a maioria das pessoas que trabalha das 9h às 17h em Paris não possa se dar ao luxo de ir à feira para seu consumo diário, tenho sorte de ir às compras à hora em que quero e sem nenhum medo de ser criticado por adquirir qualquer coisa.

Uma vez que você se torna cliente regular na feira, passa a conhecer os vendedores, e eles se tornam como que seus amigos e até, em alguns casos, confidentes preciosos. Se você quer saber o que está acontecendo com qualquer um dos feirantes, ou vizinhos, ou qualquer outra fofoca (principalmente quando diz respeito a frutas e legumes), é aos vendedores que tem de perguntar.

O único problema é que toda essa falação retarda bastante minhas compras. Se eu quero só uma coisa, como algumas laranjas ou duas berinjelas, preciso me movimentar apressada e cuidadosamente para não ser avistado por determinados vendedores, porque não tenho tempo para uma conversa demorada sobre as novidades do comércio de batatas ou sobre como parece que ninguém mais quer saber de couve-flor. Estes podem não parecer temas urgentes para se discutir, mas, considerando as alternativas (como se indispor por causa de €0,07), prefiro continuar a fazer minhas compras na feira.

Caviar de berinjela
CAVIAR D'AUBERGINES

Serve 6-8 pessoas

Um dos meus sonhos é que, algum dia, alguém abrirá uma casa de defumação em Paris. (Não, não estou me referindo às varandas dos cafés entupidas de gente soprando fumaça. Já temos isso de sobra.) Não é uma ideia tão radical assim. Na Idade Média, havia *fours* comunitários em Paris, aos quais as pessoas levavam suas comidas para assar, como o da oportunamente chamada rue du Four (rua do Forno), no 6º *arrondissement*. Acredito que alguém com espírito empreendedor deveria abrir um lugar onde as pessoas pudessem levar peixe, carnes (costelas!) e vegetais que quisessem defumar.

Enquanto esse dia não chega, vou continuar a assar berinjelas na chama do meu fogão, o que as deixa bem grelhadas e as infunde com um sabor defumado que eu adoro.

O *caviar d'aubergines* é um aperitivo popular nos restaurantes parisienses, servido com torradas.

2 berinjelas (1,25kg)

1 colher (sopa) de azeite de oliva (mais, para servir)

2 colheres (sopa) de suco de limão espremido na hora (mais, se necessário)

2 dentes de alho descascados e picados

1½ colher (chá) de sal marinho ou sal kosher (mais, se necessário)

½ colher (chá) de páprica defumada ou pimenta chilli defumada em pó (mais, para servir)

pimenta-do-reino preta moída na hora

2 colheres (sopa) de hortelã, salsinha, coentro ou manjericão picados

1. Preaqueça o forno a 190°C. Forre uma assadeira baixa com papel-manteiga, pincele-o com azeite e polvilhe com sal.

2. Usando uma faca, faça alguns furos nas berinjelas. Coloque cada berinjela diretamente sobre a chama do fogão, virando-as conforme necessário, para queimar o exterior de maneira uniforme. Dependendo de quão defumadas você quiser que elas fiquem, asse-as, girando-as regularmente por 5 a 10 minutos.

3. Quando esfriarem o suficiente para serem manuseadas, corte as pontas e abra as berinjelas no sentido do comprimento. Coloque as berinjelas sobre a assadeira, com o lado da polpa para baixo, e asse-as até que estejam completamente macias, por 30 a 40 minutos. Retire do forno e deixe esfriar.

4. Raspe a polpa das berinjelas e coloque no processador de alimentos. Acrescente o azeite, o suco de limão, o alho, o sal, a páprica e um pouco de pimenta-do-reino. Use a função "pulsar" algumas vezes até que a mistura esteja quase homogênea. Acrescente as ervas e use a função "pulsar" mais algumas vezes. (Como alternativa, você pode amassar as berinjelas e os demais ingredientes à mão, usando um garfo.) Prove e acrescente mais suco de limão ou sal, se desejar.

5. Sirva numa tigela, fazendo uma cavidade rasa no centro da pasta e despejando um pouco de azeite e uma pitada de páprica por cima. O caviar de berinjela pode ser guardado por até 4 dias na geladeira. Sirva em temperatura ambiente.

Gelo é belo

Curiosamente, os americanos parecem apreciar mais as comidas da Provence que os parisienses. Talvez porque a Provence ofereça uma beleza áspera, hábitos peculiares (descritos em inúmeros romances de sucesso em língua inglesa), clima temperado e, o mais importante, refeições mais informais, com comidas que nos atraem, temperadas com os irresistíveis sabores de azeite de oliva, tomilho e bastante alho. As anchovas ainda afugentam muitas pessoas, mas não a mim. Eu adoro anchovas, especialmente aqueles lindos filezinhos de Collioure, no Mediterrâneo. Detesto quando alguém me diz que eu *preciso* experimentar determinada coisa, mesmo que de antemão eu saiba que não vou gostar, mas vou só lançar para o universo a informação de que essas anchovas irão mudar o que você pensa delas, e paro por aqui.

O vinho rosé é outra coisa que algumas pessoas levam tempo para começar a gostar, tanto em Paris quanto ao redor do mundo. (Sou uma exceção por ter gostado logo de cara.) Mas, desde que me mudei para a França, as vendas de rosé superaram as de vinho branco dentro do país. Embora parte do crédito pertença ao povo da Provence, que o serve em grandes jarras e *carafes* cheias de gelo, uma parcela se deve a mim, por ter feito minha parte em Paris.

No entanto, quando estou em Paris e coloco alguns cubos de gelo no rosé, recebo olhares incrédulos, como se as pessoas quisessem dizer: "Como ele ousa profanar o vinho?" Porém, como diz minha amiga Rosa Jackson, que mora em Nice: "O rosé não é considerado vinho por aqui. É um drinque." (Por toda a França, drinques gelados são vistos como responsáveis por uma série de moléstias, incluindo algo chamado *ventre congelé*, ou "barriga congelada".) Apesar dos riscos, ele combina perfeitamente com os petiscos provençais, como a *pissaladière*, uma espécie de torta coberta de geleia de cebola, tomilho, anchovas e, claro, uma boa porção de alho.

Como pareço ter vocação para cultivar olhares de desaprovação, eu sirvo *pissaladière* como petisco, acompanhada de rosé gelado, e consigo ver a aflição dos parisienses diante de uma torta coberta de alho e cebola e do vinho com gelo, o que exige algum poder de persuasão. Digo que é assim que aqueles bárbaros em Marselha servem, o que parece deixá-los com um pouco de medo. Mas todos aprovam depois da primeira mordida (cética) na *pissaladière*. E a questão do gelo? Bem, digamos que isso ainda é recebido com certa frieza… e é melhor parar por aqui.

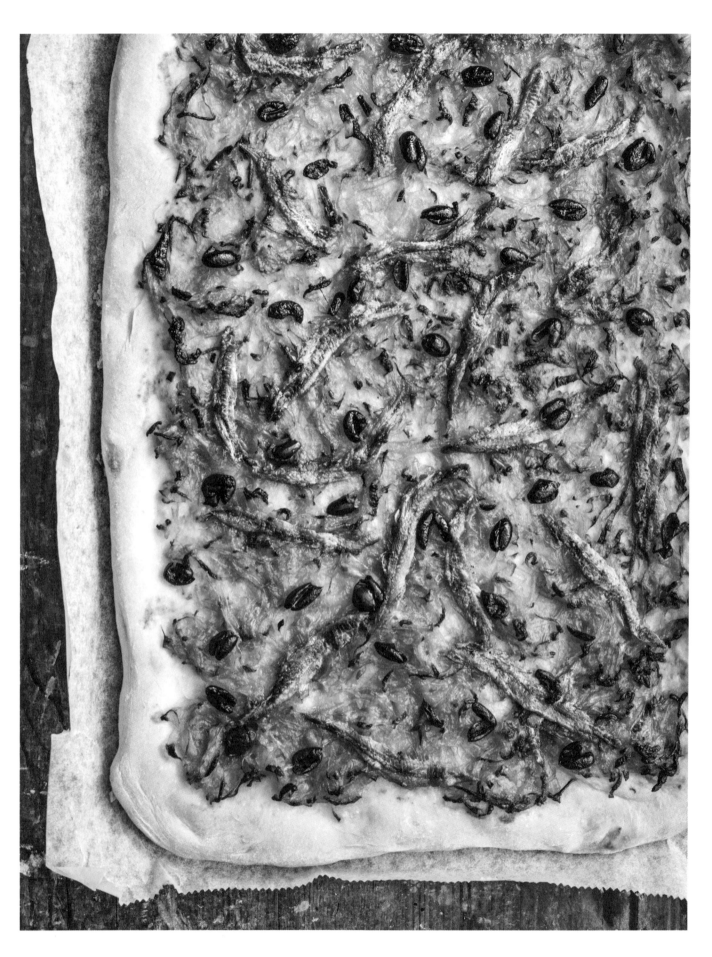

Torta de cebola

PISSALADIÈRE

Serve 8-10 pessoas

A *pissaladière* deve ser bem fina e crocante, não grossa e massuda. Cebolas repletas de sabor são espalhadas por cima, com tirinhas de anchovas e azeitonas niçoise, cuja busca vale a pena. Se você não conseguir encontrá-las, outra azeitona francesa bem oleosa serve, ou mesmo azeitonas kalamata picadas – mas não diga ao povo da Provence que você está usando azeitonas gregas na adorada receita deles. Provavelmente eles também não vão querer saber que a maior parte das azeitonas niçoise é hoje cultivada na Espanha. Os franceses não costumam tirar o caroço das azeitonas, e sem dúvida descaroçar as pequenas niçoise pode fazer com que elas ressequem na hora de assar. Portanto, fique à vontade para deixá-las inteiras – e avise aos convidados distraídos para ter atenção com os caroços (e com o gelo, se você estiver servindo esta receita com rosé gelado, como se espera).

MASSA

¾ de xícara (180ml) de água morna

1 colher (chá) de fermento biológico instantâneo

2 xícaras (280g) de farinha de trigo

3 colheres (sopa) de azeite de oliva

1 colher (chá) de sal marinho ou sal kosher

COBERTURA

4 colheres (sopa, 60ml) de azeite de oliva (mais, se necessário)

1,25kg de cebola descascada e cortada em rodelas finas

10 ramos de tomilho

4 dentes de alho descascados e cortados em fatias finas

½ colher (chá) de sal marinho ou sal kosher

½ colher (chá) de açúcar refinado

pimenta-do-reino preta moída na hora

30 azeitonas niçoise, ou 20 azeitonas maiores, com ou sem caroço

16 filés de anchova conservados em óleo de boa qualidade

1. Para fazer a massa, despeje a água, o fermento e ½ xícara (70g) da farinha na tigela de uma batedeira com o gancho de massa afixado (ou numa tigela grande, se for misturar à mão). Deixe descansar por 15 minutos, até que surjam pequenas bolhas na superfície.

2. Acrescente a 1½ xícara (210g) restante de farinha, o azeite e o sal. Bata em velocidade média por 5 minutos, até que a massa se torne uma pequena bola. Unte uma tigela com azeite, transfira a massa para ela e vire, para que todos os lados estejam untados. Coloque um pano de prato sobre a tigela e deixe a massa crescer em temperatura ambiente por cerca de 1 hora, ou até que ela tenha dobrado de volume.

3. Enquanto isso, para preparar a cobertura, aqueça 3 colheres (sopa) do azeite sobre fogo médio, numa frigideira grande ou panela de ferro fundido. Acrescente a cebola, o tomilho, o alho, o sal e o açúcar. Cozinhe mexendo apenas de vez em quando durante a primeira meia hora. Depois, conforme as cebolas forem desmanchando, mexa com mais frequência por cerca de 1 hora, até que elas estejam bem douradas. (Se começarem a queimar no fundo, acrescente mais azeite.) Misture um pouco de pimenta-do-reino e retire do fogo. Depois que esfriar, retire os ramos do tomilho.

PETISCOS

4   Para montar e assar a *pissaladière*, preaqueça o forno a 200°C e forre uma assadeira baixa de 33×45cm com papel-manteiga.

5   Vire a massa sobre uma superfície levemente enfarinhada e abra-a com as mãos em formato oval (cerca de 30cm de comprimento). Deixe descansar por 15 minutos.

6   Transfira a massa para a assadeira e abra-a com as mãos até alcançar as laterais. Espalhe as cebolas caramelizadas sobre a massa, deixando vazia apenas uma borda estreita ao redor. Espalhe as azeitonas, disponha as anchovas aleatoriamente, ou num padrão trançado decorativo, e regue com a colher restante de azeite. Asse por 20 minutos, até que a massa esteja ligeiramente dourada. Retire do forno e deslize a *pissaladière* sobre uma grade, sem o papel-manteiga, para esfriar. Pincele um pouco de azeite sobre as bordas e corte em quadrados ou retângulos. Sirva quente ou em temperatura ambiente, acompanhada de taças de rosé com gelo, claro.

Palitos de peixe e les nuggets

NUNCA COMI NUMA ESCOLA PRIMÁRIA FRANcesa, embora de tempos em tempos apareça uma história na televisão americana mostrando as iguarias que os refinados infantes apreciam, como caracóis marinhos e *les poissons panés*. Aqueles que têm filhos provavelmente ficam fascinados com o fato de que as crianças francesas comam caracóis marinhos, ou *bulots*, mas acredito que os palitos de peixe (*poissons panés*) sem dúvida são adorados por crianças no mundo todo. Principalmente se forem servidos com molho tártaro.

Como eu fico sabendo que esses programas foram ao ar? Porque recebo mensagens e links de pessoas de todo o mundo, impressionadas em saber que as crianças francesas desfrutam repastos tão sofisticados todos os dias nos refeitórios de suas escolas. Mas quando pergunto aos meus amigos franceses como era a comida na escola, seus rostos se contorcem em expressões de desgosto, e percebo que trouxe à tona uma lembrança muito desagradável, como quando um deles relatou que fora forçado a comer língua de boi servida com um molho de tomate espesso e gosmento, e não acredito que isso soe muito bem aos ouvidos americanos de qualquer idade.

Não cresci na França, porém, pelo que eu me lembre, fazíamos refeições muito boas lá na Nova Inglaterra, as quais (felizmente) nunca incluíram língua. Havia muitos frutos do mar, inclusive bolinhos de bacalhau – leves, feitos com bacalhau fresco da região, fritos e crocantes, servidos com molho tártaro. Eu me lembro de estar na fila do refeitório e enxergá-los lá adiante, sem conseguir esperar até minha vez para pegar um prato no expositor aquecido de aço inoxidável e colocá-lo na minha bandeja, que eu carregava com firmeza até chegar à mesa, com medo de que algum bolinho caísse.

Quando descobri a *Brandade de morue* (p.144), prato francês feito com bacalhau salgado gratinado com creme, isso me trouxe de volta saborosas lembranças daqueles bolinhos de bacalhau que em Paris são vendidos por comerciantes das Antilhas, apesar de preferir o *accras de morue* que eu preparo em casa, e que fica muito melhor que qualquer um vendido nas barracas da feira.

Por sorte, as coisas podem estar melhorando para os estudantes em Paris. Quando passo em frente a uma escola, confiro os cardápios de almoço que eles penduram do lado de fora, que agora oferecem frutas orgânicas, saladas de vegetais frescos, queijos franceses... e, bem, *un poulet pané* (frango empanado) de vez em quando, porque crianças são crianças, não importa onde vivam.

Bolinhos de bacalhau com molho tártaro
ACCRAS DE MORUE À LA SAUCE TARTARE

Rende 18 bolinhos

Les accras são um petisco popular durante *les happy hours* nos cafés, onde os parisienses se encontram depois do trabalho para desanuviar, com taças de vinho, cerveja e talvez alguma coisinha para comer. Eles também rendem um bom almoço com uma salada verde. Lembre-se de que o recheio pode estar pelando, mesmo que a casquinha faça parecer que não. Recomendo avisar aos convidados para ter cuidado na hora de comer.

BOLINHOS DE BACALHAU

½ receita de Brandade de bacalhau (p.144), cerca de 2 xícaras (370g)

¼ de xícara (30g) de farinha de rosca fresca ou seca

MOLHO TÁRTARO

¾ de xícara de Maionese caseira (p.331) ou industrializada

2 colheres (sopa) de picles de pepino picados

2 colheres (sopa) de chalotas picadas

1½ colher (sopa) de alcaparras lavadas, espremidas até secar e picadas

1 colher (sopa) de salsinha fresca picada

1 colher (chá) de suco de limão espremido na hora ou de vinagre de vinho branco (mais, se necessário)

sal marinho ou sal kosher e pimenta-do-reino preta moída na hora

1 pitada de açúcar refinado

MASSA PARA EMPANAR

½ xícara (70g) de farinha de trigo

3 colheres (sopa, 25g) de amido de milho

2 colheres (chá) de fermento em pó

¾ de colher (chá) de sal marinho ou sal kosher

½ colher (chá) de pimenta-do-reino preta moída na hora

½ colher (chá) de pimenta-caiena

¾ de xícara (180ml) de cerveja

1 colher (sopa) de salsinha fresca picada

1 colher (sopa) de coentro ou ciboulette frescos picados

1. Para fazer os bolinhos de bacalhau, misture a brandade com a farinha de rosca e forme bolinhas bem apertadas de cerca de 3cm de diâmetro. Leve à geladeira até ficar firme, por cerca de 1 hora. (Eles podem ficar na geladeira por até 24 horas.)

2. Para fazer o molho tártaro, misture todos os ingredientes. Prove e acrescente mais sal, pimenta e/ou suco de limão, se desejar.

3. Cerca de 30 minutos antes de fritar os bolinhos, prepare a massa misturando a farinha, o amido de milho, o fermento, o sal, a pimenta-do-reino e a pimenta-caiena numa tigela. Acrescente a cerveja, a salsinha e o coentro. Misture até que não restem grandes grumos, porém, não trabalhe demais a massa (os pequenos grumos podem ficar). Cubra e deixe descansar em temperatura ambiente por 30 minutos.

4. Encaixe um termômetro para fritura ou para calda numa panela grande de fundo triplo e encha com 8cm de óleo de amendoim ou de girassol. Aqueça o óleo a 185°. Forre uma travessa com algumas camadas de papel-toalha.

5. Quando o óleo estiver na temperatura desejada, retire da geladeira apenas a quantidade de bolinhos que você vai fritar na primeira leva, trabalhando com algo em torno de 6 bolinhos por vez (ou quantos você achar que caberão em sua panela sem ficar cheia demais). Mergulhe cada bolinho na massa e vire-o delicadamente, para cobrir por completo. (Eles não precisam ficar perfeitos, e aqui a velocidade vale mais que a perfeição.) Depois de passar todos na massa, mergulhe-os no óleo quente.

6. Frite os bolinhos por 2 a 3 minutos, virando-os regularmente para dourarem por igual. Assim que estiverem bem dourados, de maneira uniforme, use uma escumadeira ou peneira de metal

para transferi-los para o papel-toalha. Complete a panela com óleo, conforme o necessário, esperando ele retomar a temperatura antes de fritar outros bolinhos.

7   Sirva os bolinhos com o molho tártaro.

Almôndegas picantes com molho Sriracha
BOULETTES DE MERGUEZ À LA SAUCE SRIRACHA

Rende 20 almôndegas

Mais de uma década atrás, um amigo me disse: "Você não é parisiense até que tenha pedido um sanduíche de merguez recheado com linguiça e *frites*, às 3h da manhã… e comido na calçada." Bem, mais de dez anos se passaram e ainda não fiz essa experiência notívaga, o que talvez explique os dez anos esperando (e contando) a emissão do meu cartão de residente. Mas já comi um bocado de merguez.

Graças ao grande fluxo de norte-africanos em Paris, há inúmeras lojas de cuscuz e barraquinhas de rua em diversas vizinhanças servindo carnes grelhadas enroladas em pão sírio quente. É possível encontrar algumas variações desses sanduíches, como *l'américain*, recheado com carne grelhada e batatas fritas (que eu nunca vi nos Estados Unidos), ou o que eu vi sendo servido no Quartier Latin, coroado com um ninho de espaguete sem molho (o que eu preferia nunca ter visto).

Uma coisa que os restaurantes e as barraquinhas norte-africanas têm em comum são as linguiças merguez, de uma cor vermelha viva que deve ser vista como um alerta de que esses embutidos carregam um tantinho – ou um montão – de pimenta. Eu adoro, e para mim não é cuscuz de verdade se não houver algumas linguiças merguez repousando ao lado do cordeiro assado nos espetinhos, e um potinho de Harissa (p.330) ao lado, para dar uma animada nas coisas.

Eu gosto tanto de linguiça merguez que desenvolvi um jeito de prepará-la em casa, onde sirvo como aperitivo. Elas em geral são feitas no formato alongado tradicional da linguiça, porém, quando enroladas à mão, ostentam uma infeliz semelhança com outra coisa também encontrada pelas ruas de Paris. Então eu as moldo em *boulettes*, ou almôndegas, muito fáceis de fazer. Podem ser fritas em cima da hora e servidas com molho.

O Sriracha se tornou quase *de rigueur* nas mesas americanas, e o colocamos em qualquer coisa. Em Paris, mantenho sempre um frasco à mão, porque meu companheiro francês ficou viciado também, apesar de sua relutância patriótica em consumir qualquer coisa *trop piquante*. Mas os franceses parecem se render diante do poder do galo que ornamenta a garrafa plástica do molho picante. E como *le chanteclair* é o mascote não oficial da França, talvez isso esteja ligado de alguma forma ao seu poder de atração.

A linguiça merguez pode ser preparada tanto com carne de boi quanto com carne de cordeiro, e é importante usar um corte não muito magro, ou ela ficará seca demais. O sumagre é um tempero intrigante, que acrescenta um azedo frutado e dá à mistura uma levantada um pouco exótica, mas pode ser omitido.

Incluí dois dos meus molhos favoritos. Um é uma simples maionese misturada com Sriracha (você também pode usar Harissa, p.330), e o outro (*ver* Variação adiante) é iogurte um pouco azedinho misturado com tahine e alho fresco. Você pode servir um, o outro ou os dois.

ALMÔNDEGAS DE MERGUEZ

1½ colher (chá) de sementes de erva-doce

1 colher (chá) de sementes de coentro

1 colher (chá) de sementes de cominho

2 colheres (sopa) de coentro fresco picado

3 dentes de alho descascados e picados

2 colheres (chá) de páprica doce

2 colheres (chá) de Harissa (p.330), Sriracha ou pasta de pimenta asiática

1½ colher (chá) de sal marinho ou sal kosher

¼ de colher (chá) de canela em pó

¼ de colher (chá) de pimenta-da-jamaica em pó

½ colher (chá) de sumagre em pó (opcional)

450g de carne de boi ou de cordeiro (não magra) moída, ou uma mistura das duas

MAIONESE DE SRIRACHA

¾ de xícara (180g) de Maionese caseira (p.331) ou industrializada

1 colher (sopa) de Sriracha ou Harissa (p.330), ou a gosto

1 Para fazer as almôndegas, toste as sementes de erva-doce, coentro e cominho por cerca de 1 minuto numa frigideira quente até que comecem a liberar o aroma. Retire do fogo e deixe esfriar, depois triture-as num moedor de especiarias ou no pilão até obter um pó, ou coloque-as num saco plástico e bata com o martelo.

2 Numa tigela, misture as especiarias trituradas com o coentro fresco, o alho, a páprica, a harissa, o sal, a canela, a pimenta-da-jamaica e o sumagre. Acrescente a carne moída e misture bem. Essa mistura pode ser guardada na geladeira por até 3 dias antes de ser enrolada e frita.

3 Pegue pedaços da mistura de carne e faça almôndegas do tamanho de uma noz com casca. Aqueça a colher (sopa) de azeite numa frigideira grande, de preferência antiaderente, em fogo médio-alto. Frite as almôndegas por 8 a 10 minutos, sacudindo a frigideira para que cozinhem de maneira uniforme. (Pode ser necessário um pouco mais de azeite caso você não esteja usando frigideira antiaderente.) Se você tiver uma churrasqueira, pode prepará-las no fogo também, ou assá-las em uma assadeira untada, com forno a 180°C, por 12 a 15 minutos.

4 Para fazer a maionese de Sriracha, misture a maionese e o Sriracha num pote pequeno. Essa maionese pode ser feita com até 3 dias de antecedência e guardada na geladeira.

5 Sirva as almôndegas quentes com a maionese de Sriracha.

VARIAÇÃO: Você também pode fazer um molho refrescante de tahine e iogurte para servir com as almôndegas. Misture ½ xícara (120g) de iogurte natural integral, ¼ de xícara (60g) de tahine (pasta de gergelim), 2 colheres (chá) de alho picado, 2 colheres (chá) de salsinha fresca finamente picada, 4 colheres (chá) de suco de limão espremido na hora, 1½ colher (chá) de água e ½ colher (chá) de sal marinho ou sal kosher, até ficar bem homogêneo. Prove e ajuste os temperos, se desejar.

A BATALHA DOS BEURRES

Durante anos ouvimos que deveríamos usar manteiga sem sal para cozinhar, principalmente na confeitaria. E durante anos foi isso que eu fiz, e ainda fiz propaganda. No entanto, depois de me mudar para a França, onde a manteiga com sal vem com *cristaux* de sal marinho crocantes entremeados em barras amarelo-ouro, tão boa que você não consegue acreditar que é apenas manteiga, eu me converti ao *beurre salé*.

Não fui o primeiro a embarcar no trem da manteiga com sal. Os substanciosos cookies de chocolate Korova do chef de confeitaria Pierre Hermé são pontilhados de pedacinhos de flor de sal colhida à mão na costa do Atlântico. Mas Henri Le Roux, confeiteiro britânico que recentemente abriu lojas em Paris, usa manteiga com sal em seus caramelos C.B.S. (*caramel-beurre-salé*), e foi quem definiu o gênero que se espalharia pelo país – e pelo mundo. Hoje, se você vasculhar qualquer cardápio de sobremesas em Paris, inevitavelmente irá encontrar pelo menos um item com as palavras *caramel-beurre-salé*, seja num molho, num suflê ou num sorvete.

Minha jornada rumo ao sal começou quando comprei manteiga salgada para a torrada matinal. Mas há limite para a quantidade de manteiga que alguém consegue comer no café da manhã. Como aquela barra enorme estava sempre ali à mão, bem, por que não a usar para cozinhar? Seu sabor é mais marcante, principalmente na confeitaria, e gosto de ser surpreendido pelos pequenos cristais de sal em alguma coisa, em especial caramelo ou chocolate, nos quais ele oferece um pequeno contraste, destacando o sabor dos outros ingredientes.

Se você compra manteiga salgada tradicional, é como se o sal estivesse dissolvido, portanto, não fica tão óbvio, mas é possível perceber uma diferença de sabor que você provavelmente vai começar a apreciar, se usá-la com frequência. Para mim, manteiga com sal tem, digamos, mais sabor de manteiga. Como nós temos sal em nossas bocas naturalmente, isso não chega a ser um susto, e sempre cai bem.

Antigamente, dizia-se que o sal era adicionado à manteiga para disfarçar sabores indesejados, daí o antigo hábito de achar que a manteiga sem sal era melhor. Contudo, em minha experiência comprando manteiga (e acredite, eu tenho bastante experiência nesse assunto), percebi que a manteiga com sal e a sem sal possuem o mesmo frescor. Independentemente de onde você mora, da próxima vez que for cozinhar ou assar alguma coisa, experimente substituir a manteiga sem sal pela salgada. Eu substituo uma pela outra regularmente, e não é preciso se preocupar em compensar o sal a mais na receita. Portanto, todos nós estamos em boa companhia.

Rillettes de sardinha
RILLETTES DE SARDINES

Serve 6-8 pessoas

Uma coisa notável sobre os médicos franceses é que eles são meticulosos, nunca deixam de responder a uma pergunta. Nem de formulá-las. Ao contrário do que acontece nos Estados Unidos, onde eles tentam fazer você entrar e sair o mais rápido possível, minha médica em Paris passa um bocado de tempo comigo, não importa quantas pessoas estejam na sala de espera, e faz perguntas sobre tudo, desde uma boa receita para *le cheesecake* até que posições sexuais eu prefiro.

Meus últimos exames médicos mostraram que estava tudo bem, e a médica balançou a cabeça em aprovação, o que foi um alívio, visto que há anos ela possui um programa interativo de rádio no qual dá conselhos sobre sexo. Quer dizer, até que chegou à taxa de vitamina D – ela franziu as sobrancelhas enquanto balançava a cabeça para a frente e para trás, dizendo: "Temos de fazer alguma coisa a respeito disso."

Ela recomendou que eu passasse mais tempo ao sol, com o rosto e os braços descobertos. Quando lhe lembrei que Paris é cinza e nublada a maior parte do ano, ela concordou e prescreveu pequenas cápsulas de vitamina D. Então fui à farmácia comprá-las e falei de minha deficiência para o farmacêutico (eu o poupei dos outros detalhes da consulta). Ele disse que todo mundo – *toutes les personnes* – em Paris tem deficiência de vitamina D. Portanto, todos aqueles parisienses que são vistos perambulando às margens do Sena não estão ali para aproveitar a paisagem fabulosa, nem procurando cantinhos escondidos para namorar, mas abastecendo suas reservas de vitamina D.

Como sou um cara um pouco caseiro (para inúmeras atividades), passei a comer muito mais peixes pequenos, especificamente cavala e sardinha, ambas com alto teor de vitamina D. Sardinhas frescas estão sempre disponíveis nas peixarias, mas as enlatadas rendem rillettes muito boas, e com elas é possível preparar uma receita em menos de 10 minutos.

Tradicionalmente, pastas como essa são feitas com manteiga na França. Mas um dia eu estava jantando na *crêperie* West Country Girl e a proprietária do lugar me trouxe um potinho de rillettes de sardinha da casa. Eu espalhei um pouco na ponta da baguete, e ela tinha um sabor diferente das outras, mas ao mesmo tempo havia algo familiar. A dona ficou surpresa por eu ter descoberto seu segredo, que era cream cheese. Eu gostei tanto que agora uso nessa pasta tanto manteiga quanto *le fromage à tartiner* – ou, como se diz em francês, *le Philadelphia*.

¼ de xícara (55g) de cream cheese tradicional ou light, em temperatura ambiente

3 colheres (sopa) de manteiga com ou sem sal

2 latas de 115g de sardinhas

2 cebolinhas picadas (a parte branca e verde-clara)

1 colher (sopa) de alcaparras lavadas, espremidas até secar e picadas

1 colher (sopa) de suco de limão espremido na hora

¾ de colher (chá) de sal marinho ou sal kosher

pimenta-do-reino preta moída na hora

⅛ de colher (chá) de pimenta-caiena

torradas, baguetes, fatias finas de pão rústico ou de pão de centeio, para servir

1. Misture o cream cheese e a manteiga com um garfo até ficar homogêneo. Escorra as sardinhas. Passe o polegar sobre cada uma, no sentido do comprimento (em geral há uma abertura ali) e retire as espinhas. Despeje os filés de sardinha na pasta de cream cheese e manteiga e misture bem.

2. Acrescente a cebolinha, as alcaparras, o suco de limão, o sal, a pimenta-caiena e um pouco de pimenta-do-reino à mistura. Prove e acrescente mais sal ou suco de limão, se desejar.

3. As rillettes podem ser guardadas na geladeira por até 4 dias. Sirva em temperatura ambiente, com torradas, baguetes ou fatias finas de pão rústico torrado.

Socando o pilão (e o almofariz)

Quando eu estava montando minha primeira cozinha em Paris, saí em busca de um pilão e almofariz. Em cozinhas de amigos, tinha visto exemplares lindos da Provence, antigos, feitos de mármore pesado, com enormes pilões de madeira repousando dentro deles, e queria um igual. Contudo, durante minhas missões de compra, eu sempre esquecia as duas palavras em francês para designá-los. Então, como estava acostumado a fazer, começava a gesticular, o que levou um monte de pessoas a presumir, inicialmente, que eu era italiano. Foi só depois que uma vendedora me olhou apavorada, enquanto eu bombeava um objeto cilíndrico imaginário para cima e para baixo, em ritmo acelerado, que me dei conta de que *mortier* e *pilon* eram duas palavras que deveriam ser prioridade na expansão do meu vocabulário em francês.

Parece que eu não era o único interessado em achar um pilão e almofariz na França. Quando tive a sorte de esbarrar com um, numa feira de usados, minha empolgação inicial foi aplacada pelos estapafúrdios €250 na etiqueta de preço. Então, como medida paliativa, e para evitar que eu aterrorizasse outras vendedoras, comprei um enorme pilão tailandês no Quartier Chinois por menos de €20. (Quando o descarreguei em casa, vindo de metrô, o que quase fez meu braço cair, meu vizinho disse: "Por que não comprou um para mim também?")

Eu quase sempre uso *mortier* e *pilon* para triturar especiarias. E sem dúvida há lojas de especiarias maravilhosas em Paris. A primeira vez que fui à Goumanyat, uma *épicerie* especializada em condimentos de primeira linha, como açafrão, achei que minha cabeça fosse explodir diante de todos aqueles aromas. Há as feiras árabes em Belleville e as lojas indianas e cingalesas nos fundos da Gare du Nord; eu poderia passar dias fuçando as prateleiras e inevitavelmente voltar para casa com algum vegetal estranho, comprado sem motivo algum além do fato de eu nunca ter visto antes uma raiz de quase 1,5m, sem contar os ramos. (O que me ajudou a conseguir assento num ônibus lotado, portanto, é uma boa ideia aprender o nome dela também, já que pretendo comprá-la com mais frequência.) Também compro oleaginosas nessas lojas, porque nos supermercados elas costumam ser vendidas em embalagens com 12 unidades ("12 avelãs inteiras"), e eu logo iria parar numa *maison des pauvres* se tivesse de comprar todos os quilos de oleaginosas que uso em pacotinhos como esses.

Utilizo algumas dessas oleaginosas para preparar dukkah, um mix condimentado e delirante, de origem egípcia. O nome *dukkah* (ou *duqqa*) provém do árabe "socar", outra palavra que é bom aprender para evitar outros mal-entendidos, caso eu me mude para o Egito.

Você pode facilmente variar o mix substituindo as avelãs por amêndoas ou amendoins, ou ajustando as especiarias para mais ou para menos. Muitas receitas levam sementes de cominho demais, o que para mim mascara completamente as oleaginosas. Portanto, meu mix leva um pouco mais de oleaginosas do que outros.

Agora que estou munido de pilão, almofariz e alguns potes de oleaginosas e especiarias, posso ficar tranquilo quanto ao meu estoque de dukkah, que é uma ótima base para a pasta mais rápida do mundo. Você pode prepará-la instantaneamente misturando um pouco de dukkah e azeite de oliva. Eu sirvo com fatias de baguete com gergelim ou pão sírio fresco, ou com uma variedade de vegetais crus cortados em palitos.

Mix egípcio de oleaginosas e especiarias
DUKKAH

Rende 1½ xícara (150g)

½ xícara (50g) de avelãs

⅓ de xícara (50g) de gergelim

¼ de xícara (35g) de sementes de abóbora descascadas

2 colheres (sopa) de sementes de coentro inteiras

1 colher (chá) de sementes de cominho

1 colher (chá) de sementes de erva-doce

1½ colher (chá) de grãos de pimenta-do-reino preta

1 colher (chá) de sal marinho ou sal kosher

Tostar as especiarias libera seus aromas, e nada preencherá mais sua cozinha de perfumes do Oriente Médio que triturar uma leva de dukkah. Cada especiaria deve ser tostada separadamente, porque as sementes de coentro exigem mais tempo que as outras, e você não quer queimar as especiarias, o que as deixa amargas. Mas é muito fácil prepará-las, uma depois da outra, numa frigideira quente.

Os ingredientes podem ser triturados num pilão, num moedor de especiarias ou num microprocessador de alimentos. Não triture demais, porque você não quer que os ingredientes fiquem muito finos; eles não devem virar um pó, mas ficar arenosos, como a textura de uma farinha de milho bem grossa. Você deve ser capaz de enxergar pequenos grânulos de oleaginosas quando o dukkah estiver pronto.

1. Preaqueça o forno a 180°C.

2. Espalhe as avelãs numa assadeira rasa e torre por 8 a 10 minutos, até que elas estejam levemente douradas e soltando a maior parte da casca. Retire do forno. Quando as avelãs estiverem frias o suficiente para serem manuseadas, esfregue-as com força com um pano de prato, para soltar o máximo possível das cascas. Coloque as avelãs descascadas numa tigela.

3. No fogão, aqueça uma frigideira em fogo médio. Comece pelo gergelim, espalhando-o na frigideira numa camada uniforme, sacudindo ou mexendo com frequência, até que ele estale e comece a ficar ligeiramente dourado. Despeje-o na tigela das avelãs. Depois torre da mesma forma as sementes de abóbora, as sementes de coentro, o cominho e a erva-doce, colocando-os na tigela com os outros ingredientes à medida que ficam prontos. Por último, torre a pimenta-do-reino. A maioria não deve levar mais de um minuto. Acrescente o sal.

4. Triture as oleaginosas, as sementes e as especiarias usando um pilão, um moedor de especiarias ou um microprocessador de alimentos, trabalhando em diversas levas, se for preciso, até que a mistura esteja bem moída e distribuída, mas sem ficar muito fina. O dukkah dura cerca de 1 mês guardado num recipiente hermético, em temperatura ambiente.

VARIAÇÕES: Use amêndoas torradas, amendoins ou castanhas-de-caju no lugar das avelãs. Faça uma rápida pastinha misturando ¾ (75g) de xícara de dukkah com 6 colheres (sopa, 90ml) de azeite de oliva numa tigela pequena.

PETISCOS

Entradas

ENTRÉES

Apesar das várias transformações ocorridas na culinária francesa ao longo das últimas décadas, os franceses ainda dividem suas refeições em etapas. Passe diante do café mais despojado ou de um restaurante de esquina, e invariavelmente haverá uma *formule* ou um *menu* de múltiplas etapas anunciado na calçada.

(Observação: Uma vez que se sentam, muitos clientes recebem olhares vazios por parte dos garçons ao pedirem para ver o *menu*, que é outra palavra para se referir à *formule*, escrita num quadro-negro; *la carte* é a expressão correta para se referir ao cardápio que o garçom leva à mesa.)

Ao contrário dos petiscos servidos à *l'heure de l'apéro*, pensados para se desfrutar reunidos em torno da mesinha de centro, ou beliscados de pé, as entradas são sempre servidas à *la table*. Elas englobam desde uma *salade composée* (salada composta), passando pela *soupe du jour*, qualquer que seja, até uma *salade de crudités* (salada de vegetais crus), ou mesmo uma fatia suculenta de terrine acompanhada de crocantes cornichons, para equilibrar a untuosidade. No entanto, raramente se serve uma salada de folhas no início de uma refeição. Na França, *les salades vertes* são reservadas para o final, sozinhas ou acompanhando o prato de queijos.

Comidas reconfortantes também são muito bem-vindas nos menus, e alguns clássicos franceses imortais, como *Oeufs mayo* (p.103) e *Poireaux vinaigrette* (p.88), se recusam terminantemente a deixar as mesas dos cafés e bistrôs tradicionais. A única concessão aos paladares modernos parece ser o *tartare de saumon* (salmão cru em cubos), para o qual, com algum rancor, foi aberto espaço nos cardápios, de olho nos comensais preocupados com *la ligne* (a silhueta).

A primeira etapa, *entrée*, em francês, serve para dar "entrada" à refeição. Não entendo por que os americanos adotaram o termo *entrée* para se referir ao prato principal; talvez pelos nossos hábitos alimentares generosos; querermos deixar em aberto a possibilidade de outra etapa depois dessa.

Diante de um cardápio de vários pratos num restaurante, ou em casa, a coisa mais importante é fazer escolhas equilibradas. Você não quer apresentar a alguém uma suculenta fatia de terrine, e então dar sequência a ela com uma reconfortante tigela de ensopado de carne. Apenas os mais convictos amantes de peixe seriam capazes de suceder uma salada morna de arenque e batatas com uma *Brandade de morue* (p.144). Ou então você é alguém que não está preocupado com a própria imagem. (Houve um debate na imprensa quando uma mulher concorrendo à Presidência da França pediu peixe num restaurante, em vez de carne, o que parecia lançar algumas suspeitas quanto à competência dela. Alguns meses depois, uma revista publicou fotos dela de biquíni, com uma *ligne* bastante esbelta. A mulher perdeu a eleição, no entanto, no pleito seguinte, seu ex-marido – cuja silhueta provocava comparações com um tremelicante pudim francês – se tornou presidente.)

Quando trabalhei em restaurantes, uma coisa que nunca entendi foi ver clientes saírem insatisfeitos com o lugar porque não se sentiam completamente cheios. Ao me levantar de uma mesa na França, mesmo depois de uma refeição que se estendeu por mais de três pratos, nunca me sinto como se tivesse comido demais. As refeições são moderadas; no final, você deve ter a sensação de que comeu a quantidade exata.

Refeições em várias etapas não têm nada a ver com excesso. Elas permitem escolher o que servir em cada momento para criar equilíbrio – tanto de textura quanto de diferentes sabores – e prolongar um dos maiores prazeres da vida: sentar-se a uma mesa com os amigos ou a família, dividindo uma garrafa de vinho e compartilhando a boa comida, seja num café, num restaurante ou em casa.

Alho-poró com vinagrete de mostarda e bacon 88
POIREAUX VINAIGRETTE À LA MOUTARDE ET AUX LARDONS

Salada de funcho, rabanete, laranja e caranguejo 90
SALADE DE FENOUIL, RADIS, ORANGE ET CRABE

Sopa de legumes com purê de manjericão 92
SOUPE AU PISTOU

Tabule 95
TABOULÉ

Slaw de vegetais crus ralados com molho cremoso de alho 96
SALADE DE CRUDITÉS RÂPÉES, SAUCE CRÉMEUSE À L'AIL

Salada de inverno 98
SALADE D'HIVER

Salada de frisée com bacon, ovo e croûtons de alho 99
SALADE LYONNAISE

Ovos cozidos com maionese de cerefólio 103
OEUFS MAYO

Salada de aipo-rábano com molho de mostarda 105
CÉLERI RÉMOULADE

Sopa de aipo-rábano com creme de raiz-forte e chips de presunto 106
SOUPE DE CÉLERI-RAVE À LA CRÈME DE RAIFORT ET CHIPS DE JAMBON

Crostinis de tomate-cereja e queijo de cabra caseiro com ervas 110
TARTINES DE TOMATES CERISES, CHÈVRE FRAIS MAISON AUX HERBES

Terrine de pato com figos 113
TERRINE DE CANARD AUX FIGUES

Fattouche 116
FATTOUCHE

Sopa de cebola à francesa 118
SOUPE À L'OIGNON

Gaspacho com torradas de queijo de cabra e ervas 121
GAZPACHO, CROÛTONS AU CHÈVRE AUX HERBES

Salada de cenoura ralada 123
CAROTTES RÂPÉES

Minha aula sobre alho-poró

Uma coisa sobre a qual os franceses são bastante firmes é quanto a não se mexer nos clássicos. Isso se deve em parte ao forte apego que eles têm à própria história e à sua cultura. E em parte ao fato de que "pensar fora da caixa" não é encorajado por aqui. Quando conheci meu companheiro, Romain, uma das coisas que me chamaram atenção foi quão diferente ele era dos outros parisienses; ele sorria e gargalhava com facilidade, era otimista e atencioso com as pessoas. Também estava inusitadamente aberto a novas ideias, apesar de ter descoberto mais tarde que isso não necessariamente se aplicava ao alho-poró.

Um dia, Romain resolveu me oferecer alho-poró com vinagrete. Enquanto ele preparava o alho-poró, comecei a trabalhar no molho – sob sua orientação. Enquanto Romain limpava e cozinhava, eu picava e mexia. Tudo estava indo bem, até eu começar a cortar um pouco de bacon, que achei que combinaria bem com o molho à base de mostarda que eu estava fazendo.

Ele franziu as sobrancelhas. "*C'est pourquoi ça, Davííd?*" ("*Isso é para quê?*"), ele perguntou, ríspido. Quando expliquei que o bacon ficaria muito bom com alho-poró e ovos picados, ele respondeu "*Ah… bon?*", daquele jeito especial como os franceses expressam dois pensamentos contraditórios numa frase curta, o que significava que ele estava disposto a experimentar, mas na verdade preferia não ter de fazer isso.

Romain baixou a guarda depois de provar. Contudo, quando sugeri finalizar com um pouco de farinha de rosca para dar textura, ele entendeu que precisava impor algum limite. Pão salpicado por cima era… bem, era demais, tanto para a salada quanto para a paciência dele diante da bagunça que eu estava fazendo com um clássico.

ENTRADAS

Alho-poró com vinagrete de mostarda e bacon

POIREAUX VINAIGRETTE À LA MOUTARDE ET AUX LARDONS

Serve 4-6 pessoas

Tradicionalmente, o alho-poró é cozido em água fervente numa panela grande. No entanto, é melhor cozinhá-lo no vapor, impedindo que fique ensopado. Alhos-porós pequenos, que aparecem nas feiras de Paris durante a primavera, são mais recomendados para esse prato porque são mais tenros, apesar de os maiores também servirem. Certifique-se de limpá-los muito bem (*ver p.30*) e cozinhe até que estejam completamente macios.

Quando Romain e eu fizemos essa receita e fomos empratar os alhos-porós, recebi uma lição inesperada sobre a arte de arrumar os *poireaux*: aprendi que é essencial alternar a *queue* (ponta) e a *tête* (cabeça). Portanto, recomendo seguir as instruções, se não quiser que o parisiense franza as sobrancelhas.

1. Para preparar o vinagrete, refogue o bacon numa frigideira em fogo médio até quase ficar crocante. Transfira para uma superfície forrada de papel-toalha e deixe escorrer. Quando esfriar, corte o bacon em pedaços do tamanho de ervilhas.

2. Misture o vinagre, a mostarda e o sal. Acrescente o óleo e o azeite, uma colher (sopa) de cada vez, batendo sempre, e então misture 1 colher (sopa) de salsinha e ⅔ do bacon. Reserve.

3. Para preparar o alho-poró, encha uma panela grande com alguns dedos de água e encaixe uma vaporeira em cima. Aqueça em fogo alto até ferver e coloque os alhos-porós na vaporeira. Cozinhe até ficarem macios; ao perfurar a extremidade mais próxima à raiz com uma faca pequena de legumes, ela não deve oferecer resistência. (Alhos-porós pequenos levam cerca de 15 minutos para cozinhar; os maiores devem levar cerca de 30 minutos.)

4. Retire os alhos-porós, deixe escorrer e coloque-os para esfriar numa superfície forrada com papel-toalha. Corte-os ao meio no sentido longitudinal e arrume-os numa travessa, alternando pontas e cabeças.

5. Descasque os ovos cozidos, corte-os em cubos e espalhe sobre os alhos-porós. Despeje o vinagrete sobre os alhos-porós e espalhe-o, juntamente com os ovos picados, para que cubram tudo uniformemente, e por fim salpique o resto do bacon e da salsinha.

VINAGRETE DE BACON

2 xícaras (200g) de bacon defumado, cortado em *lardons* (ver p.15)

1 colher (sopa) de vinagre de xerez ou vinagre de vinho tinto

1 colher (sopa) de mostarda Dijon

½ colher (chá) de sal marinho ou sal kosher

3 colheres (sopa) de óleo vegetal de paladar neutro

2 colheres (sopa) de azeite de oliva

2 colheres (sopa) de salsinha fresca picada

5 alhos-porós grandes ou 10 pequenos, limpos (ver p.30)

2 ovos cozidos (p.328)

D'où?

A PRIMEIRA PERGUNTA QUE SE FAZ QUANDO SE conhece um francês é *"D'où êtes vous"*, ou "De onde você é?". Nos Estados Unidos, a primeira pergunta é "O que você faz?". Isso é considerado falta de educação na França, em parte porque está relacionado a algo desagradável, que é ganhar dinheiro.

Como os franceses são profundamente ligados às suas regiões específicas, e as pessoas tendem a ser classificadas pelos traços (ou comidas) pelos quais seu *département* é conhecido, ocorre uma certa dose de estereotipia. (Uma vez vi um australiano passando pela alfândega no aeroporto, e, quando ele entregou o passaporte, o guarda emburrado logo mudou de expressão, com um sorriso desajeitado, e começou a pular para cima e para baixo, com as mãos dobradas diante do peito, como um canguru.) Já tive minha cota de pessoas demonstrando quanto elas sabem sobre os Estados Unidos e os americanos, incluindo detalhes sobre nossos hábitos alimentares, embora elas não conhecessem pessoalmente nenhum americano nem tivessem ido lá.

Assim como as pessoas na França são definidas pela procedência, o mesmo ocorre com as frutas cítricas, o que é de extrema importância em Paris. Limões-sicilianos ainda com as folhas podem ser da Sicília ou de Menton, no Sul da França. Laranjas chegam de Malta ou do Marrocos, e há uma empolgação visível na feira quando pequenas e reluzentes tangerinas (clementinas) da Córsega começam a lotar as barracas. Enormes cartazes no metrô anunciam pomelos da Flórida, aos quais eu nunca tinha dado valor até ver uma propaganda em meio às dos sofisticados relógios suíços e ternos de alta-costura das Galeries Lafayette.

Quando trabalhei na Califórnia, lá pelo início da década de 1980, me lembro de acreditar que todo cítrico merecia status especial, principalmente quando estava cortando laranjas-de-sangue trazidas de avião da Itália (muito antes de surgir o termo *locavore*), cada uma mais bonita que a outra. Quando as servia em saladas, os comensais maravilhados vinham perguntar o que eu fazia para que os gomos da laranja ficassem daquela cor vermelho-rubi tão profunda. Laranjas-de-sangue são tão comuns na França que hoje existe no supermercado *jus d'orange sanguine* disponível em caixas de papelão, ao lado do tradicional *jus d'orange*, mas elas são cultivadas nos Estados Unidos também, portanto os americanos podem usar seus créditos de carbono em outras coisas.

Usar laranja-de-sangue em saladas, especialmente no inverno, dá vida aos pratos, com seu sabor azedinho, que se sustenta bem ao lado de elementos mais encorpados, como funcho, carne de caranguejo e rabanete. Em vez de servir as saladas individualmente, tenho o hábito de fazer uma enorme *salade composée* numa travessa grande e deixar os convidados se servirem, porque é assim que os americanos fazem. Ou pelo menos é o que me disseram que fazem.

Salada de funcho, rabanete, laranja e caranguejo

SALADE DE FENOUIL, RADIS, ORANGE ET CRABE

Serve 4 pessoas

Esta salada faz bom uso daquelas folhas mais potentes de inverno, como radicchio, endívia e agrião. Se você preferir, pode substituir a carne de caranguejo por camarão ou lagostim cozidos. Ela pode ser servida em quatro porções individuais ou arrumada numa travessa grande.

1. Misture o vinagre, o suco de limão e o sal numa tigela. Acrescente o azeite e mexa até incorporar por completo. Despeje a carne de caranguejo e a salsinha no molho, misture, tempere com alguns giros do moedor de pimenta e reserve.

2. Apare os ramos da cabeça de funcho e retire qualquer camada externa mais dura. Corte a cabeça ao meio no sentido da altura e retire o miolo. Corte o funcho em fatias o mais finas possível, com a faca ou a mandolina.

3. Retire o cabo e corte a extremidade oposta das laranjas. Coloque cada uma sobre a tábua, com a superfície cortada para baixo. Com uma faca pequena de legumes afiada ou faca de serra, retire a casca, com movimentos de cima para baixo num ângulo que acompanhe a curvatura da fruta. Corte os *suprêmes* (gomos) das laranjas e descarte as membranas.

4. Arrume as folhas em quatro pratos grandes (ou numa travessa grande). Espalhe as fatias de funcho sobre as folhas e encaixe os gomos de laranja e as fatias de rabanete por entre o funcho e as folhas.

5. Distribua a carne de caranguejo e a salsinha por cima das saladas, regue com o restante do molho, polvilhe com sal em flocos e sirva.

---

2 colheres (chá) de vinagre de vinho branco

4 colheres (chá) de suco de limão espremido na hora

¾ de colher (chá) de sal marinho ou sal kosher

6 colheres (sopa, 90ml) de azeite de oliva de paladar suave

230g de carne de caranguejo em pedaços

1 xícara (10g) de folhas de salsinha fresca

pimenta-do-reino preta moída na hora

1 cabeça de funcho

2 laranjas-baía ou laranjas-de-sangue

6 xícaras (230g) de radicchio ou endívia rasgados ou fatiados, ou ramos de agrião (100g)

10 rabanetes, em fatias finas

sal em flocos, para finalizar

Sopa de legumes com purê de manjericão
SOUPE AU PISTOU

Serve 6-8 pessoas

Por serem países vizinhos, Itália e França tiveram uma relação turbulenta. Foi só depois de 1860 que a cidade de Nice se tornou parte da França. Mas os italianos ainda devem estar injuriados. Essa seria a única explicação para que eles continuem a nos punir não trazendo o ótimo café italiano para o lado de cá da fronteira. Talvez, em retaliação, algumas infelizes atrocidades contra a culinária italiana possam ser encontradas na França, como pizza coberta com milho em lata e risotos tão sem graça que fariam uma avó italiana dar um "chega pra lá" no cozinheiro, a fim de mostrar a ele como se faz. Durante o ano todo se vê a salada caprese nos menus dos cafés, um prato que, para funcionar, depende totalmente da disponibilidade de tomates de verão perfeitos, quase podres de tão maduros.

Hoje, deixando de lado meu rancor diante de alguns cafés imperdoavelmente repugnantes servidos em Paris, as feridas estão em sua maior parte saradas. Mas uma reminiscência que sobrevive, e prospera, é o *pistou*, a versão francesa do pesto sem as nozes, mas às vezes acrescido de tomates, que entram para diluí-lo e deixá-lo mais fácil de misturar à *la soupe au pistou*.

Manjericão fresco é uma commodity preciosa em Paris, até no verão. Desconfio que os *provençaux* não gostem de compartilhar! Fazer um *pistou* para misturar às sopas ajuda esse produto limitado a render. As pessoas na Provence gostam de misturar o *pistou* vigorosamente à sopa, mas prefiro acrescentar uma boa colherada no centro e dar uma leve mexida, para que se possa sentir o contraste entre o quente da sopa e o sabor de verão do manjericão fresco.

Para tirar a pele dos tomates, mergulhe-os numa panela com água fervendo e deixe-os por 1 minuto. Retire com uma escumadeira e lave em água fria, depois retire as peles. Se você não tiver um pilão, pode bater todos os ingredientes no liquidificador ou no processador. Tome cuidado apenas para não bater em excesso, porque o *pistou* não deve ser cremoso nem homogêneo demais. Ele deve manter a textura das folhas de manjericão, para que, quando você o misturar à sopa, pequenos pedaços ainda sejam visíveis.

Esta é uma típica sopa do tipo "receitas são apenas orientações". Há disputas, como ocorrem com muitos pratos da Provence, sobre que vegetais pôr na *soupe au pistou*, mas você deve usar os que estiverem na época e disponíveis em sua região. Preparei diferentes versões com tudo, desde vagens picadas e tomates em cubos até nacos de abóbora e grãos de milho (fresco). O ingrediente obrigatório? Bastante *pistou* para compartilhar.

FEIJÃO

1 xícara (200g) de feijão-branco ou Borlotti, pesado ainda seco

2 folhas de louro

3 litros de água (mais, se necessário)

PISTOU

1 dente de alho grande descascado

½ colher (chá) de sal marinho ou sal kosher

4 xícaras bem apertadas (100g) de folhas de manjericão fresco

3 colheres (sopa, 45ml) de azeite de oliva

1 tomate pequeno pelado, sem sementes e cortado em cubos pequenos

1 xícara (90g) de queijo parmesão ralado na hora

SOPA

1 cebola descascada e cortada em cubos

6 dentes de alho descascados e picados

1 colher (sopa) de sal marinho ou sal kosher (mais, se necessário)

2 cenouras descascadas e cortadas em cubos

2 abobrinhas cortadas em cubos

1 xícara (130g) de ervilhas frescas ou congeladas

¾ de xícara (80g) de macarrão seco, como macaroni, ave-maria ou pai-nosso

pimenta-do-reino preta moída na hora

queijo emmenthal (ou outro queijo suíço) ralado na hora, ou parmesão, para finalizar (opcional)

1. Lave o feijão, cate os que estiverem estragados e as sujeiras. Deixe-o de molho de um dia para outro em água gelada.

2. Para preparar o *pistou*, amasse o alho e o sal no pilão até obter uma pasta. Pique as folhas de manjericão grosseiramente e amasse-as junto com a mistura de alho até ficar relativamente homogênea. Regue aos poucos com azeite, sem parar de bater, acrescente o tomate e o parmesão, e bata mais. Se estiver muito grosso, acrescente um pouco mais de azeite. O *pistou* pode ser guardado por até 4 dias; cubra diretamente a superfície com filme plástico para evitar que perca a cor. (O *pistou* também pode ser preparado batendo todos os ingredientes no processador.)

3. Escorra o feijão e coloque-o numa panela grande, de inox ou ferro fundido, junto com o louro; acrescente a água. Cozinhe o feijão por cerca de 1 hora, ou até que os grãos estejam macios, acrescentando mais água, se necessário, para mantê-los sempre imersos.

4. Para preparar a sopa, acrescente a cebola, o alho e o sal à panela de feijão e cozinhe por 10 minutos. Acrescente a cenoura e a abobrinha e cozinhe por mais 10 minutos. Por fim, acrescente as ervilhas e o macarrão e cozinhe por mais 10 minutos, ou até que a massa esteja al dente. Acrescente uma quantidade generosa de pimenta-do-reino preta e ajuste o sal, se necessário.

5. Para servir, retire as folhas de louro e distribua a sopa em tigelas usando uma concha. Acrescente uma colherada generosa de *pistou* a cada tigela ou passe o pote de *pistou* entre os convidados para que cada um se sirva. Mantenha mais *pistou* à mão, porque é bastante provável que você queira acrescentar mais um pouco ao prato enquanto come. Na Provence, as pessoas costumam ter uma tigela de emmenthal ou parmesão ralados por perto, que também podem ser espalhados por cima. A sopa pode ser guardada na geladeira por até 5 dias. Ela irá engrossar um pouco e pode ser afinada com água.

VARIAÇÃO: Em vez de *pistou*, acrescente um pouco de Harissa (p.330) para fazer uma sopa de legumes picante.

Um paraíso de salsinha em Paris

O QUE SE SERVE NORMALMENTE AO REDOR DO mundo como tabule mantém pouca semelhança com o tabule servido no Líbano, o que foi uma revelação para mim. O tabule libanês *não é* uma montanha enorme de trigo bulgur, ou trigo quebrado, empapado de tanto molho e com algumas ervas picadas misturadas. Ele é uma salada vívida, fresca, verdejante, feita com punhados e mais punhados de salsinha e hortelã frescas, pontuada por alguns tomates e um pouco de trigo para dar a textura crocante. Na verdade, algumas versões nem levam trigo. Por sorte, salsinha e hortelã frescas são sempre abundantes e baratas nas feiras de Paris, e nunca volto para casa sem pelo menos um maço de cada, normalmente mais, na sacola.

Esse tabule foi adaptado de uma receita de minha amiga Anissa Helou, autora de livros de culinária que morou em Paris por muitos anos. Leva um pouco de pimenta-da-jamaica e canela, na intenção de reproduzir uma mistura libanesa de especiarias muito usada, mas cuja composição não consegui descobrir por completo, visto que as únicas palavras em inglês em meio ao mar de frases em árabe na embalagem diziam apenas "mistura de especiarias".

Estava preparando o tabule no dia em que um empreiteiro libanês veio para corrigir algumas das trapalhadas arquitetônicas ocorridas na cozinha depois de uma experiência de remodelação nada exemplar (parece que todo mundo tem uma história similar em Paris, fazendo com que eu sinta que passei por algum tipo de iniciação para me tornar parisiense). Mohammed fez uma pausa no conserto do cano que estava vazando fumaças tóxicas para dentro da minha cozinha, deu uma olhada na grande tigela de ervas e tomates picados que eu estava misturando e insistiu para que eu experimentasse acrescentar um pouco de xarope de romã. Portanto, além de ser um espetacular eletricista, carpinteiro e meu herói multitarefas por salvar minha sanidade (e provavelmente minha vida), preciso confessar que ele também tem uma intuição muito boa sobre como temperar um tabule.

Tabule

TABOULÉ

Serve 8 pessoas

A receita exige que se pique muita coisa, sem dúvida. Da primeira vez que a preparei, não conseguia parar de fazer "provas de teste" enquanto misturava os ingredientes, e tive de me conter, a fim de que sobrasse para os convidados.

O tabule fica melhor quando preparado com algumas horas de antecedência. E leva muita salsinha. Apesar de, numa visita recente ao Líbano, todos terem insistido em que eu devia usar apenas as folhas da salsinha, a verdade é que a maioria das pessoas que vi preparar tabule simplesmente picava o maço pressionando-o e cortando fatias bem finas com uma faca de chef, descartando apenas os talos mais grossos da base.

Se você quiser preparar os ingredientes do tabule com antecedência, guarde na geladeira a salsinha e a hortelã cortadas, mas não misture o molho até pouco antes da hora de servir. No Líbano, come-se o tabule usando folhas de alface-romana – ou de repolho, o que pareceu inusitado até eu experimentar – para pegar punhados da salada.

- 2 colheres (sopa) de trigo para quibe
- 2½ colheres (sopa) de água morna
- 2 tomates
- 10 xícaras (250g) bem apertadas de folhas de salsinha e os talos menores da parte superior
- 2 xícaras (20g) levemente apertadas de folhas de hortelã (sem talos)
- 3 cebolinhas, partes brancas e verdes, finamente picadas
- ⅔ de xícara (160ml) de azeite de oliva
- 5 colheres (sopa, 75ml) de suco de limão espremido na hora
- 1 colher (chá) de sal marinho ou sal kosher
- ¼ de colher (chá) de pimenta-da-jamaica em pó
- ½ colher (chá) de canela em pó
- pimenta-do-reino preta moída na hora
- 1 a 2 colheres (chá) de xarope de romã (opcional)
- folhas de alface-romana ou de repolho, para servir

1 Misture o trigo e a água numa saladeira grande e deixe descansar para hidratar.

2 Corte os tomates ao meio, na horizontal, retire a polpa e as sementes. Corte-os em cubos e deixe escorrer sobre uma peneira.

3 Com uma das mãos, segure um punhado de folhas de salsinha e de hortelã num maço bem compacto e corte em *chiffonade* (tirinhas) usando uma faca de chef. (Não passe a faca repetidamente sobre as folhas, porque isso as machuca e as deixa amargas.) Acrescente-as à tigela de trigo, juntamente com a cebolinha e os tomates escorridos.

4 Regue as ervas com o azeite de oliva e o suco de limão. Tempere com sal, pimenta-da-jamaica e canela, além de alguns giros do moedor de pimenta. Acrescente o xarope de romã. Misture bem e sirva com folhas crocantes de alface-romana para pegar.

Slaw de vegetais crus ralados com molho cremoso de alho
SALADE DE CRUDITÉS RÂPÉES, SAUCE CRÉMEUSE À L'AIL

Serve 4 pessoas como acompanhamento, ou 2 como (generoso) prato principal

Não existe termo equivalente a slaw em francês, portanto é pouco provável que ele seja encontrado num cardápio na França. Mas o molho é inspirado no aïoli (p.145), e é um dos meus almoços infalíveis. Admito que às vezes trapaceio e uso maionese industrializada – e não conto para ninguém, mas às vezes compro do tipo *allégée*, ou light. Não sei o que eles fazem aqui, mas as maioneses industrializadas francesas têm um sabor muito, muito, melhor que qualquer outra vendida em outros lugares. Acredito que seja a respeitável colherada de mostarda Dijon que eles acrescentam – no entanto, para os tímidos, eles oferecem maionese não temperada, que promete um *goût délicat*. Também é possível encontrar maionese "levemente temperada com mostarda Dijon", mas nunca experimentei, porque não quero encorajar esse tipo de adulteração. (E isso vindo de uma pessoa que compra maionese light.)

A melhor forma de cortar os legumes em palitinhos é descascá-los e usar uma faca de chef para fazer fatias finas. Depois empilhe as fatias e corte à juliana.

Em relação às ervas, mantenho as coisas simples; contudo, se tiver estragão, pico algumas folhas e acrescento, para uma nota mais pungente. Em geral salpico algumas sementes de abóbora, ou então lascas de amêndoas tostadas, para um pouco mais de textura crocante, bem como qualquer sobra de frango assado.

Apresentei duas opções de molho: um à base de maionese, que resulta numa salada semelhante ao *cole slaw*, com bastante sabor de alho – bem do jeito que eu gosto. (Evito comê-la se planejo pegar o metrô lotado mais tarde.) O outro é um vinagrete de alho (*ver Variação*), que rende uma salada temperada com mais delicadeza e é mais recomendado se futuros deslocamentos o colocarão muito perto de outras pessoas.

1. Para preparar o molho, misture a maionese, o vinagre, o alho, a mostarda e a pimenta numa tigela pequena, até ficar homogêneo. Cubra e leve à geladeira por algumas horas (se possível).

2. Para montar a salada, misture os vegetais crus numa tigela grande. Acrescente a salsinha e a cebolinha, despeje o molho e misture bem. Decore com a salsinha e a cebolinha picadas restantes.

   VARIAÇÃO: Prepare um vinagrete de alho em vez desse molho. Com a ajuda de um garfo, misture 1½ colher (chá) de alho picado, 1 colher (chá) de mostarda Dijon, ¾ de colher (chá) de sal marinho ou sal kosher e 1 colher (sopa) de vinagre de vinho tinto ou de xerez. Acrescente ¼ de xícara (60ml) de azeite de oliva e mexa bem.

MOLHO

1 xícara (240g) de Maionese caseira (p.331) ou industrializada

4 colheres (chá) de vinagre de vinho tinto

2 colheres (sopa) de alho picado

1½ colher (chá) de mostarda Dijon

1 colher (chá) de pimenta-do-reino preta moída na hora

SALADA

6 xícaras (460g) de vegetais crus fatiados ou partidos à mão, qualquer combinação de:

- repolho, roxo ou verde, rasgado em tiras finas
- radicchio ou endívia rasgados
- cenouras descascadas e cortadas em tirinhas
- beterrabas descascadas e cortadas em tirinhas
- maçãs (firmes, crocantes) descascadas e cortadas em tirinhas
- flores de brócolis americano ou couve-flor, em fatias finas
- rabanetes em fatias finas ou cortados em quatro
- funcho em fatias finas
- couve-rábano descascada e cortada em fatias finas
- abacate descascado e cortado em fatias ou cubos
- ovos cozidos (p.328) descascados e cortados em cubos
- folhas de salsinha ou cerefólio

2 colheres (sopa) de salsinha fresca picada, mais para decorar

2 colheres (sopa) de cebolinha picada, mais para decorar

Les endives

Sempre dou uma risada quando vejo endívias nas feiras de Paris, porque é ridiculamente barata comparada com qualquer outro lugar. Eu me refiro a elas, brincando, como a "alface-lixo" da França, apesar de não fazer a menor ideia de por que a presenteei com nome tão deselegante e, convenhamos, equivocado. Acho que é porque fiquei maravilhado por poder pegar mais de uma dúzia de pés de endívia em Paris pelo mesmo preço de uma alface-americana nos Estados Unidos, a qual desdenhamos por ser a mais simples das alfaces. Mas o contraste também é interessante porque, em qualquer lugar do mundo, as endívias são apresentadas em caixas elegantes, embaladas como se fossem preciosas joias, e com preço bem parecido!

Eu gosto muito de endívias, assim como de alface-americana; ambas harmonizam bem com queijos azuis de sabor forte. E ambas são especialmente apreciadas no inverno, quando precisamos de comidas reconfortantes para nos proteger do frio insistente. No entanto, continuamos com vontade de comer, e precisamos comer, saladas.

Já foram escritos muitos artigos e livros sobre como as mulheres francesas cozinham, mas até esta história (e este livro) que você está lendo agora, havia poucas menções a como os homens cozinham em casa, na França. Um grande cozinheiro em particular era o pai de meu companheiro, que nunca pesou nem mediu nada, dificilmente tinha certeza do que estava fazendo, e cujas habilidades com uma faca não estariam estampadas nas páginas de nenhum manual de escola de culinária. Mas era fácil perdoá-lo, porque ele continuou a cozinhar até os noventa anos, e qualquer coisa que preparava ficava excelente.

Certa vez ele serviu uma Salada de inverno (p.98), e quando dei a primeira garfada não consegui acreditar, de tão boa. Quando perguntei o segredo, ele vasculhou a cozinha e me mostrou um pedaço pegajoso e farelento de roquefort, e disse que era basicamente aquilo. Claro, eu queria saber mais, e preparei a salada com ele numa outra ocasião – medindo os ingredientes –, de forma que é fácil para qualquer um, seja homem ou mulher, recriá-la.

ENTRADAS

Salada de inverno
SALADE D'HIVER

Serve 4 pessoas

O roquefort é um queijo azul especial, feito com leite de ovelha e inoculado com mofo de pão de centeio, o que lhe confere seu sabor peculiar – lácteo e adocicado, almiscarado e picante, o que o distingue de outros queijos azuis. Foi o primeiro queijo a receber um DOC (Denominação de Origem Controlada), em 1926, e a qualidade é até hoje bem regulamentada. O roquefort é feito no Sudoeste da França e envelhecido em enormes adegas exclusivas. Você nunca verá uma peça inteira de roquefort, porque todas são cortadas ao meio antes de sair da adega, para se certificarem de que o mofo esverdeado se espalhou por todo o interior. Tente encontrá-lo para usar nessa receita, porque seu sabor é mais acentuado que o de outros queijos azuis.

Esta salada fica melhor se montada logo antes de servir, mas pode ser feita com até 1 hora de antecedência. O molho pode ser preparado com até 3 dias de antecedência e guardado na geladeira.

1. Numa tigela grande, use um garfo para amassar o roquefort com o iogurte, a cebolinha, o suco de limão e o sal.

2. Descarte as folhas externas das endívias se estiverem murchas, apare a ponta da raiz e corte-as em fatias de 0,75cm, no sentido do comprimento. Apoie-as e corte novamente no sentido do comprimento, de forma que as endívias fiquem em tiras compridas.

3. Misture bem as endívias com o molho, acrescente uma quantidade generosa de pimenta-do-reino e mais suco de limão e sal, se necessário. Espalhe a cebolinha picada adicional por cima antes de servir.

VARIAÇÃO: Descasque e retire as sementes de 2 peras ou maçãs verdes firmes e maduras. Corte-as em fatias, depois corte as fatias no sentido do comprimento, para obter tirinhas do mesmo tamanho das tiras de endívias, e misture-as à salada imediatamente antes de servir. Decore com nozes ou pecãs tostadas, se desejar.

---

1 xícara (130g) de roquefort esfarelado

1 xícara (240g) de iogurte grego natural

2 colheres (sopa) de cebolinha picada, mais para decorar

1 colher (sopa) de suco de limão espremido na hora (mais, se necessário)

1 colher (chá) de sal marinho ou sal kosher (mais, se necessário)

450g de endívias (6 a 8 pés)

pimenta-do-reino preta moída na hora

Salada de frisée com bacon, ovo e croûtons de alho

SALADE LYONNAISE

Serve 4-6 pessoas

A *salade lyonnaise* foi o primeiro prato que fez com que eu me apaixonasse pela culinária francesa. Apesar de os franceses serem bastante territoriais em relação à própria cozinha ("Você quer uma *bouillabaisse*? Vá a Marselha!", "Aïoli? Alho demais. Isso é para *les provençaux...*"), a *salade lyonnaise* é amada universalmente, por toda a França e além. Mas devo dizer que, se você quiser a melhor versão, deve ir a Lyon.

Apesar de as pessoas amarem viajar para Paris, são poucas as que fazem o caminho até Lyon, onde se pode chegar em duas horas no TGV, o trem-bala. Espalhados ao redor da cidade há deliciosos restaurantes chamados *bouchons*, nos quais a comida é levada à mesa em grandes tigelas de barro e terrinas rústicas, e os comensais são encorajados a se servir – repetidas vezes, se desejarem. (Este é o primeiro sinal de que você não está mais em Paris.) No final da refeição, a maioria dos lugares não vai deixar você ir embora antes de provar pelo menos um cálice de *eau-de-vie*, uma aguardente de alto teor alcoólico que ajuda a digerir o que quer que a tenha precedido. (E que pode fazê-lo esquecer o que foi, no dia seguinte.)

Se isso não for suficiente para colocá-lo num trem, Lyon também é o lar da Bernachon. Essa é a única unidade da famosa loja de chocolates que importa seus próprios grãos de cacau, que eles misturam, moem e derretem para fazer chocolates e confeitos. Mas o que me deixa louco mesmo são as barras Kalouga, o padrão de referência das barras de chocolate recheadas com caramelo salgado, e fiquei conhecido por ter comprado o estoque inteiro deles e armazená-lo no meu apartamento em Paris.

Assim como os bons chocolates, a *salade lyonnaise* é uma convergência de ingredientes ótimos, apesar de simples, reunidos para se transformar em algo além do que eles seriam individualmente. A alface frisée deve ser fresca e crocante para aguentar os demais ingredientes, que fariam outras folhas de alface se tornarem uma pilha empapada. Os pedaços de bacon devem estar ligeiramente dourados, mas não crocantes demais, para que ainda se possa mastigá-los um pouco. As batatas devem estar mornas quando a salada for misturada, o que contribui para que absorvam o sabor de mostarda do molho. Ao acrescentar os ovos poché, as gemas moles se

ENTRADAS

misturam à salada para encorpar o vinagrete. Há versões que usam ovos cozidos duros, se você quiser deixar as coisas mais simples.

Apesar de esta salada ser reconfortante o suficiente para servir como refeição completa, ela é considerada uma entrada em seu lugar de origem. Acompanhe-a com um bom tinto frutado, como Brouilly ou Beaujolais, levemente refrigerado, como se faz em Lyon. E se por acaso você provar a salada na cidade natal dela, depois vá até a Bernachon para saborear uma barra de chocolate recheada com caramelo salgado. Você poderá me agradecer depois, de preferência com uma barra de chocolate recheada de caramelo de manteiga salgada.

CROÛTONS DE ALHO

2½ colheres (sopa) de azeite de oliva (mais, se necessário)

1 dente de alho descascado e levemente amassado

1½ xícara (65g) de cubos ou pedaços partidos de pão (cerca de 2cm)

sal marinho ou sal kosher

SALADA

8 a 12 batatas pequenas (360g)

sal marinho ou sal kosher

2 xícaras (300g) de bacon, em cubos

4 colheres (chá) de vinagre de vinho tinto

1½ colher (chá) de mostarda Dijon

5 colheres (sopa) de azeite de oliva ou óleo vegetal de paladar neutro

1 colher (sopa) de água

2 colheres (chá) de alho descascado e picado

8 xícaras levemente apertadas (150g) de folhas de alface frisée ou escarola

2 colheres (sopa) de salsinha ou cebolinha frescas picadas

pimenta-do-reino preta moída na hora

4 ovos poché (p.329) ou 4 ovos cozidos (p.328) descascados e cortados em quatro

1. Para preparar os croûtons, aqueça o azeite na frigideira em fogo médio. Acrescente o alho e frite até que esteja bem dourado; tome cuidado para não queimar. Retire o alho e reserve, e então acrescente o pão, revirando os pedaços no azeite e mexendo com frequência. Acrescente uma pitada de sal e um pouco mais de azeite, se necessário, até que os pedaços de pão estejam dourados de todos os lados, por cerca de 5 minutos. Reserve até a hora de servir.

2. Para preparar a salada, coloque as batatas numa panela com água fria, o suficiente para cobri-las. Acrescente um pouco de sal e leve ao fogo alto até ferver. Reduza o fogo para o mínimo e cozinhe por 15 minutos, até que as batatas estejam macias quando furadas com uma faca afiada. (Se fizer com antecedência, cozinhe-as um pouco menos e deixe-as descansar na água morna por até 45 minutos.)

3. Enquanto as batatas cozinham, frite o bacon numa frigideira em fogo médio, até que ele comece a ficar crocante. Escorra os pedaços num prato forrado com papel-toalha.

4. Numa saladeira grande, misture o vinagre, a mostarda, ¼ de colher (chá) de sal, o azeite ou óleo, a água e o alho. (Se você gostar muito de alho, pode picar o alho usado para preparar os croûtons e acrescentá-lo também.)

5. Para montar a salada, corte as batatas em rodelas e acrescente à saladeira, juntamente com o bacon, e misture delicadamente. Acrescente a frisée, a salsinha e um pouco de pimenta-do-reino. Acrescente os croûtons e os ovos cozidos (se estiver usando) e misture bem. Divida em quatro porções. Se estiver usando ovos poché, coloque um sobre cada porção de salada e sirva.

VARIAÇÃO: Apesar de não ser tradicional, às vezes você pode acrescentar 2 xícaras (260g) de queijo azul esfarelado à salada, no último minuto, substituindo os ovos.

Uma organização para os *œufs*

Existe apenas uma coisa à qual os franceses se dedicam mais do que comer – organizar. Não sei se eles também apreciam tanto, mas é essencial sistematizar e manter uma pilha de papéis para cada transação, conta, pagamento, acordo, documento e a essencial *attestation* (que assegura que cada documento que você apresenta é o documento correto), porque com certeza você será intimado a providenciar uma delas cedo ou tarde, não importa quão trivial você ache que ela seja.

Organizar se tornou um trabalho paralelo para mim na França, como posso afirmar diante da fileira de dossiês de papelada oficial – em três vias, assinadas, carimbadas e autenticadas – que guardo no meu apartamento, sem dúvida responsável pela dizimação de dezenas de florestas.

Tão desafiador quanto manter toda essa papelada são os nomes das organizações às quais é preciso submetê-las, que possuem títulos tão extensos que confundem até os franceses. Tanto que eles os abreviaram em siglas como Ursaff, Agessa, Cleiss, RNCPS, CPAM, Amelie, Ondam e Ucanss, que são apenas algumas com as quais você precisa lidar para a *sécurite sociale* (previdência), que naturalmente foi encurtada para *la Sécu*. De outra forma, ficaríamos tão ocupados pronunciando todos esses nomes que não teríamos tempo nem para comer!

E por falar em comer, mesmo os defensores de um dos pratos mais discretos da cozinha de bistrô francesa possuem sua própria sigla, Asom, ou Association de Sauvegarde de l'Oeuf Mayonnaise, criada para preservar o patrimônio e a cultura da clássica entrada dos bistrôs, que são os ovos cozidos com maionese. Como você provavelmente já adivinhou, eles também foram encurtados para *œufs mayo*. Em vez de vasculhar um dossiê com os lugares que servem esse prato em Paris, por enquanto vou direto ao A la Biche au Bois, cuja versão é um pouco mais sofisticada, com a maionese confeitada em rosetas decorativas sobre os ovos.

Não conferi com a Asom para saber o que eles acham da minha versão de *œufs mayo*, e não estou certo de que eu teria tempo de repassar toda a papelada provavelmente necessária para figurar na lista. Mas posso eu mesmo atestar que gosto muito dela, e isso basta.

Ovos cozidos com maionese de cerefólio
OEUFS MAYO

Serve 6 pessoas

Um cozinheiro parisiense me disse certa vez: "Nunca tinha usado azeite de oliva até quinze anos atrás. Isso era impensável – só se usava manteiga!" Hoje, há lojas de azeite por toda Paris, e ele não é mais considerado um ingrediente exótico. Contudo, ainda prefiro um óleo de paladar neutro para esta receita, porque o sabor do azeite se sobrepõe ao dos ovos e ao toque delicado, anisado, do cerefólio. Se você não encontrar cerefólio, pode substituir por estragão, manjericão ou cebolinha frescos, ou uma combinação deles.

Eu utilizo o ovo inteiro nessa maionese, e não apenas a gema, o que só funciona se você usar um liquidificador ou processador para prepará-la (o que você deve fazer). A clara também oferece certa *légèreté* (leveza) à maionese.

MAIONESE DE CEREFÓLIO

1 ovo grande, em temperatura ambiente

½ colher (chá) de sal marinho ou sal kosher

2 colheres (chá) de suco de limão espremido na hora

¼ a ½ colher (chá) de mostarda Dijon

¾ de xícara (180ml) de óleo vegetal de paladar neutro

1 colher (sopa) de chalotas picadas

1 colher (sopa) de folhas de cerefólio picadas, e mais um pouco para decorar

1 pitada de açúcar

alface manteiga

tomate cortado em quatro

9 ovos cozidos (p.328)

1 Para fazer a maionese, quebre o ovo no copo do liquidificador ou no recipiente do processador e acrescente sal, suco de limão e ¼ de colher (chá) de mostarda.

2 Coloque o óleo num copo de medida com bico e, com o liquidificador ou processador ligado, despeje-o lentamente. Depois de despejar cerca de metade, a maionese vai começar a engrossar. Continue a despejar o óleo com o equipamento ligado, até o fim. Desligue, acrescente a chalota, o cerefólio e uma pitada de açúcar e aperte a função "pulsar" algumas vezes, até que tudo esteja bem incorporado. Prove e acrescente mais ¼ de colher (chá) de mostarda, se desejar. (A maionese pode ser servida imediatamente, mas deixá-la na geladeira de um dia para outro faz o sabor da chalota se combinar ao molho de uma ótima forma. Maionese fresca dura de 2 a 3 dias na geladeira. Ela pode endurecer um pouco; mexa de leve, para deixá-la cremosa novamente.)

3 Coloque algumas folhas de alface em cada um dos 6 pratos, com ¼ ou ¾ de tomate. Descasque os ovos e corte-os ao meio, no sentido do comprimento. Coloque três metades de ovos em cada prato, sobre a alface. Cubra os ovos generosamente com maionese e espalhe algumas folhas de cerefólio por cima.

Apreciando o aipo-rábano

Uma vez por ano faço uma visita guiada por Paris. Antes a visita costumava se dedicar exclusivamente ao chocolate, mas então percebi que mesmo os chocólatras mais vorazes começavam a pedir clemência por volta do terceiro dia. Portanto, aprendi a variar, acrescentando paradas para queijo, charcutaria e incluindo algumas degustações de vinho ao longo do caminho para ajudar tudo a descer. (E acalmar o guia também.)

Aprendi a incluir algumas refeições centradas em vegetais, porque os americanos inevitavelmente começam a desejar frutas e verduras, que não estão bem representadas nos cardápios dos restaurantes parisienses. Mesmo quando há saladas à escolha, elas são carregadas de carnes e queijos, e carentes de algo fresco e crocante. No Le Nemrod, um café tradicional da Rive Gauche, uma *salade auvergnate* consiste num montinho de bacon rodeado de cubos de pão refogados na gordura do bacon, com um ovo poché morno por cima, a gema mole dourada e rica escorrendo por todos os lados para servir de molho. É verdade, por baixo de tudo há algumas folhas de alface, mas elas estão ali basicamente porque... bem, ainda não entendi direito.

Logo, quando os visitantes notam qualquer coisa indicando um possível vegetal, eles caem em cima. Especialmente atraente é a *salade de crudités*, que significa literalmente "salada de vegetais crus". Contudo, preciso explicar a eles que não será um prato de vegetais da horta servidos *au naturel*, mas uma travessa de pequenos vegetais banhados em molho cremoso. A porção do trio de saladas é pensada para servir de entrada, e eles terão de pedir alguma coisa depois – quer queiram, quer não. Uma brasserie da Rive Gauche ficou tão irritada com as pessoas que pediam apenas as saladas que colocou um aviso em inglês sobre o cardápio, em letras grandes e vermelhas: "Salada não é refeição."

Contudo, assim que as pessoas experimentam a primeira garfada de *céleri rémoulade*, elas logo se esquecem de que estavam sedentas de vegetais puros, sem molho, e raspam os pratos. O aipo-rábano é um daqueles vegetais pouco apreciados nos Estados Unidos, e as pessoas costumam hesitar em colocá-lo em seus carrinhos, pensando em que diabos irão fazer com aquela esfera maluca, com raízes cheias de terra pipocando na base. Eu compro aipo-rábano sempre, e como na França eles costumam ser enormes (alguns quase do tamanho de bolas de boliche!), os vendedores gentilmente os cortam ao meio e os vendem assim na feira.

E sei exatamente o que fazer com eles; levo-os para casa, descasco e corto em tirinhas do tamanho de palitos de fósforo, depois misturo num molho cremoso com dois tipos de mostarda, o que dá um toque bem vivo. Às vezes como a salada assim mesmo – no lugar da refeição, em casa, onde ninguém pode me dizer o que eu devo ou não fazer.

Salada de aipo-rábano com molho de mostarda

CÉLERI RÉMOULADE

Serve 6 pessoas

Você pode usar um ralador grosso para preparar o aipo-rábano, apesar de eu gostar mais da salada quando os pedaços são cortados à mão, em tirinhas. Eles ficam um pouco mais grossos e costumam se manter mais crocantes em meio ao molho cremoso.

Apesar de algumas vezes comer uma travessa inteira no almoço (como refeição), também sirvo o aipo-rábano com a Salada de cenoura ralada (p.123), talvez com alguns rabanetes e um pouco de manteiga com sal para passar sobre eles, a fim de compor uma *salade de crudités*. A salada de aipo-rábano também é um ótimo acompanhamento para a Terrine de pato com figos (p.113).

1. Numa tigela grande, misture a maionese, a crème fraîche, a mostarda à l'ancienne, o suco de limão, a mostarda Dijon e o sal.

2. Com uma faca de chef, apare o topo e a base do aipo-rábano e apoie-o numa tábua sobre uma das bases. Retire a casca passando a faca seguindo a curvatura da raiz, mantendo o máximo possível do miolo. Depois de descascado, corte o aipo-rábano ao meio ou em quatro (o tamanho que você achar melhor para manusear). Corte cada pedaço em fatias finas. Trabalhando em levas, empilhe várias fatias e corte à juliana ou em pequenas tiras. Como o aipo-rábano tende a desbotar em contato com o ar, misture os pedaços ao molho conforme for cortando.

3. Acrescente a salsinha picada e misture bem para incorporá-la à salada. Uma vez montada, ela dura até 2 dias na geladeira. Perde um pouco da textura crocante com o tempo.

½ xícara (12g) de Maionese caseira (p.331) ou industrializada

¼ de xícara de Crème fraîche (p.327) ou de creme azedo (*sour cream*)*

2 colheres (sopa) de mostarda à l'ancienne

2 colheres (sopa) de suco de limão espremido na hora

1 colher (sopa) de mostarda Dijon

1 colher (chá) de sal marinho ou sal kosher

1kg de aipo-rábano

2 colheres (sopa) de salsinha fresca picada

---

* O creme azedo é feito a partir do creme de leite fresco deixado para azedar com suas próprias bactérias. Nos Estados Unidos ele é facilmente encontrado nos mercados na versão industrializada, mas é possível fazer uma versão caseira sem ter muito trabalho: Misture 1 copo de creme de leite fresco e 1 colher (sopa) de suco de limão (ou vinagre). Deixe talhar por 10-15 minutos em temperatura ambiente. (N.E.)

Sopa de aipo-rábano com creme de raiz-forte e chips de presunto

SOUPE DE CÉLERI-RAVE À LA CRÈME DE RAIFORT ET CHIPS DE JAMBON

Serve 6 pessoas

Somado ao maço de cigarros e aos hoje onipresentes celulares que cerimoniosamente aterrissam nas mesas de todos os cafés antes mesmo que as pessoas se sentem – imagem que não é mais tão inspiradora para um pintor como já foi no passado –, os parisienses também carregam pacotes de lenços. *Il faut* tê-los sempre à mão, especialmente no inverno, quando as temperaturas caem e os narizes começam a fazer algo que não seria muito bonito retratar.

Para respirar melhor, meu descongestionante preferido é a raiz-forte. Cresci comendo raiz-forte, portanto tenho-a sempre à mão. Toda vez que fico resfriado, abro o pote e respiro fundo, o que funciona como mágica. Mas não foi tão agradável quando fiz o mesmo enquanto alguém ralava raiz-forte fresca no processador. Eu dei uma boa inalada e quase queimei as membranas das vias nasais. De forma que hoje pego um pouco mais leve, porque não sei se queimaduras de raiz-forte estão cobertas pelo seguro de saúde na França.

Esta receita usa crème fraîche porque sua riqueza robusta combina bem com a sopa, mas você pode usar creme de leite fresco. Se for essa sua escolha, bata o creme até encorpar bem, quando quase estiver virando manteiga.

1. Para fazer o creme de raiz-forte, bata a crème fraîche numa tigela de metal usando um batedor de arame, até engrossar e manter a forma quando você suspender o batedor. Acrescente o sal e o suco de limão, e então misture a raiz-forte. Leve à geladeira pelo menos por 1 hora, a fim de que os sabores se desenvolvam. (O creme de raiz-forte fica melhor se preparado com 3 a 4 horas de antecedência.)

2. Para fazer os chips de presunto, preaqueça o forno a 180°C. Forre uma assadeira com papel-manteiga e espalhe as fatias a intervalos uniformes. Asse por 7 a 10 minutos, virando na metade do tempo. O tempo varia de acordo com a espessura das fatias, portanto vigie de perto após 5 minutos. Quando estiverem firmes e secos, retire do forno e deixe esfriar e ficar crocantes. Guarde os chips em recipiente hermético até a hora de usar.

CREME DE RAIZ-FORTE

1½ xícara (360g) de Crème fraîche (p.327), ou 1 xícara (250ml) de creme de leite fresco, batido até encorpar

1 pitada generosa de sal marinho ou sal kosher

2 colheres (chá) de suco de limão espremido na hora

2 colheres (sopa) de pasta de raiz-forte

CHIPS DE PRESUNTO

6 fatias bem finas de presunto cru

SOPA

4 alhos-porós limpos (p.30)

6 colheres (sopa, 85g) de manteiga com ou sem sal

2½ colheres (chá) de sal marinho ou sal kosher (mais, se necessário)

680g de aipo-rábano

1 folha de louro

6 ramos de tomilho

6 xícaras (1,5 litro) de água

½ colher (chá) de pimenta-do-reino branca moída na hora

cebolinha fresca picada, para decorar

3   Para preparar a sopa, corte os alhos-porós em rodelas de 1cm. Derreta a manteiga numa panela grande de aço inox ou ferro fundido, em fogo médio. Acrescente o alho-poró e refogue por 10 minutos, ou até que o alho-poró esteja completamente macio, acrescentando o sal na metade do tempo.

4   Enquanto o alho-poró refoga, descasque o aipo-rábano. Com uma faca de chef, apare o topo e a base do aipo-rábano e apoie-o numa tábua sobre uma das bases. Retire a casca passando a faca seguindo a curvatura da raiz, mantendo o máximo possível do miolo. Corte o aipo-rábano em fatias de 2cm de espessura e depois corte as fatias em cubos. Acrescente os cubos à panela junto com a folha de louro, o tomilho e a água. Deixe ferver, reduza o fogo e tampe, mas não completamente. Cozinhe por 30 a 40 minutos, até que o aipo-rábano esteja macio; uma faca de legumes afiada deve perfurar com facilidade o cubo sem apresentar resistência.

5   Retire a folha de louro e o tomilho e deixe a sopa amornar. Acrescente a pimenta-do-reino branca. Bata a sopa (se ainda estiver quente, não encha mais que até a metade do copo do liquidificador, ou então use um mixer de mão ou o processador) até ficar completamente homogênea. Prove e acrescente mais sal, se desejar. (Nesse ponto, a sopa pode ser guardada na geladeira, tampada, por até 4 dias.)

6   Para servir, reaqueça a sopa e despeje-a em tigelas individuais. Acrescente uma colherada generosa de creme de raiz-forte e então esfarele os chips de presunto por cima, finalizando cada tigela com a cebolinha picada.

Les tomates cerises

Ainda estou para ir a uma festa em Paris na qual não seja servida uma tigela de tomates-cereja. Sim, normalmente há vinho e outros petiscos, mas tomates-cereja se tornaram *obligatoire* na hora de receber. Não importa a estação, você pode contar que haverá uma tigela de bolinhas vermelhas, brilhantes e perfeitamente delicadas, prontas para estourar na boca.

Para se ter ideia do quanto os parisienses levam a sério seus tomates-cereja, caminhe pelo corredor de hortifrúti do La Grande Épicerie, o supermercado mais refinado de Paris, e você verá prateleiras e mais prateleiras de tomates-cereja. A pessoa responsável pelos hortifrútis do La Grande Épicerie uma vez demonstrou bastante atenção quando eu inspecionava as muitas variedades à disposição (a preços variando do moderado ao absurdo), para me contar quais as melhores variedades de tomate-cereja e por quê. (Naturalmente, aqueles que eram mais caros, ele explicou, eram os únicos que valiam a pena para um homem de tanto bom gosto, a saber, eu.)

Algumas variedades de tomate-cereja possuem nomes pomposos, como "coração de pombo"; não sei se o nome é apropriado, porque nunca vi um coração de pombo de verdade (e, se você mora em Paris, é difícil imaginar que os pombos tenham coração). Outras variedades chegam ainda com as vinhas em fileiras bem-ordenadas, cada uma tão perfeita que parece um ato de selvageria retirar um tomate e arruinar todo o visual.

Tomates-cereja possuem muitos significados para os parisienses. São baratos, bons para o *régime* (a dieta), mas acredito que meu amigo Olivier Magny, sommelier em Paris, foi quem deu a melhor definição quando disse, em seu livro *Stuff Parisians Like*, que os tomates-cereja atraem os parisienses porque eles têm "todas as qualidades de um tomate, e nenhum dos defeitos".

Ainda mais importante é que esses tomatinhos oferecem aos parisienses uma oportunidade para fazer bom uso da palavra *petite*, que parece preceder todos os substantivos aqui. Quando alguém me disse que falo francês só com um *petit accent*, minha cabeça foi às nuvens por alguns dias, porque achei que tinha finalmente quebrado a barreira de carregar o fardo do meu sotaque americano... até que comecei a ouvir todo mundo se referindo a tudo como *petit*: *un petit dessert, un petit verre de vin, un petit voyage, un petit problème* e *les petites vacances*, mesmo quando as férias eram de cinco semanas e não exatamente *p'tit* segundo nenhum padrão. (E porque mesmo *petit* é longa demais para os parisienses pronunciarem, a própria palavra foi "petitizada" para *p'tit*.)

Procuro comprar tomates-cereja no verão, quando praticamente escorregam das barracas nas feiras livres. Mas a beleza da receita a seguir é que ela pode ser preparada em qualquer época do ano, porque costuma ser possível encontrar tomates-cereja deliciosos independentemente de onde você more ou da estação. Fico um pouco constrangido em admitir isso, mas a pasta de queijo é inspirada no boursin, o popular queijo com ervas francês que era presença certa em todas as festas nos Estados Unidos na década de 1970. Eu não o via há décadas, mas quando um amigo parisiense apareceu numa festa com um *p'tit* boursin, ficamos impressionados, quando ele retirou o papel-alumínio e passou a colher naquela pasta cremosa de queijo e ervas, com o quanto ainda a amávamos.

Morando no país com os melhores queijos do mundo, ainda não estou pronto para assumir minha empolgação pelos queijos de supermercado, embalados em papel-alumínio. Portanto, faço minha própria versão, misturando alho fresco picado, ervas e chalotas. Eu costumava trazer pedaços de morim dos Estados Unidos para projetos como esse, até que encontrei *étamine* numa enorme loja de tecidos, o Marché Saint-Pierre, em Montmartre. Eu compro uma boa metragem desse algodão delicado, de cor marfim, semelhante à gaze, também usado na preparação de gelatina e tão barato que posso fazer meu estoque para um ano com apenas um *p'tit* euro ou dois. E economizo meu dinheiro para os refinados tomates-cereja da Rive Gauche, caso eu resolva elevar meu paladar.

ENTRADAS

Crostinis de tomate-cereja e queijo de cabra caseiro com ervas

TARTINES DE TOMATES CERISES, CHÈVRE FRAIS MAISON AUX HERBES

Serve 4 pessoas

Gosto de assar os tomates com tempo – até 8 horas de antecedência –, para que possam marinar em seu próprio suco, que fica levemente caramelizado, rendendo uma bela calda que posso usar para regá-los.

1. Para fazer o queijo de cabra fresco com ervas, forre uma peneira com algumas camadas de morim ou musselina e arrume sobre uma tigela. Despeje o iogurte sobre a peneira forrada, dobre o tecido sobre o iogurte e leve à geladeira por 24 horas.

2. Despeje o iogurte escorrido na tigela e acrescente as ervas, a chalota, o alho, o sal e a pimenta-caiena. Leve à geladeira até a hora de usar.

3. Para assar os tomates, preaqueça o forno a 180°C. Misture os tomates-cereja, o azeite, o alho e as ervas numa assadeira formando uma única camada. Tempere com sal e pimenta-do-reino.

4. Asse os tomates por 45 minutos, mais ou menos, mexendo uma ou duas vezes durante o processo, até que estejam murchos e seu suco comece a reduzir – e eles talvez já estejam dourando um pouco – no fundo da assadeira. Raspe os tomates e os sucos direto para uma tigela e deixe esfriar em temperatura ambiente. Eles podem descansar por até 8 horas; ficam melhores quanto mais descansarem.

5. Quando estiver pronto para servir, prepare as torradas. Preaqueça o forno a 180°C. Pincele as fatias de pão uniformemente com o azeite. Coloque-as numa assadeira e toste por cerca de 5 minutos, até ficarem ligeiramente douradas. Retire do forno e, depois que esfriarem o suficiente para ser manuseadas, esfregue as fatias generosamente com o dente de alho. Deixe esfriar em temperatura ambiente.

6. Para servir, espalhe uma camada grossa do queijo de cabra fresco com ervas sobre cada fatia de pão torrado. Afaste um pouco as ervas e espalhe os tomates e seus sucos sobre o queijo. Pique grosseiramente as ervas para decorar e espalhe-as sobre cada porção.

QUEIJO DE CABRA FRESCO COM ERVAS

2 xícaras (480g) de iogurte integral de leite de cabra (ou vaca)

1 colher (sopa) generosa de ervas frescas variadas picadas bem fino (certifique-se de incluir cebolinha, bem como uma mistura que contenha tomilho, sálvia, manjericão ou salsinha)

1 colher (sopa) de chalota picada

1 colher (chá) de alho picado

¾ de colher (chá) de sal marinho ou sal kosher

1 pitada generosa de pimenta-caiena

TOMATES-CEREJA ASSADOS

680g de tomates-cereja sem os cabos e cortados ao meio

3 colheres (sopa) de azeite de oliva

2 dentes de alho descascados e em fatias finas

um punhado de ervas frescas (qualquer combinação de ramos de alecrim ou tomilho, louro e manjericão ou sálvia)

sal marinho ou sal kosher e pimenta-do-reino preta moída na hora

TORRADAS

4 fatias grossas de pão como ciabatta, campagne ou sourdough, que não seja muito denso

azeite de oliva

1 dente de alho, descascado

algumas folhas de manjericão, sálvia ou salsinha frescos, para decorar

Les terrines

Quando as pessoas querem se referir a esnobismo cultural, normalmente empregam termos como "amantes de patês", invocando imagens da elite europeia bebericando champanhe e beliscando canapés requintados. Mas, na verdade, terrines e patês estão entre os alimentos mais rústicos da França, algo que os camponeses colocariam sobre uma fatia de pão de fermentação natural bem crocante, acompanhado de vinho servido direto da jarra, na hora do almoço. E a julgar pelas pessoas comuns na fila da charcutaria da minha feira, eu não diria que elas são nem mais nem menos chiques que as pessoas que não compram patês nem terrines. (Exceto pela senhora que exibe um vestido de seda e botas de veludo roxos e maquiagem roxa para combinar, sempre com um cigarro aceso, a qual tento evitar quando está logo atrás de mim na fila, porque gosto de chegar em casa com as linguiças defumadas, mas não eu mesmo.)

Se você for a uma feira em Paris, inevitavelmente vai cruzar com algumas barracas de charcutaria – bem como com alguns personagens interessantes –, com prateleiras cobertas de pesados utensílios de barro contendo todo tipo de terrines e patês. Curiosamente, a palavra patê deriva de "pasta" ou "massa", e às vezes você irá deparar com *pâté en croûte*, que significa literalmente "pasta com crosta".

Terrines não são pasta e foram batizadas por causa do recipiente onde são assadas, e variam das pedaçudas e gordurosas até as refinadas e suaves como seda, de modo que existe opção para agradar a todos os paladares. Normalmente levo para casa uma fatia da minha preferida, que é uma mistura de carne de porco e de pato com pedacinhos de figo seco, cujas sementes oferecem um contraste crocante com o pedaço indiscutivelmente rico de carne.

Não é preciso ter medo de preparar uma terrine em casa; na verdade, é bastante simples. Costumo fazer uma para servir de aperitivo com torradas e uma colherada de Compota de chalota (p.335) se tiver convidados, e as sobras costumam servir de almoço pelo resto da semana. No entanto, mesmo na França, onde terrines e patês são lugares-comuns, os convidados sempre ficam impressionados quando descobrem que a terrine que estão cortando e colocando sobre fatias de pão foi na verdade feita em minha cozinha. E apesar de não me ver como um elitista em termos culturais, me sinto um pouco orgulhoso quando eu – um americano – preparo com êxito algo que está restrito ao domínio francês.

A maior parte das terrines é feita com uma combinação de carnes, apesar de ser hábito nomeá-las de acordo com os cortes mais refinados. Na receita a seguir, eu uso porco e bacon como base, mas o pato e as frutas dão à terrine seu sabor delicado. Um dos meus almoços preferidos é uma *baguette tradition* saída do forno, cortada ao meio e recheada com bastante mostarda à l'ancienne, cornichons e fatias de terrine. Eu a aperto bem antes de comer, o que faz todos os sabores se fundirem, e é altamente recomendável.

Terrine de pato com figos
TERRINE DE CANARD AUX FIGUES

Rende 1 fôrma de 23cm

Para a carne de pato, compre peito ou o filezinho de peito (que costuma ser vendido na França e é considerado uma iguaria), ou algumas coxas e desosse-as. Corte a carne em cubos e congele-os parcialmente, com o bacon, para deixá-los mais firmes e fáceis de cortar. Tendo em vista que pato não é tão fácil de encontrar no resto do mundo, você pode substituí-lo por coxas de frango desossadas e sem pele. Também pode variar as frutas secas, usando damascos ou ameixas, em vez de figo. A terrine fica boa servida com Salada de aipo-rábano (p.105) como entrada.

- ¾ de xícara (100g) de figos secos em cubos
- ½ xícara (125ml) de conhaque ou brandy
- 340g de carne de pato ou de frango desossada e sem pele, em cubos
- 1¾ de xícara (170g) de bacon não defumado ou pancetta, em cubos
- 225g de fígado de frango
- 800g de paleta ou lombo de porco sem osso, moídos
- 4 chalotas pequenas, ou 1 cebola pequena, descascadas e picadas
- 2 dentes de alho descascados e picados
- 2 colheres (sopa) de mostarda Dijon
- 2 colheres (chá) de sal marinho ou sal kosher
- 1 colher (chá) de tomilho fresco picado, ou ½ colher (chá) de tomilho seco
- ¾ de colher (chá) de pimenta-da-jamaica em pó
- ¼ de colher (chá) de cravo-da-índia em pó
- ¼ de colher (chá) de gengibre em pó
- pimenta-do-reino preta moída na hora
- 2 ovos grandes
- ⅓ de xícara (40g) de cornichons ou picles picados grosseiramente
- ¼ de xícara (60ml) da salmoura do cornichon
- Compota de chalota (p.335)

1. Numa panela pequena, aqueça as frutas secas com o conhaque até que o líquido comece a borbulhar. Retire do fogo, tampe e reserve.

2. Espalhe a carne de pato e o bacon numa travessa e leve ao congelador, até que as extremidades comecem a congelar.

3. Preaqueça o forno a 180°C.

4. Bata os fígados no processador até obter um purê, acrescente o bacon e o pato parcialmente congelados e bata novamente até que a mistura fique quase homogênea, mas ainda ligeiramente grossa.

5. Transfira a mistura do processador para uma tigela grande e acrescente a carne de porco, a chalota, o alho, a mostarda, o sal, o tomilho, a pimenta-da-jamaica, o cravo, o gengibre e alguns giros do moedor de pimenta. Acrescente os ovos, os cornichons, a salmoura e as frutas secas reidratadas, juntamente com o líquido. Misture muito bem.

6. Coloque a mistura numa fôrma de bolo inglês de 23×13cm (*ver* Nota, p.114) e pressione bem. Cubra a superfície com um pedaço de papel-manteiga e depois feche tudo com papel-alumínio, selando bem as bordas. Coloque a fôrma numa travessa grande e funda, e acrescente água quente até a metade da altura da fôrma.

7. Asse por cerca de 1½ hora, ou até que um termômetro de leitura instantânea inserido no centro da terrine marque 71°C. Retire do forno. Tire a terrine do banho-maria e cuidadosamente descarte a água quente. Coloque a fôrma de volta dentro da assadeira e ponha um tijolo (ou outro objeto pesado e achatado) sobre o

papel-alumínio recobrindo a terrine e deixe esfriar em temperatura ambiente. Enquanto estiver esfriando, qualquer líquido que transbordar deve ser coletado e resfriado; uma colherada dessa gelatina rende um ótimo acompanhamento na hora de servir, junto com a geleia de chalota.

8 Assim que esfriar, leve a terrine à geladeira por 2 dias antes de servir, para que ela assente. Corte-a diretamente da fôrma. Ela pode esfarelar um pouco, visto que é uma terrine camponesa, cheia de pedaços. Pode ser guardada na geladeira por até 10 dias. Não recomendo congelar, porque muda a textura.

NOTA: A mistura da terrine cabe numa fôrma de bolo inglês de 2,5 litros de capacidade, mas você pode assá-la em qualquer tipo de fôrma; as de metal, vidro, barro ou cerâmica funcionam bem. Se sobrar um pouco da mistura, ela pode ser assada em um recipiente menor, junto com o maior; asse até que a temperatura interna atinja 71°C.

Honestidade, minha melhor política

Quando me candidatei para trabalhar no Chez Panisse, lá no início da década de 1980, disseram-me que eu teria de fazer uma entrevista com a dona, Alice Waters. Naquela época, o Chez Panisse estava recebendo enorme atenção e era uma grande coisa trabalhar lá. E eu queria muito, muito, aquele emprego.

No meu dia de avaliação prática, por acaso troquei uma ideia com alguns membros da equipe, que me orientaram sobre o que dizer. "Ela vai perguntar que livros de receita você tem", eles disseram, "então, se prepare para responder *Simple French Cooking*, do Richard Olney, ou qualquer um da Elizabeth David." Eu garanti que esses eram sem dúvida alguns dos meus favoritos, e que certamente os citaria.

Quando saí, desci a rua até a livraria mais próxima para descobrir quem eram Richard Olney e Elizabeth David.

Confesso que não fui muito longe, porque os livros tinham muitas palavras e não eram repletos de belas fotos, como os livros de receita atuais. Além disso, eu estava cansado de passar o dia inteiro em pé, andando de um lado para outro em meio ao restaurante incrivelmente cheio, e só queria dormir, descansar e assistir às reprises de *The Love Boat*. Portanto, quando chegou o momento da entrevista, me sentei no famoso salão de jantar subterrâneo do Chez Panisse, circundado pelas icônicas luminárias e arandelas de cobre e pela marcenaria Craftmans-tyle, cara a cara com Alice. E qual não foi minha surpresa, porque a primeira pergunta saída de sua boca foi: "E então, que livros de cozinha você tem?"

Fiquei sentado lá por um momento, paralisado, com um breve dilema de consciência, decidindo se deveria mentir e conseguir o emprego ou dizer a verdade e ir para casa e ver se o diretor do cruzeiro e a contadora da série de TV iriam afinal consumar o amor que sentiam um pelo outro.

"Eu tenho *The Joy of Cooking*... e, ahnnn..."

Houve um momento de silêncio desconfortável, até que ela passou à pergunta seguinte, que foi: "O que você come em casa?" Essa eu sabia responder fácil: "Eu como principalmente saladas. Eu as preparo numa tigela grande, misturo tudo e como direto da tigela." E essa, meus amigos, foi a carta certa, porque mencionei exatamente a mesma coisa que nós dois adorávamos fazer. De fato, ela me disse que o trabalho favorito dela no restaurante era lavar a alface que chegava diariamente dos produtores locais. A honestidade compensa: passei os anos seguintes trabalhando no café, fazendo centenas de saladas todas as noites, até ser promovido para a confeitaria.

Fattouche

FATTOUCHE

Serve 6 pessoas

Não há nada que eu ame mais que uma enorme tigela cheia de salada de todos os tipos, sobretudo se estiver repleta de molho picante de limão e alho e um batalhão de ingredientes, incluindo robustos corações de alface-romana ou little gem. E uma das saladas mais interessantes é o fattouche, um prato do Oriente Médio salpicado de sumagre em pó, especiaria que é ao mesmo tempo levemente frutada e azedinha, misturada com *fatteh*, a palavra em árabe para pedaços de pão pita tostado que deu nome à salada.

O sumagre é uma especiaria que você provavelmente não tem na despensa, mas deveria ter, mesmo que só para usar nesta receita. Você vai descobrir que ele também fica bom salpicado sobre o Homus (p.60) ou o *Moutabal* (p.64). A maior parte das mercearias especializadas em produtos árabes vende, ou você pode encomendá-lo pela internet.

1 Preaqueça o forno a 180°C. Coloque os pães árabes numa assadeira, pincele-os completamente com azeite de oliva e toste-os no forno por 5 a 8 minutos, ou até ficarem crocantes. Retire do forno e deixe esfriar completamente.

2 Numa saladeira grande, misture o suco de limão, o sal, o alho e a mostarda. Acrescente a ½ xícara (125ml) de azeite e bata.

3 Acrescente a alface, a cebolinha, o pepino, o tomate-cereja, a salsinha, a hortelã e o rabanete. Tempere a salada com 1 colher (chá) de sumagre e alguns giros do moedor de pimenta. Quebre o pão pita em pedaços irregulares um pouco maiores que o tamanho de uma garfada e misture-os delicadamente, até que fiquem cobertos pelo molho. Salpique a outra metade da colher (chá) de sumagre por cima da salada e sirva.

---

2 pães árabes grandes ou 4 pequenos

½ xícara (125ml) de azeite de oliva, mais um pouco para pincelar os pães árabes

⅓ de xícara (80ml) de suco de limão espremido na hora

1 colher (chá) de sal marinho ou sal kosher

2 dentes de alho descascados e picados

1 colher (chá) de mostarda Dijon

8 xícaras (300g) de corações de alface-romana ou little gem, rasgados ou cortados em pedaços grandes

4 cebolinhas, partes branca e verde, finamente picadas

1 pepino descascado, sem sementes e cortado em cubos grandes

20 tomates-cereja cortados ao meio

½ xícara (30g) de salsinha fresca picada grosseiramente

½ xícara (30g) de hortelã fresca picada grosseiramente

½ maço de rabanetes em fatias finas

1½ colher (chá) de sumagre em pó

pimenta-do-reino preta moída na hora

La soupe para o jantar

Os turistas que visitam Paris têm uma atração indescritível por sopa de cebola à francesa. Talvez eles tenham saudades do tempo em que ela era servida às quatro da manhã aos festeiros da madrugada, que ficavam cara a cara com os açougueiros de aventais manchados de sangue saídos de Les Halles, o mercado central de alimentos que esteve de pé no centro de Paris durante séculos. Ou talvez eles apenas não consigam resistir a uma tigela fumegante de cebolas caramelizadas num caldo reconfortante, coberta por uma torrada e uma montanha de queijo derretido, mesmo que o mercado já tenha fechado e poucos lugares ainda reproduzam esse clássico da maneira que se costumava fazer.

Por falar em saudade, a palavra em francês para sopa (*soupe*) também significa ceia (*souper*) em algumas partes da França. Motivo pelo qual se veem antigos bistrôs parisienses com letras desbotadas em algum ponto da fachada, entre elas a palavra *bouillon*. Ou as pessoas podem chamá-lo para *la soupe*, o que é um convite para jantar, não necessariamente para uma tigela de sopa. (Em francês, o verbo *souper* significa "cear", independentemente do que esteja no cardápio.)

Mas a sopa de cebola à francesa pode ter perdido o prestígio nos restaurantes principalmente porque é impossível você parecer remotamente elegante ao tomá-la. Tentar pescar croûtons nos quais cada buraquinho está repleto de caldo fumegante, cobertos de queijo derretido como uma lava que forma um fio semelhante a saliva quando você afasta a colher da boca depois de cada colherada, não propicia uma forma graciosa de se comer em público. Portanto, aproveite-a em casa, no almoço ou no *souper*.

Sopa de cebola à francesa
SOUPE À L'OIGNON

Serve 6 pessoas

O caldo de carne é tido como o ingrediente tradicional dessa sopa, mas é pesado, e eu raramente tenho caldo de carne à mão, portanto, uso Caldo de frango (p.326). Para deixá-lo mais substancioso, você pode assar os ossos do frango numa assadeira rasa em forno a 200°C por 30 a 45 minutos, até que fiquem bem dourados, e então usá-los para preparar o caldo.

1. Derreta a manteiga numa panela grande de ferro fundido em fogo médio. Acrescente as cebolas e o açúcar e refogue por 20 minutos, mexendo de vez em quando, até que fiquem macias e transparentes.

2. Acrescente o alho, o sal e a pimenta-do-reino e continue a cozinhar por 1½ hora, mexendo com menos frequência e reduzindo o fogo, para evitar que as cebolas queimem. (Você pode usar um difusor de calor se o seu *cooktop* não permitir reduzir bem o fogo.) Conforme as cebolas cozinham, se elas pegarem em alguns pontos do fundo da panela, use uma espátula para raspar esses deliciosos pedacinhos dourados e misturar, porque eles dão sabor à mistura. As cebolas estarão prontas quando se desmancharem numa pasta grossa, de cor âmbar-dourado.

3. Despeje a farinha e cozinhe, mexendo sem parar, por 1 minuto. Acrescente o vinho e use um utensílio achatado para soltar qualquer pedaço dourado preso nas laterais ou no fundo da panela, misturando-os à cebola. Acrescente o caldo, aumente o fogo até ferver, então reduza e cozinhe lentamente por 45 minutos. Desligue o fogo e acrescente o vinagre, provando para obter o equilíbrio correto, e coloque um pouco mais de vinagre, sal e pimenta, se desejar.

4. Preaqueça o forno a 200°C. Arrume seis tigelas refratárias numa assadeira forrada com papel-manteiga ou papel-alumínio.

5. Divida a sopa pelas tigelas. Esfregue os dois lados de cada torrada com o dente de alho. Coloque as torradas sobre a sopa e espalhe o queijo por cima. Gratine a sopa na trempe mais alta do forno até que o queijo esteja bem dourado, por cerca de 20 minutos. Uma alternativa, se suas tigelas não forem resistentes ao calor, é colocar as sopas já cobertas de queijo sob o grill do forno, gratinando até o queijo derreter e começar a dourar. Sirva imediatamente.

---

4 colheres (sopa, 55g) de manteiga sem sal

1,2kg de cebolas amarelas ou brancas, descascadas e cortadas em fatias bem finas

1 colher (chá) de açúcar

2 dentes de alho, descascados e picados

2 colheres (chá) de sal marinho ou sal kosher (mais, se necessário)

1 colher (chá) de pimenta-do-reino preta moída na hora (mais, se necessário)

2 colheres (chá) de farinha de trigo

¾ de xícara (180ml) de vinho branco ou xerez

2 litros de Caldo de frango (p.326)

1 a 2 colheres (chá) de vinagre de xerez ou vinagre balsâmico (mais, se necessário)

6 fatias grossas de pão branco grande, ou cerca de 18 fatias grossas de baguete, bem tostadas

1 a 2 dentes de alho descascados e inteiros, para esfregar nas torradas

3 xícaras (255g) de queijo emmenthal, Comté ou gruyère ralado

La canicule

Tendo chegado a Paris vindo de São Francisco, onde verão significa que pode haver um dia ou outro no qual você sai sem levar um suéter (ou casaco), o clima parisiense foi um choque. Logo que cheguei, em 2003, tivemos uma onda de calor de uma semana que elevou a temperatura às alturas – no caso do meu apartamento, literalmente.

Eu morava numa *chambre de bonne* no último andar, e a temperatura no meu apartamento atingiu a máxima de desagradáveis 40°C. Não apenas meu querido estoque de chocolate começou a derreter seriamente, mas eu também. Chegou a ponto de que mesmo ficar vestido se tornou impossível, o que valia para os meus vizinhos de todas as idades (e pesos e tamanhos), como descobri sempre que me debruçava à janela, na esperança de pegar uma lufada de ar fresco, por mais fraca que fosse.

A infame *canicule* (onda de calor) mudou algumas coisas na França. Não a forma como as pessoas enxergavam o governo, que por alguma razão foi culpado pelo calorão. Mas, no ano seguinte, aparelhos de ar condicionado estavam ostensivamente em liquidação nas lojas, embora a maior parte das pessoas na França ache que ficar num cômodo com ar condicionado é algo parecido com uma sentença de morte. E o governo tomou a responsabilidade para si, não mudando o tempo, mas publicando orientações que recomendavam, no caso de outra onda de calor, que todos fossem para um lugar com ar condicionado durante "duas a três horas" por dia. (Os únicos lugares com ar condicionado em Paris são os supermercados. E por mais que eu gaste muito tempo fazendo compras, duas a três horas é um pouco demais para mim.)

Também recomendaram que bebêssemos pelo menos dois litros de água por dia, o que basicamente significava que você deveria ficar em casa, porque qualquer um que tenha tentado encontrar um banheiro em Paris pode atestar que há pouquíssimos lugares para se eliminar toda essa água. Contudo, esses eram problemas menores comparados à recomendação que dizia para suspender o consumo de álcool, visto que um rosé bem gelado era a única coisa que me mantinha em operação.

Descobri que a estratégia que melhor funciona para lidar com o calor é fazer enormes quantidades de gaspacho, uma sopa querida entre os parisienses. Uso os tomates mais suculentos e carnudos que puder encontrar, buscando aqueles que estão quase prontos para estourar e já bem próximos de estragar. Os vendedores ficam felizes quando alguém tira esses tomates de suas mãos, e os fornecem para mim por um bom preço. Em troca, prometo-lhes que os tomates terão um futuro brilhante, batidos na tigela de uma refrescante sopa de verão.

Gaspacho com torradas de queijo de cabra e ervas
GAZPACHO, CROÛTONS AU CHÈVRE AUX HERBES

Serve 6 pessoas

GASPACHO

1,5kg de tomates maduros

1 fatia firme de pão branco de campagne sem casca

1 pepino descascado sem sementes e cortado em cubinhos

1 cebola roxa descascada e cortada em cubinhos

½ pimentão verde, vermelho ou amarelo, sem sementes e cortado em cubinhos

2 dentes de alho descascados e picados

¼ de xícara (60ml) de azeite de oliva

1½ colher (sopa) de vinagre de vinho tinto

2½ colheres (chá) de sal marinho ou sal kosher (mais, se necessário)

½ colher (chá) de piment d'Espelette (ou páprica defumada, ou pimenta chilli em pó)

pimenta-do-reino preta moída na hora

1 colher (sopa) de vodca

TORRADAS DE QUEIJO DE CABRA COM ERVAS

16 fatias de baguete (cerca de 1cm de espessura)

azeite de oliva

2 dentes de alho descascados

2 xícaras (225g) de queijo de cabra fresco esfarelado (*ver* Nota, p.122)

1 colher (sopa) de manjericão, endro, cerefólio ou hortelã picados

sal marinho ou sal kosher

Gosto de pensar no gaspacho mais como uma salada líquida estupidamente gelada do que como imitação de suco de tomate mais pastoso. Tomates maduros e suculentos são os mais saborosos, e gosto de cortar os outros vegetais bem pequenos. Portanto, se você estiver disposto a tirar um pouco do suor da testa, esta é uma boa hora para praticar suas habilidades com a faca. Mas, para aqueles que preferem o gaspacho homogêneo, sintam-se à vontade para simplesmente bater tudo de uma vez só.

Eu acrescento um toque de piment d'Espelette, uma pimenta em pó basca, e uma dose de vodca, que faz com que a sopa pareça ainda mais gelada. E, como é difícil imaginar uma refeição sem queijo na França, não importa a época do ano, faço torradas de alho e espalho queijo de cabra fresco com ervas sobre elas.

O gaspacho e a pasta de queijo de cabra podem ser feitos com até 3 dias de antecedência e guardados na geladeira.

1. Para fazer o gaspacho, encha uma panela grande com água até a metade e ponha para ferver. Retire o pendúnculo de cada tomate e faça um X na parte de baixo de cada um.

2. Mergulhe os tomates na água fervendo (trabalhe em levas, se não couberem todos de uma só vez na panela) e branqueie os tomates por 30 segundos, ou até que a pele comece a se soltar. Transfira-os para um escorredor e passe-os em água fria. Retire a pele dos tomates e descarte-as.

3. Corte os tomates ao meio, na horizontal. Coloque uma peneira grossa sobre uma tigela e esprema o suco e as sementes dos tomates; aperte a polpa contra a peneira. (Descarte as sementes, mas reserve os tomates e o suco extraído.)

4. Numa tigela pequena, coloque o pão de molho em água gelada por 1 minuto, escorra e esprema o excesso de água.

5. Trabalhando em levas, bata os tomates e o suco extraído juntamente com o pão no recipiente do processador ou no liquidificador usando a função "pulsar", até que estejam praticamente liquefeitos, mas ainda com alguns pedaços de tomate visíveis.

6. Numa tigela grande, misture os tomates batidos com o pepino, a cebola, o pimentão e o alho. Acrescente o azeite, o vinagre, o

sal e a piment d'Espelette; tempere com a pimenta-do-reino e a vodca. Prove e acrescente mais sal, se necessário. Leve à geladeira até esfriar completamente.

7 Para fazer as torradas, preaqueça o forno a 180°C. Coloque as fatias de baguete numa assadeira rasa e pincele-as com azeite. Asse por 5 a 8 minutos, até que as torradas estejam ligeiramente douradas. Retire do forno e, assim que estiverem frias o suficiente para ser manuseadas, esfregue cada uma generosamente com o dente de alho.

8 Com um garfo, amasse o queijo de cabra numa tigela pequena junto com as ervas e 1 colher (chá) de azeite e tempere com sal. Espalhe 1 colher (sopa) dessa mistura de queijo sobre cada torrada.

9 Divida a sopa nas 6 tigelas resfriadas e sirva com as torradas ao lado ou boiando por cima.

NOTA: Se você não tiver queijo de cabra fresco, use queijo fresco ou feta misturados com um pouco de leite, para ficar mais cremoso.

Salada de cenoura ralada
CAROTTES RÂPÉES

Serve 6 pessoas

900g de cenoura

¼ de xícara (60ml) de azeite de oliva

2 colheres (sopa) de suco de limão espremido na hora

1 colher (chá) de sal marinho ou sal kosher

1 colher (chá) de mostarda Dijon

½ colher (chá) de açúcar ou mel

3 colheres (sopa) de salsinha, cerefólio ou ciboulette picados, e mais um pouco de ervas para espalhar por cima

É impossível escrever um livro sobre culinária francesa sem incluir uma salada de cenoura ralada. Não existe nenhuma pessoa neste país que não goste dessa salada, e ela é tão lugar-comum que acho que você não a encontrará em nenhum livro sobre cozinha tradicional francesa. Presume-se que, se você é francês, está em seu DNA saber como preparar esta salada. No entanto, se você perguntar aos 60 milhões de franceses e francesas como prepará-la, é provável que acabe com 60 milhões de receitas diferentes.

Como meus arquivos de receitas estão abarrotados, pedi dicas a um francês específico, que faz minha versão preferida desta salada e uma versão muito boa de alho-poró com vinagrete (p.88). Ele sacou um ralador chamado *mouli-julienne*, que existe apenas na França. Este útil aparelho faz as tiras longas, finas e ligeiramente enroladas que são a marca registrada dessa salada. (Fiquei pensando em sugerir um trabalho de representação, porque todo mundo que eu conheço e que experimentou essa salada na França volta para casa e me escreve dizendo que procurou por todos os cantos um desses raladores franceses.)

Apesar de eu não me atrever a mexer demais em algo que é um clássico francês consagrado, a salada fica boa com abacate ou beterrabas cruas raladas para complementar as cenouras. Para torná-la mais completa e servir no almoço, você pode acrescentar alguns Ovos cozidos cortados (p.328) em quatro, fatias de peito de frango assado ou grandes pedaços de queijo azul ou feta.

1 Rale as cenouras usando o ralo grosso do ralador, ou o equipamento equivalente da batedeira ou do processador.

2 Numa tigela grande, misture o azeite, o suco de limão, o sal, a mostarda e o açúcar. Despeje as cenouras no molho com as ervas picadas e misture. Sirva em pratos e salpique com um pouco mais de ervas frescas.

VARIAÇÃO: Para fazer uma salada de cenoura e beterraba, substitua metade da quantidade de cenoura por beterrabas. Ou acrescente 2 abacates maduros descascados e cortados em cubos para fazer uma salada de cenoura e abacate.

Pratos principais

PLATS

Atribui-se ao dono de um sofisticado restaurante três estrelas em Paris a seguinte frase: "Na sua primeira vez no meu restaurante, você é um estranho. Na segunda, você é um convidado. Na terceira, é parte da família." Esse é um ótimo exemplo de como os parisienses se relacionam com estranhos, convidados, amigos e parentes. Tudo tem a ver com tornar-se cliente assíduo, e à medida que a equipe for lhe conhecendo, você se torna parte da família estendida. Alguns antigos bistrôs de Paris ainda têm minúsculas gavetas onde os clientes habituais deixam seus guardanapos de pano para usar da próxima vez.

Mas não importa se é a sua primeira – ou quinquagésima – visita, porque em vez do habitual "O cliente tem sempre razão", os restaurantes franceses dividem essa relação meio a meio (ou *fift-fift*, como eles costumam dizer). A equipe está lá para preparar e servir a comida, e sua função é apenas relaxar e aproveitar. De fato, alguns garçons parisienses fazem jus à reputação de ranzinzas. Mas, se você reparar no salão, não verá um exército de maîtres, garçons e cumins. Em vez disso, é comum haver não mais que dois garçons indo e voltando em seus aventais pretos, abrindo garrafas de vinho, anotando pedidos, trazendo comida, conversando com o pessoal da cozinha, arrumando (e rearrumando) mesas e, sim, em alguns casos, se esforçando para fugir da vista do cliente.

Acho toda a experiência fascinante, e cada restaurante em Paris tem a sua própria personalidade. A principal sugestão que dou aos visitantes é voltar ao mesmo lugar e se tornar freguês assíduo, em vez de se manter estranho. Melhor ainda é se transformar em amigo.

Receber em casa em Paris é reservado apenas para amigos e parentes; os convites são limitados às pessoas que você já conhece. Se você vai encontrar alguém com quem não tem muita intimidade, os cafés são populares como espaços neutros para se socializar, e é por isso que costumo me referir a eles como as "salas de estar" de Paris.

Entretanto, muitas das regras implícitas de receber em casa em Paris passam despercebidas para mim. Adoro convidar pessoas para um *apéro* ou um jantar. Quando as pessoas vêm me visitar, elas chegam armadas com uma lista extensa de restaurantes imprescindíveis de conhecer. Mas eu dispenso essas listas e as convido para a minha casa, pois prefiro ir atrás dos ingredientes. Isso inclui desencavar uma das garrafas de vinho estocadas em qualquer espaço disponível do apartamento e garantir que eu tenha um garrafa bem gelada de champanhe ou crémant para receber as pessoas com uma taça de algo borbulhante e festivo assim que elas chegarem. E depois de cozinhar o dia todo, também geralmente preciso de uma bebida nessa mesma hora!

Preparar um jantar começa com as compras, e eu visito vendedores e lojas prediletos do meu bairro, onde sou conhecido, e assim consigo os melhores pêssegos, laranjas ou peras (e não pago o adicional do dedão do vendedor pressionando a balança). A senhora da minha *fromagerie* rotula alguns queijos como "*Génial!*" ou "*C'est super!*", destacando o que é o melhor e mais interessante naquele dia. O açougueiro vai dedicar tempo para retirar as vísceras do frango para mim, e, assim, abro o embrulho ao chegar em casa e tenho um *poulet* perfeitamente preparado, esperando para ser cozido. Eu paro na padaria para pegar uma *baguette tradition* e, por mais que os doces sejam tentadores – e eu acabe comprando um lanchinho (ultimamente tenho tido uma fraqueza por *éclairs* e não consigo me cansar deles...) –, invariavelmente faço a sobremesa, em geral acompanhada de uma bola de sorvete ou sorbet caseiro, feito de frutas maduras escolhidas no mercado.

Eu não tenho uma sala de jantar no meu apartamento. Em lugar disso, tenho uma *cuisine américaine* ou "cozinha aberta". Esse estilo de fazer as refeições vai contra a tradição de ter a comida preparada pela *domestique*, num cômodo distante dos comensais. Mas com o tamanho atual dos apartamentos parisienses, muitos se inspiraram nos *américains*, abriram suas cozinhas e agora colocam bancos altos junto aos balcões e comem *au comptoir*. Quando recebo visitas para jantar, elas também se sentam ao balcão da minha cozinha. Gosto de conversar com elas enquanto faço um molho de salada ou checo o assado que está no forno. Por saber como é especial ser convidado para comer na casa de alguém na França, as pessoas são sempre muito gratas. Você não encontra chatos para comer, e já vi gente em geral muito reservada e bem comportada nos restaurantes repetir o prato (três vezes até) ao jantar na minha casa. Gosto que as pessoas se sintam descontraídas o suficiente para pegar uma coxa de galinha com a mão e comer até o último pedaço de carne. Ou cortar mais pão para dar fim ao camembert. (Já aconteceu de uma pessoa literalmente lamber o prato, mas essa foi uma indiscrição única.) Ou tomar a iniciativa de abrir outro vinho quando percebem que as taças estão se esvaziando.

Quando como sozinho ou *à deux*, quebro alguns ovos para uma rápida Omelete de ervas frescas (p.133) ou *Galettes complètes* (p.135). Quando recebo visitas, sou fã de pratos de longo cozimento, como *Carbonade flamande* (p.198), *Coq au vin* (p.177) e *Cassoulet* (p.195), que podem ser feitos com antecedência e geralmente garantem sobras deliciosas para o dia seguinte, quando a festa já acabou. Minha versão rápida de Confit de pato (p.179) não requer cuidados constantes, e você pode fazer suas próprias linguiças no formato de *Caillettes* (p.185), que são porções únicas com vegetais misturados ao recheio.

Por mais que eu não defenda lamber o prato, meu objetivo principal é me divertir jantando acompanhado na minha cozinha. Da mesma maneira que me divirto preparando a comida. E, claro, fazendo as compras também.

Nhoque à parisiense **130**
GNOCCHIS À LA PARISIENNE

Omelete de ervas frescas **133**
OMELETTE AUX FINES HERBES

Galettes de trigo-sarraceno com presunto, queijo e ovo **135**
GALETTES COMPLÈTES

Sanduíche de queijo e presunto **137**
CROQUE-MONSIEUR

Suflê de queijo, bacon e rúcula **139**
SOUFFLÉ À LA ROQUETTE, LARDONS ET FROMAGE

Brandade de bacalhau **144**
BRANDADE DE MORUE

Maionese de alho com acompanhamentos **145**
LE GRAND AÏOLI

Tortilla de batata, feta e manjericão 148
TORTILLA DE POMMES DE TERRE À LA FETA ET AU BASILIC

Ovos assados com couve e salmão defumado 151
OEUFS AU FOUR AVEC CHOU FRISÉ ET SAUMON FUMÉ

Shakshuka 154
CHAKCHOUKA

Quiche de presunto, queijo azul e pera 155
TARTE SALÉE AU JAMBON, AU BLEU ET AUX POIRES

Polenta com trigo-sarraceno, vegetais refogados, linguiça e ovos poché 158
POLENTA AU SARRASIN, LÉGUMES BRAISÉS, SAUCISSE ET OEUFS POCHÉS

Legumes recheados 160
LÉGUMES FARCIS

Sopa de pão e abóbora 163
PANADE DE BUTTERNUT

Torta Parmentier de frango 166
HACHIS PARMENTIER AU POULET

Frango com mostarda 169
POULET À LA MOUTARDE

Frango à moda de Catherine 173
POULET CRAPAUDINE FAÇON CATHERINE

Frango ao molho de vinho tinto 177
COQ AU VIN

Falso confit de pato 179
FAUX CONFIT DE CANARD

Ensopado de galinha-d'angola com figos 183
PINTADE AUX FIGUES

Linguiça de porco e acelga 185
CAILLETTES

Costelinhas de porco caramelizadas 187
TRAVERS DE PORC AU CARAMEL

Porco defumado ao estilo barbecue 190
PORC FUMÉ FAÇON BARBECUE

Ensopado de feijão-branco, linguiça e confit de pato 195
CASSOULET

Ensopado belga de carne com cerveja e pão de especiarias 198
CARBONADE FLAMANDE

Tagine de canela de cordeiro 199
TAGINE DE SOURIS D'AGNEAU

Cordeiro assado com legumes, salsa verde e suflês de panisse 203
ÉPAULE D'AGNEAU AUX LÉGUMES, SAUCE VERTE ET PANISSES

Bife com manteiga de mostarda e fritas 206
STEAK FRITES AU BEURRE DE MOUTARDE

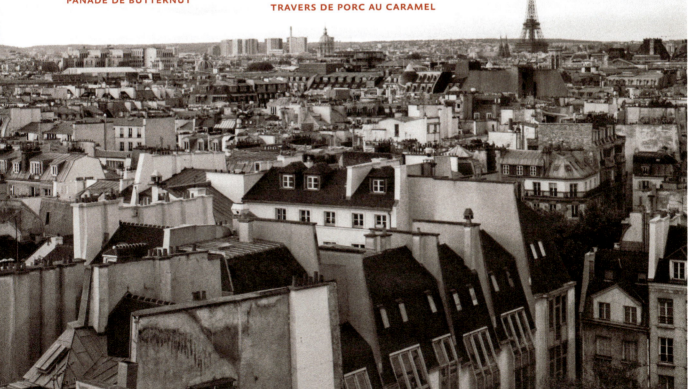

Diferenças ou discordâncias

Os franceses transformaram bater papo e reclamar num esporte. E antes que você ache que estou criticando, saiba que na França reclamar não é considerado um defeito, mas apenas algo que todo mundo faz. Porque na verdade todos têm alguma coisa da qual reclamar ou discordar, certo? Não importa que o céu esteja de um lindo azul, se você diz azul, *non*, eles certamente dirão – não é azul, é *marine*. E ainda destacam que deve chover. Não é incomum ouvir as pessoas reclamarem da sujeira das ruas (enquanto jogam a ponta do cigarro na calçada). Cheguei à conclusão de que os franceses discutem para afirmar um sentido de autoridade; reclamar de algo mostra que você possui informação que outros não têm. (Mas é claro que dificilmente se menciona uma solução na conversa.)

Tenho a minha cota de reclamações e troca de farpas, e aprendi a me defender nos momentos espinhosos. Quando conheci Paule Caillat, professora de culinária, tivemos uma discussão acalorada sobre a situação dos tomates em Paris, algo sobre o qual eu *râle* todo verão. Resmungo sobre como a Provence tem tomates maravilhosos, mas eles de forma alguma chegam a Paris. Ela insistiu em que eu não entendia. Não estava claro o que eu não entendia – especialmente considerando que ela fala um inglês perfeito –, mas essa conversa foi um dos meus primeiros momentos de *c'est comme ça*, ou "é assim que as coisas são", uma forma francesa irrefutável de ganhar qualquer discussão.

Uma noite, enquanto jantávamos na cozinha de Paule, fui surpreendido pela especialidade de sua família, *gnocchi à la parisienne*, que me fez raspar (mas não lamber) o prato. Como eu e Paule ficamos amigos, e ela é muito bem-humorada, me divirto muito implicando com ela. Então, quando ela chegou à minha cozinha alguns dias depois para me ensinar a fazer o prato e me perguntou se eu tinha "uma daquelas coisas americanas de plástico duro e liso", respondi com "Você quer dizer um desses cortadores de massa *franceses*?", enquanto segurava um de meus cortadores, que comprei quando estava na *França* cursando uma escola de pâtisserie *francesa*.

Ao prepararmos essa receita, eu perguntei-lhe que tipo de queijo usaríamos, e ela respondeu "*le gruyère*". "Gruyère!?", me espantei. "Não é à toa que é tão bom." "Bem, não é gruyère de verdade, *Davííd*", ela explicou. "Na França, chamamos qualquer queijo ralado de gruyère, porque, bem, *c'est comme ça*." Por saber como os franceses são sérios quando falam de seus queijos e das denominações de origem, destaquei que isso era similar a eu pegar qualquer roda de queijo borrachudo no supermercado e dizer: "Bom, vamos chamar

isso aqui de *brie de Meaux*." Mas ela não me deu atenção, e continuamos a cozinhar. (Depois me lembrei de que nos Estados Unidos nós chamamos qualquer queijo com furos de *queijo suíço*, não importa de onde seja. E que gruyère também é um tipo de queijo. Mas decidi omitir essa informação porque, como bom francês que me tornei, não queria inserir lógica na discussão.)

Depois Paule comentou sobre o saco de farinha branca que comprei num mercado diferente do que ela frequenta, o que levantou sua suspeita. E quando lhe dei um garfo para bater os ovos, ela olhou para o moderno modelo de três dentes e perguntou: "*Davíid*, você não tem um garfo de verdade?"

Mas tudo foi perdoado quando exibi garfos de quatro dentes e nos sentamos com a assadeira de nhoques borbulhantes e sua linda crosta de queijo. Não me dei ao trabalho de perguntar como esse prato foi batizado de nhoque, já que isso não corresponde ao que a maioria das pessoas conhece como nhoque. Nem tentei discutir sobre como me senti inferiorizado tendo uma cozinha abastecida com farinha comprada no supermercado errado. E não levei em consideração que meu cortador de massa "americano" foi, na verdade, feito e comprado na França. Mas talvez como atestado do poder de uma agradável cassarola coberta de queijo chamada pelo nome que você quiser, não importando quais as nossas discordâncias e nacionalidades, Paule e eu deixamos as diferenças de lado e atacamos esse prato partilhado, nos chamando de *des vrais amis*, ou amigos de verdade, na linguagem comum dos cozinheiros.

Nhoque à parisiense
GNOCCHIS À LA PARISIENNE

Serve 6 pessoas

Esse prato é considerado uma comida humilde e é difícil de encontrar nos restaurantes. Por isso, é desconhecido fora da França. Paule Caillat (*ver* p.128) me deu sua receita de família, na qual fiz algumas mudanças (autorizadas, claro). Os bolinhos são feitos de pâte à choux, similar à usada nos profiteroles. Os nhoques são cozidos parcialmente em água e depois assados, quando incham gloriosamente e logo se assentam, prontos para serem levantados de sua cobertura de queijo gratinado. É um prato bem rico; sirva-o com uma simples salada verde.

1. Para fazer a pâte à choux, aqueça água, manteiga e ½ colher (chá) de sal numa panela em fogo médio até a manteiga derreter. Acrescente toda a farinha de uma vez e misture rapidamente por 2 minutos, até a massa formar uma bola de textura lisa. Retire do fogo e passe a massa para a vasilha de uma batedeira com o batedor pá. (Se você não tem batedeira, pode deixar a massa na panela.) Deixe a massa descansar por 3 minutos, mexendo de vez em quando para liberar um pouco do calor.

2. Com a batedeira em velocidade média-alta, ou à mão, acrescente os ovos, um de cada vez, garantindo que cada qual foi totalmente incorporado antes de juntar o próximo. Adicione a mostarda em pó e mescle até que a massa esteja bem macia. Cubra com um pano de prato e reserve.

3. Para fazer o molho mornay, derreta a manteiga numa panela em fogo médio. Junte a farinha e mexa bem a mistura por 2 minutos, até engrossar. (Não deixe dourar.) Aos poucos, adicione o leite, mexendo devagar e constantemente para não encaroçar.

4. Diminua o fogo e cozinhe o molho por 6 minutos, mexendo com frequência até que esteja encorpado como um milk-shake. Retire do fogo e acrescente o sal, a pimenta-caiena e ½ xícara (40g) do queijo de estilo suíço. Mexa até o queijo derreter.

5. Unte com manteiga uma assadeira rasa (com capacidade entre 2,5 e 3 litros). (É preferível a assadeira ampla à funda para gratinar o queijo.) Salpique metade do parmesão no fundo e dos lados. Espalhe 1 xícara (250ml) do molho mornay no fundo.

PÂTE À CHOUX

1¼ de xícara (310ml) de água

7 colheres (sopa, 100g) de manteiga sem sal, em temperatura ambiente, cortada em cubos

½ colher (chá) de sal marinho ou sal kosher

1¼ de xícara (175g) de farinha de trigo branca

4 ovos grandes, em temperatura ambiente

2 colheres (chá) de mostarda em pó

MOLHO MORNAY

5 colheres (sopa, 70g) de manteiga com ou sem sal

⅓ de xícara (45g) de farinha de trigo branca

3 xícaras (750ml) de leite integral ou desnatado, aquecido

1 colher (chá) de sal marinho ou sal kosher

pitadas generosas de pimenta-caiena

1¾ de xícara (140g) de queijo de estilo suíço ralado, como emmenthal, gruyère ou Comté

⅓ de xícara (30g) de queijo parmesão ralado na hora

6   Forre um prato com algumas camadas de papel-toalha. Encha uma panela funda com água e sal e aqueça até alcançar uma fervura branda. Para fazer o nhoque, você pode usar duas colheres (sopa) – uma para pegar a massa e outra para empurrá-la para a água – ou uma colher de sorvete com ejetor. Pegue uma generosa colher (sopa) de massa e jogue na água. (A colher de sorvete foi um pouco moderno demais para Paule, apesar de ela reconhecer – com relutância – que era mais prática e fazia nhoques mais bonitos.) Cozinhe os nhoques em levas de 8 a 10 unidades. Escalde por 2 minutos, depois retire da água e deixe escorrer no papel-toalha. (Eles não estarão totalmente cozidos por dentro.) Repita o processo até terminar a massa.

7   Preaqueça o forno a 180°C com a prateleira alocada na parte alta.

8   Arrume os nhoques pré-cozidos em fileira na assadeira e depois cubra com uma nova camada do molho mornay. Salpique o outro 1¼ xícara (100g) do queijo de estilo suíço com o restante do parmesão. Coloque a assadeira sobre uma travessa forrada com papel-alumínio e asse por 15 minutos. Aumente a temperatura do forno para 200°C e asse por mais 15 a 20 minutos, até o queijo ficar bem gratinado. Deixe esfriar alguns minutos e em seguida sirva na própria assadeira, como num almoço de família.

VARIAÇÕES: Adicione 1 xícara (130g) de presunto em cubos ou bacon cozido, espalhando-o na primeira camada de molho mornay. Ou acrescente vegetais refogados, como rúcula, couve, folhas de mostarda ou radicchio, por baixo do nhoque.

Prelúdio com omelete

Meu primeiro momento de iluminação em Paris, aquele em que realmente senti a magia da cidade, foi quando havia acabado de conhecer meu companheiro, Romain. Nós não nos conhecíamos muito bem; ele falava um pouco de inglês, e o meu francês era quase inexistente. Era tarde da noite, e estávamos passeando pelo seu *quartier*. Percebemos que estávamos com fome e fomos a um café lotado, perto de Montmartre.

Ao sentarmos nas cadeiras bambas, cercados de mesas cheias de jovens parisienses animados bebendo e batendo papo, a cena repentinamente me tomou de surpresa: as mesas gastas, com suas distintas e altas beiradas metálicas; a janela de vidro com o menu escrito em letra cursiva; os cinzeiros velhos e manchados; o pequeno galheteiro com mostarda, sal e pimenta que o garçom jogou na mesa após trazer nossas omeletes; a cesta com fatias grossas de baguete cortadas na diagonal. E lá estava eu, sentado com um parisiense de verdade, olhando a Sacré Cœur radiante no topo da ladeira. Foi verdadeiramente mágico, e foi a segunda vez na minha vida em que meus sonhos se realizaram enquanto eu comia uma *omelette aux fines herbes* acompanhado por um francês charmoso.

Quando trabalhei na pâtisserie do Chez Panisse com minha amiga Mary Jo Thoresen, nós adorávamos cozinhar juntos e ríamos muito. Uma noite, estávamos rindo tanto de algo provavelmente ridículo de tão bobo que o gerente da cozinha nos pediu de forma áspera que saíssemos até nos controlarmos. Apesar das risadas, trabalhávamos muito. Como *pâtissiers*, raramente tínhamos tempo para comer, porque justo quando a equipe da cozinha sentava para sua refeição, no fim do jantar, nós tínhamos de redobrar esforços para servir as sobremesas.

Num dos nossos acessos de bobeira, por alguma razão Mary Jo e eu ficamos com a frase *omelette aux fines herbes* na cabeça. Em francês, isso se pronuncia como uma palavra só: *omelé-ôfinzérbe*, e por isso soava sofisticado, engraçado e essencialmente francês. Então imploramos ao chef, Jean-Pierre Moullé, outro francês legítimo, para nos preparar uma *omelé-ôfinzérbe*, rindo toda vez que falávamos. Não sei se ele se sentiu lisonjeado ou apenas queria nos calar, mas acabou fazendo a omelete.

Na França, uma omelete não é sofisticada ou engraçada — é uma refeição que pode até ser romântica. As ervas variam segundo seu gosto. Para uma *omelé-ôfinzérbe* realmente francesa, acrescente cerefólio e estragão. Como estas são ervas fortes, amenize a potência com salsa ou cebolinha. Só faça questão de cortá-las bem fino. Não use alecrim nem sálvia, pois ambos têm sabor dominante, mais adequado aos momentos em que se compartilha uma omelete com alguém de quem você gosta.

Omelete de ervas frescas
OMELETTE AUX FINES HERBES

Serve 1-2 pessoas

2 ou 3 ovos grandes

1 ou 2 colheres (chá) de creme de leite fresco ou leite

2 ou 3 colheres (chá) de ervas frescas cortadas finamente, e mais um pouco para decorar

sal marinho ou sal kosher e pimenta-do-reino preta moída na hora

1½ colher (chá) de manteiga com ou sem sal

2 colheres (sopa) de queijo gruyère ou Comté ralado (opcional)

Já li manifestos extensos de chefs sobre como fazer uma boa omelete, mas eles raramente mencionam o fato mais importante: usar ovos de boa qualidade. As pessoas hesitam em pagar por ovos orgânicos, mas, a menos que você more num local caríssimo, não consigo imaginar como alguns poucos ovos irão lhe levar à falência.

Omeletes na França são servidas *baveuse* (moles), mas prefiro as minhas mais cozidas. Os cafés as servem com salada verde ou *Frites* (p.219), embora as Batatas salteadas em gordura de pato (p.220) sejam o acompanhamento perfeito. Se alguém reclamar dessa combinação, explique o paradoxo francês – enquanto serve uma saudável taça de vinho tinto.

Use uma frigideira antiaderente larga (30cm), porque a área ampla garante mais crocância no exterior da omelete, o que eu gosto. Uma panela menor vai render uma omelete mais alta e fofa.

Acredito que uma omelete de dois ovos é suficiente para uma pessoa – especialmente para mim. Isso dá espaço para eu aproveitar as batatas salteadas em gordura de pato. Mas costumo fazer omeletes de três ou quatro ovos para um agradável jantar *à deux*.

1. Numa vasilha, bata os ovos e o creme de leite fresco (use 1 colher de creme para 2 ovos e 2 colheres para 3 ovos). Separe algumas ervas para decorar e acrescente o restante (2 colheres para uma omelete de 2 ovos), com uma generosa pitada de sal e um pouco de pimenta moída na hora.

2. Derreta a manteiga numa frigideira antiaderente larga (ou pequena, se quiser uma omelete mais alta) em fogo médio-alto. Quando a manteiga começar a chiar e espumar um pouco, espalhe-a com uma espátula para untar o fundo e as laterais da panela.

3. Despeje os ovos na panela quente e deixe que cozinhem por 1 minuto. Retire a frigideira do fogo e, inclinando-a em sua direção, levante a beirada da omelete para deixar que a parte líquida se espalhe uniformemente. Salpique o queijo no centro da omelete.

4. Antes de a omelete estar totalmente cozida (dependendo da sua preferência), dobre-a ao meio e coloque num prato. Decore com as ervas restantes.

Em defesa da comida de rua francesa

Muitas pessoas têm lembranças felizes de comer crepe nas ruas de Paris – menos eu. Um tempo atrás, eu estava quieto, na minha, comendo um crepe de queijo quentinho, parado ao lado de uma barraca de rua, quando uma turista horrorizada gritou para mim: "Como você pode comer isso?!" Eu congelei, surpreso demais para responder. Até hoje não tenho a menor ideia do que a deixou tão incomodada. Mas agora, se eu estiver comendo um crepe na rua ou em casa e me fizerem essa pergunta, a minha resposta seria: "É fácil."

Cada *crêperie* tem sua própria receita de crepe (feitos com farinha branca) e galettes (com farinha de trigo-sarraceno). Alguns dobram-no como um quadrado preciso, com quatro ângulos retos que deixariam os arquitetos com inveja. Outros fazem dobras mais irregulares, encaixam a massa num embrulho de papel e lhe entregam um pacote quente, que você pode comer enquanto caminha. Há ainda quem deixe a massa quadrada e vire para fritar dos dois lados.

Os franceses preferem servir o clássico *crêpe complète* com um ovo frito, e o comensal quebra a gema mole, que se torna o molho do prato. Você pode usar um queijo sofisticado, como Comté ou gruyère, mas o emmenthal (queijo suíço) é o preferido pela maioria das *crêperies* da França. É normal usar *jambon de Paris* – presunto cozido –, mas eu já me atrevi a colocar presunto cru ou prosciutto nos meus crepes caseiros.

Normalmente não sou fã de pimenta comprada já moída, mas ela dá um sabor autêntico de comida de rua parisiense. Se você costuma ter em casa, pode usá-la no lugar da pimenta-do-reino moída na hora. Pensando bem, será que foi por isso que a mulher me deu aquela bronca?

Galettes de trigo-sarraceno com presunto, queijo e ovo
GALETTES COMPLÈTES

Rende 2 porções

Normalmente, as galettes são feitas uma de cada vez, mas você pode preparar duas simultaneamente, se quiser cuidar de duas panelas ao mesmo tempo. Como elas cozinham muito rápido, deixo tudo pronto para a segunda e faço uma logo em seguida da outra.

manteiga com ou sem sal, para aquecer a galette

2 galettes de trigo-sarraceno (p.47)

4 fatias de prosciutto, presunto cru ou presunto cozido

1 xícara (85g) de queijo emmenthal ralado

2 ovos, em temperatura ambiente

sal marinho ou sal kosher e pimenta-do-reino

1. Derreta a manteiga numa frigideira em fogo médio. Quando a manteiga espumar, coloque uma galette na panela, com o lado de baixo (com bolhas maiores) voltado para cima.

2. Arrume as fatias de prosciutto lado a lado no centro da galette. Salpique metade do queijo. Quebre o ovo ao meio e, com as costas de um garfo, espalhe um pouco a clara para que cozinhe por igual. (Tome cuidado para não furar a gema.) Cubra a frigideira até a clara do ovo estar cozida, mas a gema ainda deve estar líquida, ou de acordo com seu gosto.

3. Retire a tampa da frigideira e use a espátula para dobrar a ponta da galette (3cm). Faça o mesmo com as outras extremidades, criando um quadrado. Passe a galette para o prato e repita os passos para fazer a segunda. Sirva com sal e pimenta-do-reino.

Sanduíche de queijo e presunto
CROQUE-MONSIEUR

Serve 2 pessoas

O croque-monsieur provoca momentos do tipo "Preciso comer já". Não tenho o desejo todos os dias, mas quando a vontade bate, preciso comer um de qualquer maneira. Um croque-monsieur bem-feito pode ser difícil de achar — já passou a época em que qualquer café de esquina fazia um muito bom. Se você der azar, pode comer um feito com pão Harrys, um pão de fôrma branco extremamente popular na França. O Harrys foi lançado em 1970 por um francês fascinado pelo pão usado pelos americanos na base local do exército. Segundo o *New York Times*, a Harrys produz 130 milhões de pães ao ano, e alguns amigos meus contam que seus cônjuges franceses comem apenas isso no café da manhã.

Felizmente, muitos cafés oferecem *le croque-monsieur* com a escolha de pão branco ou *pain levain*, que, se você tiver sorte, será *pain* Poilâne, o maravilhoso pão de fermentação natural assado todas as manhãs num forno a lenha, na loja da rue du Cherche-Midi. Para mim, não há escolha; eu sempre prefiro o *pain* Poilâne.

Você pode transformar esse sanduíche facilmente num croque-madame, que é o croque-monsieur coberto com um ovo frito. Como os franceses não comem sanduíches com a mão quando se sentam à mesa, a primeira coisa a se fazer é cortar a gema, que se espalha e cria fios de molho perfeitos para molhar os pedaços do sanduíche.

PRATOS PRINCIPAIS

Se você quer matar a vontade de croque-monsieur em casa, presunto cru é a melhor opção para um *monsieur* (ou um *madame*). Comté e gruyère são um agrado sublime, enquanto o emmenthal é mais comum em Paris. Para o pão, tente achar um bom pão de fermentação natural de casca grossa e não corte fatias muito grossas; o ideal é não passar dos 0,75cm.

Para suavizar a quantidade irrestrita de queijo, o croque-monsieur é sempre servido com uma salada verde temperada com um Vinagrete de mostarda (p.335). Se eu peço isso num café, geralmente o faço acompanhar de uma garrafa de Orangina gelada, uma garrafa de rosé gelado no verão ou um Côte du Rhone suave no inverno. Não vejo nenhum motivo para você não fazer o mesmo em casa.

1. Para fazer o bechamel, derreta a manteiga numa panela em fogo médio e adicione a farinha. Quando a mistura começar a borbulhar, cozinhe por mais 1 minuto. Acrescente ¼ de xícara (60ml) de leite, mexendo bem para não encaroçar, e depois junte a outra ½ xícara (120ml) de leite. Cozinhe por 1 minuto mais, até o molho estar encorpado e cremoso, como uma maionese mais mole. Retire do fogo e acrescente o sal e a pimenta; reserve até esfriar.

2. Para montar o croque-monsieur, espalhe o bechamel nas 4 fatias de pão. Coloque o presunto sobre duas das fatias, cubra com o queijo e depois com o restante do presunto. Feche o sanduíche com o lado do molho para dentro e pincele a manteiga derretida generosamente no lado de fora.

3. No fogão, aqueça uma frigideira larga em fogo médio-alto. (Certifique-se de que a frigideira pode ir ao forno em seguida, para gratinar.) Coloque os sanduíches na frigideira, cubra com papel-alumínio e apoie uma panela ou outro objeto pesado em cima. Cozinhe até ficar bem tostado. Vire o sanduíche e repita os passos.

4. Quando o segundo lado estiver bem torrado, retire o papel-alumínio e salpique o queijo ralado. Coloque a panela no forno para gratinar os sanduíches. Sirva imediatamente.

VARIAÇÃO: Para fazer um croque-madame, enquanto os sanduíches estiverem gratinando, frite um ovo com gema mole para cada sanduíche.

BECHAMEL

1 colher (sopa) de manteiga com ou sem sal

1 colher (sopa) de farinha de trigo branca

¾ de xícara de leite integral

1 pitada de sal marinho ou sal kosher

1 pitada de pimenta-caiena

CROQUE-MONSIEUR

4 fatias de pão de fermentação natural, de casca grossa

4 fatias de prosciutto ou presunto cru, ou 2 fatias de presunto cozido

2 fatias finas de queijo Comté ou gruyère

4 colheres (sopa, 55g) de manteiga com ou sem sal derretida

¾ de xícara (60g) de queijo Comté ou gruyère ralado

Suflê de queijo, bacon e rúcula
SOUFFLÉ À LA ROQUETTE, LARDONS ET FROMAGE

Serve 8 pessoas

Já li muito sobre a ruína da França e da culinária francesa, incluindo um artigo que resumia a situação dizendo: "Eles não estão mais na vanguarda de nada."

Sim, é verdade que *les trente glorieuses*, o período de trinta anos após a Segunda Guerra Mundial, quando a França foi arrebatada por inovação e prosperidade, já são passado distante. O que muitas pessoas amam na França, no entanto, é a relutância para se modernizar, o que significa muitas vezes ficar para trás. Enquanto isso é frustrante para aqueles de nós que moramos aqui (e que acreditam que o banco on-line deveria fazer mais que apenas checar o saldo da sua conta), a única coisa que ninguém conseguiu superar é o queijo francês.

Entre em qualquer *fromagerie*, sinta o aroma e você vai entender exatamente o que estou falando. As lojas de queijos estão entre os bastiões mais robustos da cultura culinária francesa. E por mais que muitos tenham tentado, os queijos franceses de leite cru não foram copiados de forma bem-sucedida em nenhum outro lugar. Espalhe um pouco de queijo de Langres – com sua casca brilhante e cor de laranja e o centro cremoso e ácido – numa baguete, ou pegue uma roda de camembert da Normandie no ponto exato de maturação, quando a textura está mole e grudenta, e ele enche sua boca de sabores de manteiga curtida, caramelo e palha fresca, e você passa a concordar que a modernização é algo superestimado.

Além de queijo, outra coisa não superada foi o suflê. Quando eu era chef *pâtissier*, fazia mais de cem suflês por noite, batendo todos eles à mão e depois assando cada um à perfeição. Enquanto o garçom esperava pacientemente ao lado do forno quente, eu tirava a sobremesa trêmula e a colocava em um prato, para então ser levada ao cliente.

Sempre faço suflês individuais, que são mais divertidos para comer porque todo mundo ganha a sua porção de casquinha (e porque é mais fácil de assar até o ponto certo). Mais fácil ainda é fazer suflês assados duas vezes, como este aqui. Eles provocam menos apreensão e são assados da primeira vez na tijela refratária, depois são desenformados e reassados, quando inflam um pouco mais e têm a chance de desenvolver uma casca douradinha por toda a superfície.

1. Numa panela, doure o bacon em fogo médio até ficar quase crocante. Passe para um prato forrado com papel-toalha e reserve.

2. Retire o excesso de gordura da panela e acrescente a rúcula com uma pitada de sal. Tampe e cozinhe em fogo médio por alguns minutos, mexendo algumas vezes até murchar. Retire do fogo e deixe esfriar. Esprema a rúcula para retirar o máximo de umidade e depois corte-a finamente.

3. Aqueça o forno a 200°C. Unte generosamente com manteiga 8 tigelas refratárias individuais (125ml) de suflê. Espalhe parmesão no fundo e nos lados das fôrmas e coloque-as dentro de uma assadeira funda. Forre uma travessa com papel-manteiga levemente untado e reserve.

4. Aqueça o leite com ¼ de colher (chá) de sal em fogo baixo. Reserve.

5. Derreta a manteiga em fogo médio. Acrescente a farinha e cozinhe por 2 minutos, mexendo constantemente até a mistura ficar macia.

6. Adicione o leite aos poucos, mexendo para evitar encaroçar, e cozinhe por 1 ou 2 minutos, até o molho atingir uma textura lisa. Retire do fogo e acrescente o restante do parmesão (guarde um pouco para salpicar no topo dos suflês antes de assar). Junte também metade do Comté. Rapidamente misture as gemas, o restante do Comté, a pimenta-caiena, as cebolinhas, o bacon e a rúcula picada.

7. Numa vasilha separada, bata as claras em neve. Incorpore ¼ das claras à base do suflê e em seguida mescle o restante até apenas alguns fios brancos serem visíveis. Cuidado para não mexer demais. Divida a mistura nas fôrmas e salpique o parmesão.

8. Coloque água quente na assadeira até a metade da altura das tigelas refratárias. Asse os suflês de 20 a 25 minutos, ou até eles estarem no ponto; devem estar macios quando você tocar o centro. Retire os suflês do banho-maria e deixe esfriar (os topos vão descer um pouco). Assim que conseguir manuseá-los, passe um faca pela borda das fôrmas para soltá-los. Vire cada suflê na mão e coloque-os na travessa forrada com papel-manteiga, com o topo para cima.

9. Aumente a temperatura do forno para 220°C e deixe os suflês assarem por mais 10 minutos, até inflarem um pouco mais. Tempere com pimenta e sirva.

1½ xícara (150g) de bacon defumado cortado em cubos grossos

250g de rúcula

sal marinho ou sal kosher

1 xícara (90g) de parmesão ralado na hora

1 xícara (250ml) de leite integral ou desnatado

3 colheres (sopa) de manteiga com ou sem sal

3 colheres (sopa) de farinha de trigo branca

1½ xícara (125g) de queijo Comté ou gruyère ralado

4 gemas grandes

¼ de colher (chá) de pimenta-caiena

¼ de xícara (15g) de cebolinha fresca cortada

5 claras grandes em temperatura ambiente

pimenta-do-reino moída na hora

VARIAÇÃO: Substitua a rúcula por espinafre ou agrião, preparando-os da mesma forma e espremendo para retirar o excesso de água.

NOTAS: Se quiser fazer essa receita com antecedência, depois de assar pela primeira vez (passo 8), você pode deixar os suflês em temperatura ambiente por cerca de 1 hora e então assar pela segunda vez (passo 9) justo antes de servir. Fique à vontade para substituir o Comté por outro tipo de queijo, como o suíço e o cheddar.

Em busca de ingredientes

Comprar comida em Paris pode ser uma atividade longa e prazerosa, que requer um tempo considerável da sua agenda. Felizmente, é uma das minhas atividades preferidas. No entanto, entre esperar na fila do mercado (enquanto a *madame* na minha frente inspeciona e aprova cada uva do cacho para garantir que estão dentro do seu padrão) e cruzar a cidade atrás de um ingrediente indispensável (e invariavelmente encarar a inevitável *rupture de stock* — concluí que a distância que viajo é diretamente proporcional à probabilidade de algo ter acabado), aprendi a ser menos apressado e a não me irritar quando preciso de algumas laranjas e o *monsieur* na minha frente está negociando o preço de uma única tangerina, ou alguém na *fromagerie* tem de fazer perguntas sobre os 246 tipos de queijo da França. (Acredita-se que Charles de Gaulle tenha inventado esse número, mas ele estava errado, porque na verdade existem muito mais — quem sabe se, no dia que contou, ele passou por uma *rupture de stock* também?)

Consequentemente, passo (muito) mais tempo comprando comida do que cozinhando. Contudo, uma das alegrias na França é a disponibilidade de tantas comidas prontas maravilhosas: açougues oferecem confit de pato já preparado, *roulades* de carne já recheados e enrolados; frangos assados são vendidos no *volailler*.

O espírito "Faça você mesmo" não é tão popular em Paris por causa da combinação de pequenas cozinhas, moradores que não veem com bons olhos os vizinhos construírem galinheiros ou defumadouros em seus apartamentos (e as pessoas que podem pagar pelas casas com quintais não são exatamente do tipo que gosta de sujar as mãos com terra) e a excelente charcutaria disponível, que não é um bom incentivo para transformar seus armários em câmaras de cura de embutidos, *à la* Brooklyn.

Dito isso, faço a minha própria brandade, a encorpada pasta de bacalhau, bastante alho e azeite misturados com batata e creme de leite, porque a brandade pronta geralmente exagera na batata e carece de bacalhau (e de alho!). Fora da França, encontra-se bacalhau salgado em mercados e peixarias especializados em produtos italianos ou portugueses. (Os cardumes de bacalhau estão diminuindo, então alguns peixes vendidos como "bacalhau salgado" são na verdade de espécies similares. Você também pode encontrar bacalhau salgado feito com peixe pescado com anzol no Atlântico Norte, na Escandinávia ou na Islândia. Peça orientação ao seu peixeiro.)

O bacalhau varia em qualidade e é vendido em diferentes gradações (e preços) no mercado de peixe de Paris e até em supermercados. Alguns são duros como pedra, com pedaços de pele e espinha; outros são macios, maleáveis e imaculados. Sempre escolho o de melhor qualidade por ter mais carne macia e menos pele e espinhas, que dão muito trabalho para tirar. Depois de um dia animado buscando ingredientes, fico feliz de ter menos um trabalho quando chego em casa. A dessalgação geralmente leva 24 horas, e, por mais que eu tenha lido sobre pessoas na Provence que dessalgam o peixe na caixa da privada porque a troca de água é constante, bem, isso passa do meu limite de *do-it-yourself*, e me atenho a preparar meu bacalhau na geladeira.

Brandade de bacalhau
BRANDADE DE MORUE

Serve 4 pessoas

Em Paris, os restaurantes servem *brandade de morue* em porções individuais que chegam à mesa com uma casquinha dourada e muito quentes, acompanhadas de pão torrado e salada verde. Não é um prato tradicionalmente coberto com farinha de rosca, mas deixei essa sugestão aqui porque gosto da crocância extra. Se você for usar essa brandade como base para os Bolinhos de bacalhau com molho tártaro (p.73) vai fazer mais do que a receita pede, mas pode congelar o restante para usar depois ou assar para um ótimo almoço *à deux*. Sirva com muitas torradas e uma salada verde simples.

1. Lave o bacalhau em água corrente para tirar o excesso de sal e em seguida submerja a peça numa vasilha de água gelada. Deixe descansar na geladeira por 24 horas, trocando a água três vezes.

2. Combine azeite, alho e tomilho numa panela pequena e aqueça até o azeite começar a borbulhar. Desligue o fogo, cubra e reserve.

3. Escorra o bacalhau. Encha uma panela grande com água e coloque o peixe junto com as batatas. Deixe ferver e depois abaixe o fogo, cozinhando de 25 a 30 minutos, até ficar macio.

4. Escorra o bacalhau e as batatas. Depois que esfriarem, retire a pele e as espinhas cuidadosamente para garantir que nenhum pedaço comprometa a textura final da receita.

5. Transfira o peixe e as batatas para a vasilha de uma batedeira com o batedor pá. (Você também pode passar o peixe e as batatas por um espremedor – não use o processador de alimentos porque vai deixar a brandade com textura pegajosa.) Pegue o azeite, retire o tomilho e adicione à vasilha; acrescente também o creme e a pimenta-do-reino. Bata na velocidade média até obter uma textura lisa. A mistura já deve estar salgada, mas prove para ajustar o sal, se for necessário.

6. Preaqueça o forno a 200°C com a grade colocada na parte de cima. Unte com manteiga um refratário alto, que permita à

450g de bacalhau salgado

⅔ de xícara (160ml) de azeite de oliva

6 dentes de alho descascados e picados

2 ramos de tomilho

2 batatas grandes (700g) descascadas e cortadas em cubos de 3cm

¾ de xícara (180ml) de creme de leite fresco

½ colher (chá) de pimenta-do-reino moída na hora

sal marinho ou sal kosher (opcional)

pão torrado, para servir

COBERTURA (OPCIONAL)
2 colheres (sopa) de farinha de rosca

2 colheres (sopa) de parmesão ralado na hora

azeite de oliva

brandade ficar com uma camada de 4cm de espessura. Coloque o refratário dentro de uma assadeira forrada com papel-alumínio.

7 Para a cobertura, misture a farinha de rosca com o parmesão e o azeite – o suficiente para umidificar o pão – e, em seguida, espalhe no topo da brandade. Asse por 20 minutos, até estar bem dourada. Sirva com pão torrado.

Maionese de alho com acompanhamentos
LE GRAND AÏOLI

Serve 6-8 pessoas

Os vegetais ainda não são protagonistas nos restaurantes de Paris – exceto por um lugar esnobe em que me serviram como entrada apenas meia chalota assada num prato enorme. Os restaurantes franceses preferem priorizar carnes e tubérculos, dão pouco espaço aos *légumes*. Então, quando tenho desejo de comer vegetais, imito *les provençaux* e preparo *le grand aïoli* – prato que faz uma seleção de vegetais da estação servidos crus ou pouco cozidos – com um pouco de bacalhau ou frango assado e uma vasilha de maionese de alho. (O frango não é um acompanhamento tradicional, mas ninguém se importa, porque combina muito bem com o molho forte em alho.)

Não é justo escrever uma receita certa para *le grand aïoli*, porque ela depende muito das preferências pessoais e do que está disponível em cada estação. A maioria dos vegetais crus funciona: funcho fatiado, palitos de aipo, cenoura e pedaços de couve-flor. Os parisienses não gostam de vegetais muito crocantes, como as vagens, e eu aprendi a apreciá-los mais cozidos também. Hoje, eu os branqueio em água com sal por alguns minutos, o que também realça o sabor. Aqui dou algumas orientações para servir de 6 a 8 pessoas, considerando 340g de vegetais por comensal, mas fica à sua escolha quais alimentos prefere e o que está melhor na época. A potência do alho pode variar, dependendo da safra; então, se você é um pouco medroso, pode começar com uma quantidade menor e ajustar conforme seu gosto.

A sobremesa perfeita após esse excesso de alho é o Sorbet de tangerina e champanhe (p.317).

1. Para fazer o aïoli, bata o alho com o sal no pilão e depois adicione as gemas. (O aïoli também pode ser feito no liquidificador ou no processador.) Misture o óleo e o azeite numa xícara medidora com bico.

2. Lentamente, adicione a mistura de óleo e azeite e mescle continuamente para incorporar todos os ingredientes. (Se estiver usando um eletrodoméstico, derrame o óleo em fio bem fino enquanto a máquina bate.) Continue a mexer e, conforme a mistura engrossar, aumente a quantidade de óleo, até terminar. Se o aïoli ficar muito grosso, acrescente água morna até atingir a consistência desejada. Cubra e reserve em temperatura ambiente, caso sirva em seguida. Se não, mantenha na geladeira. (O aïoli resiste 24 horas.)

3. Para preparar os acompanhamentos, ferva uma panela com água e sal. Cozinhe as cenouras por 1 minuto e remova para uma travessa forrada com papel-toalha. Ferva as vagens na mesma água por 3 minutos e escorra na mesma travessa. Adicione as batatas à panela e cozinhe de 10 a 15 minutos (dependendo do tamanho), até elas ficarem macias – elas estarão prontas quando forem facilmente perfuradas com a ponta da faca. Escorra numa peneira.

4. Para cozinhar o bacalhau, coloque o peixe numa panela com água fria e deixe ferver lentamente de 15 a 20 minutos, até ficar macio. Escorra e deixe esfriar.

5. Arrume os acompanhamentos num prato amplo, com a vasilha de aïoli ao lado, e deixe que os convidados se sirvam à vontade.

VARIAÇÃO: Apesar de não ser tradicional, você pode substituir o bacalhau por frango assado já frio, cortado em pedaços.

AÏOLI

6 a 8 dentes de alho descascados e picados

¼ de colher (chá) de sal marinho ou sal kosher

2 gemas grandes

1 xícara (250ml) de azeite de oliva

1 xícara (250ml) de óleo vegetal de sabor neutro

1 ou 2 colheres (sopa) de água morna (opcional)

ACOMPANHAMENTOS

2 cenouras grandes ou 3 médias (28g) descascadas, partidas na vertical e cortadas em palitos de 1,5cm

320g de vagens, sem as pontas

900g de batatas pequenas

700 a 900g de bacalhau seco, dessalgado por 24 horas na geladeira, com 3 trocas de água

6 ovos cozidos (p.328) descascados e cortados ao meio, cobertos por um filé de anchova e um pouco de pimenta-do-reino moída na hora

450g de tomates-cereja

230g de beterrabas descascadas e cortadas finamente

230 a 280g de couve-rábano descascada e cortada finamente

2 maços de rabanete com as pontas aparadas

pão torrado

Tortilla de batata, feta e manjericão
TORTILLA DE POMMES DE TERRE À LA FETA ET AU BASILIC

Serve 6-8 pessoas

Quando eu estava encaixotando tudo para minha grande mudança para Paris, despachei duas caixas dos meus livros de culinária mais preciosos, que foram perdidos no traslado. (Reclamei sobre isso uma ou duas vezes, o que você deve perdoar, porque ainda estou irritado.)

O que piorou a dor foi que a maioria desses livros havia sido autografada por seus autores – Julia Child, Richard Olney, Marion Cunningham, James Beard –, todos grandes heróis meus já falecidos. Eu nunca serei capaz de substituir esses livros.

Se por um lado demorei um tempo para superar a perda (nove anos, sete meses e dezesseis dias, para ser exato), decidi celebrar os livros que conseguiram fazer a jornada pelo Atlântico. Um deles é o *The Basque Kitchen*, escrito pelo chef Gerald Hirigoyen, residente em São Francisco, mas originário do País Basco, região que fica entre a Espanha e a França.

Ao contrário dos meus livros perdidos, uma coisa que você vai achar em Paris são as tortillas, omeletes espanholas servidas fatiadas em temperatura ambiente. Me inspirei na tortilla do livro de Gerald, temperada com piment d'Espelette, uma pimenta em pó do País Basco que é picante e adocicada. Ela não é de uma potência excessiva como as outras pimentas em pó, mas tem um leve ardor que surpreende após algumas mordidas.

Felizmente, outra coisa que não se perdeu na mudança foi minha frigideira de ferro fundido, que eu trouxe dos Estados Unidos na mala, naquela época em que as cotas de bagagem eram mais generosas. Ela é maravilhosa para fazer tortillas espanholas, e da próxima vez que eu me mudar, vou levá-la na bagagem de mão.

2 colheres (sopa) de azeite de oliva

450g de batatas descascadas e cortadas em cubos de 2cm

1¼ de colher (chá) de sal marinho ou sal kosher

6 cebolinhas, as partes branca e verde-clara cortadas finamente

9 ovos grandes

¼ de colher (chá) de piment d'Espelette ou páprica (doce ou picante)

2 xícaras (40g) de folhas de manjericão cortadas grosseiramente

1 xícara (120g) de queijo feta em farelos bem grossos

1 Aqueça o azeite numa frigideira de 25cm, seja de ferro fundido ou antiaderente, em fogo médio. (A frigideira precisa ter um cabo que possa ir ao forno.) Acrescente as batatas em cubos e 1 colher (chá) de sal. Cozinhe, mexendo continuamente, entre 12 e 15 minutos, até as batatas estarem macias.

2 Um pouco antes de as batatas ficarem prontas, acrescente as cebolinhas e deixe cozinhar até elas murcharem.

3 Preaqueça o forno a 230°C (ou, se estiver usando uma panela antiaderente, até a temperatura máxima recomendada pelo fabricante, que costuma ser de 190°C).

4   Bata os ovos numa vasilha com o restante do sal e a piment d'Espelette. Acrescente o manjericão e jogue a mistura sobre as batatas na frigideira.

5   Esfarele o feta, não muito fino, sobre as batatas e pressione os pedaços com uma colher. Cozinhe a tortilla até o fundo estar tostado e bem firme, girando a panela de tempos em tempos. Isso deve levar entre 15 e 20 minutos; não cheque muito cedo, para não romper a casquinha.

6   Quando a casca estiver tostada, leve a frigideira ao forno e deixe cozinhar até os ovos estarem no ponto, por cerca de 5 minutos.

7   Retire a frigideira do forno. Coloque uma travessa ou um prato largo em cima dela e vire tudo junto, soltando a tortilla da frigideira. Sirva morna ou em temperatura ambiente. A tortilla dura na geladeira por até 2 dias.

VARIAÇÃO: Para apimentar um pouco as coisas, adicione 1 xícara (120g) de chorizo espanhol em cubos ou qualquer outra linguiça condimentada junto com o feta. O chorizo espanhol é uma linguiça curada e defumada, diferente do chouriço comum no México, um embutido cozido feito basicamente de sangue de porco. Se você quiser usar esta ou outra linguiça (cozida ou defumada), escalde-a até estar completamente cozida e depois corte em cubos.

PRATOS PRINCIPAIS

Projeto: couve

Antes de morar em Paris, sempre que eu visitava a cidade ficava em hotéis baratos em diferentes bairros. Mas em vez de pagar US$20 por um café e um croissant requentado no hotel, eu ia a algum café local, que tinha muito mais personalidade (e personalidades). No balcão, invariavelmente havia alguns senhores tomando uma taça matinal de vinho, enquanto eu comia uma baguete com *café au lait* quentinho, que o garçom servia acompanhados por um pote de manteiga e um pouco de geleia de framboesa. E era isso.

Você nunca verá os franceses comerem ovos pela manhã, como é habitual nos Estados Unidos e em outros países. Mas é aceitável beber vinho branco acompanhado por um cigarro, apoiado em cinzeiros abarrotados (quando fumar nos cafés ainda era permitido), que nos envolve – a todos nós – numa nuvem opaca de fumaça.

Perguntei à minha primeira professora de francês se isso era comum na França. Ela pareceu surpresa com a pergunta e replicou: "Os cigarros ou o vinho?". Por fim, percebi que as pessoas bebendo no bar de manhã cedo provavelmente haviam trabalhado no turno da noite e estavam celebrando *les happy hours*.

Embora os franceses apreciem algumas coisas pela manhã, eles não comem ovos no café da manhã – nem com vinho. No entanto, quando a temperatura cai, no inverno, eu costumo comer um ou dois ovos de manhã. Eles podem ser cozidos com gema mole ou fritos e servidos em torrada com manteiga, ou às vezes ao forno. Mas os ovos franceses são tão bons que em geral eu os como no almoço ou jantar, como a população local.

Outra coisa que os franceses não comem é couve. Ou devo dizer "não comiam", porque durante anos não se encontrava couve em Paris. Eu nunca prestei muita atenção nessa verdura nos Estados Unidos porque estava sempre disponível, em maços enroscados, no setor de hortifrúti. Mas depois de alguns anos morando na França, passei a sentir falta dela, como outros americanos em Paris. Sempre que as pessoas se mudavam para cá, a pergunta inevitável deixou de ser "Todos aqui fumam?" e passou a ser "Onde posso encontrar couve?". Desconfio que a couve seja muito dura, mesmo quando cozida, e de sabor meio amargo, características pouco atraentes para o paladar francês. Depois de alguns anos sem couve, descobri uma pista de que uma loja de produtos naturais no 5º *arrondissement* vendia couve. Então fui até lá e comprei toda a prateleira. No caixa, um jovem muito impressionado olhou para a montanha de verdura à sua frente e me perguntou (em inglês), "De onde você é?".

Finalmente, outra americana expatriada, Kristen Beddard, lançou o Projeto Couve e instigou os produtores locais a cultivar a verdura, que se tornou disponível em alguns mercados. Mas primeiro os produtores tiveram de criar um nome francês para ela. O aparente consenso foi batizá-la de *chou frisé*. No entanto, eu já a vi ser chamada de *chou plume*, *chou vert demi-nain*, *chou borécole*, ou *chou bollandais*, apesar do meu lobby pelo *chou américain*, já que parecemos ser seus maiores fãs. Quando vi couve pela primeira vez na minha *ruche* (uma cooperativa de compra de produtos locais), encomendei dois maços tão grandes que encheram minha enorme pia de duas cubas. Tinha tanta couve que refoguei um monte com alho e flocos de pimenta vermelha e guardei no freezer em pequenas porções para comer quando quisesse. Definitivamente, esse foi um exemplo de "cuidado com o que deseja", porque fiquei com o freezer lotado de uma couve que parecia durar para sempre. A consequência foi que levei um tempo até conseguir compartilhar a animação de encontrar novamente couve – ou seja lá como for chamada – em Paris.

Ovos assados com couve e salmão defumado

OEUFS AU FOUR AVEC CHOU FRISÉ ET SAUMON FUMÉ

Serve 2 pessoas

Talvez eu não devesse admitir isso, mas coleciono pequenas vasilhas esmaltadas. Em feiras de usados na França, elas são praticamente de graça. (Ou eram, até eu abrir minha grande boca.) A maioria está lascada, mas não consigo resistir às antigas, que são coloridas de laranja vivo ou do vermelho típico dos anos 1950. E tenho muito uso para elas com esse novo suprimento de couve.

Eu cubro esses ovos, assados numa cama de couve, com farinha de rosca feita de *pain* Poilâne, mas qualquer pão rústico serve. Torrar a farinha na panela garante crocância, o que traz um contraste com os ovos moles e as fatias de salmão defumado.

É costume dizer que vinho não harmoniza com ovos, mas acredito que ovos ao forno vão bem com vinhos brancos leves, como Muscadet ou Sancerre, que às vezes bebo no almoço. Acho que essa é a melhor razão para se comer ovos no almoço, no estilo francês, e não no café da manhã.

FARINHA DE ROSCA COM ALHO

1½ colher (sopa) de manteiga com ou sem sal

2 dentes de alho sem casca e picados

⅓ de xícara (40g) de farinha de rosca

1 colher (chá) de folhas de tomilho picadas

⅛ de colher (chá) de sal marinho ou sal kosher

COUVE

1 colher (sopa) de manteiga com ou sem sal

1 dente de alho sem casca e picado

85g de couve lavada, ainda um pouco úmida e picada grosseiramente

sal marinho ou sal kosher

pimenta-do-reino moída na hora ou pimenta calabresa

OVOS AO FORNO

2 fatias (55g) de salmão defumado, de preferência selvagem

4 ou 6 ovos grandes

70g de queijo de cabra fresco ou feta

2 colheres (sopa) de creme de leite fresco ou Crème fraîche (p.327)

1. Para preparar a farinha de rosca, derreta a manteiga numa frigideira com tampa em fogo médio. Acrescente o alho, a farinha de rosca, o tomilho e o sal. Cozinhe, mexendo sempre, até a farinha ficar dourada, de 3 a 5 minutos. (Mas não torre demais, porque o alho queimado fica amargo.) Reserve a farinha de rosca numa vasilha.

2. Para preparar a couve, use a mesma frigideira para derreter a manteiga em fogo médio. Adicione o alho e a couve úmida e tempere com sal e pimenta. Tampe a frigideira e deixe a couve cozinhar até murchar e ficar macia, por cerca de 5 minutos. Tire a tampa e mexa a couve algumas vezes enquanto isso.

3. Para montar os ovos, preaqueça o forno a 180°C. Unte dois refratários pequenos (ou vasilhas esmaltadas) com uma generosa quantidade de manteiga. Divida a couve entre os refratários. Corte o salmão em pedaços menores e coloque-os sobre a couve. Quebre 2 ou 3 ovos e esfarele o queijo sobre eles. Finalize com o creme de leite e 2 ou 3 colheres (sopa) de farinha de rosca.

4 Asse de 10 a 12 minutos, até os ovos estarem no ponto de sua preferência. Sirva imediatamente.

VARIAÇÃO: Substitua o salmão por presunto cortado em pedaços, bacon frito picado, linguiça fatiada ou cogumelos refogados. Use truta defumada em vez de salmão. Use outras verduras refogadas, como espinafre e acelga, com ⅓ de xícara cheia (40g) de verdura cozida por porção.

NOTA: Sempre tenho farinha de rosca com alho à mão porque acho que fica deliciosa espalhada sobre a polenta com verduras refogadas ou massa com tomates-cereja. Então, sinta-se à vontade para dobrar ou triplicar a receita e usar as sobras ao longo da semana. Você pode guardá-la numa vasilha hermética na geladeira por uma semana.

Misturando culturas culinárias

Pode me chamar de ingênuo, mas eu não imaginava como seria polêmica a minha viagem a Israel. Fui convidado para ir e provar as diferentes culinárias, que — em se tratando de uma nação de imigrantes — incluíam receitas de Líbano, Síria, Irã, Tunísia, França, Argélia e até dos Estados Unidos. A comida era mais estimulante do que imaginei, e eu estava animado para compartilhar tudo o que provara no meu blog. Mas alguns minutos depois de cada post vinha uma enxurrada de mensagens me acusando das mais diferentes coisas, inclusive de ser um espião internacional tentando redefinir fronteiras geográficas, o que aparentemente eu era capaz de fazer enquanto trabalhava de pijama, ao laptop, baixando uma foto de pasta de grão-de-bico.

Eu não compreendia na época como um prato de vegetais em conserva ou uma vasilha de grãos-de-bico podiam ser assuntos delicados. Sempre que escrevia sobre uma receita, me informavam que não — esse prato não é israelense —, isso é libanês ou sírio ou iraniano. Israel é um país muito jovem, e sua culinária é um *mélange* de imigrantes, então a maioria das receitas de fato é de outros lugares — como muitas comidas populares nos Estados Unidos, como hambúrgueres e cachorros-quentes (Alemanha), rosquinhas (provavelmente Holanda), pizza (Itália), sorvete (Arábia ou China, dependendo de com quem você falar), salada coleslaw (Holanda), torta (Grã-Bretanha), bagels e cheesecake (Europa Oriental), que tecnicamente não são americanas. Mas da mesma forma que os croissants (Áustria) e macarons (Itália) em Paris, pratos como torta e sorvete se tornaram ícones da nossa cultura e estão associados aos Estados Unidos.

Assim que você provar shakshuka, vai entender por que várias culturas querem reivindicar sua autoria. (A maior parte considera este um prato originário da Tunísia.) *Shakshuka* significa "mistura" em árabe, e a salada sempre contém tomates, pimenta e ovos. Mas outros ingredientes podem ser adicionados, como verduras, batatas, feijões, alcachofra, linguiça e queijo.

Um dia, espero visitar cada país que tem uma versão e provar todas elas. Enquanto isso, sendo eu mesmo uma mistura multicultural, inventei minha própria receita, que combina itens de várias versões.

Minha shakshuka tem sua própria história, que cruza algumas fronteiras culturais: ela é inspirada em versões de Adam Roberts, do amateurgourmet.com (que pegou a receita com a chef Einat Admony, dos restaurantes Taïm e Balaboosta, de Nova York), e de Yotam Ottolenghi e Sami Tamimi (donos dos restaurantes Ottolenghi e Nopi, em Londres, onde comi shakshuka pela primeira vez). Sinta-se à vontade para trocar as verduras, ajustar os condimentos ou usar um queijo diferente. Só não esqueça de me adicionar à lista de créditos para evitar qualquer controvérsia sobre a origem do prato.

Shakshuka

CHAKCHOUKA

Serve 3-4 pessoas

Eu não retiro a pele dos tomates porque elas não me incomodam. Mas se você quiser descascar, primeiro tire o miolo, faça um X na outra ponta e jogue-os – alguns por vez – numa panela com água fervente. Depois de 1 minuto, transfira os tomates para uma vasilha com água e gelo e puxe as peles. Você também pode usar tomates pelati enlatados.

Costumo encontrar pimentas nas lojas da rue de Faubourg du Temple, zona comercial que atende pessoas da África e do Oriente Médio e, atualmente, um americano em particular. Eles vendem todos os tipos de condimento, raízes, vegetais e pimentas, espalhados em mesas que abarrotam as calçadas. Use qualquer pimenta mais adequada ao seu paladar.

O molho pode ser feito até 3 dias antes e guardado na geladeira. Aqueça-o na frigideira antes de servir, acrescentando um pouco de água, se necessário, para diluí-lo.

1. Aqueça o azeite numa frigideira com tampa em fogo médio-alto. Adicione a cebola e o alho e cozinhe de 8 a 10 minutos, até eles ficarem macios e transparentes. Acrescente as pimentas, o sal e os condimentos. Cozinhe por mais 1 minuto, mexendo bem para liberar os aromas.

2. Junte os tomates, a massa de tomate, o mel e o vinagre. Diminua o fogo para médio e cozinhe de 12 a 15 minutos, até o molho engrossar um pouco, mas ainda estar bastante líquido quando se mexe a panela. (Tomates frescos podem levar mais tempo para cozinhar que os enlatados.) Adicione as verduras.

3. Desligue o fogo e pressione os cubos de feta no molho. Com as costas de uma colher, abra 6 espaços no molho. Quebre 1 ovo em cada espaço e depois passe uma espátula pelas claras para elas se misturarem um pouco ao molho, tendo o cuidado de não romper as gemas.

4. Ligue o fogo novamente e deixe o molho ferver suavemente por 10 minutos, regando as claras com o molho de vez em quando. Tampe e cozinhe de 3 a 5 minutos, até os ovos estarem no ponto de sua preferência, mas as gemas ainda devem ficar moles. Sirva com bastante pão de casca grossa.

---

2 colheres (sopa) de azeite de oliva

1 cebola sem casca e picada em cubos pequenos

3 dentes de alho sem casca e picados finamente

½ a 1 pimenta (dependendo da pimenta e do seu gosto) sem o talo e as sementes, cortada finamente

1½ colher (chá) de sal marinho ou sal kosher

1 colher (chá) de pimenta-do-reino moída na hora

1 colher (chá) de páprica doce ou picante

1 colher (chá) de sementes de alcarávia amassadas

1 colher (chá) de sementes de cominho amassadas, ou ¾ de cominho moído

½ colher (chá) de cúrcuma moída

900g de tomates maduros, sem o miolo e em cubos, ou 400g de tomates pelati enlatados, com o líquido

2 colheres (sopa) de massa de tomate

2 colheres (sopa) de mel

1 colher (sopa) de vinagre de vinho tinto ou de maçã

1 xícara rasa (20g) de verduras, como folhas de rabanete, agrião, couve, acelga ou espinafre, cortadas grosseiramente

1 xícara (130g) de queijo feta cortado em retângulos grandes

4 a 6 ovos

pão de casca grossa, para servir

Quiche de presunto, queijo azul e pera
TARTE SALÉE AU JAMBON, AU BLEU ET AUX POIRES

Serve 8 pessoas

Nos anos 1980, a quiche era a última moda nos Estados Unidos. Ela era especialmente popular em restaurantes vegetarianos, como um em que eu trabalhei, não apenas por ser infinitamente adaptável a qualquer tipo de vegetal e erva, mas também pela cremosidade e pelo excesso de queijo, e era mais fácil de ser aceita pelos carnívoros contrariados, arrastados para jantar pelos amigos. Felizmente, nós servíamos vinho, o que tornava todos felizes.

A *tarte salée* costuma ser bem rica, não tem como evitar. Mas, se serve de consolo, já vi muitas mulheres esbeltas comendo uma dessas no almoço, acompanhada de uma saudável salada verde, claro. A pera da receita não é um sabor dominante, mas acho que ela dá leveza à textura e um *soupçon* de doçura para balancear o queijo e o presunto. Use uma pera firme, como Bosc ou D'Anjou, e não uma pera muito suculenta.

MASSA
1 xícara (140g) de farinha de trigo branca

⅓ de xícara (55g) de farinha de milho

½ colher (chá) de sal marinho ou sal kosher

8 colheres (sopa, 115g) de manteiga sem sal em cubos e gelada

1 ovo grande

RECHEIO
1 colher (sopa) de azeite de oliva

6 chalotas sem casca e picadas finamente

sal marinho e pimenta-do-reino moída na hora

1 pera madura grande e firme, cortada em cubos de 1,5cm

1 xícara (130g) de presunto cozido em cubos

1½ (375ml) de creme de leite fresco ou *half-and-half*

225g de cream cheese

raspas frescas de noz-moscada

4 ovos grandes

2 gemas

1½ xícara (150g) de queijo azul ou roquefort esfarelado

2 colheres (sopa) de salsinha picada

1. Para fazer a massa, na vasilha de uma batedeira com o batedor pá (ou à mão, com o batedor manual), misture farinha, farinha de milho e sal. Adicione a manteiga e bata em velocidade baixa até toda a manteiga se partir e a mistura ficar com uma textura semelhante à da areia. Acrescente o ovo e mescle até a massa começar a dar liga. Use as mãos para juntar a massa e transformá-la num disco. Envolva em filme plástico e deixe na geladeira por pelo menos 30 minutos. (A massa pode ser preparada até 2 dias antes.)

2. Abra a massa numa superfície polvilhada com farinha até ter 35cm de diâmetro. Envolva com papel-alumínio a parte externa de uma fôrma com fundo removível de 23 a 25cm de diâmetro, para evitar vazamentos, e transfira a massa para a fôrma. Pressione a massa contra a fôrma e deixe que ela chegue à metade da altura da lateral. Se houver rachaduras, conserte com pedaços da ponta da massa – você não quer que o recheio vaze enquanto assa. Resfrie a massa na fôrma enquanto prepara o recheio.

3. Preaqueça o forno a 190°C.

4. Para o recheio, aqueça o azeite numa frigideira em fogo médio e refogue as chalotas com sal e pimenta, de 3 a 5 minutos, até ficarem macias e transparentes. Retire do fogo e misture a pera e o presunto.

5 Numa vasilha grande, bata o creme de leite, o cream cheese, as raspas de noz-moscada, os ovos e as gemas até tudo ficar homogêneo. Adicione o queijo azul, a mistura de pera e presunto e a salsinha.

6 Coloque a fôrma de fundo removível numa assadeira e verta o recheio, usando uma colher para garantir que os ingredientes estejam bem distribuídos. Asse de 45 a 50 minutos, até a crosta estar levemente tostada e o recheio ainda macio. Para checar o ponto, insira um palito de dentes no meio; ele deve sair limpo. Deixe esfriar antes de cortar, e então sirva morna ou em temperatura ambiente.

VARIAÇÕES: Para quem ama bacon, troque o presunto por 1 xícara (125g) de bacon cozido em cubos. Para uma versão vegetariana, tire o presunto. Você pode também acrescentar ervas frescas de sua preferência, como cerefólio, tomilho, estragão, endro ou manjerona.

Polenta com trigo-sarraceno, vegetais refogados, linguiça e ovos poché

POLENTA AU SARRASIN, LÉGUMES BRAISÉS, SAUCISSE ET OEUFS POCHÉS

Serve 2 pessoas

Não existe um equivalente francês para a expressão inglesa *comfort food*. Talvez *cuisine maison* (cozinha caseira), ou, sendo mais coloquial, *cuisine de grand-mère* (cozinha da avó) seria o mais próximo. Mas eu tenho certo problema com esse termo, porque não gosto de ninguém determinando o que devo comer para me sentir melhor ou reconfortado. Eu posso determinar isso por conta própria, obrigado. No meu caso, costuma ser polenta.

Nunca pensei que polenta pudesse ser ainda mais revigorante... Quer dizer, não imaginei que podia gostar ainda mais de polenta até ir a Milão com minha amiga blogueira Sara Rosso (www.msadventuresinitaly.com). Dirigimos pelas montanhas até o lago Como, onde compartilhamos um vigoroso almoço campestre de javali selvagem servido sobre uma grossa camada de polenta salpicada com trigo-sarraceno. É a chamada *polenta taragna*, e agora eu preparo essa receita no conforto de *ma maison* em Paris, passando grãos de trigo-sarraceno (também chamado de *groats* ou *kasha*) num processador ou liquidificador até eles se quebrarem em pedaços do tamanho de alpiste, e cozinhando com a polenta.

A polenta também pode ser preparada de antemão e ser mantida quente em banho-maria, ou aquecida na mesma panela, adicionando-se um pouco mais de líquido, caso tenha ficado muito grossa. Essa receita rende um pouco mais de polenta porque eu gosto de requentar uma porção extra no café da manhã do dia seguinte, com um pouco de manteiga e *sirop d'érable* (xarope de bordo).

1. Para fazer a polenta, ferva água numa panela funda. Adicione a polenta, o trigo e o sal. Deixe o fogo baixo e cozinhe de 30 a 45 minutos, mexendo constantemente até obter uma textura macia e cremosa. Retire do fogo e acrescente a manteiga e o parmesão. Cubra e mantenha aquecida até a hora de servir.

2. Para fazer os vegetais, esquente o azeite numa frigideira larga com tampa. Em fogo médio, adicione a cebola e cozinhe de 8 a 10 minutos, até que esteja macia e transparente. Junte o alho e o tomilho, cozinhe por mais 1 minuto e acrescente as verduras. Tempere com sal e pimenta, tampe e cozinhe, mexendo algumas vezes, até os vegetais murcharem, por cerca de 5 minutos.

POLENTA

3 xícaras (750ml) de água

⅔ de xícara (90g) de polenta (não use instantânea)

2 colheres (sopa, 18g) de trigo-sarraceno partido

½ colher (chá) rasa de sal marinho ou sal kosher

2 colheres (sopa) de manteiga com ou sem sal

¾ de xícara (70g) de queijo, ralado na hora, parmesão, pecorino ou asiago

VEGETAIS

1 colher (sopa) de azeite de oliva

1 cebola roxa sem casca e picada finamente

1 dente de alho sem casca e picado finamente

1 colher (chá) de tomilho ou sálvia frescos picados finamente

6 xícaras cheias (225g) de verduras amargas fatiadas, como radicchio ou chicória

sal marinho ou sal kosher

¾ de xícara (180ml) de Caldo de frango (p.326) ou água

1 colher (sopa) de vinagre balsâmico

230g de linguiça com ervas finas, frita e fatiada

3 colheres (sopa) de tomates secos ou 3 colheres (sopa) de azeitonas pretas ou verdes, sem caroço

½ xícara (65g) de uma ricota bem firme ou queijo feta

2 ovos poché (*ver* Nota, p.329)

pimenta-do-reino moída na hora

3 Retire a tampa e adicione o caldo, o vinagre, a linguiça e os tomates secos. Mexa até aquecer bem a mistura. Tampe e reserve.

4 Divida a polenta em duas vasilhas e, em seguida, coloque as verduras refogadas e o molho; esfarele a *ricotta salata* por cima e cubra cada uma com um ovo poché. Finalize com um pouco de pimenta-do-reino e sirva.

NOTA: Como as coisas acontecem simultaneamente nesta receita – a polenta, as verduras e os ovos poché –, enquanto cozinho os vegetais deixo uma panela no fogo fervendo lentamente para fazer os ovos justo antes de servir.

EM DEFESA DOS CHAMPIGNONS

Uma coisa que muitos não sabem é que todos os farmacêuticos franceses são treinados para identificar cogumelos selvagens. Se você colher um, pode procurar o farmacêutico mais próximo e saber se é comestível ou não. Não sou caçador de cogumelos, mas um amigo me contou que os farmacêuticos sempre dizem que o cogumelo não é comestível, porque não querem ser responsáveis se alguém ficar doente.

Costumo acompanhar minha polenta com *chanterelles* (cogumelos selvagens) em lugar das verduras refogadas e da linguiça, e eu os compro (com segurança) dos profissionais nas feiras. Limpe os cogumelos com uma escovinha e fatie-os, não muito fino. Derreta 2 colheres (sopa) de manteiga com ou sem sal numa frigideira antiaderente grande, em fogo alto (se colocá-los numa panela pequena, eles soltarão água e não ficarão dourados). Quando a manteiga estiver bem quente e espumando, adicione 230g de *chanterelles* fatiados e tempere com sal e pimenta. Acrescente 2 colheres (chá) de alho picado e 2 colheres (chá) de tomilho picado. Refogue até os cogumelos ficarem dourados, de 3 a 5 minutos, e então junte outra colher (sopa) de manteiga e ½ xícara (125ml) de vinho branco seco. Cozinhe por mais 1 minuto, até o molho engrossar. Retire do fogo e adicione uma generosa quantidade de salsinha picada. Regue a polenta com os cogumelos e o molho, e finalize com longas e finas raspas de parmesão.

Legumes recheados
LÉGUMES FARCIS

Serve 6 pessoas

Adoro ser convidado para jantar na casa de minha amiga Marion Lévy. Depois que seu marido, Jean-Baptiste, me recebe à porta e me oferece uma taça de vinho, encontro Marion na cozinha, usando alpargatas coloridas e confortáveis, cortando vegetais e maços de ervas frescas da feira. Na mesa de centro, entre as pilhas de livros de arte, sempre há uma tábua com fatias de presunto e chouriço curado, azeitonas amontoadas num potinho e alguma pasta condimentada, que ela preparou no curto tempo entre eu entrar e me sentar.

A única coisa que Marion tem em comum com aquelas parisienses impossivelmente chiques, que cambaleiam em saltos finos e terminam seus jantares com charlotes de morango impressionantes, é que ela faz tudo parecer espontâneo. (E, ao contrário de em muitos daqueles jantares parisienses chiques, você não vai encontrar nenhuma caixa de sobremesa congelada escondida no lixo de Marion.)

Os jantares de Marion não são daqueles glamorosos encontros dos bairros requintados sobre os quais lemos, mas acho muito mais divertido quando alguém está confortável o suficiente para pôr vasilhas rústicas de comida ao redor da mesa e deixar que todos se sirvam à vontade.

Já provei muitas receitas de Marion, e uma das minhas favoritas é a de legumes recheados. Quando Marion veio preparar esse prato comigo uma vez, eu puxei uma vasilha de barro para assar os legumes e ela disse: "Oh! Eu faço direto na prateleira do fogão." (Os fogões franceses costumam vir com uma prateleira rasa no lugar da grade, que as pessoas usam em lugar de travessas.) Mas ao me imaginar no dia seguinte de quatro, limpando o fogão, peguei uma assadeira, e ela ficou feliz com isso.

Durante o preparo, Marion cortou apenas um dente de alho. Contei-lhe que os americanos realmente gostam – muito – de alho, e então ela disse: "Ok, vou pôr mais um – *pour les américains!*" Então, quando misturou e provou os legumes, ela disse: "Ok, vou pôr mais um – para mim!"

Este é um prato feito *au pif* (ver p.11); você pode usar qualquer carne moída que quiser, e eu costumo servir com arroz. Para variar a picância, recorra ao tipo de pimenta de seu gosto. Um ou dois pimentões podem substituir algum dos legumes. No verão, pico um monte de manjericão para a *farce*, em vez de usar salsinha. E, como Marion, sinta-se à vontade para adicionar mais alho *au pif*.

Ingredientes

- 4 tomates maduros e firmes
- 2 berinjelas
- 2 abobrinhas italianas
- azeite de oliva
- 1 cebola sem casca e cortada em cubos
- 3 a 4 dentes de alho sem casca e picados finamente
- 2½ colheres (chá) de sal marinho ou sal kosher
- 1 colher (sopa) de sálvia fresca fatiada finamente
- 1 colher (sopa) de tomilho fresco picado finamente
- 450g de carne moída (de boi, cordeiro, porco ou peru)
- 1 pimenta pequena fresca sem sementes e cortada em tiras finas
- pimenta-do-reino moída na hora
- 1 colher (sopa) de suco de limão
- ½ xícara (30g) de salsinha ou manjericão frescos picados
- 1 ovo grande
- ½ a ⅔ de xícara (de 45 a 60g) de parmesão ralado na hora

Modo de preparo

1. Unte uma assadeira grande com azeite.

2. Retire os cabos dos tomates e corte-os ao meio, na horizontal. Gentilmente, esprema para retirar as sementes e o suco e descarte-os. Com uma colher ou uma faca pequena de legumes, corte e retire um pouco da polpa (mas não demais). Corte a polpa em pequenos pedaços e reserve numa vasilha. Arrume as metades dos tomates na travessa, com o corte virado para cima.

3. Apare as duas pontas das berinjelas e das abobrinhas e corte-as ao meio na vertical. Parta-as novamente, agora na diagonal. Com a faca de legumes, retire miolo o suficiente para fazer um "barco" para o recheio, deixando as laterais com uma grossura de aproximadamente 2cm. Corte os miolos retirados e adicione à vasilha dos tomates. Organize os "barcos" de abobrinha e berinjela na travessa, com o corte virado para cima.

4. Aqueça 2 colheres (sopa) de azeite numa frigideira em fogo médio. Acrescente as cebolas e cozinhe até começarem a ficar macias, entre 8 e 10 minutos, mexendo de vez em quando. Junte o alho, os legumes picados e 1 colher (chá) de sal, e siga cozinhando até os vegetais estarem macios e o líquido deles ter evaporado.

5. Adicione as ervas e cozinhe por mais 1 minuto, em seguida junte a carne e a pimenta fresca picada. Tempere com o restante do sal (1½ colher [chá]) e a pimenta-do-reino. Cozinhe a carne, mexendo bem, entre 8 e 10 minutos. Retire do fogo, adicione o suco de limão e deixe esfriar.

6. Preaqueça o forno a 180°C.

7. Passe a mistura da carne para um processador junto com o ovo e a salsinha. Pulse a mistura algumas vezes, até estar bem misturada, mas ainda pedaçuda. (Se você não tiver processador, faça à mão.)

8. Recheie os legumes com a carne e regue com um pouco de azeite.

9. Asse por 1 hora, até ficar bem cozido, salpicando queijo ralado por cima, 15 minutos antes do final. Sirva quente.

PRATOS PRINCIPAIS

Sopa de pão e abóbora
PANADE DE BUTTERNUT

Serve 8 pessoas

Eu me divirto contando aos amigos franceses sobre todos os produtos considerados franceses nos Estados Unidos, desde vagens cortadas à francesa (quando perguntei, ninguém na França tem ideia do que seria o corte à francesa) a uma geladeira em estilo francês, um monstro que não se parece em nada com os modestos refrigeradores encontrados na França.

Quando servi esta *panade* num jantar, nenhum dos meus amigos parisienses tinha ouvido falar no prato. Na verdade, eles me contaram que *panade* se refere a alguém que se encontra em situação ruim; eles não tinham conhecimento do ensopado servido como sopa, mas que é substancial o bastante para ser uma refeição completa.

Esta *panade* é um dos poucos pratos que comi na minha vida e nunca esqueci. Uma noite, eu me dedicava a assar alguma coisa na cozinha do Chez Panisse e estava tão ocupado que mal tive tempo de apreciar toda a maravilhosa comida que os cozinheiros mandavam para os clientes. Vendo o meu encanto, a cozinheira Seen Lippert me ofereceu um prato quente de *panade*; fatias de pão artesanal tostado embebidas num caldo saboroso, com muitas ervas frescas e camadas de uma abóbora robusta que sustentava tudo. Provei uma colherada e tive de parar o que estava fazendo para me sentar e saborear com calma. (Desculpas atrasadas para os clientes que tiveram de esperar um pouco mais por suas sobremesas naquela noite.)

Seen deixou de trabalhar em restaurantes, o que é muito triste para os fregueses, mas muito bom para seu marido. Ainda assim, ela compartilhou alegremente sua receita de *panade*, que é um daqueles pratos que ficam melhores ao descansar depois de pronto, e melhor ainda requentado, no dia seguinte.

Use um refratário de 4 litros para preparar a receita, porque, quanto maior a largura, maior será a crosta crocante de queijo quando a *panade* estiver pronta. Mas qualquer que seja o refratário, ele deve ter no mínimo 8cm de altura.

Para o pão, procure um de fermentação natural, firme, denso e levemente ácido. Dependendo do tamanho da assadeira, você precisará de mais ou menos pão, então é melhor ter um pouco mais à mão. (O que nunca é um problema na França!) Um denso pão de centeio funciona bem, se os pães de fermentação natural não estiverem disponíveis.

PRATOS PRINCIPAIS

Este é um daqueles pratos em que a qualidade do caldo de frango é muito importante, então suplico que se use um caldo caseiro. Apesar de ser chamado de sopa, o prato é um ensopado bem úmido. Na hora de servir, coloque mais caldo quente em cada vasilha, se quiser.

1. Derreta a manteiga com o azeite em frigideira larga ou caçarola de ferro fundido, em fogo médio. Acrescente as cebolas, os 2 dentes de alho picados e 1 colher (sopa) de ervas. Cozinhe por cerca de 35 minutos, mexendo às vezes, até as cebolas estarem completamente murchas e começando a torrar nas bordas.

2. Enquanto prepara as cebolas, preaqueça o forno a 190°C. Coloque as fatias de pão em uma assadeira em camada única e deixe torrar no forno entre 10 e 12 minutos, virando as fatias até os dois lados estarem dourados. Retire do fogo e, quando esfriar, passe os dentes de alho inteiros dos dois lados das torradas.

3. Quando as cebolas estiverem prontas, despeje o vinho, raspando o fundo da panela para soltar qualquer pedaço torradinho, o que vai dar bastante sabor à receita. Cozinhe por 1 ou 2 minutos, até o vinho ser absorvido pelas cebolas. Adicione 2 xícaras de caldo e cozinhe de 10 a 15 minutos até reduzir, depois acrescente o restante do caldo, apenas aquecendo-o. Quando estiver quente, desligue o fogo e reserve.

4. Para montar a *panade*, forre o fundo de um refratário de 4 litros com uma camada única de pão (quebre pedaços para completar toda a superfície, mas tente manter as fatias o mais inteiras possível). Espalhe metade das cebolas e um pouco do molho, e cubra com metade da abóbora. Tempere levemente com sal, pimenta-do-reino e metade do que sobrou das ervas. Salpique ½ xícara (40g) de Comté. Monte uma segunda camada de pão e cebolas e adicione o caldo. Coloque com o restante da abóbora e salpique o sal, pimenta, ervas e ½ xícara (40g) do queijo. Cubra então com uma última camada de pão, finalize com o caldo e aperte os ingredientes para ajudar que se misturem. Espalhe a última xícara (90g) de Comté e o parmesão.

5. Cubra o refratário com papel-alumínio, fechando bem as pontas, mas sem encostar no topo da *panade*, para que o queijo não grude. Coloque o refratário numa assadeira forrada com papel-alumínio, para evitar respingos e vazamentos. Asse por 45 minutos, retire o papel-alumínio e cozinhe por mais 30 minutos, ou até o topo da *panade* estar bem crocante. Deixe esfriar por 15 minutos, coloque as porções em pratos de sopa, garantindo uma parte da tão desejada cobertura gratinada para todo mundo, e sirva.

---

3 colheres (sopa) de manteiga sem sal

3 colheres (sopa) de azeite de oliva

4 cebolas sem casca e fatiadas

4 dentes de alho sem casca (2 picados finamente e 2 inteiros)

2 colheres (sopa) de tomilho e sálvia frescos picados

900g de pão de fermentação natural firme, fatiado

½ xícara (125ml) de vinho branco

2 litros de Caldo de frango morno (p.326), mais um pouco para servir

900g de abóbora (como pescoçuda ou cabotiã) descascada e cortada em fatias de 5cm

sal marinho ou sal kosher e pimenta-do-reino moída na hora

2 xícaras (170g) de queijo Comté, gruyère, Jarlsberg ou fontina ralado

½ xícara (45g) de parmesão ralado na hora

A trapaça de monsieur Parmentier

BISCUIT É UMA DESSAS PALAVRAS, COMO *déception* (que significa decepção em francês mas lembra a palavra inglesa *deception*, que significa engano ou trapaça), que não tem o mesmo significado em francês e em inglês. Biscuit, no vocabulário da confeitaria francesa, se refere à massa de pão de ló usada para montar camadas em bolos recheados. Se você dissesse a alguém que os americanos assam biscuits como cobertura para tortas, provavelmente confirmaria as piores suspeitas que os franceses têm sobre as nossas comidas exageradas.

Como os franceses costumam adaptar as comidas de outros locais, eu *afrancesei* a torta de frango. Em vez dos biscuits que cobrem as tortas americanas, cubro o recheio com purê de batatas, inspirado no *hachis Parmentier*, uma torta de carne coberta de batata batizada em homenagem a Antoine-Augustin Parmentier, conhecido por combater a fome na França no final do século XVIII, ao promover as batatas como fonte de nutrição numa época em que a população desconfiava do tubérculo. Compreendendo bem a natureza opositora dos franceses, ele criou um jardim "privativo", cujo acesso era ilusoriamente proibido a todos. *Quelle déception!* Astutamente sabendo que as pessoas desejariam o que não poderiam ter, ele organizou para que os guardas armados que cuidavam das batatas tivessem folgas noturnas. Logo, as pessoas passaram a invadir o jardim à noite, e as batatas começaram a aparecer nas cozinhas locais. Hoje, Parmentier é tão querido que tem uma estação de metrô batizada em sua homenagem, com um pequeno museu das suas conquistas, incluindo um panorama colorido de receitas de batata que você pode examinar enquanto aguarda o trem.

PRATOS PRINCIPAIS

Torta Parmentier de frango

HACHIS PARMENTIER AU POULET

Serve 6-8 pessoas

Parmentier (*ver* p.165) definitivamente ficaria surpreso de ver que usei recheio de frango como uma variação do clássico *hachis Parmentier* feito com carne (depois de se recuperar do choque de ver um trem andando por baixo da terra!). Ainda assim, acredito que ele ficaria feliz ao perceber que até hoje estou dando continuidade à sua missão de fazer as pessoas comerem batatas, apesar de eu também gostar de preparar essa receita ao estilo americano, com biscuits, para meus convidados franceses.

Uso um frango assado do mercado, o que se tornou popular entre os cozinheiros apressados de outros países e também na França. Você pode fazer a torta com peito de frango desossado e escaldado: aqueça uma panela com água e sal até ferver. Coloque 2 peitos grandes cortados ao meio na panela, tampe e desligue o fogo. Os peitos estarão prontos em 10 minutos.

Estragão e cerefólio darão um toque decididamente francês ao prato, sendo o estragão a opção mais pungente.

1. Para preparar o recheio, aqueça o caldo numa panela em fogo médio com as cenouras, o aipo e as cebolas. Deixe em fervura branda por cerca de 15 minutos, até os legumes estarem quase macios. Desligue o fogo e reserve.

2. Derreta a manteiga numa panela grande ou caçarola de ferro fundido, em fogo médio. Adicione a farinha e mexa bem por 2 minutos. Junte algumas conchas do caldo à mistura, que no início pode ficar com grumos; mas ela vai encorpar melhor depois. Adicione todo o caldo gradativamente, incluindo os legumes, mexendo bem. Cozinhe por 10 minutos até engrossar. No último minuto, acrescente o alho e o vinho branco. Retire do fogo e junte o frango, ervilhas, estragão, salsinha, sal e pimenta. Prove e ajuste o sal, se desejar. Passe a mistura para uma assadeira de 2,5 ou 3 litros, colocada sobre uma travessa forrada com papel-alumínio, para evitar respingos.

3. Preaqueça o forno a 200°C.

4. Para a cobertura, ferva uma panela com água e sal. Adicione as batatas em cubos e cozinhe até ficarem macias, por cerca de 25 minutos. Escorra bem e volte com as batatas para a panela. Cozinhe em fogo médio por 1 minuto, mexendo constantemente, para reduzir a umidade.

RECHEIO DE FRANGO

4 xícaras (1 litro) de Caldo de frango (p.326)

3 cenouras descascadas e cortadas em cubos

2 talos de aipo em cubos

16 cebolas pequenas, das usadas para fazer conserva, sem casca (*ver* Nota, p.178)

6 colheres (sopa, 85g) de manteiga, com ou sem sal

6 colheres (sopa, 60g) de farinha de trigo

1 dente de alho descascado e picado finamente

2 colheres (sopa) de vinho branco seco

4 xícaras (500g) de frango cozido, desfiado ou em cubos

1 xícara (130g) de ervilhas frescas ou congeladas, ou favas descascadas

2 colheres (sopa) de estragão picado finamente ou 3 colheres (sopa) de cerefólio picado finamente

2 colheres (sopa) de salsinha picada finamente

1 colher (chá) de sal marinho ou sal kosher (um pouco mais, se necessário)

½ colher (chá) de pimenta-do-reino moída na hora

COBERTURA DE BATATA

1,2kg de batatas descascadas e cortadas em cubos (dê preferência às batatas farinhentas, com menos água, como Asterix)

6 colheres (sopa, 85g) de manteiga sem sal em cubos, em temperatura ambiente, e 2 colheres (sopa) de manteiga derretida

1 colher (chá) de sal marinho ou sal kosher

3 gemas de ovo grandes

⅓ de xícara (80ml) de creme de leite fresco

pimenta-do-reino moída na hora

1 pitada de noz-moscada moída na hora

5 Amasse as batatas com um espremedor ou socador de alimentos (não use o processador porque vai deixar as batatas com textura pegajosa). Adicione a manteiga em cubos e o sal e deixe descansar por 5 minutos, mexendo uma ou duas vezes enquanto esfria. Você pode usar uma batedeira com o batedor pá para bater as batatas e a manteiga, mas o resultado não será tão cremoso.

6 Acrescente as gemas às batatas, seguidas do creme de leite, uma generosa quantidade de pimenta-do-reino e noz-moscada. Você pode espalhar as batatas sobre o recheio com uma espátula ou usar um saco de confeiteiro com bico pitanga para dar um ar decorativo à cobertura. Pincele delicadamente a manteiga derretida sobre as batatas. Asse por 30 minutos, até a cobertura ficar dourada e tostada nas pontas.

VARIAÇÃO
Torta de frango com biscuits

Biscuits são uma economia de tempo (e trabalho), porque não precisam ser abertos com o rolo. A massa será bem úmida, então uso uma colher de sorvete com ejetor para distribuir a massa sobre o recheio.

2 xícaras (280g) de farinha de trigo

½ colher (chá) de sal marinho ou sal kosher

¾ de colher (chá) de pimenta-do-reino moída na hora

1½ colher (chá) de fermento em pó

½ colher (chá) de bicarbonato de sódio

8 colheres (sopa, 115g) de manteiga sem sal fria e em cubos

½ xícara (50g) de agrião picado finamente (opcional)

1 xícara (250ml) de leitelho*

1 Na vasilha de uma batedeira com o batedor pá (ou à mão, numa vasilha grande), misture a farinha, o sal, a pimenta, o bicarbonato de sódio e o fermento em pó.

2 Adicione a manteiga e bata em velocidade baixa até a manteiga estar partida em pedaços do tamanho de ervilhas. (Se fizer à mão, pode misturar com os dedos ou com o misturador de massa.) Junte o agrião e o leitelho (ou o iogurte), mexendo até a massa ficar homogênea.

3 Distribua a massa sobre o recheio em pedaços do tamanho de nozes inteiras, espalhando uniformemente. Você pode usar 2 colheres (sopa) – uma para pegar a massa e outra para empurrá-la sobre o recheio – ou uma colher de sorvete com ejetor. Asse por 30 minutos ou até a cobertura estar bem dourada e o recheio, quente.

* Nos Estados Unidos ou na França, o leitelho (*buttermilk*) é facilmente encontrado nos mercados na versão industrializada. Mas no Brasil esse ingrediente não está disponível. Nas receitas, no entanto, ele pode ser substituído por iogurte natural, sem sabor.

Um monte de mostardas

O CONSUMO DE MOSTARDA DIJON NA FRANÇA vive nas alturas. Que é para onde pensei que minha cabeça iria quando fiz uma degustação de várias marcas francesas. Algumas são muito condimentadas, e embora as pessoas usem mostarda durante algum tempo depois de abrir a embalagem, as mostardas Dijon são melhores frescas. Quando abasteci minha primeira cozinha em Paris, eu estava no ônibus voltando do mercado e uma senhora elogiou o vidro gigante de mostarda Amora que estava na sacola abarrotada. Entre as guinadas do trânsito, ela comentou que era uma mostarda boa, destacando ser *"très, très forte"*. Desde então, troquei de marca predileta algumas vezes — das artesanais, como Edmond Fallot, para Maille, que você pode comprar a granel na loja chique da marca, na Place de la Madeleine. Mas, apesar de minha lealdade volúvel, sempre tenho um pote da Amora, pela nostalgia e pela sua *fortitude*.

Frango com mostarda
POULET À LA MOUTARDE

Serve 4-6 pessoas

½ xícara (135g) e mais 3 colheres (sopa) de mostarda Dijon

¼ de colher (chá) de páprica doce ou picante

pimenta-do-reino moída na hora

¾ de colher (chá) de sal marinho ou sal kosher

4 coxas e 4 sobrecoxas de frango (8 pedaços no total)

1 xícara (100g) de bacon defumado em cubos

1 cebola pequena sem casca e picada finamente

1 colher (chá) de folhas frescas de tomilho ou ½ colher (chá) de tomilho seco

1 xícara (250ml) de vinho branco

1 colher (sopa) de sementes de mostarda ou mostarda à l'ancienne (que vem com as sementes misturadas)

2 a 3 colheres (sopa) de Crème fraîche (p.327) ou creme de leite

água morna (opcional)

salsinha ou cebolinha picadas para decorar

Muitos anos atrás, quando os preços eram ridiculamente baratos, comprei uma enorme panela de cobre na E. Dehillerin, famosa loja de utensílios de cozinha em Les Halles. Este é um prato de uma panela só, e é perfeito para sua panela mais extravagante. Você precisa selar as coxas e sobrecoxas de frango, e, a menos que tenha uma frigideira ou caçarola de ferro fundido muito grande, é melhor fazer isso em levas — o frango precisa de espaço para dourar, e encher demais a panela vai fazê-lo soltar água e cozinhar. A receita fica melhor com um monte da Massa fresca com ervas (p.230), ideal para pegar todo o delicioso molho, ou com o Purê de aipo-rábano (p.217).

1. Misture ½ xícara (135g) da mostarda Dijon numa vasilha com a páprica, uma dose generosa da pimenta-do-reino e sal. Passe a mistura no frango todo, espalhando-a sob a pele.

2. Aqueça uma frigideira larga com tampa ou uma caçarola de ferro fundido em fogo médio-alto e adicione o bacon. Cozinhe, mexendo bem até começar a ficar tostado. Retire o bacon da panela e escorra num prato forrado com papel-toalha. Deixe cerca de 1 colher (sopa) da gordura do bacon na panela e descarte o resto. Junte as cebolas e refogue por 5 minutos, até ficarem

PRATOS PRINCIPAIS

macias e transparentes. Adicione o tomilho e cozinhe por mais alguns minutos, depois reserve numa vasilha.

3   Se necessário, acrescente um pouco do azeite à panela e arrume os pedaços de frango em camada única. (Se não couber tudo junto, faça em duas levas.) Cozinhe em fogo médio-alto, dourando bem de um lado e depois virando para selar o outro. É importante que o frango fique bem tostado, porque a carne dourada — e os pedaços torradinhos no fundo da panela, chamados *fonds* — vai dar ao molho um sabor delicioso.

4   Retire o frango da panela e coloque os pedaços na vasilha com a cebola. Despeje o vinho na panela, raspando bem o fundo com um utensílio resistente. Ponha o frango de volta na panela com as cebolas e o bacon. Tampe e cozinhe em fogo médio-baixo por cerca de 15 minutos, virando os pedaços algumas vezes até a carne ficar macia. Cheque o ponto enfiando uma faca perto do osso da coxa; se a carne estiver vermelha, cozinhe por mais alguns minutos.

5   Retire a panela do fogo e misture 3 colheres (sopa) de mostarda Dijon, as sementes de mostarda e a crème fraîche. Se o molho estiver muito espesso, pode diluí-lo com um pouco de água morna. Salpique salsinha picada e sirva.

Fast-food francês

Isso vai parecer engraçado, mas uma das minhas maiores preocupações antes da mudança para Paris era se eu encontraria um "fast-food" conveniente aqui. Não estou falando das grandes cadeias de lanchonete, mas será que eu conseguiria achar uma refeição rápida, acessível e razoavelmente saudável que eu pudesse levar para casa, como os burritos do Mission District de São Francisco, com os quais me acostumei?

Minha resposta veio bem rápido quando fui ao mercado na Bastille, bem perto de onde morava, num domingo de manhã. Lá, o cantarolar estridente de uma francesa manejando um afiado garfo de duas pontas (os franceses não usam pinças, porque elas furam a carne... o que, de alguma maneira, o garfo que apunhala a carne consegue evitar) chamava os fregueses para ver sua impressionante sucessão de frangos assados de pele bem torrada.

As pessoas esperavam pacientemente na fila, não porque quisessem se amontoar perto do calor do forno de Catherine, mas por causa das lindas aves espalhadas à sua frente. Eu me tornei um cliente *très (très) fidèle* e aprendi a chegar cedo, na manhã de domingo, antes que seu estoque esgotasse, perto da hora do almoço. Catherine e eu nos tornamos chegados o suficiente para ela me acenar do outro lado do mercado, indicando que guardaria um frango quentinho para mim, enquanto eu fazia o resto das compras.

Seus melhores frangos eram *les crapaudines*, termo que se refere às aves cortadas ao comprido e assadas abertas, porque dessa maneira se assemelham a *crapaudines*, ou seja, rãs. Apesar do apelido desagradável, o sabor é uma beleza, e essa técnica de assar assegura uma pele bem crocante. É tão bom que eu rasgo o saco de papel assim que chego à minha porta e puxo toda a pele, e fico com os dedos engordurados enquanto como a pele tostadinha antes mesmo de guardar as compras do dia. Os frangos de Catherine são tão bons que precisei passar por uma *demi*-detox, me limitando a comprar meia ave, porque não consigo me controlar quando estou sozinho em casa com um frango inteiro.

Quanto mais tempo passava, mais rechonchudo eu ficava. (Quem disser que os franceses não ganham peso não mora perto de uma boa barraca de frango assado.) Então, comecei a frequentar *le bootcamp* num dos parques. Esses treinos atraíam olhares desconfiados dos transeuntes locais, mas eu perseverava, sentindo que um dia voltaria a caber em meus jeans europeus. Infelizmente, cada treino exigia que eu atravessasse Paris com dois pesos de ferro fundido bem pesados na bolsa de ginástica, o que era uma tarefa quase impossível na hora do rush no metrô. E isso me deu uma desculpa para largar *le bootcamp*. Então jurei comer menos pele de frango e parar os treinos. Até o momento, tenho conseguido manter a última promessa, mas a primeira nem tanto.

Frango à moda de Catherine
POULET CRAPAUDINE FAÇON CATHERINE

Serve 4 pessoas

3 dentes de alho sem casca e picados

1½ colher (chá) de sal marinho ou sal kosher

2 colheres (sopa) de azeite de oliva

2 colheres (sopa) de suco fresco de limão

2 colheres (sopa) de vinho branco

1 colher (sopa) de molho shoyu

2½ colheres (chá) de Harissa (p.330) Sriracha ou pasta asiática de pimenta

2 colheres (chá) de mostarda amarela ou Dijon

2 colheres (chá) de mel

1 frango de 1,5kg

Uma coisa que aprendi bem depressa sobre as diferenças entre receitas americanas e francesas é que, nos Estados Unidos, um frango serve duas pessoas, enquanto na França pode servir de quatro a seis porções. No entanto, quando se trata do *poulet crapaudine* de Catherine (ver p.172), um frango rende uma porção — a minha.

Catherine agora divide seu tempo entre Paris e sua rôtisserie, em Bordeaux, mas ela me deu algumas dicas de como preparar as aves, e esta é uma aproximação bem apurada, que fui capaz de replicar no forno da minha casa. Se você tem uma churrasqueira, por favor, use-a, colocando um peso sobre o frango até a pele ficar crocante e dourada antes de virá-lo. Para um sabor ainda melhor, deixe a ave marinar por um ou dois dias antes do cozimento. Sirva com Slaw de vegetais crus (p.96) temperado com a variação do Vinagrete de alho (p.96) ou Batatas fritas (p.219).

1. Coloque o alho e o sal numa sacola plástica com fecho e bata com o punho fechado até fazer uma pasta. Junte azeite, suco de limão, vinho branco, molho shoyu, harissa, mostarda e mel, misturando bem todos os ingredientes.

2. Retire a espinha dorsal do frango separando-a dos ossos laterais com uma tesoura de cozinha ou uma faca de chef. Apoie o peito na tábua e, com uma faca, pressione o osso entre o peito até quebrar. Então empurre o frango contra a tábua até espalhar bem a carne. Vire a ave (deixe a pele para cima) e pressione firme com as palmas da mão — como se estivesse fazendo uma massagem shiatsu — para deixá-la o mais achatada possível. Não tenha pena dela.

3. Separe um pouco a pele do peito e das coxas e passe a marinada por baixo dela. Coloque o frango na sacola, feche e espalhe bem a marinada pelo frango. Deixe na geladeira de 1 a 2 dias, virando a sacola algumas vezes para marinar por igual.

4. Preaqueça o forno a 200°C. Aqueça no fogão uma frigideira de ferro fundido ou grelha, em fogo médio-alto, e coloque o frango com o peito virado para baixo. Cubra com papel-alumínio e coloque um peso por cima. Uma boa opção é usar um tijolo ou uma panela grande cheia de água. (Eu uso o peso do treino que larguei.)

PRATOS PRINCIPAIS

5 Grelhe o frango até a pele estar bem torrada, o que costuma levar cerca de 10 minutos – verifique com frequência. Quando estiver no ponto, vire o frango, recoloque o peso e deixe cozinhar por mais 5 minutos.

6 Retire o peso e o papel-alumínio e asse a ave no forno por 25 minutos, até estar bem cozida. Para servir ao estilo francês, corte a ave em 6 pedaços: 2 coxas, 2 sobrecoxas e cada peito ao meio, sem separar as asas.

Cozinhando off-line

Muitas pessoas se surpreendem — eu inclusive — quando conto que lancei meu blog em 1999, na mesma época em que parei de trabalhar em restaurantes e comecei a escrever livros de culinária. Os blogs de comida começaram a ficar populares em meados de 2003, quando se desenvolveram softwares que permitem a qualquer um criar e publicar conteúdos na internet com facilidade notável. Quando lancei meu site, eu escrevia os artigos e tirava as fotos, então uma pessoa com muito mais experiência técnica que um assador de biscoitos editava tudo manualmente para mim. Era um pouco complicado, mas a novidade divertia, e eu gostava de ter a flexibilidade de escrever sobre o que queria e ainda compartilhar na mesma hora.

Antes que me desse conta, o que começou como uma maneira de compartilhar receitas e histórias com amigos se tornou uma obsessão de tempo integral. E logo apareceu uma vasta e diversa rede de blogueiros de comida, o que significava que havia um monte de outras pessoas no mundo todo com quem eu podia cozinhar. A troca virtual de experiências era ótima, mas eu sentia falta de trabalhar lado a lado com outros cozinheiros, debatendo ideias, provando à medida que cozinhamos e avaliando que ingredientes e temperos podemos adicionar a um prato. Apesar de todos termos abraçado o mundo virtual entusiasticamente, ainda não há nenhum substituto para arregaçar as mangas com um amigo e cortar, misturar e cozinhar uma refeição enquanto tomamos uma taça de vinho. E depois desfrutar juntos o resultado de um trabalho bem-feito.

Um de meus amigos blogueiros dos tempos antigos era outro David L., que amava cozinhar — e comer. David Leite lançou seu site, Leite's Culinária, pouco antes ou depois do meu blog (ele diz que fui eu o primeiro, eu digo que foi ele). Além de se especializar em cozinha portuguesa, David já explorou alguns clássicos franceses. Levamos mais de dez anos para nos encontrarmos pessoalmente, e, quando enfim aconteceu, foi num enorme jantar sulista em Atlanta. Sentados numa mesa comprida, ele pediu tudo o que havia no cardápio, muitas coisas duas vezes — ou até três. Claro que gostei dele de imediato, e fizemos planos de cozinhar algo juntos em sua próxima viagem a Paris.

Quando David finalmente veio jantar, trouxe uma garrafa de champanhe rosé (o que me fez estimá-lo ainda mais). Em seguida, vestiu o avental e arregaçou as mangas para preparar comigo coq au vin, uma receita que tradicionalmente se faz com frango ensopado. A primeira vez que tentei fazer o prato em Paris, comprei um *coq entier*. O *volailler* insistiu em que eu deveria levar apenas a metade. Mas sou teimoso e não aceitei o conselho, insistindo na ave inteira. Ele estava certo; quando cheguei em casa e desenrolei o embrulho do açougue, havia algo como 22 pedaços de frango. Não contei todos, mas fiquei com sobras que duraram dias. E dias e dias e dias.

Frango ao molho de vinho tinto

COQ AU VIN

Serve 4 pessoas

A receita trazida a Paris por David Leite foi inspirada por outra, dada por Anthony Bourdain. Ela usa frango comum, mas pede sangue de galinha. Não sei onde é possível encontrar isso nos Estados Unidos, mas não é algo disponível nas prateleiras do supermercado do meu bairro em Paris, então pulei essa parte.

Sempre presumi que o molho escuro e espesso do coq au vin era engrossado com chocolate. (Ou foi apenas a minha imaginação.) David tornou meu sonho realidade, e, seguindo a minha sugestão, adicionamos um pouco de cacau em pó no lugar do sangue. E como somos dois fãs de bacon defumado, ele ficou bem feliz com os lindos *lardons* de bacon francês que eu havia preparado. O bacon industrializado solta muita gordura, então, se você não conseguir encontrar uma versão artesanal, retire uma parte da gordura da panela (com um papel-toalha preso a uma pinça) enquanto cozinha.

O frango deve marinar por 1 ou 2 dias no vinho tinto antes do cozimento. Sirva com Purê de batatas (p.216) ou Massa fresca com ervas (p.230).

- 1 garrafa de Côte du Rhone ou outro tinto frutado
- 1 cebola sem casca e em cubos
- 1 cenoura sem casca e em cubos
- sal marinho ou sal kosher
- 1 colher (chá) de pimenta-do-reino moída
- ⅛ de colher (chá) de cravo moído
- 2 folhas de louro
- 10 galhos de tomilho
- 1 frango grande, cortado em 8 pedaços (2 coxas, 2 sobrecoxas, 2 peitos cortados ao meio, sem separar as asas)
- 3 colheres (sopa) de azeite de oliva
- 2 colheres (sopa) de manteiga sem sal
- 1½ xícara (150g) de bacon defumado em cubos
- 230g de cogumelos grandes partidos ao meio
- 1 colher (sopa) de farinha de trigo
- 16 cebolas pequenas, das usadas para conserva (ver Nota, p.178)
- ¾ de xícara (180ml) de água
- 1 colher (sopa) de vinagre de vinho tinto
- 1½ colher (sopa) de cacau em pó sem açúcar

1. Numa vasilha grande, misture vinho, cebola, cenoura, 1 colher (chá) de sal, pimenta, cravos, louro e tomilho. Junte o frango e pressione para submergir os pedaços. Deixe marinar na geladeira de 1 a 2 dias, virando os pedaços algumas vezes.

2. Retire o frango da marinada e seque-o com papel-toalha. Passe a marinada por uma peneira fina, sobre uma vasilha, guardando os vegetais, as ervas e também o vinho.

3. Aqueça 2 colheres (sopa) de azeite e 1 colher (sopa) de manteiga numa panela grande ou caçarola de ferro fundido, em fogo médio-alto. Cozinhe os pedaços de frango numa camada única por 5 minutos até dourar bem o lado inferior; vire e cozinhe o outro lado por outros 5 minutos. Se todos os pedaços não couberem juntos, com espaço razoável entre eles, faça em levas. (David diz que se você tiver a espinha do frango, acrescente nessa hora, porque ela dá muito sabor ao molho.) Transfira os pedaços para um prato quando estiverem prontos.

4. Na mesma panela, frite o bacon com os cogumelos até estarem tostados. Se começar a grudar na panela, adicione um pouco

do vinho tinto da marinada e raspe os pedacinhos saborosos do fundo, misturando bem.

5   Acrescente os legumes e ervas da marinada e cozinhe até eles ficarem macios. Junte a farinha, o frango e o vinho, que deve chegar a quase cobrir os pedaços da ave. Se não, adicione um pouco de água ou mais vinho tinto. Cubra e deixe ferver suavemente em fogo médio por 1 hora.

8   Enquanto o frango cozinha, aqueça as últimas colheres (sopa) de azeite e manteiga. Quando a manteiga derreter, acrescente as cebolas de conserva, tempere com sal e cozinhe por cerca de 12 minutos até dourar. Junte a água e o vinagre com um pouco mais de sal. Cubra e deixe ferver lentamente por 40 minutos, até as cebolas estarem bem macias. Em seguida, adicione-as ao frango com o caldo do cozimento.

9   Numa vasilha pequena, faça uma mistura com o cacau em pó e cerca de ⅓ de xícara (80ml) do líquido do cozimento do frango. Adicione à panela do frango, misturando bem ao molho, e cozinhe por alguns minutos até que tudo esteja bem quente. Você pode retirar os galhos do tomilho antes de servir, se quiser, embora os franceses sempre sirvam tudo junto.

NOTA: Para descascar as cebolas de conserva, jogue-as numa panela com água fervendo e cozinhe por 5 minutos. Escorra e deixe esfriar. Corte as pontas e puxe a pele.

Falso confit de pato
FAUX CONFIT DE CANARD

Serve 4 pessoas

4 coxas de pato (com as sobrecoxas)

1 colher (sopa) de sal marinho ou sal kosher

1 colher (sopa) de gim

¼ de colher (chá) de noz-moscada moída

¼ de colher (chá) de pimenta-da-jamaica moída

2 dentes de alho descascados e cortados ao meio, na vertical

2 folhas de louro

A primeira vez que provei confit de pato, declarei que era a melhor coisa do mundo, uma crença que mantive pelos últimos 25 anos. E, a menos que algo melhor apareça, vou seguir defendendo isso pelos próximos 25 anos. A pele quebradiça, frita até ficar bem crocante na sedosa gordura de pato, cobrindo uma carne macia, que solta do osso com facilidade, é inigualável. Felizmente, na França é muito fácil comprar confit (que significa "preservado") de pato já pronto em qualquer açougue – e até nos supermercados. Para ser sincero, ele é igual ao feito em casa; considerando quanto de gordura de pato é necessária para fazer uma receita, é mais fácil pegar algumas coxas e fritá-las quando desejo.

Já provei muitos confits de pato na minha vida, e essa versão falsificada é muito boa, com muito menos trabalho e sem bagunça na cozinha. Por não ser conservado por muito tempo, não chega a ser um verdadeiro confit, mas o benefício é poder comer poucas horas depois do preparo. Eu adaptei técnicas de receitas de Regina Schrambling, do *New York Times*, e Hank Shaw, do simplyrecipes.com, para criar essa maneira de fazer o prato tradicional com praticamente nenhum esforço.

O truque para essa técnica ridiculamente fácil é usar uma travessa refratária que mantenha as coxas de pato bem apertadas, o que permite que elas "confit" enquanto assam. Se você só tiver uma travessa refratária grande, aumente a receita e cozinhe algumas coxas a mais. Preste atenção porque a receita precisa ficar na geladeira de um dia para outro antes do preparo.

Tradicionalmente, confit de pato é servido com Batatas salteadas em gordura de pato (p.220) e salada verde. Mas como já estamos jogando a tradição pela janela, você pode usar a carne desfiada do pato em lugar do bacon da *Salade lyonnaise* (p.99). E, claro, é obrigatório no *Cassoulet* (p.195).

1 Fure todo o pato com uma agulha de tricô ou palito, certificando-se de transpassar a pele até a carne.

2 Misture sal, gim, noz-moscada e pimenta-da-jamaica na travessa refratária pequena, onde o pato ficará bem apertado, sem espaço entre os pedaços.

3 Coloque o alho e o louro no fundo da assadeira e cubra bem com as coxas de pato, viradas com a carne para baixo. Cubra com

filme plástico e leve à geladeira por pelo menos 8 horas ou até o dia seguinte.

4. Para cozinhar o pato, limpe as coxas com um papel-toalha para retirar qualquer excesso de sal. Retorne-o para a travessa com a pele para cima e coloque no forno frio. Ligue o forno em 150°C e asse por 2½ horas, retirando do forno uma ou duas vezes para regar o pato com a gordura que estiver no fundo.

5. Para finalizar, aumente a temperatura para 190°C e asse de 15 a 20 minutos, até a pele ficar bem tostada e crocante.

UM PATO FRANCÊS NOS ESTADOS UNIDOS

É muito fácil encontrar pato na França, e a maioria dos supermercados os coloca nas gôndolas junto com frangos e perus (e, por alguma razão, os coelhos sempre estão ali também, apesar de eu nunca ter visto um coelho com asas). É habitual encontrar coxas de pato frescas ou conservadas em sua própria gordura (*confit*), e também rechonchudos peitos chamados *magrets de canard*.

Um *magret* típico (meio peito) é tão carnudo e untuoso que é normal encontrá-lo cortado em fatias finas, e meio peito chega a servir quatro pessoas. A razão de eles serem tão suculentos é que estes peitos vêm de patos criados para fazer foie gras. O *magret* é sempre servido bem malpassado, com a carne de um vermelho intenso, o que faz os turistas hesitarem quando não estão acostumados a comer a "outra carne vermelha", como é chamado na França.

A maioria dos patos franceses é da raça Moulard, um híbrido de pato-real Pequim e pato-selvagem, que são carnudos e untuosos. Nos Estados Unidos, o pato-real Pequim (também chamado de pato Long Island) é encontrado mais comumente na culinária chinesa, que não valoriza tanto a carne roliça quanto a pele untuosa. Nos Estados Unidos, patos são vendidos geralmente em açougues e supermercados com bom estoque (algumas vezes, congelados inteiros), mas, se a sua cidade tiver uma feira de produtores, procure lá, bem como nos mercados asiáticos.

Chez Marc

As pessoas costumam me dizer que têm medo de me convidar para jantar. Algumas acham que terão de fazer acrobacias culinárias para me impressionar. Outras simplesmente se desculpam por nunca me convidar, por presumirem que, se eu fosse à sua casa, sentaria ali e faria uma longa crítica da refeição. Na verdade, isso não poderia ser mais diferente da realidade. Por ter trabalhado a maior parte da vida em restaurantes, fico muito feliz em ser convidado a ir à casa de alguém, para relaxar e desfrutar uma refeição caseira. Desculpas não são necessárias. E, prometo, não haverá críticas.

Não espero nada sofisticado nem do nível dos restaurantes quando janto na casa de amigos, principalmente porque a maioria deles tem pequenas cozinhas parisienses sem a *batterie de cuisine* encontrada nos restaurantes. No entanto, quando janto na casa de meu amigo Marc – um cara gentil que é administrador municipal –, cada travessa ou prato de comida que chega à mesa é mais espetacular que o anterior, muitos deles inspirados em clássicos franceses antigos e esquecidos, raramente encontrados hoje, mesmo nos restaurantes mais sofisticados.

Marc faz um imaculado caldo de frutos do mar aferventando cuidadosamente as cascas e em seguida escorrendo e clarificando o caldo para que cada colherada cálida seja a pura essência destilada de adocicadas lagostas e lagostins. Se esbarro com ele na feira, na seção de carnes de caça, Marc sempre tem um sorriso dissimulado por ter obtido alguma ave incomum, já que conhece quais feirantes mantêm raridades discretamente escondidas – como *colombe* (pomba) ou *perdrix* (codorna) –, porque elas são apenas para quem as procura. E os feirantes só vendem para quem sabe cozinhá-las da maneira correta. (Também suspeito de que algumas sejam ilegais.)

Amo aves de caça, e a mais fácil de encontrar é a *pintade*, ou galinha-d'angola. Ela tem um sabor agradável, apreciado mesmo por quem não tem o hábito de comer caça. A maioria das galinhas-d'angola francesas é criada solta, sem confinamento, porque precisa de espaço para ciscar. E, por ser uma carne bem magra, elas ficam melhores ensopadas que assadas; o fogo gentil amacia a carne e permite que ela tempere o caldo.

Uma vez Marc veio fazer um almoço comigo para alguns amigos. E fui eu quem ficou intimidado... e na minha própria cozinha! Ele é rigoroso e preciso, e insistiu em fazer as compras. Chegou com figos maduros perfeitos, um maço generoso de tomilho, uma *pintade* de pés negros que o açougueiro envolveu em várias camadas amassadas de papel marrom e um Riesling suave para o molho – e também uma garrafa para tomarmos (o que não suscitou nenhuma crítica de minha parte).

Ensopado de galinha-d'angola com figos
PINTADE AUX FIGUES

Serve 4 pessoas

Só havia visto figos uma vez na vida antes de me mudar para a Califórnia, onde eles estão amplamente disponíveis no outono. Felizmente, temos muitos figos em Paris na mesma estação, mas eu já fiz galinha-d'angola em outras épocas do ano com figos secos, e funciona muito bem. Se for usar figos secos, cozinhe-os junto com a *pintade*. Se não encontrar galinha-d'angola onde você mora, pode substituir por frango.

Sirva a *pintade* com Massa fresca com ervas (p.230), Purê de batatas (p.216) ou Purê de aipo-rábano (p.217).

GALINHA-D'ANGOLA

1 colher (chá) de sal marinho ou sal kosher (mais, se necessário)

pimenta-do-reino moída na hora

1 galinha-d'angola de aproximadamente 1,35kg

225g de figos frescos ou 285g de figos secos, com cabos aparados e partidos ao meio

1 colher (sopa) de azeite de oliva

½ colher (sopa) de manteiga sem sal

2 cenouras sem casca e em cubos pequenos

1 cebola sem casca e em cubos pequenos

1 dente de alho sem casca e picado finamente

10 galhos de tomilho

1 folha de louro

1 colher (sopa) de farinha de trigo

1½ xícara (375ml) de vinho branco, como Muscadet, Riesling seco ou Chardonnay

1½ xícara (375ml) de Caldo de frango (p.326)

1 pitada generosa de pimenta-da-jamaica moída

1 colher (sopa) de vinho do Porto seco

salsa fresca picada para decorar

FIGOS ASSADOS COM MEL

680g de figos frescos, com os cabos aparados

2 colheres (sopa, 40g) de mel

2 colheres (sopa) de manteiga fria, com ou sem sal

sal marinho ou sal kosher e pimenta-do-reino moída na hora

1. Para fazer a galinha-d'angola, tempere a ave com 1 colher (chá) de sal e um pouco de pimenta-do-reino, e coloque 4 metades de figo dentro da cavidade. Aqueça o azeite e a manteiga numa caçarola de ferro fundido com tampa, em fogo médio-alto. Acrescente a galinha e sele por cerca de 10 minutos, até estar com todos os lados bem dourados. Retire a ave e reserve. Na mesma panela, adicione cenouras, cebola e alho. Tempere com sal e pimenta e cozinhe, mexendo com frequência por 8 minutos, até estar tudo bem macio. Junte o tomilho e o louro e cozinhe por mais 1 minuto, depois adicione a farinha e siga mexendo por mais 1 ou 2 minutos.

2. Despeje ½ xícara (125ml) do vinho na panela e mexa, raspando bem o fundo. Adicione o resto da bebida (250ml) com o caldo de frango. Devolva a galinha-d'angola para a panela com os outros figos. Deixe o caldo ferver e então diminua o fogo, tampe e cozinhe de 30 a 40 minutos – virando a ave uma vez, enquanto isso –, até ficar macia. Ela vai estar no ponto quando a carne da coxa não estiver mais vermelha perto do osso. Se estiver usando um frango, cozinhe por 1 hora.

3. Para preparar os figos assados com mel, faça um X com uma faca de legumes afiada no topo de cada fruta, cortando até um terço da altura. Arrume-os numa assadeira em que todos caibam numa camada única, sem sobrar muito espaço, e derrame o mel sobre eles. Corte um cubo de manteiga para cada figo e pressione o pedaço no centro das frutas. Tempere com sal e pimenta. Asse de 15 a 20 minutos (ou menos, se os figos estiverem muito maduros), até eles ficarem macios. Retire do forno e cubra com papel-alumínio para manter o calor.

4 Retire a galinha-d'angola da panela junto com as metades dos figos (coloque-os em vasilhas diferentes) e passe os vegetais e o caldo por uma peneira fina, pressionando os sólidos com firmeza para extrair o máximo de líquido possível. (Descarte os sólidos.) Devolva o caldo à panela e reduza em fogo médio até você ter cerca de 1½ xícara (375ml).

5 Enquanto o molho estiver reduzindo, divida a galinha-d'angola em quatro pedaços – 2 peitos (retire o osso) e 2 coxas com as sobrecoxas. Se usar um frango, separe as asas, retire a carne do peito da carcaça e corte o peito em 2 partes, e por fim corte e separe as coxas e sobrecoxas. Retorne os pedaços de galinha-d'angola para a panela, junto com os figos, pimenta-da-jamaica e vinho do Porto. Aqueça até o molho começar a borbulhar, virando os pedaços algumas vezes para envolvê-los bem no líquido. Prove o molho e ajuste o sal, se necessário.

6 Divida a galinha-d'angola em 4 pratos e decore com a salsinha. Arrume alguns figos assados em cada prato e sirva com o acompanhamento de sua escolha.

Linguiça de porco e acelga
CAILLETTES

Serve 4 pessoas

A primeira vez que comi *caillette* foi no Le Verre Volé, muito tempo atrás, quando este era um dos primeiros bares de vinho meio alternativos que apareceram em Paris, servindo comida simples e rústica. Por anos, tudo no Le Verre Volé foi preparado atrás do balcão abarrotado, numa grelha doméstica, não muito maior que um forninho elétrico. Não havia muitas opções no menu, mas você podia começar com uma generosa tábua de embutidos ou queijos, acompanhada de uma boa baguete, que o garçom colocava na mesa – inteira –, deixando implícito que era para você parti-la com as mãos. Outro projeto "Faça você mesmo" nesse lugar era a escolha do vinho, que era feita pegando-se qualquer *vin* interessante da prateleira pelo preço marcado numa etiqueta amarrada na garrafa.

Eu amei Le Verre Volé imediatamente, apesar de a equipe do salão ser um pouco grosseira. Mas para viver em Paris é preciso aprender a retrucar. Uma noite, deixei a escolha do vinho nas mãos da equipe e pedi um branco seco. O rótulo que foi aberto me pareceu bem adocicado. Depois de uma longa discussão, que envolveu uma enquete com outros fregueses (é esse tipo de lugar), defendi meu argumento dizendo: "Não entendo muito de vinho, mas, como chef *pâtissier*, se tem uma coisa na qual sou especialista são os doces. E esse vinho é doce." Não lembro se ganhei a discussão, mas continuei voltando lá por causa das *caillettes*.

A primeira vez que vi a palavra *caillette* escrita no quadro-negro, presumi que se tratasse de filhotes de codorna (*caille*). Mas o garçom explicou que a *caillette* é uma linguiça original de Ardèche, feita com verduras misturadas à carne. E quando meu prato chegou, vi que essa linguiça artesanal tinha de fato o formato oval de uma codorna.

Por fim, o bar de vinhos foi embelezado e ganhou uma cozinha de verdade, e passei a fazer minhas *caillettes* em casa. Elas são fáceis de cozinhar porque são assadas no forno, e não seladas na frigideira. Normalmente são envolvidas em tripa, mas isso não é fácil de encontrar, então eu as enrolo num delicioso trançado de bacon. Sirva as *caillettes* com uma salada verde e Purê de batatas (p.216) ou Batatas gratinadas (p.211), como refeição de inverno.

1. Tempere os fígados de frango com ½ colher (chá) de sal e um pouco de pimenta-do-reino. Aqueça o azeite numa frigideira em fogo médio e refogue as cebolas cerca de 5 minutos, até ficarem macias e transparentes. Junte os fígados e cozinhe, mexendo bem por 5 minutos, até eles estarem no ponto. Reserve as cebolas e os fígados numa vasilha.

2. Na mesma panela, adicione o porco, o alho e o tomilho. Tempere a mistura com o restante do sal e a pimenta-do-reino, e refogue em fogo médio por 5 minutos, até o porco estar bem cozido. Adicione a pimenta-da-jamaica e transfira para a vasilha onde estão os fígados.

3. Retire as pontas grossas da acelga e lave bem as folhas, mudando a água algumas vezes, se necessário, para remover toda a sujeira. Numa panela funda, ferva água com sal e adicione a acelga. Cozinhe de 5 a 10 minutos, até os talos ficarem tenros. Escorra e, depois de esfriar, esprema o máximo de água da acelga.

4. Num processador, pulse a mistura de porco e fígado junto com a acelga, salsinha, ovo e suco de limão até obter uma massa coesa o suficiente, mas ainda com alguns pedaços. (Se não tiver processador, você pode picar à mão finamente o fígado e a acelga, e depois misturar tudo numa vasilha.)

5. Preaqueça o forno a 175°C.

6. Unte uma travessa refratária rasa com óleo e molde a mistura em 4 *caillettes* ovais, aproximadamente do tamanho de uma codorna, apertando bem para compactar a massa. Arrume-as na travessa e envolva cada uma num trançado de bacon, escondendo as pontas embaixo das linguiças. Asse por 30 minutos, até a carne estar cozida por completo.

115g de fígado de frango

1½ xícara de sal marinho ou sal kosher

pimenta-do-reino moída na hora

2 colheres (sopa) de azeite de oliva

½ cebola descascada e picada finamente

230g de carne de porco moída

2 dentes de alho sem casca e picados finamente

1 colher (sopa) de tomilho fresco picado

1 pitada generosa de pimenta-da-jamaica

340g de acelga

¼ de xícara (15g) de salsinha picada

1 ovo grande

2 colheres (chá) de suco fresco de limão

8 fatias finas de bacon

Costelinhas de porco caramelizadas
TRAVERS DE PORC AU CARAMEL

Serve 4-6 pessoas

¾ de xícara (150g) de açúcar refinado

¼ de xícara (45g) de açúcar mascavo bem apertado no copo medidor

¾ de xícara (180ml) de cerveja

¼ de xícara (60ml) de bourbon

3 colheres (sopa) de vinagre de maçã

2 colheres (sopa) de ketchup

1 pedaço de gengibre de 2cm, descascado e picado finamente

2 colheres (sopa) de molho shoyu

2 colheres (chá) de Harissa (p.330)

Sriracha ou qualquer outro molho de pimenta

1 colher (chá) de mostarda Dijon

½ colher (chá) de pimenta-do-reino moída na hora

1,8kg de costelinhas cortadas em pedaços de 3 ou 4 ossos

Quando conto a meus amigos em Paris como o Texas é incrível e como os texanos são amigáveis, eles ficam chocados; acho que imaginam que pistoleiros vagam pelas cidades, trocando tiros nas ruas empoeiradas de Houston ou Dallas, e vilões covardes fogem a cavalo. Não sei se ainda há *saloons* com portas duplas balançando no Texas, mas posso afirmar com certeza que os texanos sabem comer. E aonde quer que eu vá, me esforço para atingir minha cota do bom e velho churrasco texano.

Os franceses adoram costelinhas tanto quanto os moradores do Velho Oeste americano. E muitos cafés – mesmo sem as portas duplas que balançam – oferecem *travers du porc au caramel* como *plat du jour* no almoço, anunciadas em quadros-negros com aquela letra cursiva inegavelmente francesa. As costelinhas são um pouco mais requintadas que no Texas, e você não verá ninguém em Paris comendo com as mãos (a não ser que eles queiram parecer fora da lei) como os americanos, mas é bom saber que os parisienses podem encarar uma costelinha, só que do jeito deles.

Os americanos também são famosos pelo amor por ketchup, que algumas pessoas parecem colocar em qualquer comida. Mas, observando as prateleiras e mais prateleiras de ketchup nos supermercados daqui, ao lado de *le sauce barbecue*, torna-se óbvio que os franceses estão acabando com a ideia de que só os americanos adoram o molho vermelho pronto. Na verdade, cochicha-se que alguns dos grandes chefs franceses adicionam um *soupçon* de ketchup aos molhos para encorpar e dar sabor, como faço com meu molho barbecue.

Sirva essas costelinhas ao estilo francês com arroz branco ou com Purê de batatas (p.216) e Slaw de vegetais crus (p.96).

1 Preaqueça o forno a 180°C.

2 Espalhe o açúcar granulado em uma camada uniforme no fundo de uma panela larga com tampa que possa ir ao forno, como uma caçarola de ferro fundido. Cozinhe o açúcar em fogo médio até começar a derreter nas beiradas. Quando o açúcar liquefeito começar a dourar, misture delicadamente para dentro, mexendo bem até que todo o açúcar esteja derretido. Siga o cozimento, mexendo um pouco menos, até obter um caramelo escuro como melado (mas não queimado). Desligue o fogo e junte o açúcar

mascavo e depois a cerveja. A mistura vai borbulhar e endurecer, o que é normal.

3 Deixe a mistura esfriar um pouco e em seguida acrescente o bourbon, o vinagre de maçã, ketchup, gengibre, molho shoyu, harissa, mostarda e pimenta. Coloque as costelinhas na panela até o molho borbulhar. Vire as costelinhas algumas vezes no líquido, tampe e asse no forno entre 1½ e 2 horas, até as costelinhas estarem tenras. Durante esse tempo, retire a panela do forno duas ou três vezes e vire as costelinhas.

4 Retire a tampa da panela e asse, virando as costelinhas algumas vezes, por 30 minutos ou até o molho ter engrossado um pouco. Retire as costelinhas do forno, tire qualquer gordura da superfície do molho e sirva.

Porco defumado ao estilo barbecue
PORC FUMÉ FAÇON BARBECUE

Serve 6 pessoas

Uma qualidade dos parisienses que surpreende muitas pessoas de outros lugares é a *moderation*. Existe um desejo de não parecer *muito* animado com, a bem da verdade, nada. E é por isso que os franceses dizem que algo *c'est pas terrible* ("não é terrível") se não gostam, e *c'est pas mal* ("não é ruim") se gostam. Também há *moderation* nos sabores na comida, o que impede temperá-las com condimentos e pimentas, ou muito sabor, como descobri no dia em que estava num churrasco e fui cuidar da carne. Percebi várias ervas frescas crescendo no terreno ao lado, então peguei um maço grande, passei na marinada e molhei a carne que estava sobre o fogo. Quando nuvens de fumaça aromática subiram, permeando a carne, o anfitrião veio correndo, preocupado porque eu estava adicionando *trop de goût!* ("sabor demais!").

Apesar de os parisienses adorarem fumar, eles não desenvolveram o paladar pelas comidas defumadas. (Talvez tudo já fique com sabor de fumaça para eles, então não seria necessário fazer mais nada com a comida?) Contudo, apesar de as comidas defumadas terem "sabor demais", eu gosto delas. E recrio esses sabores com uma combinação de pimenta chilli em pó, páprica e molho barbecue pronto.

Os franceses são fascinados pelas comidas prontas americanas, em particular *la sauce barbecue*, apesar de muitos desses molhos terem uma alarmante quantidade de *goût*. A única marca francesa disponível nos supermercados chama-se Oh ouizz!, que pode ser um jogo de palavras com uma frase em inglês, mas soa para mim como algo que *não* envolva cozinhar ou comer, mas outras funções corporais. No entanto, eu não chequei a lista de ingredientes. Nem acho que vá checar.

Sirva com Purê de batatas (p.216) e Salada de inverno (p.98) ou Slaw de vegetais crus (p.96).

1½ colher (chá) de sal marinho ou sal kosher

1 colher (sopa) de páprica picante

1 colher (chá) de pimenta chilli vermelha em pó, de preferência chipotle, pasilla ou ancho

¾ de colher (chá) de canela moída

½ colher (chá) de cominho moído

2 colheres (chá) de cacau em pó sem açúcar

1 a 1,5kg de paleta suína

1 xícara (250ml) de cerveja

¾ de xícara (180ml) de molho barbecue

2 colheres (sopa) de vinagre de vinho tinto ou de maçã

1½ colher (sopa) de massa de tomate

2 colheres (chá) de Harissa (p.330), Tabasco ou pasta de pimenta asiática

1½ colher (chá) de molho shoyu

1 Combine sal, páprica, pimenta chilli vermelha em pó, canela, cominho e cacau em pó num saco plástico com fecho. Coloque a paleta suína no saco e espalhe os temperos na carne. Feche o saco e deixe na geladeira por 24 horas.

2 Preaqueça o forno a 160°C.

3 Aqueça cerveja, molho barbecue, vinagre, massa de tomate, harissa e molho shoyu numa caçarola de ferro fundido em fogo

médio. Coloque o porco no molho e vire algumas vezes para envolver bem no líquido. Tampe bem a panela e cozinhe no forno entre 2 e 3 horas, virando algumas vezes, até a carne desfiar com facilidade.

4 Retire a paleta suína do forno e deixe descansar num prato até esfriar o suficiente para ser manuseada. Desfie o porco bem fino e volte com a carne para a panela, com o molho. Ferva lentamente até o porco e o molho estarem aquecidos, e então sirva.

PRATOS PRINCIPAIS

Cassoulet

Eu morei no norte do estado de Nova York, onde as temperaturas de inverno podem cair até -29°C. Em alguns dias, fazia tanto frio que precisávamos cobrir o rosto com máscaras de camurça para proteger a pele. Quando me mudei para o Oeste, na Califórnia, doei toda a minha roupa de inverno – os casacos volumosos, as jaquetas pesadas, as luvas, roupas de baixo térmicas e, sim, até minha máscara de camurça. Mesmo que São Francisco seja uma cidade úmida e friorenta, e o esporte favorito dos moradores seja observar os turistas tiritando enquanto caminham inocentemente trajando shorts e camisetas, em geral uma jaqueta é o suficiente, e é muito raro precisar de luvas ou cachecóis. (Algumas vezes, as máscaras aparecem nas feiras de rua dos bairros mais libertinos. Mas geralmente são de couro, não de camurça.)

Eu fui um turista inocente quando me mudei para Paris, pensando que era eternamente primavera na Cidade Luz e que eu passaria meus dias sentado em um banco no Sena tomando sorvete Berthillon *en plein soleil*. Mas quando o primeiro inverno chegou, e meu apartamento no último andar virou uma geladeira, passei os dias embaixo das cobertas com um casaco, uma jaqueta grossa e um cachecol, só com as mãos expostas para poder escrever. É fácil entender por que os cafés na França foram, e ainda são, muito populares entre os escritores: são os únicos lugares onde seus dedos podem se aquecer o suficiente para trabalhar.

Outro jeito eficiente que encontrei para me manter aquecido é fazer cassoulet, que requer algumas horas de cozimento no forno. E quando não há nada entre você e a natureza, exceto uma fina camada de estuque, e o seu forno é a única fonte confiável de calor no inverno, você fica feliz de ter um motivo para usá-lo.

A primeira vez que comi cassoulet foi quando trabalhava no Chez Panisse, onde o prato era servido em intervalos irregulares ao longo do ano. E meu trabalho (não oficial) era raspar os pedaços crocantes das caçarolas de cassoulet depois que os cozinheiros tinham mandado o prato para os comensais.

As pessoas vêm a Paris para provar cassoulet, mas ele não é facilmente encontrado nos restaurantes da cidade. É verdade que há alguns lugares que oferecem o prato. Mas qualquer pessoa das vilas da Gasconha ou do Languedoc, e de outras partes do Sudoeste francês, não ficariam nem um pouco felizes com o que se costuma chamar cassoulet em Paris. No entanto, para ser justo, a maioria delas não aprovaria a versão servida no vilarejo vizinho. Amo os feijões cremosos que ficam levemente pegajosos com a gordura de pato e alho; os grandes pedaços de *confit de canard* aveludado e tenro; e os bocados de linguiça de Toulouse, tudo embaixo de uma grossa crosta de farinha de rosca, esperando para ser quebrada.

Eu não apenas queria me manter aquecido no inverno, mas também queria aprender a fazer um dos meus pratos prediletos de todos os tempos. Então fui a Agen para uma lição com minha amiga Kate Hill, que mora na Gasconha há décadas. Há muita discussão e disputas sobre o cassoulet. Tradicionalmente, ele é um prato camponês, preparado sobretudo com feijão, pedaços de carne e linguiça. O feijão clássico para cassoulet são os *haricots Tarbais*, robustos feijões-brancos cultivados no Sudoeste francês. Quando cozidos, eles ficam com uma cor de marfim brilhante e desenvolvem uma textura cremosa particular, que os torna um amálgama perfeito para os outros ingredientes.

Mas os tempos mudaram, e o cassoulet não precisa ser feito com confit de pato e *haricots Tarbais* (que poucos camponeses conseguiriam comprar, com os preços atuais). Você pode usar feijão seco, como flageolet ou borlotti, e se tiver acesso àquelas maravilhosas espécies nativas, use-as. No entanto, não lance mão dos feijões enlatados ou feijões comuns de supermercado, que costumam ser velhos e sem muito gosto. Há uma diferença de qualidade, e o ingrediente dominante deve ser o melhor possível.

Tenho muita sorte em Paris de encontrar com facilidade a maioria dos ingredientes em meu bairro, inclusive jarras de confit de pato conservado em quantidade generosa de sua própria gordura. (Eu guardo a gordura e uso para saltear batatas, p.220). Para as linguiças, basta descer a rua até a charcutaria, que também oferece *jarret de porc* (joelho de porco), e a *épicerie* vende sacolas de feijão-branco ou flageolet prontos para deixar de molho e cozinhar.

Os puristas gostam de polemizar, mas, como a bouillabaisse, outro prato regional francês, o cassoulet sempre foi feito com ingredientes locais, que estão disponíveis onde se mora. Então, se você não conseguir achar confit de pato, use coxas de frango. Você pode não encontrar linguiça suína fresca de Toulouse, então use outra linguiça pouco ou nada condimentada oferecida pelo seu açougue, que será parecida com a linguiça italiana suave. Em vez do joelho de porco, recorra à paleta suína ou de cordeiro cozidas (ou assadas). Mas se você não conseguir encontrar bacon, bem, vou sugerir que você se mude.

O cassoulet é cozido tradicionalmente numa *cassole*, vasilha com uma borda alta que ajuda a criar uma crosta dourada e que afina delicadamente até a base reta, mantendo o recheio suculento e úmido. A cozinha rústica de Kate é cheia de lindas *cassoles* de um ceramista local, e sempre me sinto tentado a surrupiar uma, acreditando que ela não vá notar. Felizmente, acabei encontrando minha *cassole* num bazar em Paris por apenas €5. Mas se você não tem tanta sorte, ou não tem uma veia criminal, uma assadeira funda também funciona.

Kate me levou ao mercado em Agen para buscarmos os ingredientes, que ficamos preparando durante a maior parte da tarde. Ela me explicou por que é importante dourar o confit e a linguiça, apesar de eles serem cozidos com o feijão ("Para dar sabor!"), e quando cortou em cubos a pele do porco, ela riu – "Os americanos nunca comeriam isso!" –, e então empurrou a carne da tábua com as costas da faca direto para a grande panela de feijões fervilhantes.

Claro que não seria a França se não discordássemos sobre alguma coisa, e para nós foi se deveríamos ou não cobrir o cassoulet com farinha de rosca. Kate foi inflexível sobre não usar, defendendo que o feijão já forma uma crosta ótima. Quando o prato é assado em seu forno a lenha, realmente fica com uma casquinha linda. Mas eu prefiro usar a farinha de rosca, porque na minha casa não há um fogo vivo que asse a crosta à perfeição.

Na minha cozinha urbana, fiz outras adaptações. Acrescentei o joelho de porco pelo sabor. Aumentei a quantidade de confit de pato porque sempre acabo catando o cassoulet à procura dele. E bato o alho e a cebola no liquidificador porque deixa o caldo especialmente aromático.

Ensopado de feijão-branco, linguiça e confit de pato

CASSOULET

Serve 10-12 pessoas

Não há muitos atalhos no preparo do cassoulet, mas as recompensas são vastas e renderão comida para dias. Um atalho é cozinhar a linguiça com o feijão. E se você preparar o Falso confit de pato (p.179), ele já estará pronto, e você pode cortá-lo e usá-lo sem precisar dourar novamente. E não menospreze o feijão; tente encontrar uma boa variedade, busque na loja de produtos naturais ou num supermercado bem abastecido do seu bairro. Os amantes de cassoulet insistem em que o prato deve ser *rechauffé*, ou requentado, no dia seguinte para um sabor melhor e mais autêntico.

Ingredientes

- 4 xícaras (950g) de feijão seco de boa qualidade (*ver* p.192)
- 950g de joelho de porco não defumado
- 1¾ de xícara (160g) de barriga de porco ou pancetta inteira, não defumada e cortada em cubos
- 2 cenouras descascadas
- 2 cebolas sem casca e cortadas ao meio
- 6 dentes de alho descascados
- 2 folhas de louro
- 10 galhos de tomilho
- sal marinho ou sal kosher
- 4 coxas de pato confit (coxa e sobrecoxa juntas)
- 450g de linguiça suína fresca, pouco ou nada condimentada, como a linguiça italiana suave
- pimenta-do-reino moída na hora
- 1 xícara (135g) de farinha de rosca
- 3 colheres (sopa) de óleo vegetal neutro ou óleo de nozes

Preparo

1 Lave o feijão e retire todas as sujeiras. Deixe de molho por uma noite em água fria.

2 No dia seguinte, coloque o joelho de porco numa panela grande com água, ferva e depois abaixe o fogo para uma fervura branda. Cozinhe por 2 horas, até a carne estar macia e soltar fácil do osso. Transfira da panela para um prato. Quando esfriar o suficiente para ser manuseada, desfie a carne em pedaços grandes e reserve na geladeira. Descarte a água.

3 Escorra o feijão; coloque-o na panela do joelho de porco e encha de água fria. Acrescente os ossos do joelho, a barriga de porco, cenouras, cebolas, alho, louro e tomilho. Ferva em fogo alto e em seguida reduza a uma fervura lenta. Cozinhe por cerca de 1 hora, até o feijão ficar tenro e macio. À medida que a água evaporar, complete, caso seja necessário. Prove o feijão no final do cozimento e, se preciso, adicione 1 colher (sopa) de sal.

4 Enquanto o feijão cozinha, retire qualquer excesso de gordura do confit de pato (guarde para fazer Batatas salteadas em gordura de pato, p.220) e frite o pato numa frigideira em fogo médio, até os pedaços ficarem dourados e crocantes de todos os lados (de 5 a 8 minutos cada lado). (Se estiver usando o Falso confit de pato da p.179, o pato já estará dourado e pronto, então não há necessidade de cozinhar novamente nessa etapa.)

5 Transfira o pato para um prato e retire o excesso de gordura da panela. Fure as linguiças algumas vezes com uma faca afiada e frite-as na mesma frigideira até dourar; elas não precisam estar

totalmente cozidas. Reserve no prato com os pedaços de pato. Quando esfriarem, corte as linguiças em pedaços de 1cm. Corte cada coxa de pato em três pedaços; corte a coxa e depois divida a sobrecoxa em duas porções iguais, dividindo-a com a faca paralela ao osso.

6   Quando o feijão estiver pronto, desligue o fogo. Descarte o louro, o tomilho e os ossos do joelho de porco, retire as cenouras, as cebolas e os dentes de alho. Corte as cenouras em cubos e devolva à panela, com a carne desfiada do joelho.

7   Bata as cebolas e o alho no liquidificador ou no processador com um pouco do caldo de feijão até ficar homogêneo. Adicione a mistura ao caldo de feijão, tempere com pimenta-do-reino e prove, ajustando o sal se necessário. (Alguns produtos de porco são muito salgados, então, nesse momento, acerte o sal de acordo com o seu gosto.)

8   Preaqueça o forno a 160°C, com a grade na parte alta.

9   Monte o cassoulet numa caçarola larga para no mínimo 8 litros ou numa assadeira. Comece com uma camada de feijão e seu caldo. Coloque metade do pato e da linguiça distribuídos igualmente. Adicione outra camada de feijão e o restante do pato e da linguiça. Complete com o resto do feijão e com caldo suficiente para que os ingredientes flutuem. (Guarde na geladeira a sobra do caldo; você pode precisar dele mais tarde. Se não houver caldo suficiente, acrescente um pouco de água para umedecer o feijão.)

10 Misture a farinha de rosca com o óleo até umedecer bem e depois espalhe numa camada uniforme sobre o cassoulet. Asse por 1 hora. Em seguida, quebre a crosta com uma colher ou uma espátula em vários pontos. Diminua a temperatura do forno para 120°C e asse por mais 2½ horas, quebrando a crosta outras duas vezes ao longo do cozimento. Retire o cassoulet do forno e deixe descansar por 15 minutos. Se desejar servir requentado, como muitos preferem, deixe que fique em temperatura ambiente por 1½ hora e depois coloque na geladeira.

11 Para servir o cassoulet reaquecido, retire-o da geladeira com uma hora de antecedência. Preaqueça o forno a 180°C. Tire uma colherada do topo do cassoulet e, se não houver muito líquido em torno dos feijões, acrescente um pouco da água do cozimento reservada (ou água morna) – apenas o suficiente para acrescentar alguma umidade, cerca de ½ xícara (125ml). Leve o cassoulet ao forno por 1½ hora ou até que esteja aquecido por completo. Se a superfície não tiver formado uma casquinha, utilize a função grill do seu forno – se estiver usando uma travessa de cerâmica, aumente a temperatura para 230°C, ou o máximo recomendado pelo fabricante – e confira regularmente, até que a superfície esteja dourada a seu gosto. Retire o cassoulet do forno e deixe-o descansar por 15 minutos. Leve-o à mesa na própria travessa. Ele não requer nenhum acompanhamento, mas uma taça de Armagnac depois (ou no lugar) da sobremesa é considerada obrigatória, para auxiliar na digestão. Assim como um tapinha nas costas, por ter preparado o cassoulet.

Ensopado belga de carne com cerveja e pão de especiarias

CARBONADE FLAMANDE

Serve 6 pessoas

Apesar de este prato ter surgido na Bélgica e ser popular na França, os ingredientes principais – cerveja, carne bovina, pão de especiarias e bacon – sem dúvida atraem qualquer pessoa que goste de pratos de carne bem condimentados. Da primeira vez que ouvi falar nesse ensopado típico do tempo frio, fiquei tão intrigado com o uso do pão de especiarias que nem esperei o inverno para prepará-lo. Adoro a forma como o pão coberto de mostarda se dissolve no molho, encorpando-o e proporcionando o toque de especiarias e temperos. Tradicionalmente, deve-se untar o *pain d'épices* com mostarda. Essa receita vai bem com Purê de batatas (p.216) ou Massa fresca com ervas (p.230).

1. Seque bem os pedaços de acém com papel-toalha e passe-os na farinha temperada. Bata para retirar o excesso.

2. Aqueça o azeite numa panela grande de ferro fundido em fogo médio. Acrescente os pedaços de carne sem sobrepô-los, trabalhando em levas (não encha demais a panela), e refogue-os até que todos os lados fiquem num tom dourado-escuro. É importante esperar bastante tempo antes de virar, porque o objetivo é obter um dourado profundo, bem escuro, que dá ainda mais sabor ao prato. À medida que finalizar cada leva, transfira os pedaços de carne para uma tigela. Acrescente mais azeite à panela, se necessário, para evitar que a carne grude.

3. Quando a carne estiver dourada, coloque a cebola e o bacon na panela e refogue por 8 a 10 minutos, mexendo de vez em quando até que a cebola fique macia e transparente. Transfira a cebola e o bacon para a tigela da carne. Acrescente água à panela quente, raspe os pedaços escuros do fundo da panela e depois acrescente a cerveja.

4. Volte com a carne, o bacon e as cebolas para a panela e acrescente o tomilho, o louro, o cravo-da-índia e o sal. Cubra e deixe cozinhar em fogo muito baixo por 1 hora.

5. Passe uma fina camada de mostarda sobre as fatias de pão de especiarias. Disponha as fatias sobre o ensopado dentro da panela, com o lado da mostarda para cima. Tampe novamente e cozinhe por mais 1½ a 2 horas, deixando a tampa levemente deslocada e mexendo tudo (inclusive o pão) de vez em quando, enquanto cozinha, até que a carne esteja macia. Retire as folhas de louro e sirva.

1,35kg de acém bovino cortado em cubos de 5cm

½ xícara (70g) de farinha de trigo temperada com sal marinho ou sal kosher e pimenta-do-reino

2 colheres (sopa) de azeite de oliva (mais, se necessário)

2 cebolas descascadas e picadas

2 xícaras (200g) de bacon defumado ou não, cortado em *lardons* (ver p.15)

1 xícara (250ml) de água morna

3 xícaras (750ml) de cerveja, de preferência amber ale

2 colheres (chá) de tomilho fresco picado, ou 1 colher (chá) de tomilho seco

2 folhas de louro

5 cravos-da-índia inteiros

1 colher (chá) de sal marinho ou sal kosher

4 fatias (170g) de Pão de especiarias (p.293)

mostarda Dijon

Tagine de canela de cordeiro
TAGINE DE SOURIS D'AGNEAU

Serve 4 pessoas

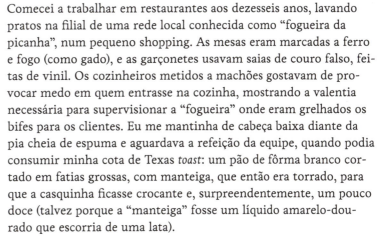

Comecei a trabalhar em restaurantes aos dezesseis anos, lavando pratos na filial de uma rede local conhecida como "fogueira da picanha", num pequeno shopping. As mesas eram marcadas a ferro e fogo (como gado), e as garçonetes usavam saias de couro falso, feitas de vinil. Os cozinheiros metidos a machões gostavam de provocar medo em quem entrasse na cozinha, mostrando a valentia necessária para supervisionar a "fogueira" onde eram grelhados os bifes para os clientes. Eu me mantinha de cabeça baixa diante da pia cheia de espuma e aguardava a refeição da equipe, quando podia consumir minha cota de Texas *toast*: um pão de fôrma branco cortado em fatias grossas, com manteiga, que então era torrado, para que a casquinha ficasse crocante e, surpreendentemente, um pouco doce (talvez porque a "manteiga" fosse um líquido amarelo-dourado que escorria de uma lata).

Continuei a trabalhar em restaurantes até o tempo da faculdade. Num dos empregos, lavava canecas de cerveja, em outros fazia a reposição no bufê de saladas (aprendi a nunca me meter com as pessoas num bufê liberado). Depois de pagar meus pecados, cheguei finalmente ao Chez Panisse, que para mim era o paraíso. Eu estava cercado de cozinheiros dedicados a servir boa comida usando ingredientes locais. Sei que isso pode soar simplista, mas poucos restaurantes cultivam o tipo de camaradagem que tínhamos no Chez Panisse. Os cozinheiros costumam trabalhar lá durante anos (ou décadas), porque, se você estiver comprometido a cozinhar, não existe lugar melhor.

As pessoas com quem trabalhei não eram apenas colegas ou amigos; éramos todos parte da mesma família, e sempre que a vida me meteu numa sinuca eu recebi uma carta de próprio punho dos meus ex-patrões oferecendo ajuda. Mesmo já tendo deixado o restaurante há muitos anos, a maioria dos cozinheiros continua em contato comigo, e até hoje é divertido cozinhar juntos quando temos oportunidade.

Um dos meus melhores amigos, o outro David L. com quem cozinhei no restaurante, vem da Suíça, onde trabalha como chef, para me visitar. Quando ele está em Paris, exploramos os bairros multiculturais em busca de *dim sum*, ou macarrão vietnamita, porque não é possível encontrá-los onde ele mora. Mas David e eu também gostamos de cozinhar juntos em casa. Eu separo algumas especiarias e frutas secas, e talvez vá até o açougue *halal* para comprar um corte de carne menos popular – como canela de cordeiro – e organizar um jantar para amigos e família na minha cozinha.

PRATOS PRINCIPAIS

Levei um tempo até encontrar canela de cordeiro na França, onde ela é chamada pelo curioso nome de *souris d'agneau*. *Souris* significa "camundongo", e foi preciso um trabalho de detetive para descobrir que esse nome provavelmente deriva do termo em latim para camundongo, *mus, musculus*, a base da palavra usada para identificar o músculo da canela. Se você for a um açougue na França e pedir *souris*, certifique-se de completar com "*d'agneau*", para evitar olhares esquisitos.

Você também pode usar paleta de cordeiro para essa tagine. Nesse caso, peça ao açougueiro para cortar em quatro pedaços uma paleta com osso. Ou então cozinhe-a inteira por uma hora ou mais, até que a carne esteja macia o suficiente para soltar do osso, então a desosse e dê sequência ao cozimento. Note que você pode preparar o prato de véspera, retirar o excesso de gordura e reaquecer na hora de servir.

1. Misture 1 colher (sopa) do azeite, 2 colheres (chá) de sal, cominho, coentro, páprica, canela, pimenta-do-reino, gengibre, cúrcuma e pimenta-caiena numa tigela grande. Acrescente as canelas de cordeiro. Massageie-as com os temperos. Transfira as canelas para um saco plástico grande e resistente com fecho e sele, retirando a maior parte do ar. Deixe o cordeiro marinar na geladeira por 8 a 24 horas.

2. Aqueça as 2 colheres (sopa) de azeite restantes numa caçarola de ferro fundido em fogo médio-alto. Sele as canelas de cordeiro sem sobrepô-las (se não couberem todas de uma vez, trabalhe em levas, acrescentando mais azeite, se necessário), até que fiquem bem douradas de todos os lados, por 10 a 15 minutos.

3. Preaqueça o forno a 180°C.

4. Retire as canelas da caçarola, reduza o fogo para médio e acrescente cebola, alho e louro; tempere com sal. Refogue, raspando todos os pedaços escuros (acrescente um pouco d'água, se eles forem teimosos), até que a cebola esteja macia e transparente, por 8 a 10 minutos. Acrescente o açafrão e refogue por mais 1 minuto, para liberar os aromas. Acrescente o tomate e seus sucos, o caldo, o mel e as canelas de cordeiro, e deixe ferver.

5. Tampe a caçarola e leve-a ao forno para cozinhar por 2 horas, virando as canelas e acrescentando metade dos damascos secos e das passas depois da primeira hora. Depois de 2 horas, retire a tampa e acrescente os damascos e as passas restantes. Cozinhe por mais 30 minutos, virando as canelas na metade do tempo, até engrossar o molho.

6. Retire a caçarola do forno e escume toda a gordura da superfície. Sirva uma canela em cada tigela, sobre o cuscuz. Coloque frutas secas e molho em torno dela e espalhe a salsinha por cima.

---

3 colheres (sopa) de azeite de oliva (mais, se necessário)

sal marinho ou sal kosher

1 colher (chá) de cominho em pó

1 colher (chá) de semente de coentro em pó

1 colher (chá) de páprica doce ou defumada

1 colher (chá) de canela em pó

½ colher (chá) de pimenta-do-reino preta moída na hora

½ colher (chá) de gengibre em pó

¼ de colher (chá) de cúrcuma em pó

¼ de colher (chá) de pimenta-caiena

4 canelas de cordeiro

2 cebolas descascadas e picadas

3 dentes de alho descascados e em fatias finas

1 folha de louro

1 pitada generosa de açafrão ou açafrão em pó (opcional)

1 lata (400g) de tomates pelati em cubos ou amassados

2 xícaras (500ml) de Caldo de frango (p.326) ou água

1 colher (chá) de mel

¾ de xícara (140g) de damascos secos cortados ao meio

½ xícara (80g) de uvas-passas brancas ou pretas

Cuscuz israelense com limão e pistache (p.237), cuscuz simples ou arroz, para servir

salsinha ou coentro frescos picados, para decorar

Carne que derrete na boca

O OFÍCIO DE AÇOUGUEIRO É UMA ARTE IMPORtante na França, como fica claro diante dos cinco açougues que existem num raio de dois quarteirões de onde eu moro. Para ser honesto, eu normalmente fico confuso com todos os diferentes termos e cortes de boi, cordeiro e porco. E tento entender que cortes correspondem aos que eu conheço – como *palerons* de boi, que são um corte da pá, e enormes *côtes de bœuf* (contrafilé com osso). Contudo, morando na França, também tenho interesse em cozinhar com cortes menos familiares, como as paletas de cordeiro penduradas nas vitrines. Em algum momento vou evoluir para os miúdos cor-de-rosa e vermelho-sangue que ficam nos compartimentos de aço inoxidável. (Ou talvez não.)

Tendo sido confeiteiro por tantos anos, eu tinha pouca experiência em cozinhar carnes quando cheguei a Paris. David Tanis, um maravilhoso cozinheiro e escritor, me contou das vantagens de deixar as carnes cozinharem em ritmo lento: "Basicamente, você está apenas cozinhando a carne bem, bem devagar. Num primeiro momento ela se contrai." E, ao falar isso, ele encolheu os ombros quase até encostar nas orelhas, para enfatizar seu argumento, contorcendo o rosto ao mesmo tempo. E prosseguiu: "Depois de um tempo, a peça inteira de carne vai dar um suspiro, relaxar", o que ele ilustrou descontraindo todo o corpo e dando um enorme sorriso de felicidade. Essa foi uma lição fortemente visual, e percebi que, quanto mais determinados cortes cozinharem, melhores eles ficarão. (E mais feliz ficará o cozinheiro também.) Sem dúvida esse é um jeito fácil de dominar o preparo das carnes; compre um corte barato e deixe cozinhar ou assar até que a carne se solte do osso. Eu me lembro de David sempre que levo um suculento pedaço de carne de porco ou cordeiro ao forno, e algumas horas depois deparo com uma travessa cheia de pedaços de carne caramelizados que *fondent dans la bouche*, ou derretem na boca.

Antes de os parisienses terem fornos em casa, na Idade Média, as carnes eram assadas na padaria do bairro – por uma taxa, *bien sûr*! Às vezes queria que isso ainda fosse possível. Mas então, quando asso uma paleta de cordeiro e ela está coberta com uma casquinha quente e crocante, sempre penso que ninguém iria notar se eu a arrancasse e comesse na privacidade da minha cozinha. Também não acho que um estranho iria conseguir manter as mãos longe dela.

PRATOS PRINCIPAIS

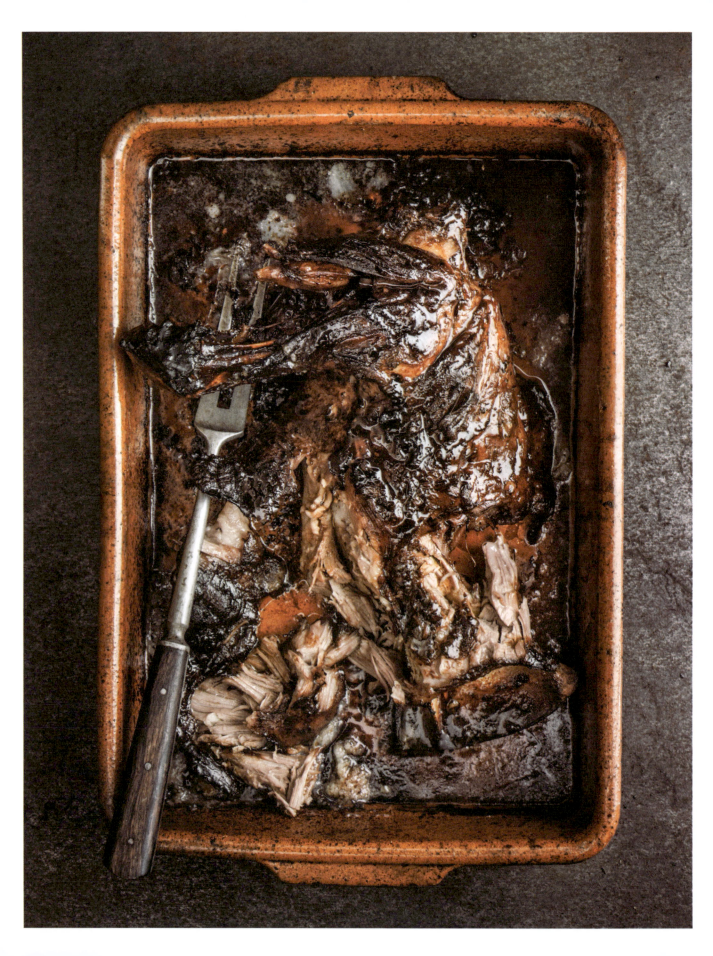

Cordeiro assado com legumes, salsa verde e suflês de panisse

ÉPAULE D'AGNEAU AUX LÉGUMES, SAUCE VERTE ET PANISSES

Serve 4-6 pessoas

Rechear cordeiro com anchovas e alho me faz lembrar da Provence, o que me faz pensar em panisses, bolinhos de grão-de-bico fritos. Depois de deixar as anchovas e o alho penetrarem no cordeiro por algum tempo, eles derretem e desaparecem, mas acrescentam um maravilhoso sabor umami à carne, assada lentamente. Se você ficou receoso, sugiro que experimente de qualquer forma. Ou, se ainda não o convenci, use ramos de alecrim no lugar das anchovas.

Para preparar os legumes, cortes-os em cubos, gomos, fatias ou rodelas grossas. Deixe que o formato do legumes determine o corte, respeitando as curvas e a dimensão de cada um. Certifique-se somente de que todas as raízes sejam cortadas aproximadamente do mesmo tamanho, para que cozinhem ao mesmo tempo. Os franceses não gostam de vegetais crocantes, ou, como eles dizem, ao estilo Califórnia. Portanto, cozinhe-os bem, mas não a ponto de desmanchar.

Eu especifiquei os legumes deste ragu, mas sinta-se à vontade para utilizar outros, como rutabaga, couve-rábano ou aspargos. Você deve começar com cerca de 1kg de legumes, sem contar as ervilhas ou favas. Não é preciso acrescentar muitos temperos; a salsa verde, intensa, providenciará bastante sabor.

Dei uma cara nova aos panisses, em formato de brioches, que têm o mesmo sabor dos bolinhos de grão-de-bico fritos em imersão típicos do Sul da França mas que são muito mais fáceis de fazer. A massa pode ser preparada com antecedência, e então você simplesmente os leva ao forno, onde eles irão crescer e deixá-lo orgulhoso pouco antes da hora de servir.

CORDEIRO ASSADO
- 1 paleta de cordeiro com osso (cerca de 1,75kg)
- 2 dentes de alho descascados e cortados em fatias
- 3 filés de anchovas cortados em três no sentido da largura
- 1 colher (chá) de sal marinho ou sal kosher
- pimenta-do-reino preta moída na hora
- 1½ xícara (375ml) de vinho branco seco (mais, se necessário)
- 1½ xícara (375ml) de água (mais, se necessário)

LEGUMES COZIDOS
- 2 colheres (sopa) de manteiga sem sal
- 8 cebolinhas cortadas ao meio, ou chalotas descascadas e cortadas ao meio
- 4 ramos de tomilho
- 3 pastinacas descascadas e cortadas em palitos
- 2 cenouras descascadas e cortadas em rodelas grossas
- 4 nabos médios descascados e cortados em gomos grossos
- 230g de batatinhas cortadas ao meio
- 1½ colher (chá) de sal marinho ou sal kosher
- pimenta-do-reino preta moída na hora
- 1 xícara (250ml) de Caldo de frango (p.326) ou água
- 1½ xícara (200g) de ervilhas frescas ou congeladas, ou favas descascadas

Salsa verde (p.333), para servir
Suflês de panisse (p.245), para servir

1. Apare o excesso de gordura do cordeiro. Faça algumas incisões profundas na carne e recheie-as com as fatias de alho e as anchovas. Esfregue a paleta com sal e pimenta-do-reino; cubra sem apertar e leve à geladeira pelo menos por 6 horas, ou de um dia para outro.

2. Quando estiver pronto para assar o cordeiro, preaqueça o forno a 160°C.

3. Coloque o cordeiro numa assadeira alta, com o lado da gordura para cima, e despeje o vinho e a água sobre ele. Asse por 1 hora, vire-o com o lado da gordura para baixo e asse por mais 1 hora. Durante o processo, se a assadeira começar a secar, acrescente

mais uma boa quantidade de vinho ou de água sobre o cordeiro, para que haja sempre líquido cobrindo o fundo.

4 Vire o cordeiro de modo que na última virada ele fique com a parte da gordura para cima e asse por mais 30 minutos, regando-o algumas vezes com os sucos da assadeira.

5 Para cozinhar os legumes, cerca de 30 minutos antes de servir o cordeiro, derreta a manteiga numa frigideira grande com tampa, em fogo médio. Acrescente a cebolinha e o tomilho e refogue até que fiquem levemente dourados, de 8 a 10 minutos. Acrescente pastinacas, cenouras, nabos e batatinhas. Tempere com sal e alguns giros do moedor de pimenta e mexa, para que tudo fique coberto pela manteiga.

6 Acrescente caldo e água suficientes para que haja líquido até a metade da altura dos legumes. Tampe e cozinhe em fervura bem baixa e constante por 20 minutos, mexendo de vez em quando, até que os legumes estejam cozidos; não cozinhe demais. Acrescente as ervilhas 2 ou 3 minutos antes de os vegetais estarem no ponto. Quando tudo estiver pronto, retire o cordeiro do forno.

7 Para servir, disponha os legumes e seus caldos em tigelas rasas de sopa. Desfaça a paleta em pedaços grandes e coloque-os sobre os vegetais, certificando-se de que todas as porções ganhem um bom pedaço da gordura crocante do cordeiro. Passe a tigela de molho verde e uma cestinha de panisses para os convidados se servirem.

A carne nos Estados Unidos

Há inúmeros paradoxos franceses em debate, mas existe um paradoxo americano que me deixa confuso: a forma como preferimos nossa carne. É complicado fazer generalizações sobre um país tão grande e diversificado como os Estados Unidos, mas na França é largamente difundida a crença de que os americanos gostam de acompanhar o bife com ketchup, e de que preferimos carne bem passada, ou, como os franceses dizem, *à la semelle* – como sola de sapato. E nada enfurece mais os chefs parisienses do que quando alguém pede um bife *bien cuit*.

Para evitar que isso aconteça, alguns restaurantes, como o Le Sevèro e o Bistro Paul Bert, informam em seus cardápios que se recusam a servir os bifes além de *saignant* (sangrento), observando que a qualidade da carne utilizada é tão boa que prepará-la em qualquer ponto acima disso é impensável. Embora seja verdade que os franceses em geral preferem a carne *bleue* ou tão malpassada que fica completamente crua no centro, conheço muitos americanos e pessoas de outras nacionalidades que argumentam que "carne" e "bem passada" são termos que não combinam.

Antes de me mudar para Paris, não fazia ideia de que os americanos também eram conhecidos pelo amor ao ketchup, que os franceses já não mais desprezam. Na verdade, os franceses gostam tanto de ketchup que o governo interveio, e emitiu-se um decreto estabelecendo que os refeitórios das escolas só podem servir ketchup com batatas fritas, e apenas uma vez na semana.

O condimento preferido nas mesas na França é – e sempre será – a mostarda. Para alguns franceses, uma refeição nunca está completa sem um pote dela na mesa. Além de consumir muita mostarda, os franceses também usam bastante manteiga. Ela não é posta na mesa para acompanhar a cesta de pães, que está sempre presente. (Certa vez pedi um hambúrguer num café e, depois de trazê-lo dentro de um pão, como de costume, o garçom trouxe também uma cesta de baguetes em fatias.)

Apesar do amor compartilhado pela manteiga, os americanos não pensam nela como algo para acompanhar bifes, o que, paradoxalmente, é o que os franceses fazem. De toda forma, experimente. Uma garfada basta para qualquer pessoa concordar que nada é tão bom quanto uma porção de manteiga de mostarda derretendo e se fundindo aos sucos de um bife na chapa servido com batatas fritas, as quais você pode molhar no ketchup – bem, dependendo do dia da semana.

Bife com manteiga de mostarda e fritas
STEAK FRITES AU BEURRE DE MOUTARDE

Serve 2 pessoas

Para preparar este clássico de bistrô na minha cozinha, eu uso uma frigideira de ferro fundido ou grelha que possa ficar muito quente, e então selo o bife dos dois lados, ao ponto, que é como eu gosto. Meu corte preferido é o *entrecôte*, ou contrafilé, e peço ao açougueiro para fatiar bifes que não sejam muito grossos, porque gosto de uma grande proporção de superfície nos meus bifes. Eu os tempero com pimenta chipotle em pó, para dar um toque defumado.

É difícil dizer com precisão quanto tempo leva para determinado bife ficar no ponto desejado, considerando que há muitas variáveis, mas não é verdade que, se você fizer um pequeno corte no bife para espiar, todos os sucos escorrerão e ele ficará seco. A melhor forma de garantir que um bife fique seco é deixá-lo tempo demais na frigideira. Portanto, fique à vontade para dar uma espiada dentro do bife, se precisar.

1. Seque bem os bifes e tempere-os com sal, pimenta chipotle em pó e coentro. Leve-os à geladeira, sem cobrir, pelo menos por 1 hora, ou até 8 horas.

2. Para fazer a manteiga de mostarda, misture a manteiga com a mostarda em pó e a mostarda Dijon numa tigela pequena. Forme dois montinhos e leve à geladeira num prato forrado com filme plástico.

3. Aqueça o óleo ou a manteiga clarificada na grelha ou frigideira de ferro fundido e frite os bifes em fogo alto, certificando-se de selar bem dos dois lados. Para malpassado, frite por 5 a 7 minutos no total, de ambos os lados, ou *aller-retour* (ida e volta).

4. Retire os bifes da frigideira e coloque nos pratos. Coloque uma porção de manteiga de mostarda e um pouco de pimenta-do-reino sobre cada um deles e sirva com uma grande porção de *frites*.

---

2 bifes de 225g de contrafilé

½ colher (chá) de sal defumado, sal marinho ou sal kosher

¼ a ½ colher (chá) de pimenta chipotle em pó

1 colher (chá) de coentro ou salsinha fresca finamente picados

óleo vegetal ou Manteiga clarificada (p.327)

pimenta-do-reino preta moída na hora

MANTEIGA DE MOSTARDA

2 colheres (sopa) de manteiga sem sal, em temperatura ambiente

2 colheres (chá) de mostarda em pó

1 colher (chá) generosa de mostarda Dijon

Batatas fritas (p.219)

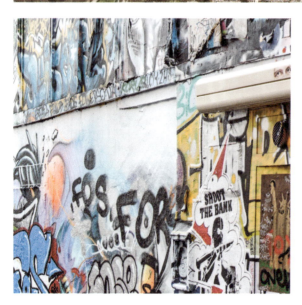

Acompanhamentos

ACCOMPAGNEMENTS

Para mim, *les accompagnements* fazem a refeição. Claro, a estrela do jantar pode ser o frango assado, o filé na chapa ou a travessa de carne ensopada, mas eles não significam nada, a menos que haja uma guarnição incrível para lhes fazer companhia. Os franceses têm alguns acompanhamentos espetaculares no repertório, sendo os mais notáveis os *gratins*. Uma refeição não pode ser qualificada como "de bistrô" se não houver um *plat à gratin* com queijo e creme de leite borbulhando e preenchendo todos os espaços entre as batatas douradas.

Batatas são tão prestigiadas na França que, na maioria das feiras, invariavelmente há algumas barracas que vendem batatas, e apenas batatas, organizadas segundo preço, origem e uso na cozinha. Jamais sonhei que precisasse de consultoria para comprar batatas, mas aprendi que existem diferenças substanciais entre as variedades, e usar a batata certa pode levar um gratinado cremoso de um simples "Humm" a algo de tirar o chapéu! (Ou apenas *chapeau!*, como eles falam.)

Até pouco tempo, os vegetais não tinham lugar de destaque na mesa. Mas alguns dos chefs mais jovens de Paris têm incorporado vegetais frescos aos cardápios, e estou começando a ver mais cozinheiros usarem pastinacas, urtigas, tupinambos e cenouras multicoloridas de forma criativa. Raízes, antes desprezadas pela associação com os tempos austeros de guerra, estão de volta, e eu as uso na cozinha com frequência.

Enquanto alguns vegetais ficam bons cozidos no vapor ou em água fervente, assar raízes concentra os sabores e as deixa bem douradas, oferecendo uma camada extra de satisfação. Eu as misturo nas Raízes assadas (p.225) e na Couve-flor assada com dukkah (p.224), o que transforma um vegetal menosprezado em algo bem temperado e exótico.

Grãos e feculentos desempenham papel de destaque em saladas como o Cuscuz israelense com limão e pistache (p.237) e a Salada de lentilhas francesas com queijo de cabra e nozes (p.233), e não estaríamos na França se os amados *haricots verts* não fizessem uma aparição (com ambas as pontas aparadas, *bien sûr!*), que eu transformei em Vagens francesas com manteiga de escargot (p.222).

Para aquelas ocasiões em que os acompanhamentos cumprem um papel coadjuvante, *Panisses souflés* (p.245) feitos com farinha de grão-de-bico dão um belo sabor de Nice ao meu prato em Paris. A Massa fresca com ervas (p.230) é divertida de preparar e se transforma num emaranhado saboroso ao lado de um suculento Frango com mostarda (p.169). E como nenhuma refeição na França está completa sem pão, você pode assar um reconfortante Pão multigrãos (p.241), que tem aparência tão boa quanto a dos pães que os parisienses compram na *boulangerie* do bairro para levar para casa. Os franceses não costumam servir manteiga com o pão, mas acredito que, nesse caso, você pode abrir uma exceção – porque mesmo os ótimos pães merecem seu próprio *accompagnement*.

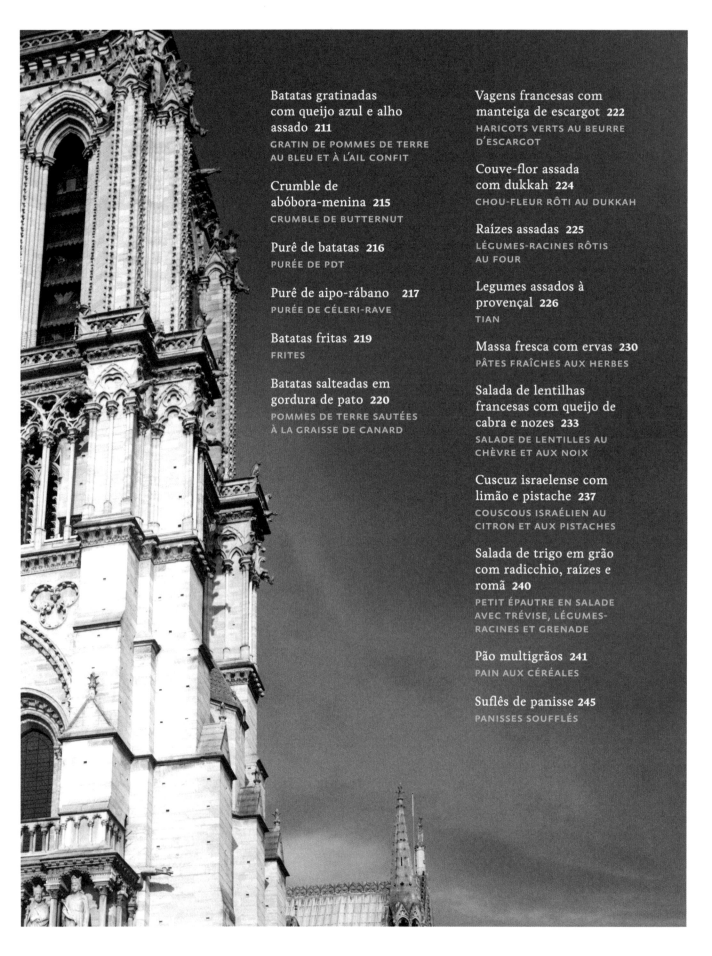

Batatas gratinadas com queijo azul e alho assado **211**
GRATIN DE POMMES DE TERRE AU BLEU ET À L'AIL CONFIT

Crumble de abóbora-menina **215**
CRUMBLE DE BUTTERNUT

Purê de batatas **216**
PURÉE DE PDT

Purê de aipo-rábano **217**
PURÉE DE CÉLERI-RAVE

Batatas fritas **219**
FRITES

Batatas salteadas em gordura de pato **220**
POMMES DE TERRE SAUTÉES À LA GRAISSE DE CANARD

Vagens francesas com manteiga de escargot **222**
HARICOTS VERTS AU BEURRE D'ESCARGOT

Couve-flor assada com dukkah **224**
CHOU-FLEUR RÔTI AU DUKKAH

Raízes assadas **225**
LÉGUMES-RACINES RÔTIS AU FOUR

Legumes assados à provençal **226**
TIAN

Massa fresca com ervas **230**
PÂTES FRAÎCHES AUX HERBES

Salada de lentilhas francesas com queijo de cabra e nozes **233**
SALADE DE LENTILLES AU CHÈVRE ET AUX NOIX

Cuscuz israelense com limão e pistache **237**
COUSCOUS ISRAÉLIEN AU CITRON ET AUX PISTACHES

Salada de trigo em grão com radicchio, raízes e romã **240**
PETIT ÉPAUTRE EN SALADE AVEC TRÉVISE, LÉGUMES-RACINES ET GRENADE

Pão multigrãos **241**
PAIN AUX CÉRÉALES

Suflês de panisse **245**
PANISSES SOUFFLÉS

Batatas gratinadas com queijo azul e alho assado

GRATIN DE POMMES DE TERRE AU BLEU E À L'AIL CONFIT

Serve 8 pessoas

- 10 dentes de alho grandes
- azeite de oliva
- 3 xícaras (750ml) de creme de leite fresco, ou 1½ xícara (375ml) de creme de leite fresco e 1½ xícara (375ml) de leite integral
- 1,2kg de batata
- sal marinho ou sal kosher e pimenta-do-reino preta moída na hora
- ¼ de xícara (15g) de ciboulette fresca picada
- 1½ xícara (195g) de queijo azul quebrado em pedaços grandes

Apesar de ter dito que nunca me senti confortável com o termo *comfort food*, admito que ele é uma alcunha bastante precisa para um gratinado de batatas. Despejar creme de leite e acrescentar um pouco de queijo azul e alho numa travessa de batatas, que ficam macias e adocicadas depois de levadas ao forno, transforma um tubérculo banal em prato que dá vontade de agarrar, servindo-se as batatas bem cozidas, com bolhas de queijo derretido entre elas, e só largar quando os últimos pedacinhos dourados e caramelizados tiverem sido raspados do fundo da travessa. Uau! Só de pensar já me sinto reconfortado e um pouco sonolento, até.

Quando estou montando este prato divino, gosto de deixar o queijo em grandes pedaços, para que ele não se perca. Para as batatas, uma variedade amanteigada, como a Yukon Gold, funciona muito bem aqui. Batatas Russet também são fortes candidatas para se montar um gratinado. Normalmente se usa creme de leite fresco puro, que se reduz e se transforma num *nappage* rico, amanteigado, mas você pode diluí-lo com leite, se não se sentir à vontade com tanto creme. Sirva com *Caillettes* (p.185) ou uma salada verde, para um almoço completo.

1 Preaqueça o forno a 180°C.

2 Apare as pontas duras dos dentes de alho, sem descascá-los, e coloque-os sobre um pedaço de papel-alumínio grande o suficiente para formar uma trouxinha. Tempere com um pouco de azeite, feche bem o pacote e leve ao forno por 45 minutos, até que os dentes de alho estejam levemente caramelizados. (Você também pode prepará-los com alguns dias de antecedência, quando estiver usando o forno para assar alguma outra coisa, o que eu normalmente faço.) Deixe o forno ligado e transfira a grade do forno para a posição mais alta.

3 Descasque os dentes de alho e amasse-os numa panela com algumas colheradas do creme de leite, até formar uma pasta. Leve a panela ao fogo baixo e acrescente o restante do creme de leite (puro ou diluído); deixe aquecer e reserve.

4 Descasque as batatas e corte-as em rodelas de 0,75cm de espessura. Unte um refratário de 2,5 litros com bastante manteiga

até pelo menos 5cm de altura. Coloque ⅓ das batatas no refratário; tempere com sal e pimenta. Espalhe ⅓ da ciboulette sobre as batatas, seguido de ⅓ do queijo azul. Acrescente mais ⅓ das batatas, tempere com sal e pimenta, e espalhe ⅓ da ciboulette e do queijo azul. Acrescente a última camada de batatas, despeje o creme de leite com alho e aperte delicadamente, para elas se acomodarem. Tempere com sal e pimenta e espalhe a ciboulette e o queijo azul restantes.

5 Coloque o refratário do gratinado sobre uma assadeira forrada com papel-alumínio e asse por 1 hora, até que esteja borbulhando e bastante dourado na superfície. A acidez do queijo pode fazer o creme de leite se separar levemente, mas isso é normal.

Plats à gratin

Eu estava com uns vinte anos quando viajei pela primeira vez a Paris. Levava apenas uma mochila, sapatos resistentes e uma cópia do *Guia gastronômico de Paris*, de Patricia Wells, e fui direto para a E. Dehillerin, a famosa loja de equipamentos de cozinha. Não sei o que se apossou de mim, mas acabei com uma montanha de utensílios de cobre, incluindo duas enormes assadeiras retangulares (que custavam na época o equivalente a US$70 cada), uma fôrma de tarte tatin, uma pilha de panelas e duas travessas ovais para gratinar, cujas bordas rasas, graciosamente arredondadas, permitiam a evaporação da umidade, proporcionando um gratinado profundamente caramelizado.

Depois que os vendedores embalaram tudo, eles me disseram o preço – e o custo do frete, que era exatamente o mesmo dos utensílios. Como meu orçamento era o de um estudante em viagem, hospedado em albergues da juventude, me apertando entre estranhos – muitos dos quais tinham noções distintas das minhas quanto ao espaço pessoal (e, em alguns casos, à higiene pessoal) –, decidi que eu mesmo carregaria aquilo tudo de volta para casa. Agradeci aos vendedores, paguei e saí da loja com uma caixa enorme.

Dei dez passos pela calçada e tive de apoiar a caixa no chão, certo de que, se eu desse mais um passo, meu braço iria cair. Não havia forma alguma de continuar a viagem transportando aquela caixa. Então, arrastei-a com todas as minhas forças até o trem RER e a deixei num guarda-volumes do aeroporto – no tempo em que eles ainda tinham guarda-volumes –, para despachá-la como bagagem no voo de volta.

Como acontece com um bom investimento, este se pagou maravilhosamente bem ao longo dos anos. Pelo menos é o que eu suponho, porque não faço a mais absoluta ideia de onde estão aquelas peças todas. (E, acredite, eu procurei em todo canto as travessas de gratinar.) Para repô-las hoje, isso me custaria o preço de um *petit pied-à-terre*. Portanto, tenho vasculhado por *plats à gratin vintage* nas feiras de usados. E hoje tenho uma coleção deles, de diferentes tamanhos, formatos e cores – o meu preferido é o laranja brilhante, que parece ter tomado a imaginação dos fabricantes de utensílios de cozinha franceses nas décadas de 1970 e 1980. Os novos modelos são feitos de cerâmica, apesar de eu achar que os esmaltados conduzem melhor o calor e não correm o risco de quebrar.

Apesar de dezenas de receitas neste livro pedirem refratários ou assadeiras de gratinar em formatos modernos, gosto de usar recipientes individuais, tanto novos quanto antigos, para que todo mundo receba mais da casquinha que gruda nas laterais. (Reduza o tempo de forno quando utilizar esses recipientes.) Dê uma busca na internet, em lojas de utensílios, para os novos, e em antiquários e feiras para os usados – e você nunca sabe o que irá encontrar. Ah, falando nisso, se por acaso encontrar duas travessas de cobre para gratinar bem gastas, em promoção, marcadas com a logo da E. Dehillerin na lateral, eu gostaria de tê-las de volta.

ACOMPANHAMENTOS

Crumble de abóbora-menina
CRUMBLE DE BUTTERNUT

Serve 6-8 pessoas

Os franceses se renderam a *les crumbles*, preparações assadas que os americanos chamam de *crisps*. Estes não devem ser confundidos com o que os britânicos chamam de *crisps*, que são batatas chips. Apesar de ter algumas lembranças ternas de caçarolas cobertas de batatas chips cozidas lentamente (ou cereal matinal), acho que seria difícil emplacá-las entre os franceses, portanto fico com o termo crumble, para não confundir ninguém por aqui, inclusive a mim mesmo. (Por sorte, *butternut*, ou *le butternut*, significa abóbora-menina tanto em inglês quanto em francês.)

Esta versão salgada de *crisp* – bem, quer dizer... crumble – é feita com farinha de rosca perfumada com sálvia e um pouco de polenta ou fubá de milho, para dar uma textura crocante.

RECHEIO DE ABÓBORA

2 colheres (sopa) de manteiga com ou sem sal

2 colheres (sopa) de azeite de oliva

1,8kg de abóbora-menina sem casca, sem sementes e cortada em cubos de 2cm

2 colheres (chá) de folhas de tomilho fresco picadas

sal marinho ou sal kosher e pimenta-do-reino preta moída na hora

½ xícara (60g) de chalotas descascadas e cortadas em rodelas finas

1 xícara (250ml) de Caldo de frango (p.326)

2 colheres de sopa de salsinha fresca picada

COBERTURA

¾ de xícara (105g) de farinha de rosca

½ xícara (70g) de polenta ou fubá de milho

½ xícara (45g) de queijo parmesão ralado na hora

1 colher (sopa) de sálvia fresca picada

1 colher (chá) de açúcar

½ colher (chá) de sal marinho ou sal kosher

4 colheres (sopa, 55g) de manteiga sem sal gelada e cortada em cubos

1 ovo grande

1 Preaqueça o forno a 190°C. Unte generosamente uma assadeira de 3 litros com manteiga em temperatura ambiente.

2 Para preparar o recheio de abóbora, aqueça 1 colher (sopa) da manteiga e 1 colher (sopa) do azeite numa frigideira grande em fogo médio-alto. Acrescente metade da abóbora e metade do tomilho. Tempere com sal e pimenta e refogue, mexendo de vez em quando, até que os pedaços de abóbora fiquem dourados de todos os lados.

3 Acrescente metade da chalota e refogue por mais alguns minutos, até que esteja macia. Acrescente ½ xícara (125ml) do caldo de frango e cozinhe por cerca de 30 segundos, mexendo para reduzir um pouco o caldo e aquecer tudo por igual. Despeje a mistura na assadeira untada.

4 Limpe a frigideira com papel-toalha e aqueça a outra colher (sopa) de manteiga e a colher (sopa) de azeite em fogo médio-alto. Refogue o restante da abóbora e do tomilho da mesma forma, temperando com sal e pimenta, e acrescente a chalota e ½ xícara (125ml) do caldo de frango, mexendo. Transfira a mistura para a assadeira, acrescente a salsinha e alise a mistura, para formar uma camada uniforme. Cubra a assadeira com papel-alumínio, fechando bem, e asse por 30 minutos, até que a abóbora esteja bem macia quando furada com uma faca afiada.

5 Enquanto a abóbora assa, prepare a cobertura, misturando a farinha de rosca, a polenta ou fubá de milho, o parmesão, a sálvia, o

açúcar e o sal no processador de alimentos. Acrescente a manteiga e use a função "pulsar" algumas vezes, até que a manteiga esteja totalmente incorporada. Acrescente o ovo e aperte "pulsar" mais algumas vezes, até que a mistura comece a formar alguns grumos. (A cobertura também pode ser preparada à mão numa tigela grande, com um misturador de massas ou as pontas dos dedos, para mesclar a manteiga e o ovo.)

6   Retire a assadeira do forno, remova o papel-alumínio e espalhe a cobertura sobre a abóbora. Reduza a temperatura para 180°C e leve a assadeira de volta ao forno. Asse por cerca de 20 minutos, até que a superfície esteja bem dourada, e sirva.

Purê de batatas
PURÉE DE PDT

Serve 6-8 pessoas

Parece que a maior parte das batatas na França acaba virando *purée*, algo tão corriqueiro que eles não se dão ao trabalho de dizer *purée de pommes de terre*. Presume-se que todo *purée* é feito de batatas. E as batatas são tão comuns que até elas foram encurtadas numa sigla, PDT (*pommes de terre*).

Se você tiver um degustador francês em casa, como eu tenho, ele ou ela provavelmente irão dizer "*Plus de beurre, plus de beurre*" entre cada garfada, caso você peça opinião enquanto estiver fazendo o purê. Então eu continuo a acrescentar mais e mais manteiga, até ficar com medo de ter passado do limite considerado razoável. É aí que eu sei que cheguei ao ponto certo.

1,25kg de batatas descascadas e cortadas em cubos de 3cm

¾ de xícara (180ml) de creme de leite fresco ou leite integral

1½ xícara (340g) de manteiga sem sal cortada em cubos

2 colheres (chá) de sal marinho ou sal kosher (mais, se necessário)

¼ de colher (chá) de pimenta-do-reino branca moída na hora (mais, se necessário)

1   Encha uma panela grande de água com sal e coloque para ferver. Acrescente as batatas e cozinhe por cerca de 30 minutos, até que estejam macias o suficiente, facilmente perfuráveis com a faca.

2   Próximo do fim do cozimento, aqueça o creme de leite numa panela pequena, com a manteiga e o sal. Quando a batata estiver completamente cozida, escorra bem e despeje na tigela da batedeira com o batedor pá. Despeje também a mistura de creme e manteiga e a pimenta, e bata em velocidade média até ficar homogênea. Outra opção é amassar as batatas no *moulin* ou espremedor, acrescentar a mistura de creme e manteiga e mexer até tudo ficar homogêneo. Prove e tempere com mais sal e pimenta, se necessário.

Purê de aipo-rábano
PURÉE DE CÉLERI-RAVE

Serve 4-6 pessoas

- 2 xícaras (500ml) de leite integral
- 2 xícaras (500ml) de Caldo de frango (p.326) ou mais leite ou água
- 1 folha de louro
- 1 colher (chá) de sal marinho ou sal kosher (mais, se necessário)
- 680g de aipo-rábano
- 285g de batatas
- 1 dente de alho sem casca e em fatias finas
- 3 colheres (sopa) de manteiga com ou sem sal, em temperatura ambiente
- pimenta-do-reino branca moída na hora

Eu não gosto de aipo. É o tipo de coisa que eu dou uma mordida e penso: "Tem alguma coisa aqui que eu não estou entendendo? Porque o gosto parece o de um bastão de lã verde molhada." Acho que é por isso que a maioria de nós encharca os talos de aipo de cream cheese ou manteiga de amendoim.

Com o aipo-rábano, no entanto, o jogo muda de figura, e é uma das primeiras coisas que compro quando vou à feira. Não apenas porque não quero me esquecer de comprar, mas porque na França os aipo-rábanos costumam ser enormes, alguns do tamanho de bolas de boliche, e quero que ele fique no fundo da sacola para não esmagar o resto. Além de *Céleri rémoulade* (p.105), o aipo-rábano rende um purê maravilhoso. Fica parecido com o purê de batatas, mas tem um sabor adocicado e rico que combina muito bem com o Falso confit de pato (p.179) e o Ensopado de galinha-d'angola com figos (p.183).

Assim como me converti em amante de aipo (só o aipo-rábano, por favor), também me converti em amante de pimenta-do-reino branca, desde que descobri a variedade de Penja, em Camarões. Ela tem uma ardência vívida que a pimenta-do-reino preta não possui, e muitas pessoas a preferem para evitar pequenos pontinhos pretos no purê. Seu sabor intenso acrescenta algo realmente único a este purê ou ao de batatas (p.216).

1. Aqueça o leite, o caldo, a folha de louro e o sal numa panela grande, em fogo baixo.

2. Descasque o aipo-rábano (*ver* passo 2, p.105). Corte-o em rodelas de 2cm de espessura e as rodelas em cubos.

3. Descasque as batatas e corte-as em cubos do mesmo tamanho. Acrescente o aipo-rábano e a batata à mistura de leite aquecida, juntamente com o alho. Espere até quase ferver, reduza o fogo ao mínimo, tampe e cozinhe entre 30 e 40 minutos, até que o aipo-rábano esteja macio (não deve apresentar resistência quando perfurado com uma faca de ponta).

4. Escorra e reserve 2 xícaras (500ml) do líquido do cozimento (*ver* Nota). Coloque o aipo-rábano e as batatas na tigela do processador (ou passe-o pelo espremedor de batatas) e bata até obter um purê homogêneo. Acrescente a manteiga e um pouco do líquido do cozimento, se estiver muito grosso. Prove e acrescente mais sal, se desejar, e a pimenta.

NOTA: Qualquer sobra do líquido do cozimento pode ser usada como base para sopas.

ACOMPANHAMENTOS

Batatas fritas

FRITES

Serve 4-6 pessoas

- 1,3kg de batatas
- 4 colheres (sopa) de azeite de oliva
- 2 colheres (chá) de sal marinho ou sal kosher
- ervas frescas, como um grande punhado de folhas de sálvia, alguns ramos de alecrim ou tomilho, ou uma mistura de todas

Apesar de não terem sido seus inventores (foram os belgas), os franceses amam batata frita. A devoção deles é tamanha que, depois de tentar prepará-las em casa, sem muito sucesso, numa panela grande cheia de óleo sobre o fogão, um amigo francês me contou que todo mundo na França possui uma fritadeira. Ele ficou surpreso quando eu disse que as fritadeiras não eram tão populares nos Estados Unidos, o que achou estranho, tendo em vista quanto os americanos são conhecidos por gostar de comidas fritas em imersão.

Igualmente difícil de acreditar é que nem toda batata frita em Paris é necessariamente boa. Uma vez fiquei tão desanimado por receber de novo uma travessa de *frites* murchas que dei um nó em cada uma delas e as deixei no prato, que foi levado embora depois que eu consumi o resto da comida sem que o garçom dissesse uma só palavra. Quando perguntei a um dono de restaurante por que as batatas fritas servidas no estabelecimento dele eram tão moles, ele respondeu: "Nós costumávamos fazê-las crocantes, mas muitos clientes reclamavam." Epa. Quem reclamaria de batatas fritas crocantes?

Em casa, as batatas crocantes também me escapavam, até que troquei para batatas ao forno, que são de preparo mais simples e fazem menos bagunça. Deixá-las de molho em água gelada ajuda a dourar melhor no forno e dá uma textura crocante extra por fora. Eu misturo um bom punhado de sálvia e alguns ramos de tomilho – as folhas de sálvia também ficam crocantes como as batatas e muito saborosas, e o tomilho dá um toque mais salgado.

Batatas da variedade Russet são boas para preparar no forno. Deixo um pouco da casca, para dar uma aparência mais rústica.

1 Descasque as batatas, deixando um pouco da casca. Corte-as em fatias de 1cm de espessura. Apoie as fatias na tábua de cozinha e corte-as em tiras de 1cm de largura. Coloque-as numa tigela com água bem gelada e levemente salgada, e deixe-as assim por 1 hora.

2 Preaqueça o forno a 200°C.

3 Escorra as batatas e espalhe-as sobre um pano de prato e seque-as bem. Unte duas assadeiras rasas com azeite. Coloque as bata-

ACOMPANHAMENTOS

tas nas assadeiras. Regue-as com o azeite restante e tempere com 1 colher (chá) de sal. Acrescente as ervas frescas e misture tudo com as mãos. Arrume as batatas sobre as assadeiras de forma que não fiquem sobrepostas.

4 Asse por 45 a 50 minutos, girando as assadeiras e trocando de prateleira na metade do tempo. Durante o processo, remexa as batatas algumas vezes, para que assem por igual. Assim que estiverem douradas e crocantes, retire as assadeiras do forno e sirva.

Batatas salteadas em gordura de pato
POMMES DE TERRE SAUTÉES À LA GRAISSE DE CANARD

Serve 4 pessoas

Já vi muitas dietas entrarem na moda e, melhor ainda, já as vi sair de moda. Ao longo da vida, parece que tudo já foi demonizado, incluindo ovos, manteiga, açúcar, farinha, sal e carboidratos, que são basicamente as bases da minha alimentação. Como resultado, já me foram feitas algumas perguntas incrivelmente desconcertantes: certa vez me indagaram onde encontrar chocolate com baixo teor de carboidrato, e outra pessoa expressou sua preocupação em consumir uvas, porque elas têm muitas calorias. Sem querer criticar: se você está com medo de comer frutas frescas, deveria adotar uma dieta de, bem… Não faço a menor ideia.

A gordura de pato é uma daquelas coisas que passam por uma análise minuciosa, em particular no que diz respeito à dieta do Sul da França, onde os índices de doenças coronarianas são especialmente baixos, mas, de forma paradoxal, se come bastante *gras de canard*. Não tenho planos de escrever um livro de dieta, mas muitos fatores indicam que a gordura de pato é do tipo "boa", e gosto de manter um pote dela na geladeira para fazer estas batatas salteadas especialmente crocantes e macias por dentro, cheias de gostosuras "batatosas" com alto teor de carboidrato. Se você estiver preocupado com sua saúde, talvez possa dispensar as uvas frescas da sobremesa.

Estas batatas são ótimas numa noite fria de inverno, especialmente com *Omelette aux fines herbes* (p.133) ou Bife com manteiga de mostarda (p.206). O delicado aroma da gordura de pato quente irá preencher sua cozinha e fazê-la cheirar como a casa de campo francesa dos seus sonhos. A gordura de pato costuma ser encontrada em lojas especializadas.

900g de batatas de textura firme

2 a 3 colheres (sopa) de gordura de pato

sal marinho ou sal kosher

2 dentes de alho descascados e picados (não muito finos)

1. Ferva uma panela com água salgada. Descasque as batatas e corte-as em cubos de 1,5cm, o mais uniformes possível. Ponha-as na água e cozinhe por 4 a 5 minutos, até começarem a ficar macias; a ponta de uma faca deve atravessá-las, sem as desmanchar.

2. Escorra bem as batatas e seque-as com papel-toalha.

3. Em fogo médio, derreta 2 colheres (sopa) de gordura de pato numa frigideira grande e pesada, de preferência de ferro fundido, na qual as batatas caibam numa única camada. (Se você não tiver uma frigideira grande o bastante, use duas frigideiras.) Quando a gordura de pato estiver quente, acrescente as batatas. Salteie por cerca de 1 minuto, girando a frigideira ou mexendo, para evitar que grudem.

4. Salteie as batatas por 20 a 30 minutos, mexendo de vez em quando, para que fiquem bem douradas de todos os lados. Se você achar que toda a gordura foi absorvida ou que as batatas estão grudando, acrescente mais uma colher (sopa) de gordura de pato. Tempere as batatas com sal na metade do tempo de cozimento. Entre 1 e 2 minutos do fim, acrescente o alho e misture, deixando que ele cozinhe, mas sem queimar. Retire do fogo e sirva.

Vagens francesas com manteiga de escargot

HARICOTS VERTS AU BEURRE D'ESCARGOT

Serve 4 pessoas

Não se preocupe: *beurre d'escargot* não leva escargot. O nome se refere à mistura de manteiga com uma quantidade absurda de alho, usada para preparar escargots, aquelas criaturinhas rastejantes que precisam ser supertemperadas, porque não imagino alguém que ache apetitoso um prato de lesmas assadas sem qualquer condimento.

Em algum momento, é provável que *les haricots verts* fiquem sob algum tipo de proteção nacional na França, porque são onipresentes, e ainda estou para conhecer um francês que não goste de vagem. Inclusive, em muitos bistrôs de Paris elas são servidas para acompanhar os bifes, em lugar de batatas fritas.

Apesar de ter comido a pontinha mais fina das vagens por toda a minha vida, na França acredita-se que elas estão cheias de perigo: desde o acúmulo de radiação até a catástrofe de ficar com um desses pedacinhos presos no dente (eu tenho um espaço considerável entre os meus dois dentes da frente, então talvez seja por isso que pude alegremente aproveitar com segurança as pontas das vagens antes de me mudar para a França). Portanto, se você quiser se resguardar, faça como os franceses e apare as duas pontas da vagem. Ou então corra o risco.

1. Encaixe a vaporeira numa panela. Acrescente água suficiente para tocar o fundo da vaporeira. Tampe a panela e aqueça a água até uma fervura baixa. Adicione as vagens e cozinhe-as no vapor até ficarem tenras, por 8 a 10 minutos.

2. Retire as vagens da vaporeira e coloque sobre um pano de prato, para secar.

3. Na frigideira, derreta a manteiga em fogo médio-alto. Acrescente o alho e refogue por 2 a 3 minutos, até que ele comece a chiar e dourar levemente. Acrescente a salsinha, o sal e uma quantidade generosa de pimenta-do-reino preta moída na hora. Acrescente as vagens e misture até que terminem de cozinhar e fiquem completamente recobertas pela manteiga de alho. Pingue algumas gotas de suco de limão, misture mais um pouco e sirva.

450g de vagens francesas com as pontas aparadas

4 colheres (sopa, 55g) de manteiga sem sal

3 colheres (sopa) de alho picado

½ xícara (30g) de salsinha fresca finamente picada

1 colher (chá) de sal marinho ou sal kosher

pimenta-do-reino preta moída na hora

algumas gotas de suco de limão espremido na hora

Couve-flor assada com dukkah
CHOU-FLEUR RÔTI AU DUKKAH

Serve 4 pessoas

Os americanos são vistos pelos franceses como pessoas que usam com frequência a expressão "Oh my God!" para qualquer coisa, mesmo aquelas com as quais não estão tão empolgados assim. Eu nunca tinha pensado nisso até me mudar dos Estados Unidos. Mesmo que um francês não conheça mais do que dez palavras em inglês, três delas são invariavelmente "Oh my God!", com um sotaque americano perfeitamente afinado. Então, deve haver alguma verdade nisso.

Uma coisa pela qual nunca ouvi ninguém dizer "Oh my God!" é couve-flor, que, admito, não é o mais animador dos vegetais. Claro que as flores cruas ficam muito boas mergulhadas em molho rosé, mas isso não arrancaria muitos "Oh my God!" aqui em casa – principalmente dos convidados franceses.

A boa notícia sobre a couve-flor, no entanto, é que ela serve como excelente veículo para outros sabores e combinações de sabores (além do combo de ketchup e maionese), como o *Dukkah* (p.81), o mix de oleaginosas altamente condimentado que tenho sempre à mão.

Fornos costumam variar, mas gosto da couve-flor bem dourada, até queimadinha nas pontas. A melhor forma de saber se ela está pronta é espiar o forno. Se o cheiro das especiarias tostadas e picantes que se desprende da couve-flor o tomar de assalto quando você abrir a porta do forno, e você disser "Oh my God!", então saberá que ela está pronta.

1 couve-flor grande

3 colheres (sopa) de azeite de oliva

¾ de colher (chá) de sal marinho ou sal kosher

pimenta-do-reino preta moída na hora

¼ de xícara (30g) de *Dukkah* (p.81)

1. Preaqueça o forno a 220°C.

2. Quebre ou corte a couve-flor em pedaços e corte as flores em fatias de 1,5cm. Arrume a couve-flor numa assadeira baixa com borda e regue com o azeite. Tempere com sal e pimenta, e acomode as fatias formando uma única camada. Asse por 25 minutos, mexendo uma vez na metade do tempo.

3. Espalhe o dukkah sobre a couve-flor e misture bem, recobrindo todas as fatias, e acomode-as numa camada única novamente. Asse por mais 15 a 20 minutos, até que os pedaços da couve-flor estejam torradinhos e dourados. Retire do forno e sirva.

Raízes assadas

LÉGUMES-RACINES RÔTIS AU FOUR

Serve 6 pessoas

Depois de uma vida inteira comendo legumes, cheguei à conclusão de que não existe melhor maneira de prepará-los que no forno. Assar é fácil e concentra os sabores. E requer apenas uma pequena quantidade de óleo, portanto entra sem dúvida na categoria "saudável", tirando dos holofotes aqueles legumes moles preparados no vapor.

Eu uso uma mistura de raízes – qualquer uma que encontre na feira. Vegetais compridos, como cenouras e pastinacas, devem ser descascados e cortados em palitos, como se fossem para servir crus, para mergulhar em molho. Vegetais arredondados devem ser descascados e cortados em gomos. Mas chalotas ficam melhores apenas cortadas na metade no sentido do comprimento, para manter o formato.

Acréscimos ou substituições podem incluir: colocar folhas de radicchio nos últimos 10 minutos de cocção; batatas-inglesas compridas cortadas no sentido do comprimento; aspargos cortados em pedaços grandes, na diagonal (ou, como se diz nos Estados Unidos, à francesa, embora nenhum francês a quem eu tenha perguntado faça a mínima ideia de por quê); rutabagas ou nabos descascados, cortados em gomos; ou aipo-rábano descascado e cortado da forma que você preferir, mas de tamanhos similares. Se quiser variar a mistura, mantenha-a em torno de 1,25kg de vegetais no total. Você pode usar diferentes ervas, salpicar folhas de alecrim, ramos de segurelha ou um grande punhado de folhas de sálvia.

Esta é uma receita bastante descomplicada. A única coisa com a qual eu me atrapalho é me certificar de que as chalotas e as couves-de-bruxelas fiquem com o lado do corte virado para baixo, para dourar bem. Cada forno é diferente, e normalmente preparo a receita na grade mais baixa do meu, onde o calor é um pouco mais concentrado, para que as raízes fiquem bem caramelizadas.

Sirva com Frango à moda de Catherine (p.173), Porco defumado ao estilo barbecue (p.190) ou seu assado preferido.

---

2 cenouras grandes

2 pastinacas

1 beterraba grande

1 batata-doce, ou 225g de batata-inglesa

225g de couve-de-bruxelas

8 chalotas

3 colheres (sopa) de azeite de oliva

1 colher (chá) de sal marinho ou sal kosher

pimenta-do-reino preta moída na hora

10 ramos de tomilho

---

1. Preaqueça o forno a 200°C.

2. Descasque as cenouras e as pastinacas e corte-as em palitos de cerca de 8cm de comprimento. Descasque a beterraba e a batata-doce e corte-as em palitos aproximadamente do mesmo tamanho dos outros vegetais. (Se estiver usando batata-inglesa,

deixe-a com casca e corte-a no sentido do comprimento.) Retire as folhas externas mais ressecadas das couves-de-bruxelas e corte-as ao meio. Corte as chalotas no sentido do comprimento e retire qualquer vestígio da casca.

3. Coloque os vegetais numa assadeira baixa com borda, arrumando as couves-de-bruxelas e as chalotas com o lado do corte para baixo. Regue com o azeite. Tempere com sal e alguns giros do moedor de pimenta; espalhe o tomilho por cima.

4. Asse os vegetais por 45 a 60 minutos, mexendo-os na metade do tempo, até que todos estejam cozidos por inteiro e dourados. Retire do forno e sirva.

Legumes assados à provençal
TIAN

Serve 4-6 pessoas

Provas contundentes de que os franceses são obcecados por comida podem ser encontradas, entre todos os lugares, em *la Poste*. Enquanto as agências dos correios parecem ser detestadas universalmente, eu tive experiências na maior parte das vezes positivas com os correios na França (exceto por dois casos de livros que se extraviaram em 2004, entre São Francisco e Paris, *ver* p.148). Em anos recentes, *la Poste* foi modernizada. E hoje não apenas minhas encomendas chegam, mas *la Poste* também oferece selos com temas gastronômicos que variam desde uma barra de chocolate a brilhosos retratos das várias raças de gado de corte que os franceses criam. E quando *la Poste* lançou selos inspirados na culinária regional francesa, eles foram gentis o bastante para incluir as receitas, dentre elas um prato de vegetais simples que eu preparo de vez em quando.

Mas não sou o único que gosta desse prato. Se você assistiu ao filme *Ratatouille*, a *ratatouille* que era a refeição dos sonhos do meticuloso crítico de gastronomia francês na verdade era um *tian*, prato provençal de legumes cortados em fatias e assados, cujo nome deriva da assadeira onde é preparado. (No filme, o *tian* também é servido com uma pontada de ironia, visto que a receita que finalmente dobrou o crítico francês foi elaborada pelo chef americano Thomas Keller.) Outra coisa curiosa sobre essa receita é que ela, na verdade, fica melhor servida em temperatura ambiente; assar os legumes com antecedência dá tempo para que os sabores se misturem e fiquem concentrados.

MINHA COZINHA EM PARIS

1. Aqueça 1 colher (sopa) do azeite de oliva numa frigideira em fogo médio. Acrescente a cebola e refogue, mexendo de vez em quando, por cerca de 8 minutos, até que comece a amolecer. Acrescente o alho e 1 colher (chá) do tomilho; tempere com sal e pimenta. Continue a refogar até que a cebola esteja macia e transparente, por cerca de 2 minutos. Espalhe a mistura numa travessa refratária de 3 ou 4 litros. (Quanto mais larga a travessa, melhor, porque a largura permite que os legumes assem, em vez de cozinhar no vapor, e assim o sabor fica mais concentrado.)

2. Preaqueça o forno a 190°C.

3. Apare as pontas das abobrinhas e das berinjelas e corte-as em rodelas de 0,75cm. Corte a ponta dos caules dos tomates e corte-os em rodelas de 0,75cm.

4. Arrume os legumes num padrão circular e concêntrico, sobrepondo-os, alternando rodelas de berinjela, tomate e abobrinha, de forma que fiquem bem firmes na travessa.

5. Regue os legumes com as 2 colheres (sopa) de azeite restantes e espalhe as 2 colheres (chá) de tomilho sobre eles. Tempere com sal e pimenta. Cubra a travessa firmemente com papel-alumínio e leve ao forno por 45 minutos. Retire o papel-alumínio, espalhe o queijo por cima e asse por mais 20 a 30 minutos, até que os legumes estejam completamente cozidos. Sirva o *tian* morno ou, melhor ainda, em temperatura ambiente, no mesmo dia em que o preparou.

---

3 colheres (sopa) de azeite de oliva

1 cebola descascada e cortada em rodelas finas

2 dentes de alho descascados e picados

3 colheres (chá) de tomilho fresco picado

sal marinho ou sal kosher e pimenta-do-reino preta moída na hora

225g de abobrinha

2 berinjelas japonesas ou 1 tradicional, cerca de 340g no total

2 tomates, cerca de 340g no total

½ xícara (45g) de queijo parmesão, Comté ou emmenthal ralados na hora

Enchendo a boca para falar

Existe uma lista de palavras em francês que eu já aceitei que permanecerão impronunciáveis para mim. Depois de muita dedicação e trabalho duro, dominei *écureuil* (esquilo), tida como uma das palavras francesas mais difíceis para os anglófonos aprenderem, bem como *séchage* (secagem), *moelleux* (macio de desmanchar) e *quincaillerie* (loja de utilidades). Depois de perceber que eu precisava *sécher* minhas roupas, que queria que meus bolos de chocolate fossem *moelleux* e que não queria continuar a usar a mesma esponja de cozinha por dez anos, pratiquei e pratiquei até pronunciar corretamente essas palavras.

Entretanto, a última palavra que resiste é *nouilles*, macarrão, que eu parei de usar porque nunca falha em fazer os franceses estremecerem (ou rirem) sempre que tento pronunciá-la. Por sorte, encontrei formas de contornar essa palavra. *Pâte* significa massa em francês, e *pâte fraîche* é "massa fresca". Portanto, evito a questão inteiramente aproveitando uma massa fresca sempre que posso, o que deixa todo mundo contente.

Massa fresca com ervas
PÂTES FRAÎCHES AUX HERBES

Serve 4-6 pessoas

Massa caseira é divertida de preparar e de abrir. Eu tenho uma máquina de macarrão que encaixa na minha batedeira e torna a tarefa especialmente fácil, mas as máquinas de macarrão de manivela não são caras e funcionam bem. Você também pode abrir com a mão, usando as pontas dos dedos, apesar de as únicas pessoas que conheço capazes de fazer isso bem sejam as avós italianas.

Preparar macarrão fresco tem mais a ver com técnica do que com uma receita definitiva. Semolina e farinha de trigo podem variar bastante, assim como os ovos. Portanto, você pode ter de acrescentar um pouco mais de farinha quando estiver abrindo a massa, se ela for úmida demais e grudar nos cilindros. Ou umedecê-la com um pouco de água se estiver muito seca e quebrar quando for aberta.

Eu prefiro usar metade de semolina e metade de farinha de trigo para preparar massa fresca, mas só a farinha de trigo também funciona (ficará uma textura ligeiramente mais pegajosa que a feita com semolina). Ter um cortador de massa ou espátula também ajuda a misturar a massa, que tende a grudar na bancada.

Eu sirvo esse macarrão com pratos que têm molho e precisam de alguma coisa para ser mergulhada neles, como *Coq au vin* (p.177) ou *Poulet à la moutarde* (p.169). Também fica ótimo se cozido e misturado com alho em fatias refogado em manteiga derretida ou azeite até começar a chiar, e finalizado com um pouco de pimenta-do-reino preta moída na hora e bastante parmesão ralado.

1½ xícara (270g) de semolina

1½ xícara (210g) de farinha de trigo

½ colher (chá) de sal marinho ou sal kosher

½ xícara (30g) de ervas frescas variadas picadas, como salsinha, sálvia, alecrim, tomilho e orégano

3 ovos grandes em temperatura ambiente

3 gemas grandes

água (opcional)

farinha de arroz ou mais semolina para abrir a massa

1. Misture a semolina, a farinha, o sal e as ervas e forme um montinho sobre a bancada. Faça um buraco no centro e acrescente os ovos e as gemas. Usando as mãos, misture os ovos e as gemas, incorporando um pouco da mistura de farinha e semolina conforme for mexendo (não rompa as barreiras laterais, senão você terá de lidar com ovos escorrendo como lava), incorporando gradualmente mais dos ingredientes secos. Quando os ingredientes começarem a tomar consistência, use um cortador de massa ou uma espátula para raspar todos os pedaços espalhados pela bancada e incorporá-los à massa.

2. Sove a massa com as mãos por cerca de 3 minutos, até que fique completamente homogênea. Se parecer seca e estiver quebrando enquanto você sova, acrescente algumas gotas de água. Ela

estará pronta quando você puder moldá-la num disco sem que as laterais fiquem rachadas. Abra a massa com as mãos até obter uma forma oval de 3cm de espessura e envolva em filme plástico. Deixe descansar em temperatura ambiente por 1 hora.

3 Numa superfície ligeiramente enfarinhada, divida a massa em 8 partes e achate cada uma em formato retangular, usando as mãos. Polvilhe-as levemente com farinha de arroz e passe a primeira pela máquina usando a maior abertura dos cilindros, dobre ao meio e passe mais uma vez. Se a massa grudar nos cilindros ou nos seus dedos durante essa etapa, polvilhe-a bem de leve com farinha de arroz e retire o excesso.

4 Passe a massa pela máquina mais 3 vezes, reduzindo a abertura a cada vez, até que a massa esteja na espessura desejada – eu gosto da minha da espessura de um cartão de crédito. Se você quiser preparar fettuccine, passe a massa pelo acessório apropriado da máquina. Para cortes mais largos, coloque a massa aberta sobre a bancada e polvilhe-a ligeiramente com farinha de trigo, dobre-a sobre si mesma duas vezes no sentido do comprimento, apare as pontas irregulares e corte em fatias de 1,5cm de largura. Desenrole os ninhos de massa. Se você for cozinhar a massa muito mais tarde, pendure-a sobre um cabo de vassoura apoiado em dois objetos, para criar um secador de massa (use um secador de massa ou cabides de plástico). Repita a operação para abrir os demais pedaços.

5 Se você for cozinhar a massa imediatamente, coloque-a numa assadeira polvilhada com farinha de arroz e polvilhe mais da farinha por cima, para os ninhos não grudarem – não grudam mesmo. (Ela também pode ser levada à geladeira, coberta com um pano de prato, por até 8 horas.) Para cozinhar, ferva uma panela grande com água bem salgada e despeje a massa. Cozinhe por 4 a 6 minutos, dependendo da espessura. Você pode pescar um fio, lavar em água corrente e morder para ver se está cozido no ponto desejado. Escorra e sirva imediatamente.

Salada de lentilhas francesas com queijo de cabra e nozes
SALADE DE LENTILLES AU CHÈVRE ET AUX NOIX

Serve 4-6 pessoas

Algumas pessoas só conhecem as lentilhas como discos cinza-amarronzados que são cozidos até formar uma papa, naquelas sopas que todo mundo comia nos loucos anos 1970. Mas a reputação delas já sofreu muitas ofensas, e um time de empreendedores resolveu resgatá-las dos sacos das lojas de produtos naturais, rebatizando-as como "caviar" ou "beluga", numa tentativa de recuperar seu status.

Para mim, parece um pouco bobo tentar conferir tamanha honraria a uma humilde leguminosa, mas admito que as lentilhas verdes francesas merecem a comparação com o caviar pelo sabor e a textura incríveis, e pela capacidade de manter a forma quando misturadas numa salada. Normalmente, evito pedir ingredientes muito específicos nas receitas, mas, nesse caso, as lentilhas de Puy, cultivadas no Centro-sul da França, sem dúvida são as melhores. Tentei usar outras lentilhas verdes francesas, e, apesar de o sabor ser bom, elas não mantêm a mesma textura sutil das lentilhas de Puy. Não são tão difíceis de achar quanto caviar, nem tão caras, e mesmo que exijam um pouco de idas e vindas, tente encontrá-las. Se não conseguir, outra lentilha verde francesa serve. Certifique-se apenas de provar antes do fim do tempo de cozimento recomendado, porque elas tendem a cozinhar mais depressa. O objetivo é que mantenham sua forma na salada e tenham ainda alguma textura. Não use as lentilhas grandes verdes (ou de qualquer outra cor) que você prepararia para uma sopa – elas ficam empapadas com muita rapidez.

Esta é minha salada preferida, meu trunfo, e eu a preparo com frequência porque é rápida, fácil e continua boa durante vários dias. Você vai testar suas habilidades com a faca para preparar o *mirepoix*, uma mistura de cebola, cenoura e aipo cortados em cubos bem pequenos. Num mundo ideal, os pedaços devem ser do mesmo tamanho das lentilhas depois de cozidas.

Se as lentilhas são o caviar das leguminosas, então me arrisco a dizer que o óleo de nozes é o champanhe dos óleos. É mais caro que os outros, mas apenas uma pequena quantidade impregna qualquer coisa que você tempere com ele – principalmente saladas, embebendo-as do aroma e do sabor das nozes. Óleo de nozes é vendido em pequenos frascos porque não dura muito. Eu compro o meu num dos *marchés des producteurs*, onde fabricantes calejados de toda

ACOMPANHAMENTOS

a França se reúnem para vender seus produtos artesanais diretamente ao público. E por mais que algumas pessoas possam estar mais interessadas em caviar e champanhe, eu fico contente em me deleitar com lentilhas e óleo de nozes recém-prensado, que recebem tratamento de realeza nesta despretensiosa salada.

1. Lave as lentilhas e coloque-as numa panela com bastante água salgada, a folha de louro e o tomilho. Aqueça até ferver, reduza o fogo ao mínimo e cozinhe por 15 minutos. Acrescente os vegetais em cubos pequenos e cozinhe por mais 5 a 10 minutos, até que a lentilha esteja al dente; tome cuidado para não passar do ponto.

2. Enquanto as lentilhas cozinham, prepare o molho. Misture o vinagre, o sal, a mostarda, os óleos e a chalota numa tigela grande.

3. Escorra bem as lentilhas e misture-as ao molho enquanto ainda estão mornas, mexendo para que fiquem totalmente cobertas. Retire a folha de louro e os galhos de tomilho e deixe esfriar em temperatura ambiente, mexendo de vez em quando.

4. Tempere com pimenta-do-reino moída na hora e misture a salsinha, as nozes e o queijo de cabra. Prove e acrescente mais sal, se desejar. Eu sirvo a salada em temperatura ambiente ou morna. Se for servi-la morna, exclua o queijo de cabra ou deixe para misturá-lo no último minuto, para que não derreta, apenas amoleça um pouco. A salada pode ser preparada com até 2 dias de antecedência e mantida na geladeira. Deixe voltar à temperatura ambiente antes de servir; talvez ela precise ser temperada novamente.

LENTILHAS

1½ xícara (270g) de lentilhas verdes francesas (de preferência de Puy)

1 folha de louro

5 ramos de tomilho

1 cenoura descascada e cortada em cubos pequenos

1 cebola roxa pequena descascada e cortada em cubos pequenos

1 talo de aipo cortado em cubos pequenos

MOLHO

1 colher (sopa) de vinagre de vinho tinto

1¼ de colher (chá) de sal marinho ou sal kosher (mais, se necessário)

1 colher (chá) de mostarda Dijon

⅓ de xícara (60ml) de azeite de oliva, ou metade de óleo de nozes e metade de azeite de oliva

1 chalota pequena descascada e picada

pimenta-do-reino preta moída na hora

½ xícara (30g) de salsinha fresca picada

1 xícara (100g) de nozes ou nozes-pecã tostadas e picadas grosseiramente

1 xícara (130g) de queijo de cabra ligeiramente curado ou queijo feta esfarelado

Cuscuz israelense com limão e pistache
COUSCOUS ISRAÉLIEN AU CITRON ET AUX PISTACHES

Serve 4-6 pessoas

- 1 limão em conserva
- ½ xícara (30g) de salsinha fresca picada
- 2 colheres (sopa) de manteiga com ou sem sal, em temperatura ambiente
- ½ xícara (80g) de frutas secas picadas (qualquer combinação de cereja, cranberry, damasco, ameixa ou uvas-passas)
- ½ xícara (65g) de pistache sem sal e sem casca, picados bem grosseiramente (quase inteiros)
- ¾ de colher (chá) de sal marinho ou sal kosher
- ¼ de colher (chá) de canela em pó
- 1¼ de xícara (225g) de cuscuz israelense ou outra massa pequena e arredondada
- pimenta-do-reino preta moída na hora

Todos os anos em Menton, cidade perto de Nice que fica na fronteira com a Itália, acontece um festival para celebrar os famosos limões de Menton. Robustos e de formato irregular, eles aparecem sazonalmente nas feiras de Paris ainda presos aos galhos. São reverenciados pelos chefs e cozinheiros por seu intenso sabor (sem a acidez excessiva dos limões comerciais) e pela parte branca da casca, não muito amarga, o que os torna ideais para fazer conservas.

Esta salada levemente cítrica faz bom uso dos limões em conserva, que podem ser comprados com facilidade ou preparados por você mesmo (visite meu site para ver a receita). Eu mantenho um pote sempre à mão. Leva algumas semanas para que fiquem macios e suaves, portanto não deixe para fazer em cima da hora. O sabor é incomparável, e um pote dura meses na geladeira. Pedaços picados podem ser misturados a azeitonas para um rápido *apéro*, e eles também acrescentam um sabor cítrico marcante a este prato com pistaches e cuscuz israelense.

O cuscuz israelense é feito de pequenas pérolas de massa, às vezes chamadas "pastinas", que significam "pequenas massas", e quando tostada se chama *fregola sarda*. Como são mais substanciosos, acredito que combinam melhor com ensopados de carne ao estilo do Norte da África, como Tagine de canela de cordeiro (p.199) do que o cuscuz tradicional. (O *risone* também é um bom substituto para o cuscuz israelense.) Para mudar um pouco as coisas, você pode variar as frutas secas ou acrescentar hortelã ou coentro frescos picados, em vez de salsinha. Outra oleaginosa, como avelã, amêndoa ou até pinoli tostados, pode ser usada no lugar do pistache.

1. Apare o cabo do limão e corte-o em quatro. Retire a polpa com uma colher e esprema-a sobre a peneira numa tigela, para extrair o suco; descarte a polpa. Pique finamente a casca e coloque na tigela juntamente com a salsinha, a manteiga, as frutas secas, o pistache, o sal e a canela.

2. Leve uma panela grande com água salgada ao fogo alto até ferver. Acrescente o cuscuz e cozinhe de acordo com as instruções da embalagem. Escorra e acrescente à tigela, mexendo até que a manteiga derreta e todos os ingredientes fiquem bem misturados. Tempere com pimenta-do-reino e sirva.

Romãs

A palavra em francês para romã é *grenade*, e gosto de pensar que lhe deram esse nome porque suas sementes provocam uma série de explosões quando você dá uma mordida nelas. A primeira vez que vi uma romã foi no início da adolescência, quando eu morava na Nova Inglaterra. Era tão esquisita, uma fruta com um labirinto de sementes correndo por dentro dela, agregadas em montinhos cor de rubi e firmemente presas às finas membranas que mantêm a fruta unida. Era exótica e saborosa, mas eu me recordo melhor é da bagunça que fazia. (Minha mãe não me deixaria esquecer, também.)

Hoje romãs são muito mais comuns, graças à popularidade do suco de romã nos Estados Unidos, associado aos artigos que proclamam os benefícios da fruta para a saúde. Esses artigos, juntamente com uma estratégia de marketing inteligente e garrafas com um design bacana, estimularam os produtores da Califórnia a investir no cultivo da fruta.

Durante o inverno, elas são abundantes nas feiras de Paris e populares principalmente entre a comunidade do Oriente Médio. Algumas sementes espalhadas sobre uma salada verde simples dão um ligeiro sabor frutado e um brilho que é especialmente bem-vindo durante os meses cinzentos de inverno.

Minha forma preferida, e menos explosiva, de retirar as sementes da romã é encher uma tigela de água gelada, cortar a fruta em quatro e mergulhar cada pedaço. Estique-os e esfregue as sementes até descolar da membrana, deixando que os pedaços dela flutuem. Retire e descarte esses pedaços e a casca.

Esfregue as sementes debaixo d'água para soltar qualquer pedaço mais teimoso de membrana que ainda esteja preso a elas. Recolha e descarte isso também, e escorra as sementes numa peneira.

Salada de trigo em grão com radicchio, raízes e romã

PETIT ÉPAUTRE EN SALADE AVEC TRÉVISE, LÉGUMES-RACINES ET GRENADE

Serve 4-6 pessoas

As pessoas não costumam pensar nos parisienses como fãs de *croquant-muesli* (granola crocante). Mas encontro os melhores ingredientes da França em lojas de produtos naturais — uma gama de méis, sais colhidos à mão, queijos de pequenos produtores, vinhos naturais, óleos prensados a frio, grãos orgânicos e, sim, *le tofu*.

No inverno, faço meu estoque de *petit épautre*, ou trigo em grão. Eles são semelhantes ao farro e possuem uma textura macia combinando muito bem com raízes saborosas, que ganham destaque ao lado do ligeiro amargor do radicchio. Apesar de servir muitas vezes esse prato como acompanhamento, com carne ou frango assados, ou *le tofu*, também adoro preparar uma grande tigela desta salada reconfortante para comer no almoço, e só.

1. Lave o trigo. Coloque-o numa panela grande e encha com bastante água fria. Acrescente a folha de louro e leve ao fogo até ferver. Reduza o fogo ao mínimo e cozinhe por cerca de 45 minutos, até que o trigo esteja tenro. (O farro pode levar menos tempo se for do tipo perolado.)

2. Preaqueça o forno a 190°C.

3. Descasque os legumes, corte-os em cubos de 2cm e coloque-os numa assadeira baixa. Tempere com azeite, sal e pimenta e asse por cerca de 30 minutos, até que estejam macios, virando-os algumas vezes. Espalhe o radicchio sobre os legumes e asse por mais 3 a 5 minutos, até a folha murchar. Retire do forno e misture os legumes e o radicchio.

4. Para preparar o molho, misture a mostarda, o sal, o suco de limão e o mel numa tigela grande. Acrescente o azeite.

5. Quando o trigo estiver tenro, escorra bem e deixe esfriar em temperatura ambiente. Retire a folha de louro. Transfira o trigo para a tigela do molho e acrescente os legumes cozidos, a salsinha, as sementes de romã e um pouco de pimenta-do-reino moída na hora. Prove e acrescente mais sal e suco de limão, se desejar.

6. Sirva a salada em temperatura ambiente. Ela pode ser preparada com antecedência e guardada na geladeira por até 2 dias; acrescente algumas gotas de suco de limão para reavivá-la antes de servir.

---

1 xícara (170g) de trigo em grão ou farro

1 folha de louro

900g de raízes (qualquer combinação de cenoura, pastinaca, beterraba, rutabaga, nabo) e abóbora

2 colheres (sopa) de azeite de oliva

sal marinho ou sal kosher

pimenta-do-reino fresca moída na hora

3 xícaras (150g) de radicchio picado grosseiramente

⅓ de xícara (25g) de salsinha fresca picada

sementes de 1 romã

suco de limão espremido na hora (opcional)

MOLHO

1 colher (chá) de mostarda Dijon

¾ de colher (chá) de sal marinho ou sal kosher

1½ colher (sopa) de suco de limão espremido na hora

1 colher (chá) de mel, ou 2 colheres (chá) de xarope de romã

¼ de xícara (60ml) de azeite de oliva

Pão multigrãos
PAIN AUX CÉRÉALES

Rende 1 pão grande

FERMENTO

¼ de xícara (60ml) de água fria

⅛ de colher (chá) de fermento biológico seco instantâneo (*ver* p.243)

½ xícara (70g) de farinha de trigo para pão (*ver* p.242)

MASSA

1 xícara (250ml) de água morna

½ xícara de fermento biológico seco instantâneo

1 colher (chá) de açúcar

1½ colher (chá) de sal marinho ou sal kosher

2½ (350g), mais 1 a 2 colheres (sopa) de farinha de trigo para pão

¾ de xícara (110g) de farinha de trigo integral para confeitaria

3 colheres (sopa) de sementes de abóbora sem casca, picadas bem grosseiramente

2 colheres (sopa) de sementes de girassol sem casca

2 colheres (sopa) de painço

2 colheres (sopa) de linhaça

1½ colher (sopa) de sementes de papoula

As pessoas costumam me perguntar quais as técnicas usadas pelos parisienses para preparar suas baguetes em casa, ou que tipo de manteiga empregam para enrolar seus croissants. Inevitavelmente, elas ficam chocadas quando eu respondo que poucas pessoas em Paris sequer sonhariam em fazer pão ou enrolar croissants em casa. A maior parte das cozinhas parisienses é muito pequena, com bancadas minúsculas. O forno do meu primeiro apartamento em Paris era tão pequeno que, quando eu tentava enfiar a cabeça dentro dele depois de uma visita particularmente complicada à *Préfecture*, ela mal cabia.

Mas a principal razão pela qual os parisienses não assam pães em casa é que os profissionais estão mais bem equipados para isso. Eles têm grandes bancadas, fornos incrivelmente quentes e sempre acesos, e sacas de farinha maiores que as meras embalagens de 1kg vendidas nos supermercados franceses (e que eu carrego para casa às dúzias).

Como as pessoas demonstram frustração quando veem os lindos pães que temos na França e dizem que não conseguem encontrar bons pães onde moram, eis minha receita para um pão multigrãos que imita os que encontro em Paris. Fica ótimo servido com um prato de queijos ou torrado no café da manhã, com uma colherada de manteiga e regado com um pouco de mel escuro ou de geleia caseira.

Para melhores resultados, prepare o fermento na véspera e deixe descansar. Entretanto, se você não quiser esperar, apenas deixe-o descansar até que comece a formar bolhas e espuma, o que levará entre 15 e 30 minutos.

Para assar o pão, certifique-se de que sua panela de ferro tem alças que suportam o calor do forno. Eu tenho uma *coquelle* laranja antiga, dos anos 1950, desenhada por Raymond Loewy, que foi uma barganha complicada com um vendedor (com o qual também disputei para ver quem era mais teimoso) numa feira de usados, e eu ficaria louco se qualquer coisa acontecesse com ela. Portanto, eu desatarraxo e retiro as alças dela antes de assar o pão.

1 Para preparar o fermento, combine a água e o fermento biológico na tigela de uma batedeira. Misture a farinha, cubra a tigela com filme plástico e deixe descansar de um dia para outro em temperatura ambiente.

2 No dia seguinte, prepare a massa. Despeje a água morna na mistura na tigela da batedeira. Acrescente o fermento, o açúcar, o sal e as 2½ xícaras (350g) de farinha de trigo para pão, a farinha

ACOMPANHAMENTOS

integral e sove com o gancho para massa, em velocidade média-alta (ou a velocidade mais alta que sua batedeira atingir sem sair andando pela bancada) por 6 minutos. (Se você não tiver batedeira, pode preparar à mão, sovando a massa numa superfície ligeiramente enfarinhada por 6 minutos.)

3. Reduza a velocidade da batedeira para o mínimo, acrescente as sementes de abóbora e de girassol, o painço, a linhaça e as sementes de papoula. Sove por mais alguns minutos, até que as sementes estejam totalmente incorporadas à massa. Quando pronta, a massa deverá ficar ligeiramente pegajosa, mas soltando das laterais da tigela. Se isso não ocorrer, acrescente 1 ou 2 colheres (sopa) adicionais de farinha de trigo e sove. Cubra a tigela e deixe a massa crescer até dobrar de tamanho, por 1½ a 2 horas.

4. Despeje a massa numa superfície ligeiramente enfarinhada e sove para formar uma bola uniforme. Coloque um pano de prato dentro da tigela, espalhe um pouco de farinha sobre ele e ponha a bola na tigela, com o lado da dobra para cima. Salpique um pouco mais de farinha e dobre as pontas do pano de prato sobre a massa; deixe descansar por 1½ hora.

5. Cerca de 15 minutos antes de começar a assar o pão, ponha uma panela de ferro fundido com tampa dentro do forno (desatarraxe a alça se ela não for à prova de calor), na grade mais baixa, e preaqueça-o a 230°C. Deixe um pouco de farinha de milho à mão, ou corte um pedaço de papel-manteiga do tamanho do fundo da panela.

6. Tenha muito cuidado a partir desta etapa, porque a panela e a tampa estarão incrivelmente quentes, e é fácil esquecer isso, principalmente quando for retirar a tampa e apoiá-la em algum lugar para colocar a massa dentro da panela. Usando luvas de cozinha, retire a panela de dentro do forno e destampe. Vire a massa para dentro da panela, com o lado da dobra para baixo. A melhor forma de fazer isso é abrir o pano de prato e puxar as pontas o máximo possível, para que as laterais da massa fiquem totalmente descobertas, e então deixe a massa escorregar para dentro da panela. Não se preocupe se não ficar bem centralizada; irá assar bem de qualquer forma. Com uma faca bem afiada, faça um corte em xis relativamente profundo sobre a superfície do pão. Recoloque a tampa quente e leve a panela de volta ao forno, na grade de baixo. Asse por 30 minutos.

7. Com luvas de cozinha, tire a panela do forno, retire a tampa quente e transfira o pão para esfriar sobre uma grade. Se você não souber direito se está pronto, confira com um termômetro de leitura instantânea – ele deve marcar 88°C. Espere esfriar completamente antes de cortar.

FARINE À PAIN

A *farine à pain*, ou a farinha de trigo especial para pão, é mais forte que a farinha de trigo convencional. Ela tem maior teor de proteínas e glúten, e proporciona um pão com sabor mais assertivo e textura superior. Eu misturo um pouco de farinha de trigo integral para dar maior profundidade ao sabor, mas não acrescente demais, porque é difícil obter uma boa casquinha com alta proporção de farinha integral. Farinha de espelta, chamada *farine d'épautre* na França, também funciona bem com minha receita de pão multigrãos.

No passado, preparei este pão com farinha de trigo tradicional. Apesar de ficar bom, realmente vale a pena usar a farinha de pão. Se você encontrar uma embalagem de bom tamanho, pode mantê-la à mão e preparar um pão sempre que quiser. Você encontra farinha de pão na maior parte dos supermercados, bem como em lojas de produtos naturais ou na internet.

FERMENTO SECO ATIVO VERSUS FERMENTO SECO INSTANTÂNEO

Para ser sincero, eu sou irritadiço e ultrapassado, e simplesmente acredito que pão precisa demorar para ser feito. O ditado de que quanto mais lentamente se fizer a massa melhor fica o sabor faz todo o sentido para mim. O fermento biológico instantâneo não é encontrado facilmente na França, e não conheço nenhum padeiro que o utilize.

Se você quiser experimentar, a maioria dos fabricantes avisa que o fermento instantâneo pode ser usado na mesma quantidade, ou um pouco menos, que o fermento biológico ativo, e que o crescimento será 50% mais rápido. Siga as instruções da embalagem ou do site do fabricante caso opte pelo fermento instantâneo.

Suflês de panisse
PANISSES SUFLÉS

Serve 6 pessoas

- ⅔ de xícara (75g) de farinha de grão-de-bico
- ⅓ de xícara (45g) de farinha de trigo
- 1 xícara (250ml) de leite integral
- 2 ovos grandes em temperatura ambiente
- 1 clara de ovo grande
- 1 colher (sopa) de manteiga derretida com ou sem sal, e mais para untar
- ¾ de colher (chá) de sal marinho ou sal kosher
- ¼ de colher (chá) de pimenta-do-reino preta moída na hora
- ¼ de colher (chá) de cominho em pó
- 1 pitada generosa de pimenta-caiena

Em sua receita de panisses, Jacques Médecin, o prefeito corrupto que governou Nice por longo tempo e escreveu *La bonne cuisine du comté de Nice* (que alguns consideram o livro definitivo sobre a culinária niçoise), começa dizendo: "Unte uma dúzia de pires pequenos e arrume-os em sequência."

Revirei minha cozinha em busca de doze *sous tasses* e descobri que eu não tinha doze pires (tampouco doze xícaras de chá), o que usei como desculpa para inventar esses puffs, variação não frita dos famosos aperitivos de Nice à base de farinha de grão-de-bico. Um híbrido dos *popovers* americanos e dos panisses provençais, eles vão bem com o Cordeiro assado com legumes (p.203).

Não abra a porta do forno enquanto eles estiverem assando; você não será condenado a ter o mesmo destino do prefeito, que fugiu da França usando dinheiro público desviado, mas seus panisses não ficarão muito bons. (Claro que Médecin se tornou um herói público por vencer o sistema; seus antigos eleitores aparentemente não se preocuparam com o fato de que ele tenha apanhado o dinheiro dos impostos que pagaram e o embolsado, literalmente.)

Como são muito fáceis de preparar e ficam melhores servidos assim que saem do forno, recomendo servir os panisses imediatamente. Uma fôrma de cupcake de 6cm de profundidade funciona perfeitamente. Você também pode usar fôrmas tradicionais de muffin; os panisses não vão crescer tanto, mas ficarão deliciosos da mesma forma. Pela tendência da massa a grudar nas fôrmas de muffin, unte-as com óleo ou Manteiga clarificada (p.327) antes de despejar a massa.

1. Preaqueça o forno a 220°C, com a grade posicionada no meio. Coloque a fôrma de cupcake dentro do forno e deixe uma assadeira baixa à mão.

2. Bata todos os ingredientes no liquidificador até obter uma mistura homogênea.

3. Retire a fôrma do forno e coloque sobre a assadeira. Pincele a fôrma com a manteiga derretida com muito cuidado, porque ela estará muito quente.

4. Despeje a massa na fôrma, leve-a de volta ao forno, reduzindo a temperatura para 200°C, e asse por 35 minutos, até que os bolinhos estejam crescidos e dourados. Sirva imediatamente, ainda quentes.

A hora do queijo

Quando alguém me pergunta por que eu moro na França, simplesmente aponto a loja de queijos mais próxima. Não existe nada igual à sensação que experimento quando entro numa *fromagerie* e me vejo cercado de prateleiras forradas de feno e repletas de queijos maduros, cujos aromas desafiam as palavras. Eu apenas entro e dou uma inspirada profunda, o que é um hábito meu, mesmo que não precise comprar nada.

Por mais que eu adore entrar em lojas de chocolate, são as lojas de queijo que me deixam realmente empolgado. Em parte porque eu nunca sei o que vou encontrar. Ainda que algumas lojas ofereçam os mesmos queijos, existem tantas variáveis – a maturação, a cor, o *terroir* – em constante mutação que eu fico impressionado. Um dos meus sonhos era trabalhar numa loja de queijos, mas ele se esvaneceu rapidamente quando um amigo me falou sobre as extensas horas de pé, levantando pesadas peças de queijo, e a limpeza incessante.

Então, em vez disso, decidi me concentrar em ser um bom freguês. E, *mon Dieu*, como eu sou bom! Sempre que ouço recomendações dos *fromagers* numa loja ou na feira quase entro em transe, tentando prestar atenção ao que eles estão falando, mas não consigo evitar que meus olhos se percam, admirando todos os outros queijos empilhados ao nosso redor. E invariavelmente saio com mais queijo do que planejava comprar.

Quando comecei a convidar amigos para jantar em Paris, ia até uma *fromagerie* e comprava todos os tipos de queijo que me apeteciam – e mais alguns só porque outros clientes estavam comprando, e ainda ficava um pouco louco imaginando que podia estar perdendo alguma coisa.

Uma vez em casa, servia todos os queijos aos convidados. No final da noite, embrulhava as sobras em pequenas porções e me esforçava para acabar com todas elas antes que a geladeira fedesse tanto que tudo o que estava dentro acabasse "maturando" com os queijos.

Uma coisa que me fez mudar foi o almoço que fiz no Les Crayères, um restaurante cheio de estrelas na região da Champagne. Restaurantes sofisticados como este são conhecidos por fazer circular um carrinho sobrecarregado de queijos no fim da refeição, e eu estava esperando muito (muito) para que ele viesse em minha direção depois que os pratos grandes foram substituídos por pequenos pratos de queijo.

Contudo, precisei disfarçar minha decepção quando o carrinho se aproximou carregando apenas meia roda de queijo. Sim, aquele era um queijo Comté envelhecido por quatro anos na adega de Bernard Anthony, um dos mais renomados *affineurs* (maturadores de queijo) da França. Mas onde estava a variedade? O garçom manejava um garfo e uma faca com expertise, num queijo que tende a se esfarelar mais do que a produzir fatias perfeitas, e esperei pacientemente enquanto ele cortava as fatias mais bonitas que eu poderia imaginar. Com a primeira mordida, ficou imediatamente claro para mim por que este único, singular e verdadeiramente divino queijo havia sido escolhido para servir os comensais.

Foi lá, naquele momento, que aprendi que, quando se trata de queijo, menos é mais. Comecei a me concentrar em uma ou duas (ok, às vezes três) variedades ao montar um prato de queijos, e me certificar de que eram os melhores que eu podia encontrar, no ponto ideal de maturação.

Para montar um prato (ou tábua) de queijos, procure servir aqueles que não deixem os convidados confusos (isso vai contra a ideia de que "quanto maior melhor", que acreditamos ser a mais correta). Coloque queijos demais num único prato, e eles começam a competir. É difícil perceber o que

torna cada queijo especial quando há muitos deles. Portanto, melhor ter um ou dois queijos que são o melhor da sua variedade, em vez de tentar entupir as pessoas com uma dúzia de queijos medíocres. (Eu deveria admitir que às vezes também sou culpado de comprar queijo em excesso. Normalmente isso ocorre quando tenho convidados de fora da cidade, que vão ficar por um curto período e querem provar o máximo de queijos durante a visita. Portanto, se você esbarrar comigo numa feira de Paris carregado de queijos, esta é minha versão dos fatos – e vou me ater a ela.)

Para guiar minha escolha, faço questão de servir queijos que estejam na melhor forma, o que pode variar de acordo com a estação e a loja. Também me certifico de que sejam diferentes o bastante para que cada um tenha chance de brilhar sem rival. Um queijo de cabra macio do Loire pode se acomodar no prato ao lado de um retângulo de gruyère suíço e um pedaço de queijo azul da Auvergne. Ou então sirvo um roquefort Carles com um Cantal de casca rugosa, que irá dividir a tábua com o popular e molengo Saint-Félicien. Um Saint-Nectaire, que está entre os preferidos dos franceses, pode ficar lado a lado com o mais desafiador bleu de Gex e um inocente crottin de Chavignol, batizado por causa dos excrementos (*crottes*) das cabras que fornecem o leite para sua elaboração. Mas é difícil encontrar qualquer coisa melhor que uma fatia de brie de Meaux perfeitamente maduro, o miolo escorrendo como lava amanteigada, ou um camembert de Normandie esperando para ser cortado, o cheiro de estábulo se espalhando, com a certeza de que este é um dos poucos queijos que provocam certa inquietude de ansiedade em todo mundo na França.

Se eu for servir apenas um queijo, escolho um que complemente o prato principal. O Cordeiro assado (p.203), rico e saboroso, fica melhor seguido por um queijo de cabra leve, como um Selles-sur-Cher. Ou então peço ao *fromager* um pedaço de Ossau-Iraty, queijo basco de leite de ovelha de sabor suave, porém pungente, o suficiente para fazer a ponte entre o salgado do jantar e a sobremesa. Um pedaço de Comté envelhecido ou uma tora de queijo de cabra azedo, por si sós, rendem um ótimo prato de queijos. Como aprendi depois de recorrentes visitas às repartições públicas, complicar as coisas não ajuda em nada.

Os franceses não sentem necessidade de "temperar" seus queijos com elementos de distração ou disparatados, como chutneys, geleias, nozes ou frutas. O mais perto que eles chegam de enfeitar um queijo é servi-lo com fatias de pão recheado de nozes e frutas secas da *boulangerie* mais próxima. (Existe uma exceção: queijos bascos normalmente são servidos com geleia de cereja preta.)

Apesar de a etapa do queijo ser distinta da da sobremesa (e ainda me lembro dos olhares de espanto quando contei que, nos Estados Unidos, servimos o queijo antes do jantar), às vezes deixo-a ocupar o lugar da sobremesa. Fiquei conhecido por servir fatias pungentes de queijo azul regadas com um bom mel, ou um prato de queijo basco defumado com uma colherada de geleia de cereja preta, para dar contraste, em lugar de qualquer coisa doce. Outra opção é fazer uma simples salada verde com oleaginosas ou sementes tostadas, cuja textura crocante e o paladar adocicado harmonizam perfeitamente com qualquer queijo.

Não é possível copiar os queijos disponíveis na França. Os melhores são na maior parte das vezes feitos com *lait cru*, e a lei proíbe que queijos de leite cru com menos de dois meses de cura sejam exportados. Ainda que seja possível encontrar queijos franceses muito bons fora da França, tanto de leite pasteurizado quanto maturado o suficiente para ser importado, a qualidade pode variar de acordo com uma série de fatores.

No entanto, não há razão para se preocupar. Muitas cidades possuem ótimas lojas de queijo, com funcionários que são ao mesmo tempo bem-informados e apaixonados. (É difícil trabalhar com queijo todos os dias e não ficar intimamente conectado a eles, porque são como crianças, exigem cuidado e carinho constantes. Na França, qualquer *fromagerie* que não venda queijos de topo de linha logo fecha as portas.) Lojas de produtos naturais são outra boa fonte de queijos. Não despreze os supermercados também; cada vez mais eles estão oferecendo ótimos queijos azuis, cheddar, Monterey Jack seco e queijos de cabra de pequenos e grandes produtores.

Por fim, assim como tudo na França – relacionado ou não a comida –, há controvérsias e discórdias sobre qual o melhor vinho para servir com queijo. A maioria acredita que o vinho tinto é o certo, a única opção para acompanhar o queijo. Isso simplesmente não é verdade. Não há harmonizações melhores que um pedaço de roquefort com uma taça de vinho doce Sauternes gelado; uma *crotte* de queijo de cabra do Loire com uma taça do sempre elegante Sancerre; e um Arbois, do Jura, com seu paladar que lembra o xerez, para bebericar com fatias de Comté de sabor amendoado.

Mas, no final das contas, a única coisa que importa é o seu gosto. Não deixe que "experts", ou mesmo eu, lhe digam o que comer e beber. Descubra a combinação que lhe agrada. Experimente e corra riscos. Afinal, a maioria dos vinhos e queijos é o feliz resultado de alguns fracassos antes que o produtor alcançasse as notas corretas. E se você quiser beber uísque com cheddar, ou mergulhar seu brie noir numa xícara de café forte (que aprendi ser a maneira como os moradores locais comem esse queijo quase impossível de comer), o primeiro terço do lema da França – *liberté, égalité, fraternité* – lhe dá o direito indiscutível de fazê-lo.

Sobremesas

LES DESSERTS

Um dos grandes prazeres em jantar e cozinhar em Paris é que nunca ninguém diz não para a sobremesa. Doces e chocolates são parte da vida na França, e sempre há fila na frente das mais de 1.260 padarias da cidade. Certa vez, eu estava com um grupo de visitantes, maravilhado, observando os doces pela vitrine de uma padaria, quando alguém perguntou: "O que eles fazem com as sobras no final do expediente?" Ficaram surpresos quando eu respondi: "Não há sobras. Tudo terá sido vendido quando a padaria fechar!"

Já que há padarias em todas as ruas, a maioria dos parisienses deixa os doces por conta dos especialistas. Poucos cozinheiros amadores possuem equipamentos como um *broyeur* de oleaginosas, uma máquina com rolamentos de granito que produz pasta de amêndoas cremosa; o *guitar cutter*, acessório de cordas consideravelmente caro usado para cortar *pâtes de fruits* (goma de frutas) e ganache em quadrados perfeitos; ou um *enrober*, que distribui uma camada fina e uniforme de chocolate amargo sobre os confeitos inesquecíveis de Jean-Charles Rochoux, Michel Chaudun, Fouquet, Jacques Genin e Patrick Roger.

Por mais que eu fique feliz em apoiar as confeitarias e lojas de chocolates de Paris, os parisienses sempre ficam extremamente entusiasmados quando chegam a um jantar e descobrem que o anfitrião usou seu tempo para cozinhar algo *à la maison*. E, apesar de eu não ter espaço para um *enrober* (quem sabe na minha próxima cozinha), sinto muito prazer ao fazer sobremesas em casa. Às vezes, faço algo simples e acolhedor, como um *Gâteau week-end* (p.296), conferindo-lhe um toque de ervas com folhas de louro e trazendo ao bolo amanteigado um sopro de exotismo que não pode ser experimentado em qualquer padaria. Ou, então, asso uma fornada de Biscoitos de gordura de pato crocantes (p.297), inspirados pelas viagens à Gasconha, onde cada parte do pato é celebrada, incluindo a gordura aveludada que dá a esses biscoitos riqueza e suavidade. Além de tudo, como gosto tanto quanto os parisienses de *confiture de lait* (doce de leite), posso ainda fazer uma massa de chocolate meio amargo, adicionar uma camada do leite caramelizado e cobrir tudo com ganache. Para jantares informais em casa, bolos individuais de chocolate sem farinha com *confiture de lait* e flor de sal, inspirados no meu bistrô preferido, são fáceis de fazer, e as pessoas adoram ter sua sobremesa individual, sobretudo quando servida quente, saindo direto do forno.

Caso alguém ainda pense que os franceses são antiamericanos, você ficará feliz em saber que eles amam o Bolo de cenoura (p.277) tanto quanto meus conterrâneos. Além disso, até as *fromageries* têm sua própria versão do Cheesecake (p.302), um pouco menos densa que a versão americana e com um pouco mais do gosto forte de queijo. Se eu estiver dando uma festa em casa, minha elegante Terrine de chocolate com creme inglês de gengibre fresco (p.287) pode ser feita de véspera, dando-me mais tempo para conversar com meus convidados até a última taça de vinho. Ou, melhor ainda, brindando a chegada da sobremesa com uma taça de champanhe.

Crème brûlée de café 253
CRÈME BRÛLÉE AU CAFÉ

Flã de speculoos com especiarias 256
CRÈME CARAMEL À LA PÂTE DE SPÉCULOOS

Musse de chocolate com caramelo de manteiga salgada 258
MOUSSE AU CHOCOLAT AU CARAMEL AU BEURRE SALÉ

Bolos individuais de chocolate com doce de leite e flor de sal 261
MINI GÂTEAUX AU CHOCOLAT AVEC UN COEUR DE CONFITURE DE LAIT ET FLEUR DE SEL

Bolo quente de chocolate com calda de caramelo de manteiga salgada 262
MOELLEUX AU CHOCOLAT TIÈDE, CARAMEL AU BEURRE SALÉ

Fougasse com gotas de chocolate, avelã e ginja desidratada 266
FOUGASSE AUX PÉPITES DE CHOCOLAT, NOISETTES ET GRIOTTES SÉCHÉES

Bolos de amêndoas com manteiga dourada 268
FINANCIERS

Madeleines de trigo-sarraceno 270
MADELEINES AU SARRASIN

Madeleines 274
MADELEINES

Bolo de cenoura 277
GÂTEAU AUX CAROTTES

Babas de kirsch com abacaxi 279
BABAS AU KIRSCH ET ANANAS

Merveilleux 281
MERVEILLEUX

Paris-Paris 285
PARIS-PARIS

Terrine de chocolate com creme inglês de gengibre fresco 287
TERRINE AU CHOCOLAT, CRÈME ANGLAISE AU GINGEMBRE

Torta de chocolate e doce de leite 289
TARTE AU CHOCOLAT ET CONFITURE DE LAIT

Pão de especiarias 293
PAIN D'ÉPICES

Pound cake de folhas de louro com glacê de laranja 296
GÂTEAU WEEK-END PARFUMÉ AU LAURIER, NAPPAGE À L'ORANGE

Biscoitos de gordura de pato 297
SABLÉS À LA GRAISSE DE CANARD

Sorvete de leitelho com azeite de oliva e flor de sal 299
GLACE AU LAIT RIBOT, HUILE D'OLIVE ET FLEUR DE SEL

Cheesecake francês 302
TOURTEAU FROMAGER

Torta Saint-Tropez 306
TARTE TROPÉZIENNE

Crumble de damasco 309
TARTE CRUMBLE AUX ABRICOTS

Sorvete de amêndoas de damasco 312
GLACE AUX NOYAUX D'ABRICOTS

O fabuloso cheesecake da Dee 315
LE FABULEUX CHEESECAKE DE DEE

Sorbet de tangerina e champanhe 317
SORBET À LA MANDARINE ET AU CHAMPAGNE

Bolo de Natal 319
BÛCHE DE NOËL

Crème brûlée de café
CRÈME BRÛLÉE AU CAFÉ

Serve 4-6 pessoas

Eu precisei me mudar para a França para reacender meu amor por crème brûlée. A sobremesa era, e suspeito que ainda seja, consideravelmente popular nos Estados Unidos. Ao mesmo tempo que algumas pessoas sentem enorme prazer em mergulhar em porções grandes demais de cremosidade, após a empolgação inicial comecei a achar a crème brûlée demais para mim. O que finalmente fez com que eu me apaixonasse de novo por esse clássico foi o ajuste da proporção caramelo/creme. Nos cafés de Paris, a crème brûlée é sempre servida num prato raso, aumentando a área do caramelo e diminuindo a do creme.

Desde que declarei meu amor pela crème brûlée, passei também a amar fazer compras em vendas de garagem em Paris, onde posso escolher conjuntos de pequenos refratários de famílias que deram uma limpeza no sótão (daí o nome *vide-grenier*, ou "sótão vazio"). Fico feliz por fazer parte do movimento de reciclagem e reutilização do que puder, especialmente quando isso significa acrescentar pilhas e pilhas de travessas vintage de crème brûlée, com uma grande variedade de cores maravilhosas, à minha coleção.

Se você gosta de crème brûlée tanto quanto eu (novamente), vale a pena escolher alguns conjuntos de refratários para gratinar, que você pode encontrar em lojas de acessórios de cozinha ou on-line. Para quem não gosta de refratários, essa crème brûlée também pode ser assada em seis ramekins (125ml). A mistura não os preencherá completamente, mas isso é proposital, para que você obtenha meu nível adequado de caramelo em relação ao creme.

Para fazer cremes com sabor de café, eu costumava fazer uma infusão de grãos de café no próprio creme de leite. Contudo, com o aumento do preço dos grãos e a melhora da qualidade dos cafés comuns ou expressos instantâneos, eu fiz a troca. Uma ressalva: café e expresso em pó instantâneo variam de acordo com a marca. Dessa forma, experimente a mistura de creme de leite e leite aquecidos e adicione mais café em pó, se desejar.

Eu uso um pouco de leite com o creme de leite nesta receita porque torna o creme um pouco mais delicado. Antes que você pense que essa escolha incomoda os parisienses, saiba que alguns amigos meus literalmente levantaram suas travessas e as lamberam inteiras – à mesa mesmo! Também recomendo que você use um tipo de maçarico que se compra em lojas de material de construção para criar aquela casca dourada deliciosa.

1. Preaqueça o forno a 150°C.

2. Coloque os refratários numa assadeira alta ou tabuleiro comum grande o suficiente para cabê-los.

3. Numa panela pequena e em fogo médio, aqueça o creme de leite, o leite, o açúcar e o sal até derreter o açúcar.

4. Bata as gemas numa tigela. Adicione gradualmente a mistura quente às gemas, continuamente, mexendo com o batedor manual (porém não muito rápido, não queremos a formação de espuma), até que o creme esteja completamente incorporado. Misture o expresso instantâneo e coe a mistura passando-a para um copo medidor grande ou algum outro recipiente com bico dosador, e então adicione e misture o Kahlúa.

5. Divida a mistura entre os refratários. Coloque a assadeira com os cremes no forno e adicione água quente na assadeira até pelo menos atingir a metade da altura dos potes. Asse por 20 a 25 minutos ou até os cremes atingirem a consistência certa. Para isso, observe-os atentamente durante os últimos minutos do tempo de forno. Ao balançar a assadeira, o creme deve tremer muito pouco. Remova os refratários da assadeira e deixe-os descansar numa grade. (Uma espátula grande de metal funciona bem para levantar os potes quentes da água, mas tenha cuidado com o calor). Quando estiverem frios, coloque-os na geladeira até o momento de servir.

6. Para caramelizar os cremes, polvilhe-os com uma camada uniforme de açúcar. A quantidade deve ser suficiente para cobrir o topo, não mais que isso – 1½ colher (chá) para cada pote deve bastar. Usando um maçarico, passe a chama sobre todos os cremes, um por vez, até que o açúcar derreta e escureça. Você precisa erguer e girar o pote para que o caramelo fique distribuído igualmente sobre o creme. Quando fizer isso, tome bastante cuidado, pois o caramelo é muito quente, uma gota derramada pode causar uma dolorosa queimadura. Sirva imediatamente.

VARIAÇÕES: Para usar seis ramekins (125ml) em vez das travessas maiores, prepare a receita como foi descrita, cubra a assadeira contendo os ramekins com papel-alumínio e asse-os a 160°C por 30 a 35 minutos até a consistência correta.

Para fazer crème brûlée de baunilha, substitua o expresso e o Kahlúa por 1 colher (chá) de fava de baunilha em pó ou pasta. Usar a pasta tornará o creme um pouco mais escuro. Você também pode cortar uma fava de baunilha ao meio, no sentido do comprimento, e raspar as sementes. Depois, coloque tanto as sementes quanto a fava no creme aquecido e deixe lá por 1 hora (conforme indicado no passo 3). Remova a fava e termine de fazer a receita com o creme de infusão de baunilha.

1⅓ de xícara (330ml) de creme de leite fresco

⅔ de xícara (160ml) de leite integral ou desnatado

¼ de xícara (50g) de açúcar refinado (um pouco mais, para caramelizar)

1 pitada de sal marinho ou sal kosher

4 gemas grandes

1 colher (sopa) de café ou expresso instantâneo

2 colheres (chá) de Kahlúa ou outro licor de café

Mergulho num mar de especiarias

CERTO DIA, EU ESTAVA NO SUPERMERCADO aguardando na fila do caixa, quando vi ao longe um pote que dizia *Speculoos Spread*. Eu já conhecia os *speculoos*, biscoitos de especiarias belgas semelhantes aos biscoitos de gengibre americanos, mas nunca havia visto ou ouvido falar de uma *pâte à tartiner* (pasta cremosa) feita a partir deles. Arquivei essa informação no cérebro e, como a maioria das coisas que ficam ali arquivadas, prontamente me esqueci dela.

Então, alguns meses depois, eu estava na fila do caixa novamente e vi o pote. Deixei todo mundo passar na minha frente (o que é muito raro na França. Eu devo ter saído no noticiário daquela noite) para pegar um deles na prateleira. Quando cheguei em casa, abri a tampa e mergulhei minha colher na pasta cor de caramelo, rompendo a superfície cremosa e passando o denso creme sobre minha língua. Valeu a espera. Enquanto a doce *pâte* amanteigada repleta de especiarias derretia em minha boca, fiquei encantado em descobrir mais um feliz motivo para ter me mudado para a Europa. Depois de dar uma lustrada na embalagem, escrevi sobre o doce em meu site, e, de repente, parecia que todo mundo, em todos os lugares, simplesmente tinha de experimentá-lo. Demorou um pouco, mas a pasta acabou chegando aos Estados Unidos, onde hoje é vendida sob uma variedade de nomes, incluindo *spiced cookie butter* e *Biscoff spread*. A receita que se segue é uma tentativa minha de levar a *pâte* ainda mais longe.

Flã de speculoos com especiarias
CRÈME CARAMEL À LA PÂTE DE SPÉCULOOS

Serve 6 pessoas

Para fazer esse creme, você pode usar leite integral ou desnatado. O leite integral resultará num creme mais denso e rico, enquanto o leite desnatado deixará tudo um pouco mais leve. Eu gosto de usar as cinco especiarias chinesas, que têm um toque de anis, mas *pumpkin pie spice** ou canela em pó são bons substitutos.

1. Preaqueça o forno a 180°C. Prepare seis ramekins (125ml) ou potes refratários.

2. Para fazer o caramelo, espalhe o açúcar homogeneamente numa frigideira. Cozinhe em fogo médio até o açúcar começar a se dissolver nas bordas. Empurre muito delicadamente o açúcar derretido na direção do centro da frigideira, misturando-o

---

* As cinco especiarias chinesas são uma mistura de anis-estrelado, cravo, canela, erva-doce e pimenta sichuan; *pumpkin pie spice* em geral mistura canela, gengibre e noz-moscada, podendo ainda incluir outras especiarias. (N.T.)

CARAMELO

¾ de xícara (150g) de açúcar refinado

¼ de xícara (60ml) de água

½ colher (chá) de cinco especiarias chinesas, *pumpkin pie spice* ou canela em pó

CREME

2 xícaras (500ml) de leite integral ou desnatado

3 ovos grandes

⅔ de xícara (160g) de *speculoos spread* (também conhecido como *spiced cookie butter*)

1 pitada de sal marinho ou sal kosher

Creme chantilly (p.337), para servir (opcional)

com o açúcar ainda não dissolvido, mexendo o mínimo possível. Cozinhe o caramelo, misturando o mínimo possível, até que o açúcar se dissolva completamente e o caramelo esteja numa cor âmbar-escura e comece a soltar fumaça. Retire imediatamente a panela do fogo e adicione água. A mistura de açúcar deve endurecer um pouco, mas mexa até que o caramelo fique cremoso. (Talvez seja necessário reaquecê-lo em fogo bem baixo para dissolver qualquer pedacinho teimoso de caramelo.) Adicione as especiarias e divida o caramelo pelos ramekins. Gire rapidamente cada pote para espalhar o caramelo nas laterais enquanto ainda estiver quente. Arrume os ramekins em uma travessa maior que vá ao forno ou uma assadeira com laterais altas.

3 Para fazer o creme, misture leite, ovos, a *speculoos spread* e sal na batedeira e bata até que tudo esteja bem homogêneo. Não bata demais; você não quer obter uma espuma.

4 Divida a mistura de creme pelos ramekins. (Pela variação de tamanho dos ramekins, você pode ficar com uma sobra de creme). Encha a assadeira de água quente até metade da altura dos ramekins. Cubra bem a panela com papel-alumínio e asse por cerca de 35 minutos, até que as laterais do creme estejam bem firmes e o centro balance levemente. Se você checá-los e eles estiverem quase prontos, tire a assadeira do forno e mantenha-a coberta por alguns minutos; em geral, os cremes atingem a consistência perfeita fora do forno.

5 Tire os cremes do banho-maria e deixe-os esfriar numa grade. Depois de frios, guarde-os na geladeira. Para servir, passe uma faca ao redor de toda a lateral dos cremes já frios para soltá-los dos potes. Vire os ramekins sobre pratos individuais: coloque o prato sobre o ramekin, desvire-o e sacuda algumas vezes até ouvir o creme se soltar do pote. Às vezes um pouco de caramelo gruda no refratário, mas você pode raspá-lo e derramá-lo sobre o creme com a ajuda de uma espátula de silicone. Se desejar, pode servi-los com uma colherada de creme de leite batido, como os franceses fazem de vez em quando.

Musse de chocolate com caramelo de manteiga salgada

MOUSSE AU CHOCOLAT AU CARAMEL AU BEURRE SALÉ

Serve 6 pessoas

Não posso dizer muito sobre essa receita. Uma colherada vai deixar você sem fala também.

1. Espalhe o açúcar uniformemente numa panela. Aqueça o açúcar em fogo médio. Quando ele começar a derreter nas laterais, use uma espátula que possa ir ao fogo para delicadamente misturá-lo ao que está no centro. Observe com atenção, porque o açúcar pode queimar quando começa a escurecer. Continue a derretê-lo mexendo bem de leve, até que esteja completamente derretido e comece a caramelizar.

2. Quando o caramelo estiver com uma cor âmbar-escura e começar a esfumaçar, espere só um momento até ele soltar um cheiro levemente de queimado e retire-o do fogo, misturando logo a manteiga até que ela derreta. Aos poucos, misture o creme para dissolver completamente os pedacinhos de caramelo. (Alguns pedaços podem ser bem teimosos, então, tenha paciência. Você pode coar a mistura, caso eles se recusem a ceder.)

3. Quando tudo estiver homogêneo, adicione o chocolate, mexendo devagar até que tudo esteja incorporado. Passe a mistura para uma tigela grande e deixe esfriar em temperatura ambiente. Quando não estiver mais quente ao toque, bata as gemas.

4. Numa tigela separada, bata as claras em neve até terem uma consistência firme. Misture ⅓ das claras batidas ao creme de chocolate, polvilhando de sal em flocos por cima. Mexa com cuidado o resto das claras até que elas desapareçam no creme de chocolate. Divida a musse em potes refratários ou numa tigela maior para servir e refrigere pelo menos por 8 horas. Sei que pode ser bastante tentador servir essa musse com creme de leite batido ou creme chantilly, mas eu prefiro saboreá-la pura, tirando colheradas diretamente da travessa.

½ xícara (100g) de açúcar refinado

3 colheres (sopa) de manteiga com sal em cubos

¾ de xícara (180ml) de creme de leite fresco

170g de chocolate meio amargo picado

4 ovos grandes, separados

cerca de ¼ de colher (chá) de sal marinho em flocos, de preferência flor de sal

Tendências culinárias – Você está fazendo isso da maneira certa

EU CONHEÇO PELO MENOS TRÊS CHEFS RENOmados que reivindicam a autoria do bolo individual quente de chocolate com creme derretido no centro. Não sei em quem acreditar, mas acho que houve um vencedor de concurso de culinária por aí que fez um bolo *tunnel-of-fudge* (túnel de fudge cremoso) em 1966 e também reclama a autoria.

Embora esses *petits gâteaux* sejam muito populares nos Estados Unidos, nada se compara à sua onipresença aqui em Paris, onde eles são descritos como *branché*, que significa literalmente *plugged in* ou "ligado", mas o termo é frequentemente usado para se referir a algo *trendy*, "na moda". É difícil encontrar um restaurante que não tenha *moelleux au chocolat* no cardápio de sobremesas. Essa é de fato uma tendência que não me incomoda. Como não gostar de um bolo de chocolate quente, assado na hora e servido na porção ideal para uma pessoa?

Outra tendência culinária de que eu gosto é a combinação de sal e chocolate. O chef *pâtissier* Pierre Hermé é considerado o responsável por difundir essa tendência em Paris. Entretanto, da primeira vez que tentei reproduzi-la em casa, um dos meus convidados me chamou de lado e informou que eu havia colocado sal na sobremesa por acidente. Acho que ele não estava "ligado" o suficiente para notar que eu havia feito de propósito.

Bolos individuais de chocolate com doce de leite e flor de sal

MINI GÂTEAUX AU CHOCOLAT AVEC UN COEUR DE CONFITURE DE LAIT ET FLEUR DE SEL

Serve 6 pessoas

- 2 colheres (sopa) de cacau processado pelo método holandês ou natural sem açúcar (mais um pouco para os ramekins)
- 6 colheres (sopa) cheias de doce de leite
- 1 colher (chá) rasa de sal marinho em flocos, de preferência flor de sal
- 225g de chocolate meio amargo picado
- 8 colheres (sopa, 115g) de manteiga sem sal em cubos
- 6 colheres (sopa, 90g) de açúcar mascavo claro
- 4 ovos grandes

Por causa do doce de leite pegajoso em contato com o fundo da fôrma, usei ramekins-padrão de porcelana de 125ml e servi os bolos neles. Mas você pode utilizar qualquer tipo de pote refratário para a receita; a mistura vai crescer um pouco no forno, mas não o suficiente para transbordar.

Certifique-se de deixar os bolos esfriarem pelo menos por 5 minutos antes de servir e avise aos convidados que ainda estão quentes. Para suavizar as coisas, sirva o bolo com uma bola de sorvete de baunilha ou de café, ou passe uma jarra de creme de leite gelado para que os convidados se sirvam de uma colherada.

1. Preaqueça o forno a 200°C.

2. Passe manteiga em 6 ramekins ou potes refratários. Polvilhe cada um de cacau em pó e bata levemente para tirar o excesso. Coloque uma generosa colher de sopa de doce de leite em cada pote e divida o sal em flocos entre elas, polvilhando-o sobre o doce. Arrume-os numa assadeira.

3. Derreta o chocolate com a manteiga, colocando-os numa vasilha pousada em cima de uma panela com água fervente, em banho-maria, mexendo até eles ficarem homogêneos. Remova a tigela do fogo e misture o cacau e o açúcar mascavo. Misture os ovos, um por vez.

4. Divida a mistura de chocolate entre os potes e asse por 15 minutos ou até que as laterais estejam firmes, mas o centro ainda brilhe e balance um pouco. Deixe os bolos esfriarem pelo menos por 5 minutos antes de servir.

Bolo quente de chocolate com calda de caramelo de manteiga salgada

MOELLEUX AU CHOCOLAT TIÈDE, CARAMEL AU BEURRE SALÉ

Serve 8 pessoas

Muitas vezes pessoas em visita a Paris me pedem recomendações de restaurantes que, invariavelmente, envolvem os mesmos três requisitos: que sirva ótima comida, que caiba no bolso e não tenha turistas. Eu sempre coço a cabeça nesse último quesito, porque acho estranho um turista depreciar a presença de turistas num restaurante. Paris é uma cidade pequena, e os lugares bons logo são descobertos pelos moradores locais e pelos turistas. (E quando digo "logo", quero dizer que, com comentários on-line e mídias sociais, isso normalmente leva uns dois dias).

Paris é a cidade mais visitada do mundo, então há muitas listas de "O melhor de Paris" rodando por aí e informando as descobertas mais recentes. As listas são publicadas, então os visitantes aderem a elas como se os dez melhores lugares apresentados, ou *top ten*, fossem os únicos a merecer uma visita. Considerando que os restaurantes em Paris em geral são pequenos, as dez mesas dos mais incríveis ficam lotadas durante meses. E, claro, como nenhum parisiense sonha em reservar uma mesa com dois ou três meses de antecedência (nem com duas ou três semanas), você deve ter muita sorte para encontrar um lugar sem turistas em Paris.

Do outro lado do espectro encontramos os renomados bistrôs parisienses, o tipo de lugar onde você se senta às mesas de madeira cobertas com toalhas de xadrez vermelho e branco e se impregna da atmosfera de convívio social por horas. A comida é rica e farta, e na maioria das mesas você verá parisienses se atirando sobre um prato enorme de *frites* acompanhadas de um *pavé* de alcatra ou confit de pato com pele crocante, servido com batatas tostadas na gordura do próprio pato. As pessoas estão ali para comer e beber, e o vinho da casa servido na jarra deve ser – invariavelmente – reposto pelo menos uma vez (talvez duas) antes do final da refeição.

Infelizmente, ao longo dos anos, os padrões alimentares mudaram. As pessoas agora estão sempre *en régime*, o horário de almoço foi abreviado e, o que é ainda pior, muitos dos melhores bistrôs parisienses foram absorvidos por corporações que mantiveram a bela decoração (em muitos casos, salvando-a da destruição) mas deixaram de dar atenção à comida, exceto para decidir de onde cortar custos utilizando itens congelados ou pré-prontos.

No entanto, alguns dos antigos e fiéis bistrôs ainda se mantêm fortes, protegidos pelo povo sábio, que compreende seu vívido apelo, e, a despeito de globalização, *food trends* e dietas, as pessoas simplesmente precisam de um momento de bistrô de vez em quando.

O restaurante Astier, localizado perto do canal Saint-Martin, oferece uma excelente experiência de bistrô. Durante alguns anos ele caiu em mãos erradas e esteve ameaçado pelo esquecimento, mas foi recuperado por um proprietário cuidadoso e agora está de volta, sendo um dos poucos – e melhores – bistrôs franceses clássicos de Paris.

O carro-chefe do Astier é uma tábua de queijos levada à mesa depois do prato principal, mas antes da sobremesa. Ela é enorme e tem cerca de duas dúzias de ótimos queijos franceses, cada um perfeitamente maduro na sua mais plena forma. É difícil não se surpreender quando o garçom a posiciona soltando um grunhido (por causa do peso) e a deixa, grande demais, na mesa para as pessoas se servirem à vontade.

Contudo, saiba que, não importa quanto queijo você já tenha comido, é simplesmente impossível deixar o Astier sem comer a sobremesa, o que lhe dá uma ideia de como é bom seu cardápio de doces. O mais recentemente incluído no cânone de sobremesas clássicas francesas é o *moelleux au chocolat*, expressão a qual nunca consegui pronunciar corretamente. A tradução literal seria "chocolate macio"; a textura do bolo é como a de uma ganache assada.

A versão do Astier chega à mesa como um pequeno disco impecável. Quando você o parte, na primeira garfada, um fluxo de lava de chocolate quente, escuro e cremoso escorre para fora, o que torna impossível parar de comer tudo até limpar completamente o prato. (Claro que a calda de caramelo de manteiga salgada ao lado ajuda.)

O chef do Astier, Cyril Boulet, deixou-me entrar na sua cozinha para aprender como preparar sua receita. O segredo: ele faz a massa um dia antes, o que dá tempo para ela apurar o gosto, resultando num sabor e numa cor de chocolate especialmente densos. Quando ergui uma das sobrancelhas, ele fez um na hora e depois pegou outro ainda cru da geladeira, assando-os lado a lado para que eu observasse a diferença. Quer dizer, para que eu experimentasse a diferença. E, apesar de eu ter feito bolos individuais de chocolate por anos a fio, literalmente há décadas, fiquei surpreso ao descobrir que ele tinha razão. E fiquei também feliz de descobrir um modo de tornar esse clássico ainda melhor.

Aqui está a receita dele, a mesma apresentada no Astier, em Paris. Eles a servem com uma pequena quantidade de calda de caramelo de manteiga salgada e um pouco de sorvete, e nós rimos

SOBREMESAS

muito quando eu lhe disse que a quantidade de caramelo que ele coloca simplesmente não é suficiente para os padrões americanos, incluindo os meus. Aumentei a quantidade na receita, então você pode realmente derramá-lo sobre o bolo.

Bolos individuais de chocolate tornaram-se tão populares na França que a maioria dos mercados agora vende pequenas fôrmas de alumínio de 125ml com as laterais retas. (Você pode encontrá-las em lojas de produtos para confeitaria ou on-line. Caso você pense

em assá-los com frequência, encontrará um conjunto de fôrmas de metal de tamanho semelhante. Você também consegue assá-los em ramekins ou refratários de porcelana que vão ao forno, mas precisam ser mais untados para que os bolos se soltem. E os safadinhos são excelentes para o café da manhã do dia seguinte (!).

O chef do Astier usa manteiga com sal nos bolos. Caso você tenha apenas manteiga sem sal, adicione ¼ de colher (chá) rasa de sal ao chocolate e à manteiga enquanto eles derretem.

250g de chocolate meio amargo picado grosseiramente

85g de manteiga com sal em cubos e em temperatura ambiente

5 ovos grandes em temperatura ambiente

¾ de xícara (85g) de açúcar de confeiteiro

⅔ de xícara (90g) de farinha de trigo

Calda de caramelo de manteiga salgada (p.334)

Creme chantilly (p.337) ou seu sorvete favorito

1 Unte generosamente com manteiga 8 fôrmas individuais de alumínio (125ml), polvilhando-as com cacau ou farinha de trigo e tirando o excesso.

2 Derreta o chocolate com a manteiga, colocando-os numa vasilha pousada em cima de uma panela com água fervente, em banho-maria, até eles ficarem homogêneos. Remova a tigela do fogo e mexa para tornar a mistura suave e cremosa.

3 Na tigela da batedeira, bata os ovos e o açúcar de confeiteiro com o batedor balão em velocidade alta, até que a mistura esteja firme o suficiente para manter sua forma ao se levantar o batedor (aproximadamente 5 minutos). Com a batedeira na velocidade mais baixa, polvilhe as claras com a farinha, batendo apenas até misturar tudo.

4 Misture levemente ao chocolate derretido cerca de ¼ dos ovos batidos. Metade desse creme mais claro deve ser então misturada de volta aos ovos. Finalmente, adicione com cuidado o resto da mistura de chocolate até que não seja possível distinguir nem um filete de ovo.

5 Divida a massa entre as fôrmas e refrigere os bolos até eles estarem firmes, de preferência por 24 horas. (No entanto, eles podem ser assados após 3 horas).

6 Quando os bolos estiverem prontos para assar, preaqueça o forno a 180°C. Arrume-os numa assadeira e asse-os por 12 a 13 minutos. O centro dos bolos deve ficar macio ao toque, mas não totalmente firme.

7 Tire os bolos do forno e deixe-os descansar por 5 minutos. Desenforme-os virando-os sobre os pratos em que irá servir. Tire-os batendo a lateral da fôrma sobre o prato. Se estiver usando ramekins de porcelana, talvez seja preciso passar uma faca na lateral da fôrma para ajudar a desgrudar a massa. Sirva os bolos imediatamente, com uma porção generosa de calda de caramelo de manteiga salgada e creme chantilly, ou uma bola de sorvete.

SOBREMESAS

Fougasse com gotas de chocolate, avelã e ginja desidratada

FOUGASSE AUX PÉPITES DE CHOCOLAT, NOISETTES ET GRIOTTES SÉCHÉES

Rende 2 pães grandes, 12 porções

Quando as pessoas me perguntam o que eu quero que elas me tragam dos Estados Unidos, tenho de admitir que por vezes acabo com um excesso de bombons de manteiga de amendoim cobertos de chocolate (observação: eu não disse que estou com excesso de manteiga de amendoim crocante orgânica: então continuem a mandá-la), chips de chocolate, frutas secas, arroz selvagem e canetinhas Sharpie. Ainda assim, as pessoas certamente são gentis o suficiente para me avisar que vão passar por aqui, caso eu precise de algo. Então andei avisando que preciso de uma garrafa de Château d'Yquem (p.316), que eles nem precisariam carregar ao cruzar o Atlântico. Mas, estranhamente, as ofertas secaram de repente. *Merde.*

Ninguém aceitou minha proposta no caso da garrafa de Yquem, e o próximo item da lista é um pacote de ginjas desidratadas que chegam de tempos em tempos, e, preciso admitir, acabo acumulando-as de um jeito quase patológico. Estou sempre criando formas de aproveitar o melhor dessas cerejas, compondo ideias que façam meu delicioso suprimento durar o máximo possível.

Nesta receita, eu as sovo na massa para fazer um pão francês chamado *fougasse* que é arrumado para parecer uma folha. Diversas padarias em Paris assam pequenos pães com frutas secas e nozes que chamam de *pain sportif*, ou pão dos esportistas, devido ao fato de que os ingredientes são considerados saudáveis. Visto que o chocolate é frequentemente celebrado na França pelos seus benefícios para a saúde (por conta do alto teor de magnésio), gosto de pensar que minha combinação de cerejas e chocolate transforma essa receita num lanche ainda mais desportista que bolos e cookies. Ou bombons de manteiga de amendoim cobertos de chocolate.

1 xícara (250ml) de água morna

1 colher (chá) de fermento biológico seco

1 colher (sopa) de açúcar refinado

2 colheres (sopa) de azeite de oliva, e mais um pouco para pincelar

2¼ de xícaras mais 2 colheres (sopa, 335g) de farinha de trigo

1 colher (chá) de sal marinho ou sal kosher

115g de chocolate meio amargo picado grosseiramente

½ xícara (60g) de avelãs tostadas e picadas grosseiramente

½ xícara (70g) de ginjas desidratadas e picadas grosseiramente

raspas finas de 1 laranja (orgânica)

sal marinho em flocos

1. Coloque a água na batedeira armada com o batedor gancho. Polvilhe o fermento sobre a água. Adicione o açúcar e o azeite de oliva, depois misture 1¼ de xícara (175g) da farinha até que se forme uma pasta. Deixe descansar por 15 minutos até espumar.

2. Adicione o sal e a outra xícara de farinha, mais 2 colheres (sopa, 160g). Posicione a tigela na batedeira e sove em velocidade média por 5 minutos. (Você também pode sovar com as mãos

sobre uma superfície levemente enfarinhada.) Adicione o chocolate, as avelãs, as ginjas e raspas de laranja, e continue a misturar por alguns minutos, até que tudo esteja bem incorporado. Cubra a tigela e deixe a massa crescer por 1 hora e meia, ou até que dobre de tamanho.

3 Forre duas assadeiras com papel-manteiga ou unte-as levemente com óleo.

4 Após a massa crescer, coloque-a em uma superfície enfarinhada e sove-a rapidamente. Divida-a em duas partes iguais. Use um rolo para deixar cada parte em um formato oval de aproximadamente 15×20cm.

5 Começando a 3cm da extremidade superior e com uma faca bem afiada, corte uma parte oval no sentido do comprimento até o centro, percorrendo toda a massa e parando antes de chegar à extremidade oposta. Use a faca para fazer dois cortes quase paralelos, mas levemente diagonais, começando próximos da extremidade lateral e parando antes de chegar ao centro – em ambos os lados do corte inicial do centro.

6 Transfira a massa para a assadeira e separe a massa onde você fez os cortes, criando aberturas e fazendo o pão chegar ao tamanho desejado de aproximadamente 20×25cm. Repita o processo com a outra massa oval. Cubra os dois pães com filme plástico e deixe crescer por 1 hora.

7 Preaqueça o forno a 190°C cerca de 10 minutos antes de assar os pães.

8 Remova o plástico, pincele cada pão cuidadosamente com uma fina camada de azeite de oliva (tente não amassar os pães) e polvilhe-os com uma camada uniforme de sal em flocos. Asse os pães por aproximadamente 15 minutos, virando a assadeira na metade do tempo, até eles atingirem uma coloração dourada. Tire do forno e deslize os pães sobre uma grade para esfriar. A *fougasse* fica mais saborosa quando comida no dia em que foi assada, mas pode ser mantida por alguns dias em temperatura ambiente, embalada num pano de prato. Você também pode congelar o outro pão bem embalado por até 2 meses.

Bolos de amêndoas com manteiga dourada
FINANCIERS

Rende 20 bolinhos

Logo após minha chegada a Paris, em 2003, descobri que há todo um lado da cidade e muitos bairros nunca mencionados nos guias tradicionais (lembram daqueles?) ou nas revistas de *food and travel*. Naquela época, os lugares que tinham a atenção da imprensa se concentravam em torno da Rive Gauche, localizada do outro lado do rio, ao redor da Place de la Madeleine. Mas então chefs e confeiteiros rebeldes começaram a agir sozinhos em Paris, mudando-se para vizinhanças fora desse espectro, pois não conseguiam mais pagar os aluguéis nas áreas mais abastadas.

Essa expansão rumo aos *quartiers normaux* começou com o movimento "gastro-bistrô", nos anos 1990, quando alguns chefs famosos devolveram suas estrelas Michelin para abrir lugares menores, porém com mais interação social; locais onde a comida era impecável, mas eles não precisavam se preocupar com os ângulos perfeitos a 90 graus das dobras dos guardanapos nem se as maçanetas das portas do banheiro estavam bem polidas. Com o tempo, toda uma geração de chefs confeiteiros fixou suas cozinhas nos *arrondissements* de dois dígitos também, preferindo ter uma padaria de bairro a atender uma clientela da alta sociedade.

Como eu vinha experimentando escrever nessa época, propus artigos para várias revistas de culinária com o perfil de alguns desses novos restaurantes e padarias. Nenhum editor me respondeu (arrf!), então decidi compartilhar *mes bonnes adresses* em meu blog. Claro, não posso levar todo o crédito pelo sucesso (os doces maravilhosos meio que se encarregaram disso...), mas era recompensado quando um padeiro ou *chocolatier* me agradecia pelo bom número de clientes que haviam lido sobre seu estabelecimento no meu site. *Fait accompli!*

Apesar de minha persona on-line ser bem sociável, na verdade eu fico tímido quando conheço padeiros, chefs e *chocolatiers* que admiro, embora, em sua maior parte, eles sejam pessoas muito legais. Um dos mais legais é o chef *pâtissier* Fabrice Le Bourdat, dono da Blé Sucré. Trata-se de uma padaria maravilhosa localizada bem longe da Rive Gauche, numa praça encantadora onde as mães observam seus filhos brincarem no parque, as pessoas fazem compras no Marché d'Aligre, ali perto, e dão uma pausa para o café em frente à padaria para apreciar um dos melhores croissants de Paris, o que fica evidente pela névoa de flocos amanteigados espalhados na calçada em frente.

Apesar de o chef Le Bourdat ter trabalhado em alguns dos restaurantes e hotéis mais chiques de Paris, ele é um cara incrivel-

¾ de xícara (75g) de amêndoas moídas (ou farinha de amêndoas)

1 xícara (130g) de açúcar de confeiteiro

6 colheres (sopa, 60g) de farinha de trigo comum

¼ de colher (chá) de fermento em pó

¼ de colher (chá) de sal marinho ou sal kosher

8 colheres (sopa, 115g) de manteiga sem sal em cubos

½ xícara (125ml) de claras de ovo (aproximadamente 4 ovos grandes)

MANTEIGA DOURADA

Ao dourar a manteiga, que os franceses chamam de *beurre noisette* (literalmente, "manteiga de avelãs", mas coloquialmente "manteiga marrom"), você deve deixá-la relativamente escura, de modo que o cheiro lembre as *noisettes*, ou avelãs. Isso implica cozinhá-la até parar de borbulhar e atingir a cor de xarope de bordo. Essa cor é a chave de seu sabor.

mente simples. Quando tomamos café juntos, não só correu à cozinha para me trazer seu livro de receitas (que eu fiquei tentado a surrupiar, vender no Ebay e depois usar o dinheiro para comprar um daqueles apartamentos de cobertura na Île Saint-Louis) como também me disse que, se eu precisasse de algum equipamento emprestado, podia passar lá e pedir.

Apesar de eu não ter conseguido colocar sorrateiramente seu livro na bolsa, e de ser tímido demais para pedir algumas fôrmas de madeleines emprestadas, ele ficou consideravelmente feliz de me passar a receita de seus maravilhosos *financiers*. Ao contrário de muitos outros padeiros, o chef Le Bourdat coloca pedaços de manteiga dourada na massa, não apenas para adicionar sabor, mas para dar aos *financiers* uma aparência rajada. Sua receita original pedia quase 24 litros de claras de ovos. À diferença dos *bonnes adresses* que compartilho no meu site, não acho que você fosse ficar contente se eu compartilhasse essa versão – você precisaria de aproximadamente quatrocentos ovos –, então eu a reduzi para um nível mais tolerável. (Apesar de que, se eu fizesse a receita toda, talvez pudesse abrir uma vendinha na minha calçada parisiense e juntar dinheiro suficiente para dar entrada naquela compra de que falei.)

1 Numa tigela, misture as amêndoas, o açúcar de confeiteiro, a farinha, o fermento e o sal.

2 Derreta a manteiga na frigideira em fogo médio. À medida que cozinha, a manteiga borbulha um pouco, mas depois se acalma. Continue a cozinhá-la até atingir a coloração de xarope de bordo e ficar com um aroma levemente tostado. Tire a manteiga do fogo e deixe-a esfriar até ficar morna.

3 Adicione as claras aos ingredientes secos e misture. Em seguida adicione a manteiga dourada aos poucos, mexendo para incorporá-la totalmente. Cubra a massa e resfrie-a por pelo menos 1 hora, ou até o dia seguinte.

4 Para assar os *financiers*, preaqueça o forno a 200°C.

5 Unte com manteiga as laterais de 20 cavidades de assadeira de muffins (de preferência não aderente) ou use uma fôrma de silicone com cavidades de tamanho semelhante. Preencha cada cavidade, previamente untada com manteiga, com massa até ¾ da capacidade. Bata a assadeira sobre a bancada algumas vezes, depois asse tudo por 15 minutos, ou até que os *financiers* balancem levemente quando você os tocar no centro.

6 Tire do forno e deixe esfriar por 5 minutos. Depois, tire os *financiers* da assadeira e passe para uma grade. Armazene-os por até 5 dias num pote hermético em temperatura ambiente.

Madeleines de trigo-sarraceno
MADELEINES AU SARRASIN

Rende 18 bolinhos

Quando estava elaborando uma lista das receitas favoritas que eu fazia em Paris, percebi que um número considerável delas tinha trigo-sarraceno. Na verdade, acho que preciso de uma intervenção nesse sentido – ou pode ser que eu lance um livro de receitas só sobre trigo-sarraceno no futuro.

O trigo-sarraceno confere às madeleines um sabor mais marcante que suas parceiras, as farinhas refinadas, mais leves e delicadas. Elas parecem mais saudáveis, o que é levemente perigoso, já que acabo comendo mais do que deveria por causa disso. Com a farinha de trigo-sarraceno, as madeleines não terão aquela elevação característica, mas é por uma boa causa.

Frequentemente as pessoas me perguntam sobre tendências para o futuro no mundo da culinária, o que é curioso, porque, se eu conseguisse enxergar o futuro, não estaria cozinhando e lavando pratos. Estaria comprando bilhetes de loteria! (Na verdade, eu ainda continuaria a cozinhar, mas contrataria alguém para lavar os pratos.) Quando me pressionam pedindo uma resposta, eu me atrapalho um pouco, sabendo que o tiramisù, os macarons e os cupcakes já tiveram seu lugar ao sol. Porém, uma tendência que tenho notado é o uso de grãos integrais e várias farinhas distintas na culinária, algumas vezes com emprego pouco tradicional, como em bagels integrais (hum, não), massa de pizza à base de farinha de milho (sim) e uísque à base de centeio (sim!).

Para encontrar farinhas especiais em Paris, você precisa ir às lojas de produtos naturais. Aliás, elas são meus locais de compra favoritos. Os produtos agrícolas ainda estão sujos de terra, e as frutas e os legumes normalmente são de produtores locais. Eu consigo encontrar iogurte de leite de vaca, queijos de cabra orgânicos de pequenas fazendas, leite fresco com uma grossa camada de nata acumulada no gargalo da garrafa. E, quando estou procurando algo doce, há uma variedade de pastas à base de chocolate e oleaginosas feitas com ingredientes naturais que deixam a Nutella (feita com óleo de palma) no chinelo.

Uma farinha não refinada que pode ser encontrada nos mercados franceses é a farinha de trigo-sarraceno, ou *farine de sarrasin*, apesar de serem bem raros os doces feitos com ela. Se você for a uma *crêperie* e pedir de sobremesa um crepe de trigo-sarraceno, e não de farinha refinada (como eu sempre faço), provavelmente deixará o atendente perplexo, já que eles simplesmente não servem isso. Ainda assim, sempre que faço uma sobremesa usando trigo-sarraceno para meus amigos, eles amam. Talvez eu esteja à frente do meu tempo, criando sozinho uma tendência.

MANTEIGA DE OLHO ROXO

Há uma expressão em francês que é *œil au beurre noir*, que significa ter um *black eye*, ou olho roxo. Apesar de não soar tão esquisito quanto o inglês *black-butter eye*, *beurre noisette*, ou "manteiga dourada", é uma *bête noire* para algumas pessoas. Manteiga dourada é fácil de fazer; ela é o que resulta quando se cozinha a manteiga até remover toda a água, e se continua a cozinhar até que a gordura da manteiga restante obtenha cor, sabor e aroma mais ricos, similares a uma *noisette*, ou avelã. A primeira parte do processo de dourar a manteiga pode ser uma pequena confusão. Uma vez que ela é aproximadamente 19% água, irá espirrar quando você começar a cozinhá-la, como acontece quando você pinga água acidentalmente numa frigideira com óleo quente. Mas, à medida que segue cozinhando, a água evapora e a manteiga começa a fervilhar e dourar. Nesse ponto, observe tudo atentamente; você quer que a manteiga doure, mas não queime. Ela vai adquirir uma cor de caramelo vibrante, e seu aroma será incrível — ficamos tentados a pensar que, nessa fase, ela está pronta, em especial quando começa a soltar um pouco de fumaça, mas prossiga (e continue vigilante, observando). Quando o líquido ficar dourado, da cor de uma infusão fraca de chá preto, desligue o fogo e deixe descansar até ficar morna. Algumas pessoas coam a manteiga dourada usando uma gaze ou um coador bem fino para tirar qualquer resíduo escuro, mas eu não me importo com eles. Na verdade, até dão um sabor extra; apenas certifique-se de não raspar o fundo da panela nem de usar manteiga demais, ou ela ficará com gosto de queimado.

8 colheres (sopa, 115g) de manteiga sem sal em cubos

⅔ de xícara (105g) de farinha de trigo-sarraceno

⅓ de xícara (45g) de farinha de trigo branca

¾ de xícara (150g) de açúcar refinado

1½ colher (chá) de fermento em pó

½ colher (chá) de sal marinho ou sal kosher

½ xícara (125ml) de claras de ovo em temperatura ambiente (mais ou menos 4 ovos grandes)

1 colher (chá) de mel escuro, como o mel de flor de trigo-sarraceno

3 colheres (sopa) de nibs de cacau tostados (*ver* Nota)

Já se podem encontrar nibs de cacau nos Estados Unidos (graças a uma tendência dos produtores de chocolate "do grão à barra"), e eles não têm açúcar adicionado; são simplesmente grãos de cacau tostados. Eu os compro a granel (aproximadamente 1kg) e os adiciono a quase todas as sobremesas de chocolate. Eles produzem uma crocância maravilhosa, e é impossível obter um sabor de chocolate mais puro.

Curiosamente, da primeira vez em que eu saí procurando nibs de cacau em Paris, fiz uma busca de imagens on-line e encontrei as palavras *grue de cacao*. Eu nunca havia ouvido a palavra *grue* antes. Quando pesquisei, descobri que *grue* é grua, um guindaste, apesar de o meu dicionário de francês também apontar "prostituta" como significado. Eu não fazia ideia de qual a conexão de nenhuma dessas definições com os grãos de cacau, e, considerando que eu já me atrapalhei várias vezes com o francês, decidi que não poderia ir a nenhuma loja e pedir uma prostituta (a menos que eu fosse até a rue Saint-Denis). Então, perguntei a um chef confeiteiro meu amigo, que me disse que a palavra era *grué*, com acento, uma daquelas palavras que existem em francês para descrever algo incrivelmente específico, nesse caso, nibs de cacau tostados e triturados, o que é bom saber... no caso de você procurar por eles em Paris.

1 Derreta a manteiga na frigideira, em fogo médio (*ver* informações na p.270). À medida que a manteiga cozinha, ela vai espirrar um pouco e depois vai se acalmar. Continue a cozinhar a manteiga até atingir a cor de xarope de bordo e um cheiro de avelã tostada. Tire a manteiga do fogo e deixe descansar até ficar morna.

2 Numa tigela média, bata a farinha, o açúcar, o fermento e o sal. Misture as claras de ovo e o mel. Adicione ⅓ da manteiga dourada; gradualmente, adicione o restante, incluindo os resíduos escuros, sem raspar o fundo da frigideira. Misture os nibs de cacau mexendo até a massa ficar uniforme.

3 Preaqueça o forno a 200°C.

4 Em duas fôrmas de madeleines, pincele 18 cavidades com manteiga derretida. Preencha as fôrmas com a massa até ¾ do volume e asse as madeleines por 9 a 10 minutos, até que, ao tocar levemente o centro, elas voltem ao normal. (Por causa da farinha de trigo-sarraceno, a coloração não pode ser usada como indicativo de que o bolinho está pronto.) Remova as madeleines do forno, espere 30 segundos, tire-as da fôrma e coloque-as numa grade, para esfriar. As madeleines são mais gostosas quando quentes, ou no mesmo dia em que foram assadas.

NOTA: Se você não conseguir encontrar nibs de cacau, substitua-os por gotas de chocolate picadas ou minigotas de chocolate.

SOBREMESAS

Madeleines: métodos e loucuras

O NOME DE PROUST INVARIAVELMENTE APArece quando alguém menciona madeleines. Pode me chamar de cético, mas fico pensando quantas dessas pessoas realmente passaram pelas 4 mil e poucas páginas de *Em busca do tempo perdido*. No entanto, no imaginário das pessoas, Proust está eternamente associado a esses pequenos bolinhos em formato de concha porque eles lhe evocavam lembranças da infância... pelo que me dizem. (Eu não vou mentir para você. Também não li o livro.) Meu carinho pelas madeleines está claramente ligado ao fato de que eu simplesmente gosto delas pelo que são: delicados bolinhos amanteigados que me levam de volta e de volta... à grade em que estão esfriando, para pegar mais um.

Eu li algumas histórias distintas sobre a origem desses famosos bolinhos. A mais popular envolve uma jovem empregada chamada Madeleine que teve de substituir o chef na preparação de um banquete real, mas a única sobremesa que sabia fazer eram esses pequenos bolos. Todos gostaram tanto que deram o nome dela às delícias.

Não há informações sobre como eles passaram a se associar a uma *bosse*, ou saliência, e agora há versões comerciais nos mercados franceses em que as *bosses* parecem exageradas de uma maneira bem suspeita. Eu mesmo já tentei obter essa corcova testando várias técnicas para aperfeiçoá-la, o que acabou num caminho turbulento entre pontos altos amanteigados e pontos baixos enfarinhados. Minha última tentativa veio da descoberta feita numa revista francesa de culinária, cujas receitas, infelizmente, nunca deixaram de me decepcionar. Entretanto, a receita resultou na saliência mais alta que vi numa madeleine que tenha saído do meu forno... apesar de não ser uma garantia. Minhas taxas de sucesso ocorrem em seis de sete fornadas. E agora, quase sempre que faço madeleines, é dia de saliência – exceto no desagradável número sete.

. . .

A parte mais difícil de fazer madeleines é encontrar as fôrmas. Mas você não precisa pegar um voo para a França e comprar uma fôrma – elas podem ser encontradas on-line e em boas lojas de equipamentos de cozinha. No padrão atual, elas são antiaderentes; ainda precisam ser untadas com manteiga, mas desenformar fica muito mais simples, e são mais fáceis ainda de limpar. Seguem abaixo mais algumas dicas:

- Minhas receitas de madeleine pedem fermento em pó, então certifique-se de usar uma versão sem alumínio, o que não deixa nenhum gosto desagradável. Você pode encontrá-lo facilmente em lojas de produtos naturais e na maioria dos supermercados.

- Normalmente não sou ditador em termos de baunilha, mas favas de baunilha moídas ou pasta de fava de baunilha, em vez de extrato, resultam num bolo com sabor verdadeiramente francês. Os franceses não usam extrato de baunilha (*aroma vanille*) na mesma proporção que os americanos, e em geral preferem as favas. Se você não conseguir encontrar a pasta ou o pó, use um extrato de boa qualidade.

- Vale repetir: para melhores resultados, use fôrmas de madeleines antiaderentes. Eu, particularmente, não gosto de acessórios de silicone, mas há quem goste. Use, se você desejar. Fôrmas feitas de metal atraem melhor o calor, então você terá uma casquinha mais escura; fôrmas de silicone conferem às superfícies salientes um toque liso e brilhante de que eu não gosto.

- Vários famosos chefs *pâtissiers* de Paris me disseram para usar apenas manteiga em pomada, *beurre en pommade*, e não derretida, para untar as fôrmas. E eu acabei assando centenas de madeleines segundo o método deles, certificando-me de untar com muito cuidado cada pequena nervura das fôrmas, usando os dedos para criar a superfície perfeita para as madeleines deslizarem quando assarem. Um dia, resolvi testar a manteiga derretida e descobri que não fazia diferença alguma. Na verdade, foi até melhor, porque não resultou em partes sem manteiga que faziam os bolos grudarem. Então, agora uso manteiga derretida; e acho melhor derreter a manteiga, deixá-la esfriar e misturar de vez em quando para que continue macia e cremosa, mas emulsificada. Quando você untar as fôrmas, passe um pouco mais nas laterais superiores de cada cavidade, pois os bolinhos individuais tendem a grudar ali.

- Para dosar a porção da massa de madeleine nas fôrmas eu uso uma colher de sorvete com efetor, que faz uma bola de sorvete um pouco menor que a normal. Quando pesquisei as lojas de equipamentos de cozinha em Les Halles buscando colheres melhores, não encontrei nenhuma (quando contei aos atendentes que elas eram perfeitas para moldar biscoitos, um deles me disse que os franceses não fazem biscoitos pingados – é verdade!), então trouxe para mim dos Estados Unidos uma coleção de vários tamanhos. Os franceses usam saco de confeitar com bico liso para preencher as fôrmas. Mas, se você não tiver saco de confeitar nem *cookie scoops*, duas colheres – uma para raspar a massa da outra – funcionam bem para dosar a porção de massa nas fôrmas.
- Preencha as cavidades das fôrmas até cerca de ¾ do volume. Encher demais faz com que a massa transborde e não forme a saliência. A massa precisa crescer exatamente até o topo durante o tempo de forno, que é quando a saliência se forma. Entender essa parte pode custar algumas fornadas de madeleines, mas, se você seguir com a mesma receita e a mesma fôrma, será fácil aprender.
- Uma vez preenchidas as fôrmas, coloque um pano de prato dobrado sobre a bancada e bata a fôrma algumas vezes sobre ele; esse procedimento deixará a massa lisa e distribuída uniformemente.
- Se você tiver apenas uma fôrma de madeleines, pode reutilizá-la limpando-a a cada fornada, secando-a bem e seguindo para as próximas. Dependendo da eficácia da sua técnica de untar com manteiga, se a fôrma estiver bem limpa após assar a primeira fornada, simplesmente passe um papel-toalha, deixe-a esfriar e depois unte-a novamente para assar o resto da massa.
- É emocionante comer madeleines ainda quentes, apesar de não serem intragáveis quando servidas em temperatura ambiente. É possível manter a massa na geladeira por até 24 horas. Você pode deixar a massa na fôrma untada e depois tirá-la direto para o forno antes de servir.
- Não existe um tamanho-padrão exato para fôrmas de madeleines, então talvez você consiga assar mais ou menos bolinhos, depende muito. Você também pode usar minifôrmas de madeleines ajustando o tempo de forno para compensar o tamanho.
- Se você não tiver fôrmas de madeleines, as duas receitas apresentadas aqui dão ótimos bolinhos individuais que podem ser assados em miniformas de muffins, ajustando o tempo de forno de acordo com o tamanho das cavidades.
- Madeleines de trigo-sarraceno não produzem aquela *bosse* (saliência) das madeleines feitas com farinha branca. As de trigo-sarraceno ficarão mais compactas e densas, especialmente se você guardá-las de um dia para outro após assar.
- Finalmente, já assei 1 milhão de madeleines (após refletir, revi minha afirmação a respeito das centenas que mencionei antes para uma quantidade maior), e, apesar de, na maioria das vezes, eu obter aquela saliência linda, às vezes ela simplesmente não acontece. Já estive em padarias francesas e já vi de tudo, desde carolinas com creme murchas até palmiers escuros demais, sinais claros de que o padeiro estava fumando um cigarro lá fora quando deveria prestar atenção ao forno. Então, não se preocupe se não conseguir fazer a saliência; as madeleines terão exatamente o mesmo sabor. Estou quase certo de que elas têm formato de concha para serem servidas sempre com o melhor lado para cima, não importando como saírem do forno.

SOBREMESAS

Madeleines
MADELEINES

Rende 16 bolinhos

Passei muitos anos fazendo esses bolinhos doces bem populares e vendidos na maioria das padarias parisienses. Em geral eles só recebem como sabor as favas de baunilha, embora a Fauchon, localizada adequadamente na Place de la Madeleine, sirva-as em variedades que incluem chá-verde, laranja cristalizada e mel.

Essas madeleines são uma versão menos doce. Os franceses não usam automaticamente baunilha em biscoitos e bolos, pois preferem deixar os sabores da manteiga e dos ovos brilhar. Mas, quando usam baunilha, em geral é a fava, e não o extrato. Sendo assim, aqui usei um pouco de pasta de fava de baunilha, que é feita triturando as favas, o que confere um sabor mais rico que o extrato.

2 ovos grandes em temperatura ambiente

½ xícara (100g) de açúcar refinado

1 xícara (140g) de farinha de trigo

1½ colher (chá) de fermento em pó

½ colher (chá) de sal marinho ou sal kosher

½ colher (chá) de pasta de fava de baunilha (ou ¾ de colher [chá] de extrato de baunilha)

8 colheres (sopa, 115g) de manteiga sem sal

1 colher (sopa) de mel

1. Na batedeira com o batedor balão, bata os ovos e o açúcar juntos em velocidade alta de 3 a 5 minutos, até formarem um creme e dobrarem de volume.

2. Misture a farinha, o fermento, o sal e a pasta de baunilha. Cubra a tigela e deixe a massa descansar por 1 hora. Enquanto a massa descansa, derreta a manteiga e o mel numa panela pequena. Tire a mistura do fogo e deixe esfriar até a temperatura ambiente (cerca de 1 hora).

3. Pingue a mistura de manteiga e mel (reaqueça-a levemente, se necessário, para liquidificar novamente) na massa, misturando até ela ficar cremosa. Cubra e deixe a massa descansar por mais 1 hora.

4. Para assar as madeleines, preaqueça o forno a 200°C. Em duas fôrmas de madeleines, pincele 16 cavidades com manteiga derretida.

5. Preencha cada cavidade da fôrma com massa, até ¾ do volume, e bata levemente as fôrmas na bancada para nivelar a massa. Asse as madeleines por 9 a 10 minutos, até que elas resistam levemente ao toque no centro. Tire-as do forno, espere 30 segundos, depois retire-as da fôrma e passe-as para uma grade até esfriar. As madeleines são mais saborosas quando consumidas mornas ou no mesmo dia em que foram assadas.

Pour la santé

Há anos me perguntam se vou abrir uma padaria ou restaurante em Paris; de fato, algumas pessoas acham que eu já fiz algo assim. Algumas chegaram a me mandar pedidos de reservas para meu restaurante em Paris via e-mail, com seus números de cartão de crédito para o depósito da reserva.

Às pessoas que perguntavam sobre minha padaria, eu costumava dizer que os franceses não estão nada interessados em sobremesas americanas, com exceção de *le cheesecake*. (E como alguém não estaria?) Às pessoas que me enviaram seus números de cartão de crédito, fiquei tentado a causar algum prejuízo na Hermès antes de lhes informar que, *malheureusement*, meu restaurante não tinha mais vagas para reserva. Mas, afinal, prefiro a honestidade a um armário cheio de cintos com fivela em formato de "H".

Deixando meu restaurante imaginário de lado, trata-se de fato bem documentado que os franceses são comedores aventureiros: eles comem *tête de veau* (cérebro de novilho gelificado), *rognons* (rins) e *boudin noir* (linguiça de sangue) *sans problème*. Mas pedaços de cenoura num bolo? Essa é outra história. Para ajudar meus amigos franceses a superar o choque dos legumes na sobremesa, sabendo que a maioria tem uma tendência à hipocondria, frequentemente recorro a uma técnica especial: garanto-lhes que o bolo é *très bon pour la santé*. Isso dissolve qualquer hesitação e lhes dá permissão para experimentar algo porque é bom para a saúde. *Ah, bon?* – eles dizem, e comem direto. Sempre funciona.

E por falar em aventureiros, minha amiga Laurel Sanderson, de Charleston, Carolina do Sul, abriu um café e padaria *american-style* em Paris que, segundo ela, tornou a cidade um pouco menos estrangeira para ela – apesar de o lugar viver cheio de parisienses (talvez seja porque eles tenham ouvido em algum lugar que bolo de cenoura faz bem para a saúde). Após encontrar jarras de chá natural e delicioso servido com gelo, outra coisa que me chamou a atenção na primeira vez que entrei na padaria de Laurel foi o alto bolo de cenoura confeitado com ondas generosas de glacê de cream cheese. Então, eu a convidei para fazer um comigo.

Laurel não descasca as cenouras e assa o bolo em três camadas. Apesar de nos Estados Unidos nós comermos cascas de cenoura e de uva, os franceses são rigorosos e descascam tudo, de tomates a nectarinas. (Eu fico tentado a servir casca de batata frita para meus amigos franceses só para ver a reação.)

Como um amante confesso de glacê de cream cheese tradicional, fiquei um pouco traumatizado quando Laurel me disse que usou mascarpone na cobertura. Mas respirei um pouco mais aliviado – infelizmente, não foi desafivelando um daqueles muitos cintos Hermès – quando comprovei que o mascarpone adiciona uma riqueza de sabor mais elaborada ao bolo. Então, se um dia eu abrir uma padaria em Paris, acho que esse bolo de cenoura com cobertura de mascarpone será o carro-chefe. Mas, até lá, segue a receita do bolo – e não precisa de receita médica.

Bolo de cenoura
GÂTEAU AUX CAROTTES

Serve 12-16 pessoas

Considerando que a maioria das pessoas não tem espaço no forno para assar três fôrmas de bolo, adaptei a receita para duas camadas. Funciona melhor em fôrmas de 25cm, se você as tiver, mas duas fôrmas com fundo removível de tamanhos similares também funcionarão perfeitamente.

1. Unte duas fôrmas comuns de 25cm ou fôrmas de fundo removível e cubra o fundo com papel-manteiga. Preaqueça o forno a 180°C.

2. Para fazer o bolo, numa tigela grande, misture bem os ovos, o leitelho (ou o iogurte), o óleo, o açúcar cristal e a baunilha. Adicione as cenouras raladas.

3. Em outra tigela grande, misture a farinha, a canela, o gengibre, a pimenta-da-jamaica, o fermento, o bicarbonato de sódio e o sal até que tudo esteja bem combinado.

4. Gradualmente, adicione a mistura de cenoura aos ingredientes secos e faça movimentos delicados até estar tudo incorporado. Finalmente, adicione as nozes.

5. Divida a massa entre as fôrmas e alise bem. Asse por 45 minutos, até a massa ficar com uma coloração dourado-escura. Insira um palito no centro – se ele sair limpo, o bolo está pronto.

6. Deixe os bolos esfriarem completamente numa grade. Passe uma faca na lateral das assadeiras para soltar os bolos.

7. Para fazer a cobertura, na batedeira com o batedor pá (ou numa tigela com espátula de silicone), bata o cream cheese em velocidade média até ficar cremoso. Adicione o mascarpone, o açúcar de confeiteiro, a baunilha e as raspas de limão, e bata até incorporar tudo.

8. Posicione uma camada de bolo no prato e apare o topo para ficar reto. Espalhe aproximadamente 1¼ de xícara (280ml) da cobertura sobre o bolo e posicione a outra camada. Espalhe cobertura em cima e nas laterais. Leve à geladeira se não for servir logo que terminar; o bolo pode ser consumido em até 4 dias.

BOLO

5 ovos grandes

½ xícara (125ml) de leitelho*

1¾ de xícara (430ml) de óleo de sabor neutro

2½ xícaras (500g) de açúcar refinado

2 colheres (chá) de extrato de baunilha

560g de cenouras com casca e raladas

4 xícaras (560g) de farinha de trigo

4 colheres (chá) de canela em pó

2 colheres (chá) de gengibre em pó

1 colher (chá) de pimenta-da-jamaica em pó

1 colher (sopa) de fermento em pó

1 colher (chá) de bicarbonato de sódio

1¼ de colher (chá) de sal marinho ou sal kosher

1 xícara (100g) de nozes ou pecãs tostadas e picadas grosseiramente

COBERTURA

450g de cream cheese em temperatura ambiente

450g de mascarpone

¾ de xícara (105g) de açúcar de confeiteiro

¼ de colher (chá) de extrato de baunilha

raspas bem finas de 1 limão (orgânico)

---

* Nos Estados Unidos ou na França, o leitelho (*buttermilk*) é facilmente encontrado nos mercados na versão industrializada. Mas no Brasil esse ingrediente não está disponível. Nas receitas, no entanto, ele pode ser substituído por iogurte natural, sem sabor.

Ponha as mãos – tire as mãos

Eu não sou necessariamente um cara suscetível, mas tem uma coisa à qual eu demorei a me acostumar em Paris: não poder tocar as coisas nas lojas. Você não pode ir a uma padaria e pegar um bolo ou pão da prateleira, nem um pirulito de marshmallow, o que uma amiga minha fez (era um presente para o filho dela) e acidentalmente derrubou uma torta de €45 que estava bem embaixo. Quando ela me contou sobre a bronca humilhante que levou, percebi que a melhor coisa a fazer é guardar minhas mãos para mim mesmo.

E eu? Eu ainda estou me recuperando da surpresa que tive na lavanderia quando abri acidentalmente a máquina de lavar durante o ciclo, fazendo com que uma enorme *cascade* inundasse o chão. Aprendi depois que, na França, as máquinas de lavar devem ter um botão *arrêt* bem visível, então, aparentemente, não fui a primeira pessoa a cometer esse erro. Se eu soubesse naquela época que *arrêter* significa "parar"...

Agora, uma surpresa mais agradável é quando eu peço em Paris um *baba au rhum*, um bolo levedado e encharcado de álcool, e o garçom coloca uma garrafa de rum na mesa da qual posso me servir quanto quiser e derramar sobre o bolo. Pode me chamar de paranoico, mas tenho certeza de que minha reputação de desastrado (ou de derramador de líquidos em cascata) já é famosa, porque eles nunca me trazem uma garrafa com mais de 10% de conteúdo. Entretanto, sempre há o suficiente para eu encharcar meu baba como desejar. Eu posso não ser mais tão suscetível, mas, quando sei que temos baba de sobremesa, sou todo ouvidos – e mãos.

Babas de kirsch com abacaxi
BABAS AU KIRSCH ET ANANAS

Rende 8 bolos individuais

Várias fôrmas de muffin são vendidas com número diferente de cavidades; use a que você tiver, preenchendo-as até não mais que a metade do volume. Dependendo do tamanho das fôrmas, você pode obter mais ou menos do que diz a receita. Usando fôrmas de 125ml, a receita renderá 8 babas.

1. Para fazer a massa, na batedeira com o batedor gancho, misture o fermento, uma colher (chá) de açúcar e a água morna. Deixe descansar por 10 minutos.

2. Enquanto o fermento estiver crescendo, numa panela pequena aqueça o leite em fogo baixo com as 2 colheres (sopa) de açúcar restantes e o sal. Corte a fava de baunilha no sentido do comprimento e raspe as sementes, adicionando-as ao leite. Tire o leite do fogo e deixe esfriar em temperatura ambiente.

3. Quando o fermento formar bolhas, adicione ¼ da farinha. Com a batedeira em velocidade média, acrescente a mistura de leite e o restante da farinha. Junte os ovos, um por vez. Quando eles estiverem completamente incorporados, raspe as laterais da tigela, aumente a velocidade para média-alta e bata por 5 minutos.

4. Espalhe a manteiga sobre a massa, cubra a tigela com um pano de prato e deixe-a crescer em local levemente aquecido por 1 hora.

5. Depois de 1 hora, bata a massa em velocidade média-alta por aproximadamente 5 minutos, até ficar macia e uniforme. Adicione as passas no último minuto. Unte as cavidades de uma fôrma de muffin e preencha cada uma até a metade com a massa. Eu uso uma colher de sorvete com ejetor, mas você pode usar duas colheres (sopa), pegando um pouco de massa com uma e passando a massa para as cavidades com a outra.

6. Deixe a massa crescer nas fôrmas até chegar ao topo, entre 1 hora e 1 hora e meia.

7. Aproximadamente 15 minutos antes de a massa estar pronta, preaqueça o forno a 180°.

8. Asse os babas por 15 a 20 minutos, até ficarem dourados no topo. Tire-os do forno.

9. Para fazer o abacaxi salteado, aqueça-o numa frigideira grande com o açúcar mascavo. Cozinhe-o em fogo médio mais ou

---

MASSA

2 colheres (chá) de fermento biológico seco

2 colheres (sopa) mais 1 colher (chá) de açúcar refinado

2 colheres (sopa) de água morna

¼ de xícara (60ml) de leite integral

1 colher (chá) de sal marinho ou sal kosher

1 fava de baunilha (*ver* Nota, p.280)

1¾ de xícara (250g) de farinha de trigo

4 ovos grandes em temperatura ambiente

8 colheres (sopa, 115g) de manteiga sem sal em cubos em temperatura ambiente

¼ de xícara (40g) de uvas-passas brancas (opcional)

ABACAXI SALTEADO

1 abacaxi grande descascado, sem o miolo e cortado em cubos

2 colheres (sopa) de açúcar mascavo claro (mais, se necessário)

algumas gotas de kirsch

CALDA

2 xícaras (500ml) de água

1 xícara (200g) de açúcar refinado

½ xícara (125ml) de kirsch ou rum

Creme chantilly (p.337), para servir

menos por 10 minutos, mexendo ocasionalmente, até que o abacaxi fique macio, completamente cozido e solte água. Retire-o do fogo e adicione o kirsch. Prove o abacaxi; ele pode precisar de um pouco mais de açúcar mascavo.

10 Para fazer a calda, aqueça água com açúcar na panela em fogo médio até que o açúcar se dissolva. Retire do fogo e adicione o kirsch.

11 Enquanto os babas ainda estiverem mornos, tire-os das fôrmas e fure cada um deles com palito. Afunde os babas na calda quente, poucos de cada vez, virando-os e apertando-os um pouco, para ajudá-los a absorver mais calda. Coloque-os num prato fundo. Mergulhe os babas restantes. Depois que todos estiverem encharcados e ficarem alguns minutos descansando, mergulhe-os novamente na calda e coloque-os no prato, derramando qualquer sobra de calda sobre eles. (Os babas podem ser guardados, cobertos, em temperatura ambiente por até 1 dia antes de servir.) Apresente-os encharcados com a calda de abacaxi em temperatura ambiente, com uma generosa porção de creme chantilly. Você pode ainda oferecer uma garrafa de kirsch para que seus convidados joguem um pouco mais sobre os bolos.

NOTA: Eu prefiro usar favas de baunilha para dar sabor a essa massa, em vez de pasta de baunilha, que pode deixá-la consideravelmente mais escura. (Guarde a fava raspada para outro uso.) Caso você prefira extrato de baunilha, adicione 1 colher (chá) à massa, em lugar das sementes.

Merveilleux

MERVEILLEUX

Rende 10 bolos individuais

MERENGUES

½ xícara (125ml) de claras de ovo em temperatura ambiente (aproximadamente 4 ovos grandes)

1 pitada de sal marinho ou sal kosher

1 xícara (140g) de açúcar de confeiteiro

½ colher (chá) de extrato de baunilha

½ colher (chá) de vinagre branco ou de maçã

MERVEILLEUX

2½ xícaras (625ml) de creme de leite fresco

⅔ de xícara (90g) de açúcar de confeiteiro

2 colheres (chá) de expresso instantâneo em pó (*ver* Nota, p.282)

¾ de colher (chá) de extrato de baunilha

⅓ de xícara (80g) de Crème fraîche (p.327; opcional)

cerca de 285g de chocolate meio amargo picado grosseiramente

Se você acha que não gosta de merengues é porque não experimentou um *merveilleux*. Na primeira vez que fui à Aux Merveilleux de Fred, uma das três lojas que se abriram em Paris (originalmente, de Lille), comprei uma caixa grande para compartilhar com um amigo e sentei-me num banco ali perto para esperar por ele. Quando o amigo chegou, o que não demorou muito, eu havia comido tudo, só pude lhe oferecer uma caixa branca de papel com uma colher de plástico e um pouco de creme preso nas fendas, que eu não havia conseguido tirar. (Eu teria levantado a caixa e lambido o creme se não tivesse muita gente ao redor.) Infelizmente – ou felizmente, dependendo de como encararmos o fato – não moro perto da Aux Merveilleux de Fred, porque eu iria lá todos os dias. No entanto, voltei lá para tirar algumas dúvidas sobre como fazê-los em casa.

O creme que eles usam para rechear os merengues é batido bem firme, quase na consistência de um buttercream. Quando perguntei se adicionavam manteiga comum ao creme, os cozinheiros balançaram a cabeça, dizendo: *Ni beurre, ni farine!* ("Nem manteiga, nem farinha!"). Então, quando você for fazê-los, é importante bater o creme até ficar o mais firme possível. Se você enfiar uma colher no creme sem que ela se mexa, a consistência está correta. Se você experimentá-lo, o sabor deve ser um pouco "amanteigado".

Os merengues podem ser armazenados num pote hermético em temperatura ambiente por até 1 semana antes de serem recheados. Uma vez recheados, podem ser mantidos na geladeira por até 2 dias, mas ficam melhores em até 24 horas.

1. Preaqueça o forno a 135°C. Forre duas assadeiras com papel-manteiga.

2. Para fazer os merengues, na tigela da batedeira com o batedor balão, bata as claras em velocidade média até espumar. Adicione o sal e aumente a velocidade para o máximo, batendo até que as claras fiquem quase firmes e formem picos. Abaixe a velocidade e adicione o açúcar de confeiteiro em 3 partes. Adicione a baunilha e o vinagre, e aumente a velocidade para o máximo, batendo até ficar firme.

3. Com um saco de confeitar com bico liso de 1,5cm, ou uma espátula de confeiteiro, aplique ou espalhe o merengue nas assadeiras formando círculos de 5cm com espaços iguais entre si (cerca de

20 por assadeira). Cada círculo deve ser relativamente grosso (pelo menos 2,5cm de altura). Não se preocupe se eles não ficarem perfeitos; as falhas serão corrigidas depois.

4 Asse os merengues por 1 hora. Desligue o forno e deixe-os lá até o forno esfriar e os merengues ficarem secos e crocantes.

5 Para fazer o *merveilleux*, arrume 10 fôrmas de papel para cupcakes numa assadeira e achate-as levemente.

6 Na batedeira com o batedor balão afixado, bata o creme em velocidade alta até ficar bem firme e manter a forma. Adicione o açúcar de confeiteiro, o expresso e a baunilha. Bata em velocidade média-alta até ficar bem mais firme. O creme estará pronto quando mantiver sua forma sem cair do batedor. (Se não estiver firme o suficiente, ele irá pingar e deixar os merengues empapados. Então, certifique-se de deixá-lo firme e brilhante; deve chegar quase ao ponto de consistência de um buttercream). No final, adicione e bata a crème fraîche.

7 Espalhe uma camada generosa de creme sobre os 10 merengues; a camada deve ser da mesma espessura do merengue. Coloque no topo outro merengue, como um sanduíche, e então cubra as laterais de cada conjunto com uma camada de chantilly batido. (Caso fique difícil cobri-los com o creme, refrigere os sanduíches um pouco para firmar o recheio).

8 Coloque o chocolate num prato grande e passe cada merengue no chocolate, certificando-se de cobrir toda a superfície do creme. Use a colher para suspendê-los e colocá-los numa fôrma de papel, com o fundo para baixo. Deixe-os na geladeira pelo menos por 1 hora, até ficarem prontos para servir; sirva-os gelados.

NOTA: Frequentemente uso o expresso em pó da marca Via. Você pode também usar uma marca italiana de expresso em pó, disponível em lojas de confeitaria. A intensidade varia de acordo com a marca, então fique à vontade para usar mais, de acordo com o seu gosto.

O confeiteiro mais especial de Paris

Uma vez, quando inventei uma palavra em francês em um dos meus escritos, uma amiga ficou tão perplexa que me disse que simplesmente *n'était pas possible* inventar uma palavra em francês. Não quis chateá-la, então não mencionei palavras como *bromance* (profunda amizade entre dois homens heterossexuais; será que conta aquela quedinha pelo cara que trabalha na seção de linguiças no mercado que eu frequento?) ou o aumento dos *cheftestants* (uma mistura de palavras que reforça a noção de que cozinhar é de alguma forma um ato de competição), fenômeno que se espalhou até pela França.

Os franceses são criados com um forte sentimento de respeito pelo seu idioma, o que é compreensível, já que o rigoroso sistema educacional não é famoso por ensinar as crianças a serem criativas ou pensarem fora da caixa, mas se concentra na constante memorização e adesão absoluta e restrita às regras e à tradição. Contudo, de vez em quando alguns alunos caem fora do sistema e se tornam *free-thinkers*, como chamamos em inglês. Em francês, essas pessoas são chamadas de *spéciales*.

Jacques Genin é *très spécial*. A primeira vez que encontrei o pacato *chocolatier* foi quando ele estava trabalhando num lugar apertado e nada interessante, cuja porta da frente tinha um espelho unidirecional. Se fosse considerado merecedor de entrar, você se encontraria bem no meio de uma das menores produções de chocolate em grande escala da França. O *laboratoire* tinha provavelmente seis metros quadrados, com uma grande bancada de mármore no centro com espaço para acomodar apenas o próprio cara e sua equipe, que se apertava ali com ele. Se alguém quisesse passar pelos outros, vamos dizer, com uma fôrma de chocolate que precisasse ser posta na geladeira, todo mundo tinha de respirar fundo ou se aproximariam de maneira quase íntima de seus colegas de trabalho.

Jacques fazia chocolate e caramelos vendidos por atacado aos melhores restaurantes e hotéis de Paris, que, por sua vez, os serviam aos hóspedes em bandejas de prata. O único modo de obtê-los era ficar hospedado num hotel chique ou comer num restaurante estrelado – a não ser que você fosse sortudo o bastante para passar no crivo de Jacques e ele lhe deixasse entrar. Dependendo do humor, ele poderia até lhe vender chocolate, apesar de só vender a granel (um quilo), e decidia o que colocar na caixa. (A maioria das minhas visitas começava com um longo sermão sobre como era difícil tocar um negócio e terminava com copos de uísque – não importa a que hora do dia ou da noite.)

SOBREMESAS

À medida que Jacques foi ficando famoso, ele não teve escolha e precisou abrir um local bem maior no Marais, com uma loja espaçosa, no nível da rua. As portas transparentes de vidro abrem livremente, e qualquer um pode entrar e comprar quantos chocolates e caramelos quiser. Outro bônus desse espaço generoso é uma configuração de mesas e cadeiras para que os clientes possam experimentar as sobremesas de Jacques, que são ainda melhores que seus caramelos.

Eu passei alguns dias com o caprichoso Jacques Genin em sua cozinha, rodeado de uma equipe maior, em espaços menos intimistas, produzindo chocolates e aqueles caramelos divinos; compridos *bâtons* de rica manteiga francesa misturados com açúcar queimado. Somos os melhores amigos-inimigos (uma vez, ele tentou me estrangular de brincadeira – bom, eu acho que era de brincadeira...), e, ainda assim, toda vez que fecho a boca sobre um de seus caramelos e sinto o sabor doce amanteigado, não importa de que maneira ele me trate, é difícil ter mágoa de alguém que consegue fazer algo tão bom.

Acho que não há no mundo caramelos mais gostosos que os de Jacques, mas sua Paris-Brest é minha sobremesa favorita. Como muitas sobremesas parisienses, ela requer um pequeno exército de confeiteiros habilidosos para executá-la, e cada uma é feita por encomenda. Depois que comi a primeira garfada, fiquei na dúvida se algum dia já tinha comido um doce tão bom. Então, apesar de qualquer perigo que eu possa correr, continuo a voltar lá e a encomendar um doce só para garantir.

Jacques é famoso por tirar sabáticos da confeitaria, dependendo de seu humor. Mas, quando resolve voltar a fazê-la para o seu café, ele faz a base para a sua Paris-Brest na tradicional forma circular, para lembrar uma roda de bicicleta e comemorar a corrida entre as duas cidades. (Você também pode encomendar uma para viagem, com antecedência.) Os franceses são superprotetores não apenas com seu idioma, mas também com seus doces clássicos, e adicionar qualquer coisa como, por exemplo, um toque de chocolate numa Paris-Brest, é algo impensável. Sendo assim, renomeei minha versão alongada, semelhante a um éclair, de Paris-Paris, para imitar o caminho que percorro até a loja de Jacques por aqui, que, felizmente, é em linha reta.

Paris-Paris

PARIS-PARIS

Rende 10-12 éclairs individuais

A massa rende 12 bases de éclair, e você possivelmente terá uma dúzia de doces com o recheio cremoso de pralinê de avelã. Mas eu não gosto de ser pão-duro. Então, dependendo do tamanho das bases de éclair, talvez você fique com apenas 10 doces, se recheá-los tão generosamente quanto eu.

PRALINÊ DE AVELÃ
½ xícara (100g) de açúcar refinado

¾ de xícara (100g) de avelãs cruas picadas grosseiramente

1 pitada generosa de sal marinho ou sal kosher

CREME DE CONFEITEIRO
1 xícara (250ml) de leite integral

3 colheres (sopa) de amido de milho

3 gemas grandes

3 colheres (sopa) de açúcar refinado

4 colheres (sopa, 55g) de manteiga com ou sem sal em cubos e em temperatura ambiente

½ colher (chá) de extrato de baunilha

MASSA DO ÉCLAIR
¾ de xícara (180ml) de água

2 colheres (chá) de açúcar refinado

¼ de colher (chá) de sal marinho ou sal kosher

6 colheres (sopa, 85g) de manteiga sem sal em cubos

¾ de xícara (110g) de farinha de trigo

3 ovos grandes em temperatura ambiente

COBERTURA DE CHOCOLATE
1 xícara (140g) de açúcar de confeiteiro

2 colheres (sopa, 15g) de cacau processado pelo método holandês ou cacau em pó natural sem açúcar

2 colheres (sopa) de água

1. Unte levemente uma assadeira com gordura ou forre-a com um tapete de silicone.

2. Para fazer o pralinê de avelãs, espalhe uma camada uniforme de açúcar na frigideira. Aqueça-a em fogo médio até que o açúcar nas laterais comece a derreter e fique com uma cor âmbar-claro. Use uma espátula para arrastar o açúcar derretido até o centro, e então adicione as avelãs e a pitada de sal, misturando levemente e molhando as avelãs no açúcar caramelizado até que o caramelo comece a soltar fumaça. Nesse momento, quando as avelãs soltarem um cheiro de tostado, imediatamente espalhe o caramelo com as avelãs na assadeira, espalhe o mais uniformemente possível e deixe esfriar de todo. (Ao esfriar, as nozes podem ser guardadas num pote hermético em temperatura ambiente por até 1 semana).

3. Para fazer o creme de confeiteiro, aqueça o leite em uma panela pequena e reserve. Bata o amido com as gemas numa panela até ficar cremoso e depois adicione o açúcar. Pingue um pouco do leite quente, mexendo constantemente. Aos poucos, adicione o restante do leite sem parar de mexer. Cozinhe o creme no fogo mais baixo possível por 1 minuto e meio, mexendo vigorosamente e certificando-se de raspar as laterais com o batedor até ficar bem grosso como uma maionese. Tire do fogo e adicione a manteiga, alguns cubos por vez, e o extrato de baunilha, mexendo até a mistura ficar cremosa. Passe a mistura para uma tigela, cubra e refrigere. (Para acelerar as coisas, coloque-a sobre um pote de gelo, mexendo até esfriar, e depois coloque na geladeira. Esse creme pode ser guardado por até 3 dias).

4. Preaqueça o forno a 190°C. Forre uma assadeira com papel-manteiga ou tapete de silicone.

5. Para fazer os éclairs, aqueça a água, o açúcar e a manteiga numa panela, mexendo de vez em quando só até a manteiga derreter.

Imediatamente, adicione a farinha e mexa por alguns minutos em fogo baixo até que a mistura se junte numa bola de massa e se solte das laterais da panela. Retire a panela do fogo e deixe esfriar por cerca de 3 minutos, mexendo de vez em quando para esfriar levemente.

6. Adicione os ovos, um a um, mexendo vigorosamente, até a massa ficar cremosa. (Você também pode usar uma batedeira com o batedor pá.) Transfira a massa quente de éclair para um saco de confeitar com bico liso de 1,5cm e faça na assadeira 10 a 12 linhas de 12,5cm de massa com espaços iguais entre si. (Você também pode usar um saco plástico com um corte em uma das arestas.) Com o dedo umedecido, alise qualquer parte que tenha ficado levantada pelo uso do saco de confeitar.

7. Asse por 25 a 30 minutos, virando a assadeira no meio do tempo, até que as bases de éclair estejam com uma cor dourada intensa. Retire do fogo e espete a ponta de uma faca pequena na lateral de cada éclair, girando-a para ajudar o vapor sair e manter a massa crocante. Deixe esfriar completamente.

8. Finalize o recheio quebrando as avelãs caramelizadas e pulsando no processador de alimentos até que elas fiquem finamente moídas. Adicione ⅓ do creme de confeiteiro firme e gelado e pulse mais algumas vezes para incorporar. Usando uma espátula de silicone, misture o creme com as avelãs no creme de confeiteiro restante, apenas até incorporar. Evite mexer muito depois, porque o creme pode amolecer.

9. Corte cada éclair no sentido do comprimento com uma faca de serra, até um pouco antes do final. Com o saco de confeitar com bico liso, uma colher ou saco plástico com a aresta cortada, recheie as bases de éclair com o pralinê de avelãs.

10. Para fazer a cobertura, misture o açúcar de confeiteiro e o cacau em pó numa tigela pequena, adicionando água quente até ficar cremoso. A cobertura deve ficar grossa o suficiente para se espalhar, mas também manter sua forma quando aplicada. Se ficar muito grossa, adicione algumas gotas de água quente. Se ficar muito fina, adicione um pouco de açúcar de confeiteiro.

11. Com uma colher ou espátula pequena, levante cada éclair e espalhe uma boa quantidade de cobertura sobre ele, raspando o excesso. Refrigere os éclairs cobertos pelo menos por 1 hora antes de servir. Sirva-os gelados ou em temperatura ambiente. Os éclairs recheados e cobertos podem ser guardados na geladeira por até 3 dias.

Terrine de chocolate com creme inglês de gengibre fresco

TERRINE AU CHOCOLAT, CRÈME ANGLAISE AU GINGEMBRE

Serve 8 pessoas

Eu nunca tinha comprado um ovo até me mudar para Paris. Na verdade, quero dizer que eu nunca tinha comprado um ovo só, unitário, até vir morar aqui. Para alguém acostumado a escolher ovos às dúzias, foi interessante ver nas queijarias cestas de ovos alinhados sobre o feno que pareciam haver sido tirados do galinheiro naquele instante; e ali eles são escolhidos e embalados para os clientes em papel – mesmo que você só queira um.

Quando você quebra um ovo francês, é fácil descobrir por que eles recebem tanta atenção; as gemas são cor de laranja vívida. Não importa se eu usarei apenas um ou meia dúzia, elas sempre me fazem querer parar e observar aquelas órbitas viscosas balançando na tigela antes de serem batidas.

Outra diferença entre a França e os Estados Unidos é a maneira como se pensam os ovos: nunca conheci um francês que tivesse preocupações em comer os ovos moles ou crus. Não sei se há algum problema relacionado ao ovo aqui, mas nas poucas vezes que fiz a pergunta ao servir uma sobremesa todo mundo me olhou como se eu fosse louco, e então comeu a sobremesa sem pensar duas vezes.

Apesar de ovos crus serem aceitáveis, alguns outros itens que eu preparo deixam as pessoas perplexas por aqui. Uma moça do caixa do supermercado nunca havia visto gengibre fresco, e segurou a raiz retorcida, inspecionando-a como se fosse uma forma de vida alienígena que pousara em sua esteira rolante. Eu uso muito gengibre fresco, especialmente em sobremesas como esta, onde seu sabor picante faz um bom contraponto com a calda de ovos e, claro, o chocolate amargo.

TERRINE

285g de chocolate meio amargo picado grosseiramente

8 colheres (sopa, 115g) de manteiga sem sal em cubos

4 ovos grandes separados e em temperatura ambiente

1 pitada de sal marinho ou sal kosher

4 colheres (sopa, 50g) de açúcar refinado

CREME INGLÊS DE GENGIBRE FRESCO

60g de gengibre fresco descascado e fatiado

2 xícaras (500ml) de leite integral

⅓ de xícara (65g) de açúcar refinado

1 pitada de sal marinho ou sal kosher

5 gemas grandes

1 Para fazer a terrine, derreta o chocolate e a manteiga em banho-maria, colocando-os numa vasilha pousada em cima de uma panela com água fervente, mexendo ocasionalmente, até que o chocolate esteja derretido e cremoso. Tire do fogo e deixe descansar até que a vasilha esteja morna ao toque.

2 Bata as gemas na mistura de chocolate, uma por vez, até que se misturem bem.

3 Forre uma fôrma de pão de 23cm com uma camada de filme plástico e deixe-a bem lisa, com o mínimo possível de rugas.

4 Na batedeira com o batedor balão afixado (ou à mão), bata as claras de ovo com uma pitada de sal em velocidade alta, até que

elas comecem a ficar firmes. Adicione o açúcar, 1 colher (sopa) por vez, e continue a bater por mais ou menos 2 minutos, até que as claras fiquem firmes e brilhantes. Misture delicadamente ⅓ das claras no creme de chocolate e depois adicione o restante, mexendo até que a clara não seja mais visível no creme.

5 Passe a mistura de chocolate para a assadeira de pão. Bata a assadeira na bancada algumas vezes para tirar qualquer bolha de ar. Alise o topo. Refrigere a terrine pelo menos por 4 horas. A terrine pode ser feita com até 3 dias de antecedência e refrigerada.

6 Para fazer o creme inglês, ponha as lascas de gengibre em água suficiente apenas para cobri-las, numa panela em fogo médio, e deixe ferver por 2 minutos. Coe o gengibre, descartando o líquido. Coloque as lascas de gengibre escaldadas de volta na panela. Ponha o leite e o açúcar, com uma pitada de sal. Aqueça até que o leite ferva. Tire do fogo, cubra e deixe descansar por 1 hora.

7 Prepare um banho de gelo colocando uma tigela de metal sobre outra tigela maior cheia de gelo e um pouco de água gelada. Arranje uma peneira sobre a tigela de cima.

8 Reaqueça o leite. Numa tigela pequena, bata levemente as gemas de ovo. Misture um pouco do leite quente e depois passe a mistura de gemas para a panela. Cozinhe em fogo médio-baixo, mexendo constantemente com uma espátula que possa ir ao fogo, raspando o fundo e as laterais da panela, até que o creme esteja grosso o suficiente para cobrir a espátula. Não deixe a mistura ferver.

9 Imediatamente passe o creme pela peneira sobre a tigela em banho de gelo. Descarte o gengibre que ficou na peneira e mexa o creme inglês com uma espátula limpa para ajudá-lo a esfriar. Uma vez gelado, refrigere até servir. O creme inglês pode ser feito com até 3 dias de antecedência e guardado na geladeira.

10 Para servir, tire a terrine da fôrma e passe para um prato, removendo o plástico. Para melhores resultados, mergulhe uma faca afiada em água bem quente antes de cortar cada fatia. Sirva com um pote de creme inglês bem gelado.

VARIAÇÃO: Adicione 2 colheres (sopa) de expresso ou de seu licor favorito (como rum escuro, conhaque ou Grand Marnier) ao chocolate após derretê-lo no passo 1.

Torta de chocolate e doce de leite
TARTE AU CHOCOLAT ET CONFITURE DE LAIT

Serve 10 pessoas

BASE DE CHOCOLATE

6 colheres (sopa, 85g) de manteiga salgada em temperatura ambiente

¼ de xícara (35g) de açúcar de confeiteiro

1 gema grande

1 xícara (140g) de farinha de trigo

⅓ de xícara (35g) de cacau processado pelo método holandês ou cacau em pó natural sem açúcar

¼ de colher (chá) de flor de sal ou outro sal marinho em flocos

RECHEIO

230g de chocolate meio amargo picado

2 ovos grandes

1¼ de xícara (310ml) de leite integral

½ colher (chá) de extrato de baunilha ou 1 colher (chá) de rum escuro

1 xícara (240g) de doce de leite

sal marinho em flocos para salpicar sobre a torta

Creme chantilly (p.337) ou sorvete de baunilha, para servir (opcional)

Eu não sabia se estava no corredor certo do mercado quando vi leite condensado vendido em tubos, como pastas de dentes, na França. Só entendi quando uma amiga francesa me contou quanto ela amava colocar o tubo direto na boca e apertá-lo. (Quem disse que os franceses não são eficientes?) Depois que ela me explicou isso, pude ver seus pensamentos flutuarem, matutando sobre aquela pequena lembrança da sua infância. Após usar uma lata para fazer meu próprio doce de leite, não consigo deixar de limpar o recipiente e lamber a espátula, mas a ideia de comprar (ou comer) leite condensado em tubo parece mesmo mais *efficace*.

Muito mais eficiente é comprar *confiture de lait*, ou doce de leite, vendido em muitas lojas de queijos em Paris. A pasta de caramelo densa e brilhante é acomodada numa variedade de tigelas de cerâmica, e eu a uso como base para uma variação da clássica *tarte au chocolat*, com uma camada de ganache de chocolate meio amargo cobrindo outra camada de *confiture de lait*. Não há como esconder o fato de que esse é um modo eficientíssimo de matar a vontade de comer chocolate e caramelo ao mesmo tempo. Agora, se alguém descobrisse uma maneira de colocar esses dois sabores num tubo para levar por aí, isso seria ainda mais bacana que levar pedaços dessa torta; sei que você ficará tão tentado quanto eu a fazer exatamente isso.

Essa receita foi inspirada por outra que apareceu originalmente na revista *delicious*.

1 Para a base da torta, na batedeira com o batedor pá afixado, misture a manteiga e o açúcar de confeiteiro em velocidade baixa somente até ficar cremoso. Adicione a gema, parando a máquina para raspar as laterais da tigela.

2 Numa tigela pequena, peneire a farinha e o cacau em pó. Adicione essa mistura ao creme de manteiga, mexendo somente até formar a massa. Adicione 1 colher (sopa) de água, se necessário. Faça um disco com a massa, embrulhe-a em filme plástico e deixe descansar por 30 minutos em temperatura ambiente.

3 Use a parte inferior das mãos para pressionar a massa numa fôrma de 23cm redonda, de fundo removível, deixando o fundo o mais liso possível, pressionando a massa nas laterais da fôrma

SOBREMESAS

até chegar ao topo. Espalhe o sal sobre o fundo da massa e pressione de novo. Coloque a fôrma no freezer por 30 minutos.

4   Preaqueça o forno a 200°C. Forre a massa gelada com papel-alumínio e cubra-o com feijões de cerâmica ou feijões comuns para fazer peso sobre a massa. Asse a base da torta por 15 minutos, tire o papel-alumínio e os pesos de cerâmica e asse por mais 5 minutos, até ela ficar completamente firme. Tire do forno e reduza a temperatura para 150°C.

5   Enquanto a torta estiver assando, faça o recheio de chocolate. Derreta o chocolate colocando-o numa vasilha pousada em cima de uma panela com água fervente, em banho-maria. Quando estiver derretido, retire a vasilha do fogo e ponha uma peneira fina sobre ela.

6   Bata os ovos numa tigela. Aqueça o leite em uma panela e aos poucos acrescente-o aos ovos batendo continuamente. Coloque a mistura novamente na panela e cozinhe-a em fogo médio, mexendo sempre com uma espátula que possa ir ao fogo até que ela comece a ferver e engrosse levemente (cerca de 3 minutos). (Se a mistura se separar um pouco, retire-a do fogo e bata vigorosamente para que tudo se combine novamente.) Passe o creme pela peneira sobre o chocolate. Adicione a baunilha e misture até que tudo fique cremoso.

7   Espalhe o doce de leite sobre a base de torta quente e alise numa camada uniforme, tomando cuidado para não quebrar o fundo da massa. (Se o doce de leite estiver muito grosso, deixe que uma porção descanse sobre a massa quente da torta para que o calor o amoleça e fique mais fácil espalhá-lo.) Arrume a base da torta recheada numa assadeira forrada com papel-alumínio e derrame o creme de chocolate sobre o doce de leite, alisando o topo, e salpique generosamente sal marinho em flocos por cima.

8   Asse a torta por 20 minutos e depois desligue o forno, deixando-a lá dentro, com a porta fechada, para finalizar (cerca de 25 minutos). Retire do forno e deixe esfriar antes de servir. Sirva a torta com Creme chantilly (p.337) sorvete de baunilha ou pura.

Pão de especiarias
PAIN D'ÉPICES

Rende 1 pão de 23cm (12 a 16 fatias)

Algumas pessoas viajam para conhecer ou visitar museus, catedrais, jardins. Eu? Eu viajo para comer. Nas vezes em que viajei para a Europa antes da minha estadia de longo prazo por aqui, eu sempre me perguntava por que as pessoas não viajam muito para fora do próprio país, em especial os franceses. Agora eu entendo que é porque existe muita diversidade na França – das praias em Biarritz às montanhas do Jura –, e não há muito incentivo em partir. (Além disso, todo mundo fala a sua língua. E, antes do euro, você nem tinha de fazer câmbio.)

Com o ágil sistema ferroviário, fica fácil andar pela França, e eu fui muito descuidado em não visitar todas as igrejas e paisagens peculiares, mas me redimo comendo o máximo que posso sempre que visito um lugar novo. Entretanto, uma região que eu não visitei foi a Borgonha, conhecida mundialmente por seu vinho, pelo licor de cassis e a mostarda Dijon. Algumas dessas especiarias que compõem a mostarda fazem parte dos ingredientes da receita de *pain d'épices*.

Ao contrário dos bolos de especiarias americanos, às vezes amanteigados e úmidos, o verdadeiro pão de especiarias é *pain*, ou pão. E sua textura é ao mesmo tempo macia e densa. A melhor descrição (e conselho) que ouvi até hoje foi do escritor comentarista gastronômico Lesley Chesterman, de Montreal, com quem entrei em contato quando tentava aperfeiçoar minha receita, e que me disse: "Esse pão deve ter um gosto medieval."

Apesar de algumas coisas terem se perdido quando eu me mudei para o outro lado do Atlântico, consegui manter um dossiê de receitas interessantes que juntei ao longo dos anos e o qual continuo a engordar aqui na França. Recentemente, adicionei algumas receitas pouco usuais do *pain d'épices*, incluindo a de um apicultor francês que me surpreendeu. Tinha apenas dois ingredientes: farinha e mel. (Eu não soube dizer como o pão sairia, mas parecia um bom modo de fazer com que as pessoas comprassem o mel sofisticado que ele vende.) Algumas receitas levavam farinha de centeio, que é tradicional, porém pode deixar o pão seco demais para os paladares modernos. Outra levava glucose (semelhante a xarope de milho), e, por alguma razão, me deu a impressão de ser a menos autêntica de todas.

Lesley me enviou uma receita de André Lerch, padeiro renomado que fechou sua pequena padaria em Paris alguns anos atrás. Ela

SOBREMESAS

incluía uma técnica de ferver o mel para deixá-lo mais concentrado que eu adaptei, para dar ao pão a textura que estava buscando. Esse pão tem considerável sabor de especiarias, mas vai se suavizar depois de um dia ou dois. Na verdade, ele melhora com o tempo.

O tipo de mel que você empregar determinará o sabor do pão. Mel escuro lhe dará um sabor mais forte e profundo, enquanto que o mel mais claro resulta num pão levemente mais doce.

O *pain d'épices* foi ressuscitado na França graças a tipos criativos que gostam de consumi-lo com foie gras. Ele é uma combinação clássica com o *Carbonade flamande* (p.198).

1. Preaqueça o forno a 180°C. Unte com manteiga uma fôrma de pão de 23cm e forre o fundo com papel-manteiga.

2. Aqueça o mel, o açúcar mascavo, a água e o sal numa panela até começar a ferver. Reduza o fogo ao mínimo e cozinhe a mistura por 5 minutos. Tire do fogo e adicione, enquanto mexe, 1 xícara (140g) da farinha de trigo. Deixe esfriar em temperatura ambiente.

3. Numa tigela grande, misture ⅓ de xícara (45g) restante de farinha de trigo, a farinha integral, o fermento, o anis, a canela, o gengibre e os cravos.

4. Numa tigela pequena, bata o ovo e a gema juntos.

5. Adicione metade da mistura de mel aos ingredientes secos, acrescente os ovos e depois o resto da mistura de mel, mexendo até ficar homogêneo. (Se sobrar qualquer resíduo de farinha, mexa a massa só um pouco para incorporá-lo.)

6. Passe a mistura para a fôrma. Asse de 35 a 45 minutos, e veja se está no ponto se enfiar um palito no centro e ele sair limpo. Deixe esfriar por 20 minutos, soltando as laterais do bolo com a faca e passando-o para uma grade até resfriar totalmente. Se possível, espere 1 dia para fatiar. O pão de especiarias, quando bem embalado, pode ser guardado pelo menos por 1 semana em temperatura ambiente. Também pode ser congelado por até 2 meses.

VARIAÇÃO: Substitua ¼ de xícara (80g) de mel por melado de cana suave a fim de obter um sabor mais robusto.

¾ de xícara (240g) de mel

½ xícara (90g) de açúcar mascavo claro

¾ de xícara (180ml) de água

½ colher (chá) de sal marinho ou sal kosher

1⅓ de xícara (175g) de farinha de trigo

⅔ de xícara (90g) de farinha de trigo integral

1 colher (chá) de fermento em pó

1 colher (chá) de bicarbonato de sódio

1 colher (chá) de semente de anis inteira ou em pó

1 colher (chá) de canela em pó

1 colher (chá) de pimenta-da-jamaica em pó

1 colher (chá) de gengibre em pó

½ colher (chá) de noz-moscada ralada na hora

½ colher (chá) de cravo em pó

1 ovo grande

1 gema grande

Le week-end

Por mais que detentores do poder supremo tenham tentado, há pouco progresso para impedir que o idioma inglês adentre furtivamente o francês.

A internet é um bom exemplo. Com o risco de soar imperialista cultural, muitos termos e websites estão em inglês porque, de alguma forma, este foi considerado um idioma comum. Sendo assim, acho que concordamos que todos podem dizer "Facebook", em vez de *Livre de visage* ou *Faccia di livro*, em nossos respectivos idiomas, e esperar que as outras pessoas nos entendam. E embora o Twitter tenha sido rebatizado *Tweeter* pelos franceses, em minha opinião, o termo é parecido o suficiente para eles fazerem vista grossa nesse caso.

Entretanto, o governo francês se cansou disso tudo e decidiu que "hashtag", palavra universalmente aceita, deveria ser banida do idioma francês e substituída por *mot-dièse*. Claro que eles não levaram em conta o fato de que o termo com hífen não poderia ser transformado numa hashtag – ou, devo dizer, não poderia ser *mot-dièseada* – justamente por causa do hífen.

Outra palavra que eles quiseram controlar foi *week-end*, minha escolha certeira quando tirava o W jogando *le Scrabble*. No dicionário francês há apenas meia página de palavras na letra W, e a maioria tem raiz inglesa, como *wagon*, *western* (usada para se referir a um filme passado no Velho Oeste, já que a palavra *l'œstern* não terá o mesmo significado) e *water polo*. Portanto, aqui estou eu torcendo para que continue a ter o máximo possível de palavras com W, na esperança de um dia, finalmente, ganhar no *le Scrabble*.

Além do significado óbvio, *week-end* também pode ser um tipo de *pound cake*, vendido na maior parte das confeitarias, que, ao contrário dos bolos recheados de creme ou com várias camadas, dura muito bem ao longo dos três dias que formam *le week-end*.

Eu adiciono a meu *pound cake* um toque leve de ervas e uso folhas de louro para dar sabor, o que combina muito bem com algumas raspas aromáticas de laranja. É interessante como muitas receitas aconselham o uso de folhas de louro "mediterrâneo" ou "importado", uma vez que o louro americano é duas vezes mais forte. É um bom conselho, em geral. Contudo, aqui, o sabor pleno do louro americano ou – se eu puder usar outra língua estrangeira, o latim, sem causar nenhum furor – *Umbellularia californica* funciona especialmente bem. Se você conhecer alguém que cultive um loureiro, por favor, ataque-o para fazer esse bolo. Se você puder, faça o bolo um dia antes de servir – deixá-lo descansar de um dia para outro permite que ele absorva os sabores ainda mais.

Um truque profissional que aprendi na França é aplicar uma linha de manteiga cremosa no centro de cada *pound cake* antes de assar, o que causa uma fenda decorativa bem no topo. Tentei encontrar a palavra oficial para "linha de manteiga cremosa" em meu dicionário francês de culinária, que tem o subtítulo de "Uma extensa compilação de termos da gastronomia francesa", mas não encontrei. No entanto, notei que há uma única palavra com W, *waterzooi*, e não há *le week-end*. Não sei se houve uma intervenção da polícia no idioma francês, mas, enquanto eu não receber uma intimação via correio, vou continuar a chamar meu bolo de *gâteau week-end* porque o tempo que demoro para dizer *le gâteau pour les trois jours fin de semaine: vendredi, samedi et dimanche* é o mesmo que levaria para preparar o bolo.

Pound cake de folhas de louro com glacê de laranja

GÂTEAU WEEK-END PARFUMÉ AU LAURIER, NAPPAGE À L'ORANGE

Rende 1 bolo de 23cm, 12 porções

Eu inverti o modo como os *pound cakes* são tradicionalmente feitos. Derreter a manteiga e saturar a farinha resulta num *pound cake* úmido e com miolo amanteigado. Você pode substituir a *rose geranium* por outra folha aromática, certificando-se – claro – de que qualquer folha que estiver usando seja orgânica. Para fazer uma versão que ressalte o sabor da laranja, *ver* Variação (p.297).

1. Para fazer o bolo, derreta 8 colheres (sopa, 115g) de manteiga numa panela. Retire do fogo e adicione 3 folhas de louro. Deixe as folhas mergulhadas por 1 hora.

2. Preaqueça o forno a 180°C. Unte com manteiga uma fôrma de pão de 23cm. Polvilhe com farinha, bata qualquer excesso e forre o fundo com papel-manteiga. Passe manteiga de um lado das 7 folhas de louro restantes e coloque-as no fundo da fôrma, com o lado amanteigado para baixo.

3. Numa tigela grande, misture a farinha, o açúcar, o fermento em pó e o sal.

4. Reaqueça a manteiga para que se torne líquida e retire as 3 folhas de louro.

5. Numa tigela pequena, bata os ovos, o creme azedo, as raspas de laranja, a baunilha e a manteiga.

6. Com uma espátula de silicone, misture gentilmente os ovos nos ingredientes secos apenas até a massa ficar uniforme. Não misture demais. Passe a massa para a fôrma, tomando cuidado para não mover as folhas de louro do fundo. Coloque a outra colher (sopa) de manteiga cremosa num saco plástico com a aresta cortada (ou faça um cone com papel-manteiga) e desenhe uma linha com a manteiga bem no centro do bolo. Asse por 40 a 45 minutos, até enfiar um palito no centro do bolo e ele sair limpo.

7. Retire o bolo do forno e deixe-o esfriar por 10 minutos. Passe uma faca ao redor do bolo e transfira-o da fôrma para uma grade até esfriar completamente.

BOLO

8 colheres (sopa, 115g) de manteiga sem sal em cubos e em temperatura ambiente, mais 1 colher (sopa) de manteiga cremosa para adicionar à massa

10 folhas frescas ou secas de louro

1⅔ de xícara (230g) de farinha de trigo

1 xícara (200g) de açúcar refinado

1 colher (chá) de fermento em pó

½ colher (chá) de sal marinho ou sal kosher

3 ovos grandes em temperatura ambiente

½ xícara (125g) de creme azedo (*sour cream*) (ver p.105)

raspas finas de 1 laranja (orgânica)

½ colher (chá) de extrato de baunilha

CALDA DE LARANJA

1 xícara (140g) de açúcar de confeiteiro

1½ colher (sopa) de suco de laranja

1 colher (chá) de licor de laranja (Grand Marnier ou Cointreau)

8   Para fazer a calda, misture o açúcar de confeiteiro, o suco de laranja e o licor. Espalhe a calda sobre o bolo frio, deixando que caia nas laterais e endureça.

VARIAÇÃO: Para fazer um *gâteau week-end* com o aroma de laranja, mas sem o sabor das folhas de louro, retire as raspas de 3 laranjas com um descascador de legumes. (Se você usar um ralador estilo zester, não obterá a mesma quantidade de raspas.) Passe as cascas por um processador com o açúcar cristal. O açúcar ficará cor de laranja brilhante, pela extração dos óleos cítricos cheios de sabor. Use esse açúcar para fazer o bolo, retirando as folhas de louro e substituindo 2 colheres (chá) do licor (Grand Marnier ou Cointreau) pela baunilha na massa do bolo.

Biscoitos de gordura de pato
SABLÉS À LA GRAISSE DE CANARD

Rende 45-50 biscoitos

Os franceses não adotaram o *extreme eating*, e dou graças a Deus por isso. Não preciso ver adultos perfeitamente normais se transformando em lunáticos de olhos arregalados quando ficam diante de um bolo decorado com tiras de bacon, ou de fatias de barrigas de porco, ou drinques de gelatina com gordura. As únicas pessoas que você verá em Paris dando gritinhos de emoção diante de um prato carregado de vísceras são os chefs estrangeiros gravando seus programas de TV; os franceses estão acostumados a comer essas coisas, porque, para eles, linguiça, bacon e gordura de pato fazem parte do dia a dia.

Eu não tenho medo de gordura (se tivesse, estaria desempregado) e uso-a quando ela torna algum prato mais saboroso. Ainda assim, nem mesmo eu estou imune aos seus efeitos menos desejáveis. Quando saí do ramo dos restaurantes, anos atrás, percebi que o fato de comer tudo ao meu redor estava me produzindo uma barriga de porco. Com meus anos de restaurante ficando lá para trás, pude voltar a brigar com a balança sendo um pouco mais prudente em relação ao que eu como e praticando a famosa moderação francesa, uma mentalidade cuidadosamente calculada, segundo a qual tudo pode ser consumido – só que com moderação. (Entretanto, eu não aderi à parte igualmente importante do plano de perda de peso, a qual incluiria o uso de copiosa quantidade de tabaco.)

No Sudoeste da França, o povo local é famoso por apreciar uma quantidade abundante de gordura de pato, o que, alguns acreditam, pode ser a razão pela qual eles vivem tanto. Eu não posso dizer que comer biscoitos irá tornar você mais saudável, mas, se você está querendo adicionar um pouco mais de gordura de pato à sua dieta, esse é um jeito bem gostoso.

1. Numa panela pequena, aqueça as passas e a bebida em fogo baixo até que o líquido seja completamente absorvido por elas. Retire do fogo e reserve até chegar à temperatura ambiente.

2. Na tigela da batedeira com o batedor pá afixado (ou à mão), bata a gordura de pato com a manteiga e o açúcar em velocidade baixa, apenas até que tudo se combine e vire um creme. Misture a baunilha.

3. Numa tigela pequena, misture a farinha e o sal. Adicione os secos à mistura de gordura, mexendo até que se forme uma massa. Depois, acrescente as passas.

4. Numa superfície levemente enfarinhada, sove a massa brevemente até ficar macia. Forme um retângulo e corte a massa ao meio no sentido do comprimento. Enrole cada parte de massa num rolo de 15cm de comprimento. (Caso as frutas secas deixem a massa quebradiça, aperte com o polegar qualquer rachadura e feche-a, pressionando novamente e continuando a formar rolos.) Embrulhe cada rolo em filme plástico e refrigere-os até ficarem firmes, pelo menos por 30 minutos. (A massa pode ser feita com até 3 dias de antecedência e refrigerada ou congelada por até 2 meses.)

5. Preaqueça o forno a 180°C e forre duas assadeiras com papel-manteiga ou tapete de silicone.

6. Para assar os biscoitos, corte a massa em fatias de 0,75cm e arrume-as nas assadeiras, com espaços iguais entre si. Asse os biscoitos por 12 minutos, virando as assadeiras na metade do tempo, até que eles fiquem dourados em cima. Retire os biscoitos do forno e deixe-os esfriar numa grade até ficar crocantes. Os biscoitos podem ser armazenados num pote hermético em temperatura ambiente por até 3 dias.

¼ de xícara (30g) de uvas-passas secas ou cerejas secas picadas

1 colher (sopa) de armanhaque, conhaque ou brandy

6 colheres (sopa, 85g) de gordura de pato resfriada

4 colheres (sopa, 55g) de manteiga com ou sem sal em temperatura ambiente

¾ de xícara (150g) de açúcar refinado

½ colher (chá) de extrato de baunilha

1¼ de xícara (175g) de farinha de trigo

¾ de colher (chá) de sal marinho ou sal kosher

1¾ de xícara (430ml) de creme de leite fresco

½ xícara (100g) de açúcar refinado

3 colheres (sopa, 60g) de xarope de milho claro

1¼ de xícaras (310ml) de leitelho*

azeite de oliva frutado extravirgem

sal marinho em flocos, de preferência flor de sal

Sorvete de leitelho com azeite de oliva e flor de sal

GLACE AU LAIT RIBOT, HUILE D'OLIVE ET FLEUR DE SEL

Rende aproximadamente 1 litro

A França é o paraíso dos laticínios fermentados. Claro que há queijos franceses extremamente saborosos e outros produtos frescos direto da fazenda, como os abundantes *fromage blanc*, *faisselle* (queijo drenado) e crème fraîche. Contudo, é difícil também não se impressionar com a seção de iogurte dos supermercados, que são as maiores da loja.

O leitelho, porém, parece o primo perdido da família. Ele aparece mais frequentemente em tigelas, nas creperias, servido como drinque – embora eu seja o único ali a tomar um gole.

Então, eu fiquei surpreso de ver *glace au lait ribot* (sorvete de leitelho) no menu de um restaurante superfamoso em Paris, há pouco tempo. A apresentação estava maravilhosa, mas o sabor não tinha aquela pungência dos laticínios que eu esperava, então comprei uma garrafa de *lait ribot* para fazer eu mesmo o meu sorvete naquela semana. Quando estava pronto para ser servido, derramei um pouco de azeite de oliva mais frutado e salpiquei um pouco de cristais de flor de sal, e fiquei feliz em mergulhar no meu sorvete.

Esse sorvete levemente azedo é maravilhoso acompanhado de fatias açucaradas de morango, nectarinas ou mirtilos, em lugar do azeite de oliva e do sal, ou com Crumble de damasco (p.309). Combina bem com compotas de frutas (*ver* Nota ao lado), quando seu sabor levemente azedo ressalta a doçura das frutas.

Como o leitelho tem pouco teor de gordura, esse sorvete fica duro após um dia ou mais no freezer. Daí o uso do xarope de milho, que ajuda a manter a cremosidade. Se você preferir excluí-lo da receita, substitua-o por um mel suave ou adicione ¼ de xícara (50g) a mais de açúcar refinado. Retire-o do freezer cerca de 10 minutos antes de servir para amolecer um pouco.

1 Numa panela pequena, aqueça o creme em fogo baixo com o açúcar e o xarope de milho, mexendo de vez em quando até o açúcar se dissolver de todo. Esfrie a mistura completamente, pelo menos por 8 horas.

2 Misture o leitelho (ou o iogurte) no creme doce resfriado e congele-o numa sorveteira de acordo com as instruções do fabricante. Uma vez finalizado na sorveteira, transfira o sorvete para um pote e congele-o por algumas horas, até que esteja firme o suficiente para retirar as colheradas.

3 Para servir, coloque colheradas do sorvete numa tigela. Respingue cada porção com um pouco de azeite de oliva e salpique um pouco de sal marinho.

UNE AUTRE IDÉE

Uma das minhas compotas preferidas é a de ameixas com framboesas. Para fazê-la, preaqueça o forno a 180°C. Corte ao meio cerca de 680g de ameixas italianas (ou corte ameixas comuns em quatro), retire os caroços e coloque-as em um refratário. Junte ½ fava de baunilha cortada no sentido do comprimento, ¼ de xícara (60ml) de vinho branco (seco ou suave) e 2 colheres (sopa) de açúcar. Cubra a travessa firmemente com papel-alumínio e asse por 25 minutos ou até que as ameixas fiquem cozidas completamente. Retire-as do forno, adicione 115g de framboesas frescas, coloque mais papel-alumínio e deixe que a compota esfrie junto com as framboesas. Misture tudo delicadamente antes de servir com o sorvete.

* Nos Estados Unidos ou na França, o leitelho (*buttermilk*) é facilmente encontrado nos mercados na versão industrializada. Mas no Brasil esse ingrediente não está disponível. Nas receitas, no entanto, ele pode ser substituído por iogurte natural, sem sabor.

SOBREMESAS

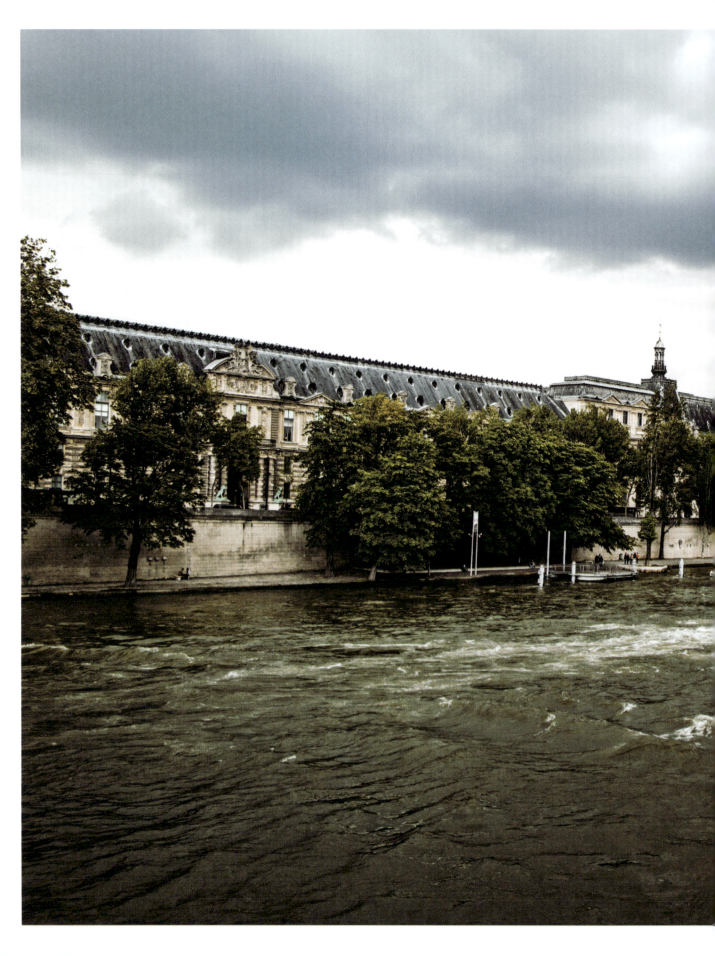

Cheesecake francês
TOURTEAU FROMAGER

Serve 10-12 pessoas

"O que é esse troço queimado?" – as pessoas me perguntam, apontando para um disco estufado e chamuscado na *fromagerie*. À primeira vista, é fácil entender o espanto delas, até que eu informo se tratar de um cheesecake feito com queijo de cabra suavizado com ovos, sob aquela camada final excepcionalmente negra. Eu me lembro da primeira vez em que comprei um por pura curiosidade, e como fiquei aliviado ao descobrir que seu interior nada tinha a ver com o exterior queimado, o que me lembra também Paris – onde as coisas nem sempre são o que parecem.

Esse fenômeno, que os japoneses chamaram de *Paris Syndrome*, é um estado psicológico confuso no qual as pessoas se encontram quando elas percebem que Paris não é necessariamente aquela cidade que elas veem em cartões-postais ou filmes. Eu mesmo posso sofrer dessa síndrome de tempos em tempos. O pior momento foi quando meu combo de internet e telefone ficou fora do ar por três meses e eu não conseguia falar com a empresa que fornecia o serviço porque – claro – minha internet e o telefone não funcionavam. Não sei se foi um sintoma da síndrome, mas depois de mais uma visita exaltada à loja, onde eles me garantiram pela 14ª vez que o serviço seria restabelecido no dia seguinte, eu literalmente fiquei parado no meio do apartamento e soltei um grito. (Duvido que você veja essa imagem em algum cartão-postal de Paris.)

Poucas semanas depois, fui chamado para falar na Bloom Where You're Planted, um seminário para os novatos se ajustarem às peculiaridades de Paris. Então, decidi que falaria sobre formas de "lidar" com as estranhezas da vida na cidade e os modos de ajudar as pessoas que assistissem ao seminário a se recuperar de várias experiências. Uma delas estava traumatizada porque um caixa no supermercado havia se recusado a lhe dar uma sacola para a única banana que comprara. (Eu meio que concordei com o caixa, nesse caso.) Outra pessoa estava com medo de ir ao banco porque eles se recusavam a lhe dar seu dinheiro quando ela queria sacar, o que levou à minha explicação de por que as vendas de cofres domésticos é um negócio tão próspero na França. O conselho mais importante que dei a eles foi que, se ficasse muito massacrante em algum momento, eles deveriam fazer um passeio fora de Paris.

As pessoas esquecem que a França é um país diverso, e Paris é apenas uma parte específica dele (observe que o nome é Síndrome de Paris, e não Síndrome da França). Além de aproveitarem um ritmo mais calmo fora da capital francesa, outra razão para visitar várias regiões é aprender sobre a culinária regional experimentando um pouco de cada especialidade local (experimentar vários tipos de vinho também ajuda a superar sintomas pós-traumáticos em relação à provedora de serviço de internet, tais como gritar feito um louco em seu apartamento). Minha parte favorita de qualquer viagem envolve parar em lojas de conveniência na estrada, onde encontro uma seleção de artesanatos locais, licores e até livros de receita, como o livro sobre a culinária de Poitou-Charentes que comprei num posto de gasolina.

O *tourteau fromager* é uma especialidade dessa região. Definitivamente, não é o que parece até você dar uma olhadinha abaixo da superfície. A casca negra esconde um bolo com o sabor de um denso cheesecake americano, mas com a leve maciez de um cheesecake japonês. Tradicionalmente, ele começa a ser assado em forno bem quente para formar a casca escura, e aí a temperatura é reduzida para que o interior seja cozido. O seu pode ficar ou não igual à versão escura que você encontra na França, mas não precisa gritar por causa disso.

BASE
1½ xícara (210g) de farinha de trigo
2 colheres (chá) de açúcar refinado
¼ de colher (chá) de sal marinho ou sal kosher
8 colheres (sopa, 115g) de manteiga sem sal gelada e cortada em cubos
1 ovo grande
2 colheres (sopa) de água gelada

RECHEIO
285g de queijo de cabra fresco
2 colheres (sopa) de creme azedo (*sour cream*) (ver p.105) ou crème fraîche
1¼ de xícara (250g) de açúcar refinado
1 colher (chá) de extrato de baunilha
1 colher (chá) de conhaque ou brandy
5 ovos grandes, separados e em temperatura ambiente
½ xícara rasa (60g) de farinha de trigo

mel, para servir (opcional)
frutas vermelhas frescas com açúcar, para servir (opcional)

1. Para fazer a base, na batedeira com o batedor pá afixado (ou à mão), misture a farinha, o açúcar e o sal. Adicione a manteiga gelada e bata em velocidade baixa, até que a manteiga seja incorporada e a mistura se pareça com farinha de milho. Adicione o ovo, a água gelada e bata até que a massa se forme. Junte a massa com as mãos e forme um disco plano. Embrulhe-a em filme plástico e refrigere-a pelo menos por 30 minutos ou até 1 dia.

2. Preaqueça o forno a 230°C.

3. Tire a massa da geladeira, ponha numa superfície levemente enfarinhada e abra-a formando um círculo de 38cm. Arrume a massa em uma fôrma com fundo removível (de 23 a 25cm), levantando as laterais da massa e soltando-a para que se acomode nos cantos da fôrma sem esticá-la, e então pressione-a levemente para grudar nas laterais. Apare qualquer massa sobrante com faca afiada.

4. Para fazer o recheio, na batedeira com o batedor pá afixado (ou à mão), bata o queijo de cabra com o creme azedo, metade do açúcar, a baunilha e o conhaque em velocidade média até eles ficarem homogêneos. Substitua o batedor pá pelo balão e adicione as gemas. Bata em velocidade média-alta (ou use o batedor manual e bata à mão) até ficar homogêneo, e então adicione a farinha.

SOBREMESAS

5 Em outra tigela bata as claras em neve em velocidade média-alta até ficarem firmes. Adicione o açúcar restante e bata até que elas não escorram quando você levantar o batedor. Misture levemente ⅓ das claras na massa de queijo de cabra e o restante das claras em duas partes, apenas até não ver mais as claras na mistura.

6 Passe a massa para a fôrma com a base da torta e alise o topo. Asse por 20 minutos sem abrir o forno. Reduza a temperatura do forno para 200°C e continue a assar por 15 minutos. Deixe o bolo esfriar completamente numa grade e depois remova cuidadosamente a lateral da assadeira. Fatie e sirva o bolo em temperatura ambiente. Tradicionalmente, o *tourteau fromager* é servido sem acompanhamento, mas é gostoso com um fio de mel por cima ou uma mistura de frutas vermelhas frescas com açúcar.

Oh-la-la!

Eu costumava olhar para *la tarte tropézienne* com um pouco de apreensão. Ela é chamada de *tarte*, mas na verdade parece um bolo com o miolo consideravelmente leve e recheio tão cremoso quanto as camadas de bolo macio ao seu redor. De alguma forma, ela sempre parecia estar deslocada nas confeitarias de Paris, ao lado de bolos altos e esponjosos cobertos de ganache de chocolate brilhante ou decorados com aros confeitados de creme e chocolate. Só quando fui à Île du Levant, também conhecida como Héliopolis, uma ilha fora da costa sudeste da França, que realmente comi uma que me deixou empolgado.

Héliopolis é uma comunidade fundada em 1931 por dois irmãos franceses, ambos médicos. Por motivos de saúde, eles aconselhavam as pessoas a escolher a dieta vegetariana, a não beber álcool nem fumar e a rejeitar os remédios. Ah! E também a não usar nenhuma roupa.

Consequentemente, a ilha se tornou uma reserva naturista com pessoas circulando e absorvendo o sol, ou praticando suas atividades comerciais diárias usando apenas uma camada de filtro solar. Não há muito por lá em termos de serviços, exceto uma pequena mercearia, uma padaria e alguns lugares para comer.

No restaurante Le Gambaro, localizado no porto – uma das únicas duas áreas onde é permitido usar roupas –, nós provamos frutos do mar extraordinariamente frescos, os quais, provavelmente pela quantidade de ganchos envolvidos no processo, foram vendidos por pescadores completamente vestidos que puxam a rede nas docas todas as manhãs. Depois de uma excelente *bouillabaisse*, um prato com vários ingredientes feito de peixes e servido de um caldeirão fervente, eu pedi uma *tarte tropézienne* porque me deu na telha, apesar de eu estar satisfeito. Após a primeira garfada, fiquei imediatamente arrependido de ter pedido apenas uma para dividir com meu companheiro de mesa. E não foram os mosquitos zunindo no meu ouvido que me mantiveram acordado naquela noite; foi a *tarte tropézienne*. Na manhã seguinte, voltamos lá e pedimos mais duas (nada de dividir!). O garçom francês não sabia muito bem como lidar com o pedido; os franceses não pedem sobremesas às 10h45 da manhã. Mas persistimos, e ele conseguiu encontrar dois pedaços, que foram muito apreciados.

A conexão com Saint-Tropez, que fica a um passeio de barco de distância, é consideravelmente curiosa. Quando Brigitte Bardot estava filmando *E Deus criou a mulher* em Saint-Tropez, ela ficou tão encantada com o doce local que o chamou de *la tarte tropézienne*. Pela aparência dela no filme – *Oh-la-la!* –, é difícil imaginar que ela tenha comido ao menos um pedaço desse rico doce, recheado com mais creme do que jamais vi numa sobremesa francesa. Mas, já que todo mundo sabe que as mulheres francesas não engordam, ela provavelmente apreciou a parte que lhe cabia.

Quando voltei a Paris, eu me dispus a testar a recriação dessa torta em casa. Lembrando que o recheio tinha a riqueza de um buttercream e o sabor de ovo de um creme de confeiteiro, fiz a receita de ambos e depois os misturei. Tentei mais vezes do que posso contabilizar até encontrar o equilíbrio perfeito, mas fiquei feliz quando afinal consegui. Então, agora, quando estou na privacidade da minha cozinha em Paris, desejando fortemente dias de descanso num café do litoral observando o Mediterrâneo, posso apreciar uma fatia da minha própria *tarte tropézienne* com recheio cremoso, não importando o que eu estiver vestindo. Ou não.

Torta Saint-Tropez
TARTE TROPÉZIENNE

Serve 12 pessoas

A receita original desta torta é um segredo guardado a sete chaves. Então, fiz uma pesquisa nas padarias do meu bairro e perguntei aos padeiros o que eles usam como recheio. Eles me disseram de tudo, desde creme de confeiteiro misturado com creme de leite batido para obter leveza até creme de leite batido com manteiga aquecida para fazer uma *crème mousseline*. Eu decidi então fazer um buttercream rápido, simples e "expresso", e o misturei ao creme de confeiteiro, o que funciona perfeitamente. A massa do brioche é pegajosa, por isso recomendo que você use uma batedeira para fazê-la.

O *pearl sugar** é obrigatório. Mas, em último caso, você pode esmagar com o rolo de macarrão alguns torrões de açúcar, dentro de um saco plástico selado, até que eles estejam do tamanho de migalhas de pão grandes.

1. Para fazer o brioche, misture os ovos, o leite, o açúcar, o fermento e ½ xícara (70g) da farinha na batedeira com o batedor pá afixado. Deixe a mistura descansar por 10 a 15 minutos, até que apareçam bolhas na superfície. Misture gradualmente o sal e 1¼ de xícara (175g) de farinha. Fixe a tigela na batedeira e misture tudo em velocidade média-alta por 8 a 10 minutos, até que a massa esteja macia e lisa.

2. Reduza a velocidade para média e, com a batedeira ligada, adicione a manteiga cremosa, cubo a cubo, certificando-se de que cada pedaço foi incorporado antes de adicionar o próximo. Após incorporar toda a manteiga, bata em velocidade média-alta por 5 minutos. Remova o batedor, cubra a tigela com um pano de prato e deixe a massa em local quente até dobrar de volume (cerca de 1 hora e meia).

3. Depois que a massa tiver crescido, passe uma espátula flexível ao redor dela, dobrando-a em direção ao centro (a massa estará pegajosa e um pouco úmida). Refrigere a massa por 1 hora.

4. Para fazer o creme de confeiteiro, misture o amido de milho e as gemas na panela até ficar homogêneo, então adicione o açúcar. Derrame um pouco do leite aquecido, mexendo constantemente.

---

* O *pearl sugar* é um tipo específico de açúcar que não se encontra no Brasil. De grãos grandes e compactos, ele não derrete facilmente no calor. Importante ressaltar que o açúcar cristal não o substitui nesta receita. (N.E.)

BRIOCHE

3 ovos grandes em temperatura ambiente

2 colheres (sopa) de leite integral

2 colheres (sopa) de açúcar refinado

2 colheres (sopa) de fermento biológico seco

1¾ de xícara (245g) de farinha de trigo

1 colher (chá) de sal marinho ou sal kosher

10 colheres (sopa, 140g) de manteiga sem sal em cubos e em temperatura ambiente

CREME DE CONFEITEIRO

3 colheres (sopa) de amido de milho

3 gemas grandes

⅓ de xícara (65g) de açúcar refinado

1¼ de xícara (310ml) de leite integral aquecido

½ fava de baunilha cortada no sentido do comprimento

2 colheres (sopa) de manteiga sem sal em cubos e em temperatura ambiente

BUTTERCREAM

1 colher (sopa) de açúcar refinado

2 colheres (sopa) de água quente

1 gema grande

6 colheres (sopa, 85g) de manteiga sem sal em cubos e em temperatura ambiente

2 colheres (chá) de licor à base de laranja (como Grand Marnier ou Cointreau)

CALDA

2 colheres de sopa de açúcar refinado

¼ de xícara (60ml) de água

1 colher (sopa) de licor à base de laranja (como Grand Marnier ou Cointreau)

GLACÊ

1 gema grande

1 colher (chá) de leite integral

⅓ de xícara (50g) de *pearl sugar*

Acrescente aos poucos o resto do leite enquanto mexe, evitando empelotar. Adicione a fava de baunilha e, sem parar de mexer, aqueça a mistura em fogo médio até começar a ferver. Ferva o creme no fogo mais baixo possível por 90 segundos, mexendo vigorosamente e certificando-se de passar o fouet na lateral da panela, até ele ficar firme como maionese. Remova o creme do fogo e ponha a manteiga, alguns cubos por vez, até que a mistura fique homogênea. Passe a mistura para uma tigela, cubra e refrigere (para acelerar as coisas, coloque-a em banho de gelo, mexendo até esfriar, e depois refrigere-a).

5 Para fazer o buttercream, aqueça o açúcar e a água quente numa panela até ferver. O açúcar ainda não estará completamente dissolvido, mas remova a panela do fogo e, depressa – sem hesitar –, misture a gema e depois a manteiga e o licor, até eles ficarem homogêneos. Cubra e refrigere.

6 Para fazer a calda, ferva o açúcar e a água numa panela pequena até dissolver o açúcar. Retire a panela do fogo e deixe esfriar. Misture o licor e reserve.

7 Tire a massa da geladeira. Unte com manteiga uma fôrma de fundo removível de 23 a 25cm. Passe a massa para a fôrma, usando as mãos para moldá-la nas laterais, tentando manter o fundo o mais liso possível. Se a massa estiver muito pegajosa, umedeça levemente as mãos. Cubra a fôrma com um pano de prato e deixe crescer por 1 hora e meia.

8 Aproximadamente 15 minutos antes de assar a massa, preaqueça o forno a 190°C.

9 Para fazer o glacê, misture a gema com o leite numa tigela pequena e depois pincele a mistura sobre a massa do brioche. Espalhe o *pearl sugar* sobre ela e pressione levemente. Asse por 20 minutos ou até que o brioche fique dourado em cima e resista levemente quando você pressionar o centro. Retire do forno e deixe esfriar por alguns minutos. Passe uma faca ao redor das laterais da fôrma e tire o fundo. Deixe esfriar completamente.

10 Para montar a torta, retire a fava de baunilha do creme de confeiteiro. Na batedeira com o batedor pá afixado, bata o creme até ficar cremoso. Corte o brioche ao meio horizontalmente. Tire o topo e vire-o ao contrário cuidadosamente. Pincele as duas metades com a calda. Espalhe o recheio numa metade e recoloque devagar a parte de cima. Por causa do recheio, a *tarte tropézienne* deve ser conservada na geladeira. Tire-a da geladeira um pouco antes de servir para não ficar muito gelada.

Crumble de damasco
TARTE CRUMBLE AUX ABRICOTS

Serve 8-10 pessoas

Um dos segredos de "cozinheiros" amadores franceses são os rolos de massa de torta vendidos nos supermercados em embalagens semelhantes àquelas do papel-alumínio. Quando você quer fazer uma torta, simplesmente desenrola a massa, forra uma assadeira e – *voilà!* – tudo pronto. Essa é uma boa ideia, até você experimentar a massa (e ler os ingredientes) e perceber que as padarias não precisam se preocupar com a competição.

Uma sobremesa fácil de fazer em casa, e que os franceses adotaram dos ingleses, é *le crumble*. E como eu cozinho em casa, não tenho nenhum problema em transformá-lo em torta com massa caseira quando os damascos da Provence tornam-se abundantes nos mercados de Paris durante o verão.

A primeira vez que vi um damasco fresco (eu só conhecia os secos) foi quando cozinhava na região do norte de Nova York, nos anos 1980. Alguém me trouxe uma pequena cesta com apenas seis frutas que eu cuidadosamente fatiei para fazer uma torta para dois clientes sortudos. Eu agora fico feliz porque consigo comprar um monte. Ainda assim, eu os trato com respeito, abrindo a base de uma torta (que faço com manteiga pura), envolvendo-os no recheio e cobrindo tudo com crocante de nozes e canela.

Eu logo me acostumei com o jeito francês porque sou irremediavelmente *radin* (avarento) e não consigo jogar nada fora, então também uso as sementes de damasco para perfumar o Sorvete de amêndoas de damasco (p.312), exatamente o que eu quero comer derretendo bem ao lado de um pedaço dessa torta.

MASSA
- 6 colheres (sopa, 85g) de manteiga sem sal resfriada
- ½ xícara (100g) de açúcar refinado
- 2 gemas grandes
- 1¼ de xícara (175g) de farinha de trigo
- ½ colher (chá) de sal marinho ou sal kosher

CRUMBLE PARA COBRIR
- ¾ de xícara (75g) de amêndoas inteiras
- ½ xícara (70g) de farinha de trigo
- ⅓ de xícara (60g) de açúcar mascavo claro
- ½ colher (chá) de canela em pó
- ½ colher (chá) de sal marinho ou sal kosher
- 6 colheres (sopa, 85g) de manteiga sem sal gelada e cortada em cubos

RECHEIO
- 900g de damascos frescos e maduros, sem o caroço e cortados em quatro partes
- 3 colheres (sopa) de açúcar refinado
- 1 colher (sopa) de amido de milho
- 1 colher (chá) de extrato de baunilha
- ¼ colher (chá) de extrato de amêndoas

Creme chantilly (p.337), sorvete de baunilha, Sorvete de amêndoas de damasco (p.312) ou Sorvete de leitelho (p.299), para servir.

1. Para fazer a massa, retire a manteiga da geladeira uns 10 minutos antes de usá-la e amoleça-a um pouco na tigela da batedeira com o batedor pá. Adicione o açúcar e bata em velocidade média apenas até haver algumas pelotas visíveis de manteiga na massa. Adicione as gemas, depois a farinha e o sal. Misture até que a massa se junte (você também pode fazer a massa numa tigela usando a espátula e um pouco de determinação).

2. Unte o fundo e as laterais de uma fôrma de fundo removível de 23 a 25cm com um pouco de óleo. Use a parte inferior das mãos para pressionar a massa no fundo da assadeira e até um pouco menos da metade das laterais. Tente deixar o fundo o mais uniforme possível, não porque alguém pode ver, mas porque assará

de maneira mais homogênea. Coloque a assadeira no freezer por 30 minutos.

3. Para fazer a cobertura de crumble, processe rapidamente as amêndoas, a farinha, o açúcar mascavo, a canela e o sal até que tudo esteja em pequenos pedaços. Adicione a manteiga e pulse novamente. Após alguns minutos, a mistura terá a aparência de areia. À medida que você continuar a pulsar, os pedaços se aglomerarão. Pare de pulsar nesse momento e resfrie a cobertura (se você não tiver um processador de alimentos, pode fazer a cobertura de crumble picando as amêndoas e misturando tudo com um misturador de massas ou à mão).

4. Preaqueça o forno a 190°C.

5. Forre a base da torta gelada com papel-alumínio e cubra com uma camada de feijões de cerâmica ou feijões secos, para fazer peso. Asse a base por 20 minutos, remova o papel-alumínio e os feijões e volte a assar por mais 5 a 10 minutos, até que ela esteja dourada. Retire do forno.

6. Para fazer o recheio, misture os damascos com o açúcar, o amido e os extratos numa tigela (não faça o recheio com muita antecedência porque os damascos podem soltar muita água).

7. Transfira o recheio para a torta e nivele tudo. Espalhe a cobertura de crumble uniformemente sobre os damascos. Asse a torta por 50 minutos, até que o crumble esteja dourado. Deixe a torta esfriar na grade por alguns minutos, depois passe uma faca ao redor das laterais para soltá-la da fôrma. Deixe descansar por 30 minutos, retire a lateral removível da fôrma e deixe a torta esfriar. As extremidades devem parecer escuras, mas com sabor agradável – não queimado. Sirva morna ou em temperatura ambiente com Creme chantilly (p.337) ou sorvete.

Sorvete de amêndoas de damasco
GLACE AUX NOYAUX D'ABRICOTS

Rende cerca de 1 litro

Há uma tradição interessante de coletar as coisas na França. Uma pessoa que coleta as sobras se chama *glaneur*, e ela busca sobras de frutas e vegetais depois que os fazendeiros terminam a colheita (nos Estados Unidos, nós chamamos isso de *scrounging*, "descolador", o que soa menos romântico). Que eu saiba, não há nenhuma fazenda na cidade de Paris, mas as pessoas gostam de chafurdar em busca das sobras de vários tipos, incluindo aparecer após o término das feiras de rua, quando os vendedores já estão embalando tudo, na esperança de conseguir sobras de frutas ou vegetais.

Eu não costumo me agachar para procurar coisas entre as pilhas de caixas descartadas, mas consigo fazer *bon marché* (bom negócio) com os vendedores, que ficam felizes em se desfazer de uma ou duas caixas de frutas bem maduras por alguns trocados, quando a feira está quase terminando.

Contudo, não faço esse sorvete só porque não suporto jogar nada fora, mas porque ele é absolutamente delicioso no verão, servido com qualquer coisa feita com frutas de verão, incluindo Crumble de damasco (p.309). Os meus convidados muitas vezes ficam surpresos quando eu conto que o sabor forte de amêndoas no sorvete vem na verdade da amêndoa da semente do damasco. Meus *invités* em Paris adoram e comem tudo, enquanto meus convidados dos Estados Unidos expressam preocupação, porque as amêndoas do damasco podem ser tóxicas. *Quelle différence!* (Sem entrar em questões muito técnicas, as amêndoas do damasco contêm amigdalina, que não deve ser consumida em quantidades muito grandes.) Eu amarro as sementes num pano de prato que não uso mais e bato forte com um martelo sobre cada uma até ouvir um estalo, indicando que a casca que esconde a amêndoa se quebrou. Tento não bater com muita força, porque fica mais fácil retirar a amêndoa ainda inteira.

Se eu não tenho amêndoas de damasco suficientes, quebro-as e guardo-as no freezer até juntar uma boa quantidade. Caso contrário, faço apenas meia receita com o que eu tiver (nesse caso, uso 3 gemas de ovo).

50 amêndoas de damasco

¾ de xícara (150g) de açúcar refinado

1 xícara (250ml) de leite integral

2 xícaras (500ml) de creme de leite fresco

1 pitada de sal marinho ou sal kosher

5 gemas grandes

1. Triture as amêndoas de damasco e o açúcar num pilão ou miniprocessador até que as amêndoas fiquem picadas finamente, como grãos de arroz.

2   Aqueça o leite e 1 xícara (250ml) do creme de leite na panela com uma pitada de sal. Despeje nela a mistura de amêndoas de damasco, retire do fogo e deixe descansar por uma hora.

3   Reaqueça a mistura da infusão com as amêndoas de damasco.

4   Ponha o creme de leite restante numa tigela grande em banho de gelo, com uma peneira em cima.

5   Em uma tigela separada, misture as gemas. Derrame devagar a mistura quente de amêndoas sobre as gemas, mexendo constantemente, e depois coloque-as de volta na panela. Mexa a mistura constantemente em fogo médio, com uma espátula que possa ir ao fogo, e raspe o fundo da panela enquanto mexe, até que a mistura fique mais grossa e não caia da espátula. Passe a mistura pela peneira, sobre o creme de leite. Descarte as amêndoas de damasco da peneira e mexa o creme com uma espátula limpa até esfriar.

6   Esfrie o creme completamente na geladeira e depois prepare-o numa sorveteira, de acordo com as instruções do fabricante. O sorvete pode ser mantido no freezer por até 2 meses.

Très New York

Há muitos anos, fui a um vernissage numa área um pouco feia da cidade e comecei a conversar com uma mulher francesa. Conforme conversávamos, pude jurar que detectava um toque de Nova York na fala dela. Quando perguntei-lhe, ela imediatamente falou num inglês perfeito: "I'm from New York!"

Dee Goldberg mudou-se para Paris em 1959. Nessa época, os moradores locais não estavam tão acostumados a ter estrangeiros por perto, e ela encontrou muita dificuldade em se adaptar. No entanto, formou uma rede de outras mulheres que haviam se mudado para a França também (hoje, toda e qualquer coisa que mesmo remotamente esteja associado a Nova York, de paredes de tijolo aparente em cafeterias aos *pop-up restaurants*, torna o lugar *très Brooklyn*, e a linhagem de Dee provavelmente a tornou *la première hipster* em Paris). Quando essas mulheres começaram a se encontrar, uma das atividades principais era trocar receitas, já que muitas sentiam falta do gostinho de casa de tempos em tempos. E uma das receitas mais populares era de *New York cheesecake*.

Dee fez algumas pesquisas e assava seu cheesecake com os ingredientes que conseguia encontrar, que na época eram Jockey (marca de *fromage blanc*, de certa forma semelhante ao creme azedo, só que mais azedo) e Kiri, uma *pâte à tartiner* em estilo francês vendida em quadrados individuais, oito num pacote, e que são semelhantes ao cream cheese. Ela teve de fazer alguns cálculos, mas descobriu que 22 quadradinhos substituiriam cerca de 0,5kg de cream cheese. Suas duas filhas, que hoje também são minhas amigas, amam o cheesecake da mãe e têm doces lembranças dela entregando-lhes os dois quadradinhos de Kiri sobrantes para elas desembrulharem e comerem puros.

Os tempos mudaram, e agora o cream cheese é vendido em pequenos tijolos, no estilo *très Brooklyn*, e se tornou amplamente disponível na França porque os franceses gostam tanto dele quanto os americanos, apesar de Dee ainda se manter fiel aos quadrados de Kiri. E hoje que as filhas estão adultas e saíram de casa, ela ficou um pouco envergonhada quando perguntei o que fazia com os dois quadrados de Kiri que sobravam. Dee me deu sua receita de *Le fabuleux cheesecake* (pronuncia-se "fabulô"), que realmente faz jus ao nome. Quando eu o faço, uso cream cheese normal porque também não confio em mim mesmo com nenhuma sobra de queijo dando sopa por aí.

O fabuloso cheesecake da Dee
LE FABULEUX CHEESECAKE DE DEE

Serve 10-12 pessoas

O *fromage blanc* é um queijo fresco francês vendido na maioria dos supermercados. Se você não conseguir encontrá-lo, processe queijo cottage integral até que fique bem cremoso. Certifique-se de envolver bem a fôrma de fundo removível. Quando Dee veio à minha casa fazer a receita, essa etapa foi de alguma forma esquecida, e a mistura vazou toda no meu forno. Perplexo, tive de ligar para o técnico, porque não consegui descobrir como habilitar a função *easy clean* estampada dentro da porta do meu forno novo. Acontece que *entretien facile* significa apenas que você pode retirar a porta do forno inteira para "limpar com facilidade". Sendo assim, passei o dia seguinte fazendo justamente isso, terminando com uma nova chamada ao técnico para que ele recolocasse a porta no lugar – mas o cheesecake valeu a pena!

- 2 pacotes (450g) de cream cheese em temperatura ambiente
- 2 xícaras (480g) de *fromage blanc*
- 1½ xícara (300g) de açúcar refinado
- 4 ovos grandes em temperatura ambiente
- 3 colheres (sopa) de farinha de trigo
- 3 colheres (sopa) de amido de milho
- 1½ colher (chá) de suco de limão espremido na hora
- 1 colher (chá) de extrato de baunilha
- 8 colheres (sopa, 115g) de manteiga sem sal derretida e resfriada
- 2 xícaras (480g) de creme azedo (*sour cream*) (ver p.105)

1. Preaqueça o forno a 170°C. Unte com manteiga uma fôrma de fundo removível de 23 a 25cm e envolva o fundo e as laterais externas com uma folha grande de papel-alumínio para evitar qualquer vazamento. (Use várias folhas de papel-alumínio, se ele não for largo o suficiente.) Coloque a fôrma sobre uma assadeira maior.

2. Na batedeira, com o batedor pá afixado (ou numa tigela grande, batendo à mão), bata o cream cheese e o *fromage blanc* em velocidade alta até ficarem cremosos e homogêneos. Com a batedeira ligada, adicione o açúcar e depois os ovos, um a um, parando de bater para raspar as laterais até que os ovos estejam completamente incorporados. Reduza a velocidade para baixa e adicione a farinha, o amido de milho, o suco de limão e a baunilha. No final, acrescente a manteiga derretida e o creme azedo, mexendo até ficar homogêneo.

3. Derrame a massa na fôrma preparada e asse por 70 minutos. Desligue o forno e deixe o cheesecake no forno desligado de 1 hora e meia a 2 horas; verifique após 1 hora e meia e veja se ele já está firme no centro mas ainda balança levemente. Retire o cheesecake do forno e deixe esfriar completamente. Coloque-o na geladeira por 3 dias, até que esteja pronto para servir.

VARIAÇÃO: Uma vez levei metade do que sobrara para uma *crêperie* local, onde eu iria jantar. O garçom levou algumas fatias para a cozinha e em alguns minutos a *crêpe-maker* (a esposa dele) veio correndo e me deu um abraço. Eu sugeri que experimentássemos um pouco com a Calda de caramelo de manteiga salgada (p.334) que eles guardavam num pote perto do fogão, o que causou mais alguns gritinhos de satisfação.

O gole mais doce

Muitos anos atrás, quando eu fazia sobremesas profissionalmente, nós estávamos recebendo um convidado famoso – o ator Danny Kaye, que viria ao restaurante para jantar. O sr. Kaye nos informou com antecedência que ele levaria uma garrafa rara, de oitenta anos, de Château d'Yquem (*ver* p.266) e pediu que servíssemos uma sobremesa que harmonizasse com a bebida. Então fizemos um *blancmange*, um flã cremoso perfumado com leite de amêndoas espremido à mão, que eu decorei com fatias de manga madura em volta. Aquela foi a combinação perfeita, e Danny Kaye ficou tão encantado que mandou uma tacinha de Yquem para eu saborear na cozinha.

Como você pode imaginar, as pessoas que trabalham em confeitaria são as últimas a ir para casa. Eu nunca havia experimentado o famoso vinho, e lembro-me de estar sozinho na cozinha, depois que todos já haviam ido embora. Era apenas eu na cozinha, agora silenciosa, segurando uma taça que continha no fundo o último golinho de um líquido fluido como calda doce, frio e cor de âmbar. Dei um gole hesitante, sabendo que esse vinho, do qual eu tanto havia ouvido falar, era algo a ser saboreado, e não engolido ansiosamente. Pouco tempo depois de o líquido passar pelos meus lábios, senti se desvelando em minha boca os sabores de damascos maduros, brioche amanteigado, baunilha, mel e um toque de manga. Quando coloquei a taça vazia de volta na bancada e saboreei o restante do vinho ainda nos meus lábios, percebi que atravessara um importante marco em minha vida. Infelizmente, era um marco que eu não conseguiria repetir com regularidade.

O Château d'Yquem é considerado por muitos o vinho mais requintado do mundo. E seu preço corresponde a isso: você ficaria perplexo se encontrasse uma garrafa de tamanho regular por menos de US$200. Uma garrafa de 1811 bateu o recorde como a garrafa mais cara do mundo a ser vendida num leilão – US$ 123 mil. Quando o crítico de vinhos Robert Parker deu um pequeno gole nesse vinho, disse que o gosto era de "crème brûlée líquida".

Felizmente você não precisa deixar de pagar sua próxima parcela da hipoteca para dar um gole nesse elixir aveludado e doce, porque é possível comprar uma boa garrafa de Sauternes francês pagando aproximadamente o preço de um vinho branco decente. Graças ao consumo modesto de vinhos de sobremesa na França, os preços são acessíveis, e o Sauternes francês continua a ser um dos melhores, e mais pagáveis, luxos da vida.

Sorbet de tangerina e champanhe
SORBET À LA MANDARINE ET AU CHAMPAGNE

Rende cerca de 1 litro

A maioria das pessoas associa o Natal em Paris a itens de luxo, como ostras, foie gras, champanhe e chocolate. Mas nenhum banquete fica completo até que cheguem as clementinas (um cruzamento de tangerinas com laranja): tigelas brilhantes das pequenas frutas cítricas, muitas vezes ainda enfeitadas com suas folhas.

Desde o começo da temporada de clementinas, que tem início no final do outono, os parisienses fazem rodízio entre as feiras de rua, indo de banca em banca, experimentando as amostras que os vendedores descascam e colocam em pratos, para encontrar os frutos mais doces disponíveis. A maioria dos vendedores usa os dedos para descascar as tangerinas, mas alguns recorrem aos dentes (eu evito experimentar estas, em específico). De todas as coisas que as pessoas associam ao inverno em Paris — as janelas das lojas de departamento abarrotadas, as pessoas comprando champanhe em caixas, pacotes de ostras frescas vendidas nas calçadas, açougueiros oferecendo fatias grossas e cremosas de patê de foie gras —, eu sempre fico mais ansioso mesmo pelas clementinas. E é impossível não acabar participando do desespero pelas frutas no mercado, com compradores e vendedores enchendo sacolas enormes para levar para casa, e ninguém sai com menos de alguns quilos.

Claro que minha responsabilidade de todo ano no Natal é o prato final, e houve um ano em que fiz uma sobremesa que deixou todos boquiabertos: uma gelatina de champanhe com suprêmes (cortes cuidadosos, retirada das membranas) de grapefruit, tangerinas, laranjas-baía e fatias finas de casca de laranja cristalizadas, festivamente servida em taças de champanhe com uma bola de sorbet de tangerina e champanhe gelada em cima. Essa é uma maravilhosa sobremesa para se fazer de véspera, que cai especialmente bem depois de pratos de inverno, como *Cassoulet* (p.195) ou Falso confit de pato (p.179).

3 xícaras (750ml) de suco de 1,9kg de tangerinas espremidas na hora

⅔ de xícara (140g) de açúcar refinado

1 xícara (250ml) de champanhe ou espumante

1 Numa panela grande, em fogo baixo, aqueça ½ xícara (125ml) do suco de tangerina com o açúcar, mexendo até que o açúcar se dissolva. Tire do fogo e misture as 2½ xícaras restantes (625ml) do suco. Adicione o champanhe. Transfira para uma tigela e resfrie completamente.

2 Prepare numa sorveteira de acordo com as instruções do fabricante. Observe que esse sorbet não ficará tão congelado quanto

outros por causa do álcool presente no champanhe. Entretanto, ele poderá ser retirado com uma colher de sorvete quando estiver completamente congelado.

VARIAÇÕES: Se você desejar servir como um *Champagne gelée*, hidrate 2 envelopes (14g) de gelatina sem sabor espalhando-os sobre ½ xícara (125ml) de água gelada, numa tigela bem grande, e deixando descansar por 5 minutos. Numa panela pequena, aqueça ½ xícara (125ml) de água com 1 xícara (200g) de açúcar até que ele se dissolva, então derrame por cima a gelatina e mexa bem. Adicione uma garrafa de champanhe ou de outro vinho espumante (ele vai espumar, então coloque devagar) e esprema o suco de uma lima ou um limão. Coloque a mistura numa travessa pequena e refrigere até ficar firme (pelo menos por 6 horas).

Para servir, pegue algumas colheradas da *gelée* resfriada e coloque em taças de vinho, partindo-a em pequenas porções. Decore com gomos de laranja, tangerina ou grapefruit frescos, ou uma combinação dos três. Cubra com uma colher de sorbet de tangerina e champanhe. Os Biscoitos de gordura de pato (p.297) são um acompanhamento simpático para esse sorbet.

O sorbet de tangerina e champanhe também fica bom com uma colher de zabaione quente, feito com champanhe ou vinho suave de sobremesa, como o Sauternes. Faça o zabaione misturando ⅔ de xícara (165ml) de Sauternes a ⅓ de xícara (60g) de açúcar e 6 gemas de ovos grandes, numa tigela grande, pousada em cima de uma panela com água fervente, em banho-maria. Continue a bater até que a mistura fique espumada. Continue mexendo até engrossar; se você levantar o batedor, a mistura deve manter a forma quando derramada de volta à superfície.

Bolo de Natal

BÛCHE DE NOËL

Serve 12-16 pessoas

Todo ano, com a chegada do Natal, nós cozinheiros arregaçamos as mangas para fazer parte do ritual da culinária para as festividades. Algumas semanas antes da celebração, eu recebo pedidos da receita da *bûche de Noël*, incluindo um – no ano passado – de uma importante revista gastronômica. Mas eles não estavam interessados na minha receita.

Eles me perguntaram se eu conseguia encontrar uma avó francesa que fizesse a *bûche de Noël* em casa e se prontificasse a fazer uma para eles. Acho que os surpreendi quando respondi que não conseguia imaginar ninguém em Paris que fizesse sua própria *bûche*.

Quando me pressionaram para obter uma resposta, contei-lhes que há tantas padarias excelentes em Paris brigando por clientes que existe, literalmente, uma competição nas vitrines para chamar a atenção dos compradores de *bûche*. Os lugares mais sofisticados fazem sucesso com suas *bûches de Noël* decorando-as com spray de tudo – desde chá-verde até puro ouro em pó, ou envolvendo-as em marzipã com laços comestíveis que parecem embalagens feitas pelo próprio *Père Noël*.

Houve um ano em que eu vi um bolo atrevido amarrado com fitas de "couro" de chocolate que deve ter assustado muitas crianças francesas que se lembraram do Père Fouettard, o homem de capuz de uma fábula que faz visitas durante o mês de dezembro e açoita (*fouette*) as crianças que não se comportaram bem. Eu também não consigo imaginar muitas avós francesas interessadas em criar uma *bûche* amarrada com couro, apesar de ter certeza de que fariam sucesso em São Francisco.

Eu não sou uma avó francesa nem quero ser punido, então passo o ano todo tentando não ser um mau garoto em Paris. A única coisa que faço, e que pode ser remotamente considerada atrevida, é uma *bûche de Noël* fantástica.

Eu desvio tanto da versão clássica francesa quanto das novas versões da moda. Em vez de um recheio denso de buttercream, enrolo minha genoise numa mistura leve de ricota e chocolate picado com pedacinhos de laranja cristalizada para dar o toque festivo que a data merece. Minha cobertura é uma calda de chocolate meio amargo espalhada sobre o bolo imitando um tronco de árvore. E, em lugar de estampas de leopardos, couro e laços, fico com os encantadores e mágicos cogumelos. Os quais, claramente, podem fazer sucesso com meu pessoal de São Francisco. Porém, essa receita também agrada à família e aos amigos aqui de Paris.

1. Preaqueça o forno a 175°C. Faça um X com um pouco de manteiga amolecida numa fôrma de rocambole ou qualquer assadeira rasa (23 a 30cm×45cm). Forre a assadeira com uma folha de papel-manteiga.

2. Para fazer a genoise, na batedeira com o batedor balão afixado, misture os ovos, o açúcar e o sal em velocidade alta até que fiquem em ponto de fita (cerca de 5 minutos). Adicione a baunilha.

3. Tire a tigela da batedeira e, usando uma peneira fina, aos poucos peneire a farinha sobre os ovos enquanto mistura tudo delicadamente com uma espátula de borracha. Adicione a manteiga em temperatura ambiente sobre a massa misturando-a de leve; não mexa demais.

4. Entorne a massa na assadeira e espalhe-a numa camada uniforme. Asse por 12 a 15 minutos ou até ficar dourada e você sentir que está assada no centro; a massa deve voltar devagar quando você a tocar. Retire do forno e deixe esfriar por 5 minutos.

5. Peneire levemente um pouco de açúcar de confeiteiro sobre o bolo assado. Coloque um pano de prato na bancada. Passe uma faca nas laterais do bolo para soltá-lo e vire a assadeira sobre o pano. Levante a assadeira e retire o papel-manteiga. Começando por um dos lados mais compridos, enrole o bolo junto com o pano e deixe esfriar por 1 hora.

6. Para fazer o recheio, misture a ricota, a laranja cristalizada, o chocolate, o açúcar e o licor numa tigela. Reserve.

7. Para fazer a calda, aqueça o açúcar e a água numa panela pequena até dissolver o açúcar. Retire do fogo e adicione o licor. Reserve.

8. Desenrole o bolo e pincele a calda sobre ele. Espalhe o recheio, deixando uma borda de 3cm em cada uma das laterais mais compridas sem recheio. Enrole novamente o bolo, embrulhe-o em filme plástico e coloque-o na geladeira com o lado da fenda para baixo por pelo menos 1 hora (o bolo pode ser montado e refrigerado com até 2 dias de antecedência).

9. Preaqueça o forno a 110°C. Forre uma assadeira rasa com papel-manteiga ou tapete de silicone. Para fazer os cogumelos de suspiro (*ver* p.322), na batedeira com o batedor balão afixado (ou numa tigela grande de metal, batendo à mão), bata as claras com o sal em velocidade alta até formar picos suaves. Continue batendo e adicione o açúcar, 1 colher (sopa) por vez, até que o merengue esteja bem firme e brilhante. Adicione a canela.

GENOISE

4 ovos grandes em temperatura ambiente

⅔ de xícara (125g) de açúcar refinado

1 pitada de sal marinho ou sal kosher

1 colher de chá de extrato de baunilha

1 xícara (125g) de farinha para bolo

4 colheres (sopa, 55g) de manteiga sem sal derretida e resfriada até temperatura ambiente

açúcar de confeiteiro

RECHEIO

680g de ricota

½ xícara (110g) de casca de laranja cristalizada cortada bem fina

85g de chocolate meio amargo picado bem fino

6 colheres (sopa, 90g) de açúcar refinado

¼ de xícara (60ml) de licor à base de laranja (como Grand Marnier ou Cointreau)

CALDA DE LARANJA

¼ de xícara (50g) de açúcar refinado

6 colheres (sopa, 90ml) de água

2 colheres (sopa) de licor à base de laranja (como Grand Marnier ou Cointreau)

10 Transfira o merengue para um saco de confeitar com bico liso de 1,5cm (ou passe para um saco plástico fechado e com a aresta cortada) e faça 22 "chapéus" de cogumelo de 3cm de diâmetro. Faça agora 22 "hastes", com a base um pouco mais grossa, e reduza a largura do merengue enquanto levanta o saco, deixando uma ponta no topo. Alise o topo dos "chapéus" dos cogumelos com o dedo úmido e depois asse-os no forno por 1 hora e meia. Deixe esfriar completamente.

11 Para montar os cogumelos, pegue uma faca pequena afiada e faça um pequeno buraco na parte de baixo de cada chapéu, o suficiente para enfiar as pontas das hastes.

12 Derreta o chocolate colocando-o numa vasilha pousada em cima de uma panela com água fervente, em banho-maria, até ele ficar homogêneo. Mergulhe as pontas de cada haste de cogumelo no chocolate e pressione-as no buraco feito nos chapéus dos cogumelos. Deixe-os numa grade para esfriar e depois guarde os cogumelos num pote hermético até a hora de usá-los (os cogumelos podem ser feitos com até 1 semana de antecedência e armazenados em temperatura ambiente).

13 Para fazer a cobertura de chocolate, derreta o chocolate com o café colocando-os numa vasilha pousada em cima de uma panela com água fervente, em banho-maria, até ficar homogêneo. Retire a tigela do fogo e adicione a manteiga. Quando a mistura estiver homogênea, deixe-a descansar até ficar firme o suficiente para ser espalhada.

14 Para fazer uma *bûche de Noël* no formato de galho de árvore, corte os dois lados do bolo enrolado fazendo cortes diagonais. Arrume a parte mais longa no prato de servir e posicione uma das partes cortadas com o lado diagonal em contato com o bolo e o lado reto para fora. Posicione o segundo pedaço do outro lado, criando outro "ramo" do galho (você também pode fixá-lo em cima da parte maior, mas precisará de um palito de madeira para mantê-lo no lugar. No entanto, se planeja levar esse bolo no metrô em Paris, esqueça). Use uma espátula fina de metal para espalhar a cobertura de chocolate sobre o bolo. No final, faça ranhuras compridas no "tronco" do bolo central, para imitar desenhos de casca de árvore, e ranhuras mais curtas nos "ramos" menores. Arrume os cogumelos ao redor do bolo e polvilhe açúcar de confeiteiro. Fatie e sirva. O bolo pode ser montado com até 1 dia de antecedência. Deixe-o em temperatura ambiente para servir.

VARIAÇÃO: Para um recheio mais rico, substitua a ricota por queijo mascarpone.

COGUMELOS DE SUSPIRO

2 claras de ovos grandes em temperatura ambiente

1 pitada de sal marinho ou sal kosher

½ xícara (100g) de açúcar refinado

1 pitada generosa de canela em pó

45g de chocolate meio amargo picado

COBERTURA DE CHOCOLATE

140g de chocolate meio amargo picado

¼ de xícara (60ml) de café ou água

6 colheres (sopa, 85g) de manteiga sem sal em cubos e em temperatura ambiente

açúcar de confeiteiro para decorar

Despensa

INGRÉDIENTS DE BASE

Este é meu *méli-mélo*, a miscelânea de coisas que fazem parte da minha despensa e que eu gosto de ter sempre à mão, seja na geladeira ou no freezer.

Caldo de frango **326**
BOUILLON DE VOLAILLE

Manteiga clarificada **327**
BEURRE CLARIFIÉ

Crème fraîche **327**
CRÈME FRAÎCHE

Ovos cozidos **328**
OEUFS DURS

Ovos poché **329**
OEUFS POCHÉS

Harissa **330**
HARISSA

Maionese **331**
MAYONNAISE

Azeite aromatizado com alecrim **332**
HUILE D'OLIVE AROMATISÉE AU ROMARIN

Salsa verde **333**
SAUCE VERTE

Calda de caramelo de manteiga salgada **334**
CARAMEL AU BEURRE SALÉ

Compota de chalota **335**
CONFITURE D'ÉCHALOTTES

Vinagrete **335**
VINAIGRETTE

Creme chantilly **337**
CRÈME CHANTILLY

Caldo de frango
BOUILLON DE VOLAILLE

Rende aproximadamente 6 xícaras (1,5 litro)

A primeira coisa que os americanos me perguntam assim que aterrissam para morar na França é: "Onde consigo encontrar caldo de frango enlatado?" Infelizmente, isso não existe aqui. Na verdade, as lojas vendem cubos em pó (que, por algum motivo, são populares), mas eu não os tolero. Então, faço meu próprio caldo, que é bem fácil e tem um sabor muito, muito mais agradável.

Muitos *volaillers* têm carcaças de frango disponíveis, e elas são ótimas para fazer caldo; ou às vezes simplesmente compro um pacote de asas de frango e uso-as da mesma maneira. Entretanto, se eu for fazer algo como a Torta Parmentier de frango (p.166), retiro o frango inteiro do caldo depois de uma hora e pouco, deixo esfriar, tiro a carne para usar no ensopado e depois ponho os ossos na panela para finalizar.

Se você for usar o frango inteiro, certifique-se de tirar a gordura excedente e verifique se há algum resíduo de vísceras na parte interna, porque essas partes amargam o caldo. E, uma vez que é possível congelá-lo, se você tiver uma panela grande o suficiente, pode dobrar a receita e congelar o resto, ficando com caldo disponível para usar quando necessário.

1 frango (cerca de 1kg) ou carcaça e asas de frango no mesmo peso

3 litros de água gelada (um pouco mais, se necessário)

1 cebola descascada e cortada em quatro

1 cenoura descascada e cortada em 8 partes

1 aipo cortado em 4 partes, com as folhas

1 folha de louro

alguns ramos de salsinha

4 ramos de tomilho

1 pitada generosa de sal ou sal kosher

10 grãos inteiros de pimenta preta

1. Coloque o frango e a água numa panela grande comum ou de ferro. Acrescente a cebola, a cenoura, o aipo, a folha de louro, a salsinha, o tomilho, o sal e os grãos de pimenta. Deixe ferver, abaixe o fogo para o mínimo e deixe o caldo cozinhar por 2 horas e meia. À medida que ele cozinha, retire a espuma que se formar na superfície e descarte-a. Se necessário, adicione uma quantidade pequena de água conforme for cozinhando, de maneira que o frango continue submerso.

2. Quando o caldo estiver pronto, coe-o passando por uma peneira fina e descarte os sólidos. Use o caldo desse jeito, mantendo-o na geladeira, ou congele-o até o dia de usar. O caldo pode ser mantido por até 3 dias na geladeira ou de 2 a 3 meses no freezer.

Manteiga clarificada
BEURRE CLARIFIÉ

Rende ½ xícara rasa (125ml)

Crêpe-makers franceses pincelam as chapas com *saindoux*, ou gordura para uso culinário, que tem um ponto de fumaça mais alto que o da manteiga. Eu prefiro usar manteiga clarificada, que possui propriedades semelhantes às da gordura, porém, em minha opinião, possui um sabor melhor. Não é obrigatório utilizá-la, mas você verá que ela não solta fumaça como a manteiga derretida comum quando aplicada em alta temperatura. Pode ser guardada por até 1 mês na geladeira.

8 colheres (sopa, 115g) de manteiga sem sal

1 Corte a manteiga em cubos e derreta-a numa panela pequena. Deixe ferver por aproximadamente 1 minuto. Quando começar a subir uma espuma, retire a panela do fogo. Com uma colher, retire os resíduos espumosos sobre a manteiga.

2 Coe a manteiga passando-a por uma gaze ou peneira fina. A manteiga clarificada pode ser guardada por até 1 mês na geladeira ou 2 meses no freezer.

Crème fraîche
CRÈME FRAÎCHE

Rende 1 xícara (240g)

Todas as *fromageries* na França – e até supermercados – vendem tubos estreitos de crème fraîche, um creme doce, rico, denso e maravilhoso que, se você puser uma colher em pé sobre ele, a colher não cai. Eu o utilizo para enriquecer o recheio cremoso do Merveilleux (p.281) e adicionar, às colheradas, às sopas. Mesmo que não consiga encontrá-lo numa loja perto de sua casa, você pode fazer uma reprodução razoável.

Observe que essa receita precisa descansar por 24 horas para ficar mais densa. Assim como creme de leite fresco, a crème fraîche pode ser batida. Se for bater o creme, certifique-se de deixá-lo na geladeira por um bom tempo antes.

1 xícara (250ml) de creme de leite fresco
2 colheres (sopa) de leitelho*

1 Num copo pequeno ou numa tigela de metal, misture o creme de leite fresco e o leitelho (ou o iogurte). Cubra e deixe descansar por 24 horas em temperatura ambiente para fermentar e firmar.

2 Refrigere até a hora do uso. A crème fraîche pode ser mantida na geladeira por aproximadamente 1 semana.

* Nos Estados Unidos ou na França, o leitelho (*buttermilk*) é facilmente encontrado nos mercados na versão industrializada. Mas no Brasil esse ingrediente não está disponível. Nas receitas, no entanto, ele pode ser substituído por iogurte natural, sem sabor.

Ovos cozidos

OEUFS DURS

Rende 6 ovos

Os franceses reverenciam tanto os ovos que eles aparecem inteirinhos num dos seus pratos mais amados, os *Oeufs mayo* (p.103). Eu também sirvo ovos como parte do *Le grand aïoli* (p.145), com tiras de anchovas sobre eles, ou picados em pequenos pedacinhos e espalhados sobre o Alho-poró com vinagrete (p.88).

Esse método resultará em ovos cozidos com gemas levemente moles. Ovos muito frescos são mais difíceis de descascar, porém, obviamente, são mais gostosos. Em geral faço um pouco mais do que vou usar caso eu encontre problemas para remover as cascas.

6 ovos grandes em temperatura ambiente

1. Encha uma panela de água até a metade da altura, o suficiente para cobrir os ovos, e deixe ferver em temperatura média.

2. Usando a escumadeira, empurre cuidadosamente os ovos para o fundo da panela.

3. Reduza a temperatura para que a água ferva em fogo baixo e deixe cozinhar por 9 minutos.

4. Um pouco antes de terminar o cozimento, prepare um banho de gelo enchendo ¾ de uma tigela com gelo e água gelada. Quando os ovos estiverem prontos, retire-os com a escumadeira e coloque-os na água fria. Aguarde cerca de 1 minuto. Com uma colher, dê leves batidas para rachar a casca e coloque-os novamente no banho de gelo para esfriar completamente. Uma vez frios, tire os ovos do banho de gelo e descasque-os, passando-os na água corrente para remover qualquer resíduo de casca. Ovos cozidos ainda com a casca podem ser guardados na geladeira por até 2 dias.

Ovos poché
OEUFS POCHÉS

Rende 2 ovos

Eu sou um grande comedor e sempre acho que um ovo poché flutuando numa tigela de sopa, descansando sobre um prato de Polenta com trigo-sarraceno, vegetais refogados, linguiça e ovos poché (p.158) ou partido ao meio com a gema mole e quente escorrendo com o molho da *Salade lyonnaise* (p.99) pode ser uma refeição satisfatória. Eu tentei incontáveis maneiras de escalfar os ovos, incluindo criar um redemoinho mexendo vigorosamente a água antes de adicioná-los, e tive sucesso em algumas delas. Sendo assim, continuo voltando a cozinhá-los do modo básico.

2 ovos grandes
1 colher (chá) de vinagre branco

1. Coloque uma panela pequena com água e vinagre no fogo para ferver.

2. Quebre o ovo numa xícara ou tigela pequena. Quando a água estiver perto da fervura, com pequenas bolhas subindo vigorosamente à superfície, segure a xícara com o ovo próximo à superfície da água e, delicadamente, deixe que ele caia na água fervente. Repita o processo com o segundo ovo. Deixe que os ovos sejam escalfados por 2,5 a 3 minutos, até estarem cozidos a seu gosto.

3. Quando os ovos estiverem prontos (as gemas devem estar bem moles e balançando bastante), retire-os da água com a escumadeira, enxugue o excesso de água com papel-toalha e sirva.

NOTA: Você pode escalfar os ovos com antecedência derramando-os numa tigela com água fria quando estiverem prontos (eles podem ser guardados assim, frios, por algumas horas). Para reaquecer e servir coloque-os em água quente e deixe-os ferver por 1 minuto, até que estejam completamente aquecidos.

Harissa
HARISSA

Rende 2 xícaras (480g)

Harissa é a resposta de Paris para o molho apimentado (*hot sauce*). Com seu sabor complexo e fascinante, não é apenas apimentada – ela pega fogo! Muitas vezes a harissa é vendida em tubos, como pasta de dentes, para você apertar quanto quiser sempre que precisar de um pouco.

Ela é fácil de fazer, e, quando vou à Califórnia, estoco um monte de pimentas desidratadas. Pelo modo como as venero, você pode até pensar que as ganhei numa disputa de apostas na casa de leilões Drouot. No entanto, também consigo encontrar pimentas desidratadas em Paris, nas *épiceries* árabes, onde elas são rotuladas simplesmente como *piment fort*. A variedade nunca é mencionada, o que deixa os fanáticos por pimentas um pouco malucos, mas eu sempre fico simplesmente feliz com uma tigela de harissa na minha geladeira.

Dessa forma, assim como eu, você pode usar qualquer pimenta desidratada. A harissa deve ser apimentada e é impossível passar do ponto. O pouquinho de água de rosas ou flor de laranjeira foi uma dica que Gregory Marchand, chef e dono do restaurante Frenchie, me deu, e confere um contraponto interessante para a ardência das pimentas.

Misture um pouco numa salada de ovos para conferir alguma cor e certo sabor, misture na massa (adicionando um pouco de azeite para dar uma suavizada), use-a como condimento para apimentar a Tagine de canela de cordeiro (p.199) ou faça um molho apimentado rápido adicionando maionese, para as *Boulettes de Merguez* (p.74).

55g de pimentas vermelhas desidratadas

1 pimentão vermelho fresco

1 dente de alho descascado e picado

½ colher (chá) de sal marinho ou sal kosher

½ colher (chá) de páprica defumada

¼ colher (chá) de cominho em pó

2 colheres (sopa) de azeite de oliva

1 colher (chá) de vinagre de vinho tinto ou vinagre de maçã

⅛ colher (chá) de água de rosas ou de flor de laranjeira (opcional)

1. Ferva uma panela de água. Remova os talos das pimentas, corte-as no sentido do comprimento e tire as sementes (eu recomendo que você use luvas de borracha para manusear as pimentas). Coloque-as na água fervente, reduza o fogo e deixe cozinhar por 2 minutos. Desligue o fogo. Coloque um prato pequeno sobre as pimentas para mantê-las sob a água e deixe descansar por 30 minutos.

2. Aproxime o pimentão vermelho diretamente da chama do fogão e deixe-o assar, virando-o à medida que ele for ficando preto de todos os lados, até estar completamente queimado e macio, ou seja, por cerca de 10 a 15 minutos. Quando estiver pronto, coloque o pimentão vermelho numa tigela e estique um pedaço de filme plástico sobre ele; deixe descansar até esfriar. Uma vez frio, remova o talo, abra o pimentão, tire as sementes e a pele por completo (se você tiver um fogão elétrico, retire o talo e as sementes, fatie-o e frite as tiras em azeite de oliva até ficarem bem macias).

3 Escorra as pimentas tirando o excesso de água (não se esqueça das luvas de borracha!). Coloque-as no processador com o pimentão tostado, o alho, o sal, a páprica, o cominho, o azeite de oliva, o vinagre, a água de rosas e processe tudo até a harissa se transformar numa pasta cremosa. Dependendo das pimentas, ou caso as peles não tenham sido processadas o suficiente para formar uma pasta homogênea, você pode passar a mistura por uma peneira com uma espátula de silicone, ou por um amassador de inox. Ponha a harissa numa tigela e refrigere até ficar pronta para usar. Ela pode ser mantida por 1 ou 2 meses na geladeira. Adicionar uma fina camada de azeite de oliva na superfície ajudará a preservá-la.

Maionese
MAYONNAISE

Rende aproximadamente 1 xícara (240g)

Você pode fazer maionese numa tigela, com o batedor manual, usando o pilão ou no processador. Aqui eu dou instruções para o batedor ou o pilão, mas, se for usar o processador, pode adicionar o ovo inteiro. Se você quiser sentir o sabor da maionese com um toque de mostarda Dijon, acrescente-a no início, porque isso ajuda a emulsionar o molho.

Eu uso uma combinação de azeite de oliva e óleo vegetal de sabor mais neutro; utilizar só azeite de oliva pode ser um exagero, até para aqueles que amam seu sabor. Sinta-se à vontade para ajustar o nível de cada um de acordo com seu gosto.

6 colheres (sopa, 90ml) de azeite de oliva

6 colheres (sopa, 90ml) de óleo vegetal de sabor neutro

1 gema grande em temperatura ambiente

½ colher (chá) de sal marinho ou sal kosher

suco de limão fresco

1 Coloque os óleos na xícara medidora com bico.

2 Arrume a tigela sobre um pano de cozinha úmido enrolado de modo a mantê-la no lugar, ou peça que alguém segure a tigela mantendo-a firme. Bata bem a gema. Acrescente um pouco do óleo, bem devagar, adicionando-o gota a gota. Continue a acrescentar o óleo devagar, batendo o tempo todo até começar a engrossar e emulsionar.

3 Num fio constante, bata o restante do óleo um pouco mais depressa, até que todo ele esteja incorporado. Misture o sal e uma boa espremida de suco de limão. Você pode conservar a maionese de 2 a 3 dias, coberta, na geladeira.

NOTA: Se a maionese "quebrar" e ficar aguada, provavelmente o óleo foi adicionado muito depressa. Para consertar o problema, bata outra gema numa tigela limpa e derrame devagar a maionese aguada sobre a gema, gota a gota. Depois vá aumentando o ritmo. Isso deve consertar o estrago.

Azeite aromatizado com alecrim
HUILE D'OLIVE AROMATISÉE AU ROMARIN

Rende ½ xícara (125ml)

Essa receita resulta num óleo de cor verde vibrante e rende um pouco mais do que você precisa para cobrir a Tapenade de alcachofras (p.53). Contudo, qualquer excedente pode ser usado para derramar sobre peitos de frango grelhados ou filés de peixe, ou sobre Crostinis de tomate-cereja (p.110), ou até uma Omelete de ervas frescas (p.133). Fique à vontade para pôr outras ervas no lugar do alecrim; estragão, sálvia ou mesmo hortelã fresca funcionam bem neste azeite de ervas.

1. Ferva uma panela pequena de água; deixe uma tigela com água e gelo preparada.

2. Aqueça o óleo e o sal em outra panela pequena, mas não deixe ferver. Retire do fogo e reserve.

3. Jogue as ervas na água fervente e deixe-as por 10 segundos; coe e ponha-as na água gelada.

4. Quando as ervas estiverem geladas, retire-as com as mãos e pressione-as contra um papel-toalha até ficarem bem secas. Depois jogue-as no azeite. Deixe as ervas nessa infusão por 15 minutos.

5. Passe as ervas e o azeite pelo processador ou pela minicentrífuga por 30 segundos, depois coe o azeite numa peneira fina, caso não se importe em deixar alguns pedacinhos de ervas verdes no azeite. Se você quiser ser especialmente detalhista e desejar tirar todos os pedacinhos de ervas do azeite, coe-o usando algumas camadas de gaze. O azeite de alecrim pode ser mantido por alguns dias em temperatura ambiente em um recipiente fechado ou por um mês na geladeira; deixe-o em temperatura ambiente novamente antes de usar.

½ xícara (125ml) de azeite de oliva
1 pitada generosa de sal marinho ou sal kosher
½ xícara (5g) de folhas de salsa lisa
⅓ de xícara (4g) de folhas de alecrim

Salsa verde

SAUCE VERTE

Rende aproximadamente ¾ de xícara (180ml)

Você pode usar a mistura de ervas que desejar. Eu gosto de pôr pelo menos uma mais forte – como estragão ou hortelã –, especialmente se for servir o molho com Cordeiro assado (p.203), que tende a ser mais rico em sabor e consegue evidenciar os toques mais fortes da receita.

Outras ervas que podem ser usadas incluem salsa lisa, manjericão, orégano, manjerona, sálvia, cerefólio, alecrim e tomilho (entretanto, tome cuidado com o alecrim e o tomilho, pois o molho pode ficar forte demais). Às vezes incluo algumas folhas de rabanete picadas, que conferem ao molho um sabor apimentado.

⅔ de xícara (50g) de ervas frescas picadas grosseiramente

6 colheres (sopa, 90ml) de azeite de oliva (um pouco mais, se necessário)

10 azeitonas verdes sem caroços e picadas

1 colher (sopa) de alcaparras escorridas, secadas e picadas

1 colher (chá) de alho descascado e picado

1 chalota pequena descascada e picada

raspas finas de 1 limão (orgânico)

½ colher (chá) de sal marinho ou sal kosher

suco de um limão fresco (opcional)

1 Misture todos os ingredientes numa tigela pequena pelo menos 1 hora antes de servir. A salsa verde deve ser uma pasta densa, não aguada. Se necessário, adicione mais azeite e talvez algumas gotas de suco de limão.

2 Os sabores se intensificam depois que o molho descansa, então ele pode ser preparado até 8 horas antes. A salsa pode ser guardada por até 2 dias na geladeira. Deixe em temperatura ambiente antes de servir.

Calda de caramelo de manteiga salgada
CARAMEL AU BEURRE SALÉ

Rende 1½ xícara (375ml)

O caramelo de manteiga salgada chegou abalando as estruturas de Paris, e hoje se tornou uma das guloseimas mais populares não apenas na França, mas no mundo todo. Açúcar caramelizado com uma parte de manteiga misturada ainda quente e depois suavizada com um pouco de creme de leite fresco: honestamente, o que pode dar errado? Essa calda foi adaptada a partir de uma receita servida no restaurante Astier, onde acompanha o Bolo quente de chocolate (p.262), mas também faz um bom par com O fabuloso cheesecake da Dee (p.315), e pode ser servida quente, como calda, acompanhando seu sorvete preferido.

1 xícara (200g) de açúcar refinado

½ xícara (125ml) de água

6 colheres (sopa, 85g) de manteiga com sal em cubos, em temperatura ambiente

½ xícara (125ml) de creme de leite fresco

sal marinho ou sal kosher (opcional)

1. Espalhe o açúcar numa frigideira grande ou numa panela larga e derrame água sobre ele. Aqueça o açúcar em fogo médio, virando a panela delicadamente, apenas o bastante para umedecer o açúcar com a água de maneira uniforme.

2. Quando o açúcar estiver dissolvido e começar a ferver, vire a panela se surgirem pontos secos de açúcar não dissolvido. Continue a cozinhar o açúcar até começar a escurecer. Observando com cuidado, vire delicadamente a panela, apenas se for necessário, para cozinhar uniformemente (caso o açúcar comece a cristalizar, continue cozinhando, virando apenas se observar pontos queimados; os cristais de açúcar eventualmente começarão a se dissolver).

3. Quando o caramelo estiver com uma cor âmbar-escura e começar a esfumaçar, tire a panela do fogo e adicione os cubos de manteiga. Misture a manteiga com um batedor até derreter completamente e depois bata gradualmente o creme de leite, misturando a calda até ficar homogênea. Caso ainda haja pedaços teimosos de caramelo no fundo da panela, amoleça-os com uma colher de pau e siga misturando. Agora, se eles se recusarem a se dissolver, reaqueça a calda em fogo baixo, o que deve resolver o problema. Quando a calda estiver fria o suficiente para experimentá-la, você pode adicionar um pouco de sal. A calda pode ser mantida até 2 semanas na geladeira e reaquecida antes de servir. Se for refrigerada e depois reaquecida, pode ser necessário misturar um pouco de creme de leite ou leite para ajustar a consistência.

Compota de chalota
CONFITURE D'ÉCHALOTTES

Rende 2 xícaras (500g)

- 2 colheres (sopa) de óleo vegetal com sabor neutro
- 450g de chalotas descascadas e fatiadas
- 1 pitada generosa de sal marinho ou sal kosher
- pimenta preta moída na hora
- ¼ de xícara (50g) de açúcar mascavo escuro ou claro
- 2 colheres (sopa) de mel
- ⅓ de xícara (80ml) de vinagre de maçã
- ⅓ de xícara (85g) de uvas-passas picadas grosseiramente

Apesar de eu adorar todas as coisas que há numa *charcuterie*, especialmente patê de fígado de frango e Terrine de pato com figos (p.113), o que as torna ainda melhor é uma tigela de compota de chalota *aigre-douce* servida como acompanhamento. Seu sabor doce e azedo faz um contraponto maravilhoso com a riqueza da carne.

1. Aqueça o óleo na frigideira em fogo médio e refogue as chalotas por 10 a 12 minutos, mexendo com frequência, até elas estarem completamente macias e cozidas.

2. Adicione o sal e umas pitadas de pimenta, o açúcar mascavo, mel, vinagre e uvas-passas. Continue a cozinhar, mexendo sempre, até que o líquido engrosse um pouco, por 10 a 12 minutos. Passe para um recipiente e deixe esfriar. A compota pode ser guardada por até 6 meses na geladeira.

Vinagrete
VINAIGRETTE

Rende ⅓ de xícara (80ml) – suficiente para 2 a 3 saladas

Muitos falam sobre a importância do óleo num vinagrete, e eu já chegarei lá, porém, para mim, a mesma atenção deveria ser dada ao vinagre. Nem todos os vinagres são iguais, e só quando tive um emprego fazendo centenas de saladas quase todas as noites aprendi o bastante sobre fazer um bom vinagrete.

A palavra *vinaigre* é uma combinação de duas outras: "vinho" (*vin*) e "azedo" (*aigre*), que é o que acontece naturalmente com o vinho que é deixado aberto, sem a rolha. Assim como o vinho, o vinagre varia em termos de qualidade, e eu uso vinagre de vinho tinto ou vinagre de xerês para quase todo vinagrete que preparo. Apesar de sua popularidade, evito vinagre balsâmico comercial porque acho que fica muito doce para as saladas. O vinagre de xerês é minha melhor escolha quando quero um sabor mais suave, e o vinagre de vinho tinto quando quero que o molho tenha um pouco mais de estilo. Antigamente, eu sempre escolhia azeite de oliva extravirgem para fazer molhos de saladas verdes, porém, desde que me mudei para a França, experimentei temperar as saladas com óleo neutro misturado ao vinagrete e percebi que o azeite de oliva pode ser um pouco agressivo demais no molho. Sendo assim, eu – às vezes – uso um óleo prensado a frio, como óleo de girassol, cártamo ou *colza* (canola) comprados de produtores locais. Experimente da próxima vez que fizer vinagrete; você pode se surpreender tanto quanto eu!

Quase sempre adiciono chalotas ao vinagrete, o que confere aquela doçura maravilhosa da cebola a uma simples *salade verte*, ou salada verde. Outras formas de aprimorar uma salada verde simples são adicionar cerefólio, erva pouco usada nos Estados Unidos, ou cortar fatias bem finas do bulbo do funcho, ou rabanetes vermelhos, misturando-os à salada verde.

Como os franceses, eu não costumo fazer molhos em grande quantidade com antecedência, mas misturo o molho numa tigela grande de salada e coloco as folhas e outros ingredientes sobre ele, cobrindo tudo com uma toalha de linho limpa. Quando chega a hora de *fatiguer* a salada, como dizem os franceses, eu misturo tudo no molho – com pimenta preta moída na hora, alguns flocos de sal marinho e, talvez, algumas ervas picadas – e sirvo.

Essa quantidade rende o suficiente para cobrir 6 xícaras (100g) de folhas de alface rasgadas, ou seja, 2 ou 3 porções de salada. Você pode aumentar as quantidades para servir mais. Se estiver usando folhas verdes mais delicadas, como mâche, rúcula ou *mesclun* (mix de salada verde), adicione o molho conforme seu gosto, uma vez que elas podem exigir menos molho que folhas mais robustas, como alface-romana ou alface lisa.

1 colher (sopa) de vinagre de vinho tinto ou vinagre de xerès de boa qualidade

¼ de colher (chá) de sal marinho ou sal kosher

2 colheres (chá) de chalotas picadas bem finamente (opcional)

1 a 2 colheres (chá) de mostarda Dijon

¼ de xícara (60ml) de azeite de oliva, óleo de girassol ou cártamo

1. Use um garfo para misturar o vinagre, o sal, as chalotas e a mostarda numa *saladier* (saladeira grande), mexendo até que o sal se dissolva. Os franceses gostam de muita mostarda no molho; eu sugiro que você comece com 1 colher (chá) e adicione mais, a seu gosto.

2. Mexa o óleo vigorosamente até ficar homogêneo. Eu tento fazer esse molho algumas horas antes de servir.

MINHA COZINHA EM PARIS

Creme chantilly

CRÈME CHANTILLY

Rende 2 xícaras (500ml)

1 xícara (250ml) de creme de leite fresco
1 colher (sopa) de açúcar refinado
½ colher (chá) de extrato de baunilha

Se você estiver comprando queijo num fim de semana em Paris, provavelmente irá encontrar uma linha de produtos nas *fromageries* que oferecem pequenos tubos de Fontainebleau, um creme batido fresco enriquecido com *fromage blanc*. Ele é tão apetitoso e tão frágil que é embalado em gaze para ser preservado. Por essa razão, as *fromageries* apenas o oferecem em alguns dias da semana, na maioria das vezes nos fins de semana, quando a demanda é maior. Eu recomendo fortemente que você o procure, especialmente se tiver alguns morangos ou *fraises des bois* (morangos silvestres) maduros para acompanhá-lo. Com um pouco de açúcar em cima, é o paraíso em forma de creme.

O primo dele é a *crème chantilly*, que pode ser facilmente feita em casa. Para obter o melhor sabor, tente encontrar creme de leite fresco de um produtor local, que não tenha sido ultrapasteurizado (UHT). O tratamento de calor que conserva o creme por vários meses também retira um tanto de sabor e deixa-o mais difícil de bater. Use a batedeira com o batedor pá ou bata o creme à mão. De qualquer forma, refrigerar a tigela antes de começar fará com que o creme chegue mais rápido à consistência.

1. Na batedeira, com o batedor pá (ou numa tigela de metal, com um batedor manual), bata o creme em velocidade alta até ele começar a manter a consistência.

2. Adicione o açúcar, a baunilha e continue a bater até que se formem picos cremosos. Evite bater demais, o que pode deixar o creme granuloso. O creme chantilly pode ser usado imediatamente ou coberto e refrigerado por até 24 horas. Provavelmente será necessário batê-lo depressa antes de servir, se for refrigerado por um tempo qualquer.

Agradecimentos

Em primeiríssimo lugar, obrigado aos leitores do meu blog, que com paciência (e às vezes com grande constrangimento) acompanharam meus altos e baixos como estrangeiro numa cidade esquisita, bela, complicada e deliciosa. Foram vocês que me incentivaram a ir a padarias, restaurantes e mercados para inventar as receitas na minha cozinha em Paris e compartilhá-las.

Aos meus amigos que são cozinheiros e chefs maravilhosos, e que graciosamente compartilharam suas receitas comigo: Cyril Boulet, Paule Caillat, Marc Desportes, Dee Goldberg, Anissa Helou, Fabrice Le Bourdat, David Leite, Marion Lévy, David Lindsay, Seen Lippert, Beena Paradin e Laurel Sanderson.

Um agradecimento especial a Lesley Chesterman, Dianne Jacob, Shauna James Ahern, Dan Lepard, Alec Lobrano, Michael Ruhlman, Hank Shaw, David Tanis e Regina Schrambling por seus aconselhamentos profissionais, e a Elise Bauer e Deb Perelman por compartilhar gargalhadas comigo. A Alice Waters e Lindsey Shere por me darem uma base tão sólida. Obrigado a Mara Goldberg pela ajuda com as traduções, bem como o auxílio nos desafios não culinários de se morar em Paris. A Kristin Beddard por trazer a couve para Paris. E a Jeanette Hermann por tornar ainda mais divertido levar pessoas aos meus lugares favoritos desta saborosa cidade.

Sempre fico feliz em visitar a chocolateria Fouquet, o Breizh Café, Candelaria, La Graineterie du Marché, La Grande Épicerie, Poilâne, Jean-Charles Rochoux e o restaurante Astier, que foram gentis o suficiente para me deixar conhecer os bastidores.

A Susan Friedland, obrigada por seu olhar meticuloso, os braços seguros, a amizade e o encorajamento. Eu cruzei a linha de chegada na minha melhor forma.

Muito obrigado a Cindy Meyers, que fez um trabalho fantástico testando muitas das receitas deste livro nos Estados Unidos. Suas anotações e dicas foram de valor inestimável.

Ao pessoal maravilhoso da Ten Speed Press, que realmente transforma cada livro que fazemos juntos num enorme prazer. Um agradecimento especial a Julie Bennett por ser uma editora tão compreensiva quando os aspectos menos interessantes da minha vida numa cidade estrangeira tentaram me tirar do caminho, e, desde aquele dia nublado em que nos conhecemos em São Francisco até quando o livro aterrissou à minha porta, por ficar na retaguarda desse projeto, me guiando – assim como ao próprio livro – entusiasticamente até a conclusão. A Betsy Stromberg pelo design belíssimo; e Kristin Casemore e Michele Crim, pela perspicácia publicitária e de marketing. E ao editor Aaron Wehner, por sugerir que o blog My Paris Kitchen se tornasse livro.

À minha agente, Bonnie Nadell, e sua assistente, Austen Rachlis, que persistem cuidando dos detalhes para que eu continue a cozinhar e a escrever.

Também foi maravilhoso trabalhar com o fotógrafo Ed Anderson, que veio a Paris e captou tudo que eu amo nesta cidade, bem como a comida, de uma maneira tão brilhante – obrigado, Ed! E aos produtores Valerie Aikman-Smith e Ethel Brennan, que foram freneticamente às compras comigo em Paris e arrumaram as receitas nos pratos de modo tão perfeito (e obrigado à equipe por me ajudar com o excedente de vinho rosé gelado depois das fotos).

Por último, *merci mille fois* à minha cara-metade, Romain. Quando eu o apresentei a alguns amigos, logo depois de nos conhecermos, um deles me chamou de lado e disse: "Como é que você conseguiu encontrar um cara tão legal?" Depois de todos esses anos, eu ainda não sei. Mas fico feliz de tê-lo encontrado.

Índice remissivo

A

abóbora:
    crumble de, 215-16
    sopa de pão e, 163-64
abóbora-menina, Crumble de, 215-16
abobrinha:
    em Legumes assados à provençal, 226, 228
    em Legumes recheados, 160-61
açúcar, 31
Admony, Einat, 153
agrião, em Salada de funcho, rabanete, laranja e caranguejo, 90
aïoli, 145-46
aipo-rábano, 104
    purê, 217
    salada de, com molho de mostarda, 105
    sopa de, com creme de raiz-forte e chips de presunto, 106-7
alho, 21
    croûtons de, 100
    farinha de rosca com, 151, 152
    maionese de, com acompanhamentos, 145-46
alho-poró, 30
    com vinagrete de mostarda e bacon, 87, 88
Almôndegas picantes com molho Sriracha, 74-75
amêndoas:
    bolos com manteiga dourada, 268-69
    em Crumble de damasco, 309-10
    em dukkah, 81
    em Torradinhas salgadas de azeitona, 42-43
    tapenade de azeitonas verdes, manjericão e, 53-54
anchovas, 14-15
    em Torta de cebola, 69-70
Anthony, Bernard, 247
assadeiras, 33
Astier, restaurante, 263-65, 334
avelãs:
    em dukkah, 81
    em Paris-Paris, 285-86
    fougasse com gotas de chocolate, ginja desidratada e, 266-67
Azeite aromatizado com alecrim, 332
azeitonas:
    azeite de oliva, 25
    descaroçar, 57
    em *pissaladière*, 69-70
    torradinhas salgadas de, 42-43
    ver também tapenade

B

Babaganouche, 63, 64
Babas de kirsch com abacaxi, 279-80
bacalhau salgado, 143
    bolinhos de, com molho tártaro, 73-74
    brandade, 144-45
    em aïoli, 145-46
bacon, 15
    em *Carbonade flamande*, 198
    salada de frisée com ovo, croûtons de alho e, 99-100
    suflê de queijo, rúcula e, 139-41
    vinagrete, 88
Bardot, Brigitte, 305
batatas, 165
    Batatas fritas, 219-20
    Brandade de bacalhau, 144-45
    em Purê de aipo-rábano, 217
    em Salada de frisée com bacon, ovo e croûtons de alho, 99-100
    em Torta Parmentier de frango, 166-67
    gratinadas com queijo azul e alho assado, 211-12
    purê de, 216
    salteadas em gordura de pato, 220-21
    tortilla de, com feta e manjericão, 148-49
Batatas fritas, 219-20
batedeiras, 36
Beard, James, 148
Beddard, Kristen, 150
berinjela:
    caviar de, 66
    em Babaganouche, 63, 64
    em Legumes assados à provençal, 226, 228
    em Legumes recheados, 160-61
beurre noisette, 269, 270
Biche au Bois, A la, 102
Biscoitos de gordura de pato, 297-98
Bistro Paul Bert, 205
blogs, 176
blogueiros de gastronomia, 176
Bolinhos de bacalhau com molho tártaro, 73-74
bolo:
    Babas de kirsch com abacaxi, 279-80
    Bolos individuais de chocolate com doce de leite e flor de sal, 261
    Bûche de Noël, 319-22
    de amêndoas com manteiga dourada, 268-69
    de cenoura, 277
    Merveilleux, 281-82

Pound cake de folhas de louro com glacê de laranja, 296-97
quente de chocolate com calda de caramelo de manteiga salgada, 262-65
Bolo de Natal, 319-22
Boulet, Cyril, 263
Brandade de morue, 144-45
Breizh Café, 46, 47
Bûche de Noël, 319-22

C
cacau em pó, 18
café, crème brûlée de, 253-54
Caillat, Paule, 128-29, 130
Caillettes, 185-86
Calda de caramelo de manteiga salgada, 334
caldo:
    como comprar, 30-31
    de frango, 326
carne bovina, 22, 24
    Bife com manteiga de mostarda e fritas, 206
    em Almôndegas picantes com molho Sriracha, 74-75
    em Legumes recheados, 160-61
    ensopado belga de, com cerveja e pão de especiarias, 198
    ponto de cocção, 205
Cassoulet, 192-97
Caviar de berinjela, 66
cebola:
    sopa de, à francesa, 117, 118
    torta de, 69-70
cenoura:
    bolo de, 277
    salada, ralada, 123
cerefólio, maionese de, 103
chalotas, 30
    compota, 335
Chaudun, Michel, 251
cheesecake:
    fabuloso da Dee, 314, 315
    francês, 302-4
Chesterman, Lesley, 293
Chez Panisse, 2, 115, 132, 163, 192, 199
Child, Julia, 56, 148
chocolate, 17-18
    bolo quente de, com calda de caramelo de manteiga salgada, 262-65
    bolos individuais de, com doce de leite e flor de sal, 261
    em *Bûche de Noël*, 319-22
    em Merveilleux, 281-82
    em Paris-Paris, 285-86

fougasse com gotas de, avelã e ginja desidratada, 266-67
mousse de, com calda de caramelo de manteiga salgada, 258
terrine de, com creme inglês de gengibre fresco, 287-88
torta de doce de leite e, 289-90
Claiborne, Craig, 56
cogumelos:
    polenta com, 159
    selvagens, 159
comida de rua, 134
compota de ameixas com framboesas, 299
Compota de chalota, 335
compras, 13-14, 65, 143
confit, falso, de pato, 179-80
Coq au vin, 177-78
Corbel, Jean-Luc, 46
cordeiro, 24
    assado com legumes, salsa verde e suflês de panisse, 203-4
    em Almôndegas picantes com molho Sriracha, 74-75
    em Legumes recheados, 160-61
    tagine de canela de, 199-200
Costelinhas de porco caramelizadas, 187-88
couve, 150
    ovos assados com salmão defumado e, 151-52
Couve-flor assada com dukkah, 224
cozinhar *au pif* ("pelo olfato"), 11
creme batido, 18-19, 337
Crème brûlée de café, 253-54
Creme chantilly, 337
creme de raiz-forte, 106
Crème fraîche, 19, 327
creme inglês de gengibre fresco, 287-88
crepes:
    Galettes de trigo-sarraceno com manteiga de algas, 47-48
    Galettes de trigo-sarraceno com presunto, queijo e ovo, 135
    tipos de, 48, 134
croque-madame, 137, 138
Croque-monsieur, 137-38
Crostinis de tomate-cereja e queijo de cabra caseiro com ervas, 110
Crumble de abóbora-menina, 215-16
Cunningham, Marion, 148
Cuscuz israelense com limão e pistache, 237

D
damasco:
    crumble de, 309-10
    sorvete de amêndoa de, 312-13

David, Elizabeth, 115
De Gaulle, Charles, 143
Dehillerin, E., 169, 213
dicas de congelamento, 29
doce de leite:
    bolos individuais de chocolate com, e flor de sal, 261
    torta de chocolate e, 289-90
dukkah, 81
    couve-flor assada com, 224

E
éclairs:
    massa, 285-86
    Paris-Paris, 285-86
endívia, 97
    em Salada de funcho, rabanete, laranja e caranguejo, 90
    em Salada de inverno, 98
Ensopado belga de carne com cerveja e pão de especiarias, 198
Ensopado de galinha-d'angola com figos, 183-84
equipamento, 33-36
ervas, 22
especiarias, flã de speculoos com, 256-57

F
facas, 34-35, 42
Falso confit de pato, 179-80
farinha:
    de grão-de-bico, 20
    de trigo, 20
    para bolo, 20
    para pão, 20, 242
    trigo-sarraceno, 270
farinha para bolo, 20
farinha para pão, 20, 242
fast-food, 172
Fattouche, 116
Fauchon, 274
feijões e vagens:
    em *Cassoulet*, 192-97
    Vagens francesas com manteiga de escargot, 222
    ver também grão-de-bico
fermento seco ativo versus fermento seco instantâneo, 243
figos:
    assados com mel, 183-84
    ensopado de galinha-d'angola com, 183-84
    terrine de pato com, 113-14
financiers, 268-69
Flã de speculoos com especiarias, 256-57
flor de sal, 29

fôrmas de bolo, 33-34
Fougasse com gotas de chocolate, avelã e ginja desidratada, 266-67
Fouquet, 251
francês (idioma), 58, 165, 229, 283, 295
frango:
    à moda de Catherine, 173-74
    ao molho de vinto tinto, 177-78
    caldo, 326
    com mostarda, 169-70
    Coq au vin, 177-78
    parmentier, 166-67
    Torta de frango com biscuits, 167
frigideiras, 35-36

G

Galettes complètes, 135
Galettes de sarrasin au beurre aux algues, 47-48
galinha-d'angola, 182
    ensopado de, com figos, 183-84
Gaspacho com torradas de queijo de cabra e ervas, 121-22
Gâteau week-end, 295, 296-97
gengibre fresco, creme inglês de, 287-88
Genin, Jacques, 251, 283-84
ginja desidratada, fougasse com gotas de chocolate, avelã e, 266-67
Goldberg, Dee, 314
grão-de-bico:
    em Homus, 60
    em Homus de beterraba, 58
    farinha, 20
    retirando a casca, 59
Guittard, Étienne, 7

H

harissa, 330-31
Harrys, pão, 137
Héliopolis, 305
Helou, Anissa, 94
Hermé, Pierre, 76, 260
Hill, Kate, 192, 193
Hirigoyen, Gerald, 148
homus, 60
    de beterraba, 58
Homus de beterraba, 58

I

iogurte, 19
    e tahine, molho, 75

J

Jackson, Rosa, 67

K

Kaye, Danny, 316

Keller, Thomas, 226
ketchup, 205

L

La Grande Épicerie, 109
laranja, pound cake de folhas de louro com glacê de, 296-97
Le Gambaro, 305
Le grand aïoli, 145-46
Le Nemrod, 104
Le Roux, Henri, 76
Le Sevèro, 205
Le Verre Volé, 185
legumes *ver* vegetais
leite, 18-19
Leite, David, 176, 177
Lerch, André, 293
Les Crayères, 247
Les Halles, 4, 117, 169
Lévy, Marion, 160
limão, Cuscuz israelense com pistache e, 237
linguiça:
    de porco e acelga, 185-86
    em Cassoulet, 192-97
    polenta com trigo-sarraceno, vegetais refogados, ovos poché e, 158-59
Linguiça de porco e acelga, 185-86
linguiças merguez, 74-75
Lippert, Seen, 163
Loewy, Raymond, 241

M

Madeleines, 274
    de trigo-sarraceno, 270-71, 273
    dicas para, 272-73
    origens, 272
Magny, Olivier, 109
maionese, 331
    de alho com acompanhamentos, 145-46
    de cerefólio, 103
    de Sriracha, 75
manjericão:
    pistou, 92-93
    tortilla de batata, feta e, 148-49
manteiga:
    Calda de caramelo de manteiga salgada, 334
    clarificada, 327
    com sal versus sem sal, 15-16, 76
    de algas, 47-48
    de escargot, 222
    de mostarda, 206
    dourada/"marrom", 269, 270
manteiga de algas, 47-48

manteiga de escargot, 222
Massa fresca com ervas, 230-32
Médecin, Jacques, 245
medidas, 5
Merveilleux, 281-82
Merveilleux de Fred, Aux, 281
misturadores de massa, 35
mixer e liquidificador, 34
    mixer de mão, 34
    misturador de massa, 35
molho mornay, 130
molho tártaro, 73
molhos e caldas:
    de caramelo de manteiga salgada, 334
    iogurte e tahine, 75
    mornay, 130
    pistou, 92-93
    tártaro, 73
    verde, 333
mostarda, 24, 169-70, 205
    manteiga de, 206
mostarda Dijon, 24, 169-70
Moullé, Jean-Pierre, 132
moutabal, 63, 64
Musse de chocolate com caramelo de manteiga salgada, 258

N

Naan au fromage, 49, 50-51
Nhoque à parisiense, 130-31
nozes:
    em Bolo de cenoura, 277
    salada de lentilhas francesas com queijo de cabra e, 233-34

O

Oeufs mayo, 102, 103
oleaginosas:
    mix egípcio de, com especiarias, 81
    óleos, 25
    ver também castanhas individuais
óleos e azeite, 25
    aromatizado com alecrim, 332
    oliva, 25
Olney, Richard, 115, 148
omeletes, 132, 133
    de ervas frescas, 133
    Tortilla de batata, feta e manjericão, 148-49
Omelette aux fines herbes, 132, 133
Ottolenghi, Yotam, 153
ovos, 19-20, 287
    assados com couve e salmão defumado, 151-52
    cozidos com maionese de cerefólio, 103
    cozidos, 328

em croque-madame, 137, 138
em Shakshuka, 153, 154
em Suflê de queijo, bacon e rúcula, 139-41
em Tortilla de batata, feta e manjericão, 148-49
galettes de trigo-sarraceno com presunto, queijo e, 135
poché, 329
    salada de frisée com bacon, croûtons de alho e, 99-100
ver também omeletes
Ovos assados com couve e salmão defumado, 151-52

P

Pain aux céréales, 241-42
Pain d'épices, 293-94
panelas, 35-36
panelas de ferro fundido, 32, 34, 36
Panisses soufflés, 245
pão:
    de especiarias, 293-94
    em Crostinis de tomate-cereja e queijo de cabra caseiro com ervas, 110
    em croûtons de alho, 100
    em Fattouche, 116
    em Sopa de cebola à francesa, 118
    farinha, 20, 242
    farinha de rosca com alho, 151, 152
    fermento de, 243
    Fougasse com gotas de chocolate, avelã e ginja desidratada, 266-67
    Harrys, 137
    indiano com queijo, 50-51
    multigrãos, 241-42
    sopa de, e abóbora, 163-64
    ver também sanduíches
Pão de especiarias, 293-94
Pão indiano com queijo, 50-51
Paradin, Beena, 49, 50
Paris, síndrome de, 302-3
Paris-Paris, 285-86
Parker, Robert, 316
Parmentier, Antoine-Augustin, 165, 166
pâte à choux, 130
pâtés, 112
pato, 180
    batatas salteadas em gordura de, 220-21
    biscoitos de gordura de, 297-98
    confit, falso, 179-80
    em Cassoulet, 192-97
    terrine de, com figos, 113-14
peixe, 20
    Ovos assados com couve e salmão defumado, 151-52
    Rillettes de sardinha, 78-79
    ver também anchovas; bacalhau salgado
pera, quiche de presunto, queijo azul e, 155-56
peru, em Legumes recheados, 160-61
pilão e almofariz, 35, 80
piment d'Espelette, 26
pimenta em pó, 26
pimenta-do-reino, 26
Pintade aux figues, 183-84
pistache, cuscuz israelense com limão e, 237
pistou, 92-93
plats à gratin, 213
polenta:
    com *chanterelles* (cogumelos selvagens), 159
    com trigo-sarraceno, vegetais refogados, linguiça e ovos poché, 158-59
porco, 24
    costelinhas caramelizadas, 187-88
    defumado ao estilo barbecue, 190-91
    em Legumes recheados, 160-61
    em Terrine de pato com figos, 113-14
    Linguiça de porco e acelga, 185-86
    ver também bacon; presunto
potes, 35-6
Pound cake de folhas de louro com glacê de laranja, 296-97
presunto:
    chips de, 106
    em Cassoulet, 192-97
    em croque-madame, 137, 138
    em *Croque-monsieur*, 137-38
    galettes de trigo-sarraceno com queijo, ovo e, 135
    quiche de queijo azul, pera e, 155-56
    sablés de Comté e, 45
processador de alimentos, 34, 56
Proust, Marcel, 272

Q

queijo, 16-17, 44
    em *Bûche de Noël*, 319-22
    em croque-madame, 137, 138
    em *Croque-monsieur*, 137-38
    em molho mornay, 130
    em Rillettes de sardinha, 78-79
    em Sopa de cebola à francesa, 118
    etapa, 247-49
    galettes de trigo-sarraceno com presunto, ovo e, 135
    lojas de, 247, 249
    na Sopa de pão e abóbora, 163-64
    pão indiano com, 50-51
    roquefort, 98
    Sablés de Comté e presunto, 45
    suflê, bacon, rúcula, e, 139-41
    Tortilla de batata, feta e manjericão, 148-49
    vinho e, 249
    ver também queijo azul; cheesecakes; queijo de cabra
queijo azul:
    batatas gratinadas com alho assado e, 211-12
    quiche de presunto, pera e, 155-56
queijo de cabra:
    fresco com ervas, 110
    gaspacho com torradas de, e ervas, 121-22
    salada de lentilhas francesas com nozes e, 233-34
Quiche de presunto, queijo azul e pera, 155-56

R

radicchio:
    Polenta com trigo-sarraceno, vegetais refogados, linguiça e ovos poché, 158-59
    Salada de funcho, rabanete, laranja e caranguejo, 90
    salada de trigo em grão com raízes, romã e, 240
ramekins, 35
refratários, 33
Rillettes de sardinha, 78-79
Roberts, Adam, 153
Rochoux, Jean-Charles, 251
Roger, Patrick, 251
romã, 238
    salada de trigo em grão com radicchio, raízes e, 240
    xarope de, 29
Rosso, Sara, 158
Rungis, 4

S

sal, 29-30
Salada de aipo-rábano com molho de mostarda, 105
Salada de cenoura ralada, 123
Salada de frisée com bacon, ovo e croûtons de alho, 99-100
Salada de funcho, rabanete, laranja e caranguejo, 90
Salada de inverno, 98
Salada de lentilhas francesas com queijo de cabra e nozes, 233-34
Salada de trigo em grão com radicchio, raízes e romã, 240

saladas:
    Slaw de vegetais crus ralados com molho cremoso de alho, 96
    Fattouche, 116
    Tabule, 94, 95
    ver também saladas específicas
Salade lyonnaise, 99-100
Salsa verde, 333
salsinha, no tabule, 94, 95
Sanderson, Laurel, 276
sanduíches:
    croque-madame, 137, 138
    Croque-monsieur, 137-38
Schrambling, Regina, 179
Shakshuka, 153, 154
Shaw, Hank, 179
sobremesas, 251
    Babas de kirsch com abacaxi, 279-80
    Biscoitos de gordura de pato, 297-98
    Bolo de amêndoas com manteiga dourada, 268-69
    Bolo de cenoura, 277
    Bolo de Natal, 319-22
    Bolo quente de chocolate com calda de caramelo de manteiga salgada, 262-65
    Bolos individuais de chocolate com doce de leite e flor de sal, 261
    Cheesecake francês, 302-4
    Crème brûlée de café, 253-54
    Crumble de damasco, 309-10
    Fabuloso cheesecake da Dee, o, 314, 315
    Flã de speculoos com especiarias, 256-57
    Fougasse com gotas de chocolate, avelã e ginja desidratada, 266-67
    Madeleines de trigo-sarraceno, 270-71
    Madeleines, 274
    Merveilleux, 281-82
    Mousse de chocolate com caramelo de manteiga salgada, 258
    Pão de especiarias, 293-94
    Paris-Paris, 285-86
    Pound cake de folhas de louro com glacê de laranja, 296-97
    Sorbet de tangerina e champanhe, 317-18
    Sorvete de amêndoas de damasco, 312-13
    Sorvete de leitelho com azeite de oliva e flor de sal, 299
    Terrine de chocolate com creme inglês de gengibre fresco, 287-88
    Torta de chocolate e doce de leite, 289-90
    Torta Saint-Tropez, 305, 306-7

Sopa de cebola à francesa, 117, 118
Sopa de pão e abóbora, 163-64
sopas:
    de aipo-rábano com creme de raiz-forte e chips de presunto, 106-7
    de cebola à francesa, 117, 118
    de legumes com purê de manjericão, 92-93
    de pão e abóbora, 163-64
    Gaspacho com torradas de queijo de cabra e ervas, 121-22
Sorbet de tangerina e champanhe, 317-18
sorvete:
    de amêndoas de damasco, 312-13
    de leitelho com azeite de oliva e flor de sal, 299
Sorvete de leitelho com azeite de oliva e flor de sal, 299
Speculoos Spread, 256
    Flã de speculoos com especiarias, 256-57
Sriracha, maionese de, 75
Suflê de queijo, bacon e rúcula, 139-41
Suflês de panisse, 245
supermercados, 65

T
Tabule, 94, 95
Tagine de canela de cordeiro, 199-200
Tamimi, Sami, 153
tangerina e champanhe, sorbet de, 317-18
Tanis, David, 201
tapenade, 52
    de alcachofras com azeite de alecrim, 53
    de azeitonas pretas, 57
    de azeitonas verdes, manjericão e amêndoas, 53-54
Tapenade de alcachofras com azeite de alecrim, 53
Tarte salée au jambon, au bleu et aux poires, 155-56
Tarte tropézienne, 305, 306-7
terrines, 112
    de chocolate com creme inglês de gengibre fresco, 287-88
    de pato com figos, 113-14
Thoresen, Mary Jo, 132
Tian, 226, 228
tomates:
    assar, 110
    como tirar a pele, 92, 154
    Crostinis de tomate-cereja e queijo de cabra caseiro com ervas, 110
    em Fattouche, 116
    em Gaspacho com torradas de queijo de cabra e ervas, 121-22

    em Legumes assados à provençal, 226, 228
    em Legumes recheados, 160-61
    em Shakshuka, 153, 154
    tomate-cereja, 109
Torta Saint-Tropez, 305, 306-7
tortas:
    Crumble de damasco, 309-10
    de cebola, 69-70
    de chocolate e doce de leite, 289-90
    Saint-Tropez, 305, 306-7
Tortilla de batata, feta e manjericão, 148-49
Tourteau fromager, 302-4
Travers de porc au caramel, 187-88
trigo-sarraceno:
    farinha, 270
    Galettes de, com manteiga de algas, 47-48
    Galettes de, com presunto, queijo e ovo, 135
    madeleines de, 270-71
    polenta com vegetais refogados, linguiça e ovos poché e, 158-59

V
vegetais:
    em *Le grand aïoli*, 145-46
    em Legumes assados à provençal, 226, 228
    em Legumes recheados, 160-61
    em Salada de trigo em grão com radicchio, raízes e romã, 240
    raízes assadas, 225-26
    slaw de, crus ralados com molho cremoso de alho, 96
    sopa de, com purê de manjericão, 92-93
    ver também vegetais individuais
vinagre, 31
Vinagrete, 335-36
    de bacon, 88
vinho:
    Château d'Yquem, 316
    em *Coq au vin*, 177-78
    queijo e, 249
    rosé, 67
    Sauternes, 316
    Sorbet de tangerina e champanhe, 317-18

W
Waters, Alice, 115

Y
Yquem, Château d', 316

Copyright © 2014 by David Lebovitz
Copyright das fotografias © 2014 by Ed Anderson

Tradução autorizada da primeira edição americana, publicada em 2014 por Ten Speed Press, um selo de Crown Publishing Group, uma divisão da Random House LLC, da Penquin Random House Company, de Nova York, Estados Unidos

Todas as fotos são de Ed Anderson, com exceção das seguintes:
p.ii, 209 (ao centro) e 282, de David Lebovitz

Grafia atualizada segundo o Acordo Ortográfico da Língua Portuguesa de 1990, que entrou em vigor em 2009.

Título original
My Paris Kitchen: Recipes and Stories

Projeto gráfico
Betsy Stromberg

Preparação
Angela Ramalho Vianna

Indexação
Gabriella Russano

Revisão
Eduardo Monteiro
Carolina Sampaio

CIP-Brasil. Catalogação na publicação
Sindicato Nacional dos Editores de Livros, RJ

L486m
Lebovitz, David
Minha cozinha em Paris: Receitas e histórias/ David Lebovitz; tradução Bruno Fiuza; revisão técnica Flavia G. Pantoja. – 1ª ed. – Rio de Janeiro: Zahar, 2017.

Tradução de: My Paris Kitchen: Recipes and Stories.
Inclui índice
ISBN 978-85-378-1603-5

1. Culinária francesa. 2. Culinária – Receitas.
I. Fiuza, Bruno. II. Pantoja, Flavia G. III. Título.

16-36323
CDD: 641.5944
CDU: 641.568(44)

[2021]
Todos os direitos desta edição reservados à
EDITORA SCHWARCZ S.A.
Praça Floriano, 19, sala 3001 — Cinelândia
20031-050 — Rio de Janeiro — RJ
Telefone: (21) 3993-7510
www.companhiadasletras.com.br
www.blogdacompanhia.com.br
facebook.com/editorazahar
instagram.com/editorazahar
twitter.com/editorazahar

A marca fsc® é a garantia de que a madeira utilizada na fabricação do papel deste livro provém de florestas que foram gerenciadas de maneira ambientalmente correta, socialmente justa e economicamente viável, além de outras fontes de origem controlada.

Esta obra foi composta por Marí Taboada em Livory e Absara Sans Pro e impressa em ofsete pela gráfica Santa Marta sobre papel Alta Alvura da Suzano S.A. para a Editora Schwarcz em julho de 2021